石井寛治

資本主義日本の地域構造

東京大学出版会

The Regional Structure of Capitalistic Society of Japan

Kanji ISHII

University of Tokyo Press, 2018
ISBN 978-4-13-040282-8

資本主義日本の地域構造／目次

第Ⅱ部　地域史から見た全体史

序章　近代日本の地域経済構造の考察

本書は、過去半世紀にわたって私が発表した近代日本の経済を中心とする地域構造に関する論文のうち、掲載書が品切れ・絶版となっているものや、収録した雑誌が参照しにくいものなどの中から、現在でも学問上意味がありそうなものを選んで編成したものである。

はじめに、第Ⅰ部「地域史と全体史をつなぐ」に関連して、私がなぜ地域構造の分析が必要だと考えたかを述べておきたい。一九六四年に東京大学社会科学研究所の大石嘉一郎氏を中心とする「日本産業革命研究会」に参加した私は、七五年に刊行された大石編『日本産業革命の研究』（東京大学出版会）に執筆した。同書は、大石氏が亡くなられた二〇〇六年当時においても、それを「上回る研究書は、いまだに現れていない[1]」と評されており、日本産業革命研究のいわば決定版と目されていた。そうした評価に私も異論がないが、だからと言って同書の分析が完璧なものだとは決して考えていなかった。そのことは、同書の刊行直後の一九七七年に公刊した「産業革命論[2]」と題するサーベイ論文（本書第一章に収録）の中で、「産業革命を通じて日本の民衆がどのような生産諸力を作り出したのかが明らかにされるだけでなく、そうした生産諸力が民衆の具体的な生産と消費の生活をいかに変えたかということもまた、否それこそが究明されるべきなのであって、そのためには労働の場とともに消費の実態が明らかにされる必要があるのである[3]」と、大石編著のように資本蓄積のあり方がいかに形成されたかを究明するという問題設定をある意味で逆転する必要があると論じたことが示している。そこでは、「民衆生活の具体的様相を究明するという課題は、民衆が特定の地域社会に根を下して生活するものである限り、いわゆる地方史研究の場において本来果たされねばならないものである」とし、「民衆の生活をかくあらしめた原因を究明するためには、研究者は歴史的諸条件の連鎖を次々とたぐって民衆を包み込んでいる構造全体（それは究極的にはこの民衆によって支えられている）を明らかにしなければならず、地方史研究と一国史研究とは、近代史においてはとくに、密接な協働関係を保たねばならない」と、地方史研究における地域構造の分析の重要性を述べ、「構造論と結合した民衆史の形成」(4)こそがわれわれの究極的な課題であると主張したのである。

この論文はそれなりのインパクトを歴史学界に与え、例えば、歴史学研究会と日本史研究会が編集した『講座日本歴史8　近代2』（東京大学出版会、一九八五年）は、「はしがき」において、「本巻の特徴は、中央・全国レベルの事実だけでなく、地方レベルの問題にも踏み込んだ分析を加えたことである」としており、同巻所収の神立春樹「産業革命と地域社会」は、「産業革命研究の究極課題は民衆の生活の具体的な様相の究明であるのに、それが〔大石編著には〕欠落しているという石井の指摘」に賛成であり、「産業革命による「民衆」生活の再編・「民衆」生活の実態の追究を筆者も究極課題としたい」として、地域編成の特質を究明した上で、岡山県の事例に即して民衆生活の変容を検討した。(5)

さらに、一九七四年には近代日本の国内市場の広がりを商品流通を手がかりに分析する「商品流通史研究会」が山口和雄氏を中心に発足し、私も一メンバーとして活動した。同研究会は、私にとっては、ほぼ同じメンバーによる「産業金融史研究会」の三部作（製糸金融・紡績金融・織物金融）の最終巻『日本産業金融史研究　織物金融篇』の第一章第一節として織物集散地の実態を鉄道・港湾統計を用いて究明した拙稿「織物集散地と集散地問屋の概況」（本書第四章に改題の上収録）の分析手法を継承・拡大する作業であった。一九八六年には、同研究会の成果として、山口和雄・石井寛治編『近代日本の商品流通』（東京大学出版会）を刊行した。研究会のメンバーが国内市場の検討を行う動機は必ずしも一致していなかったが、私自身の狙いは、同書の総論にあたる第一章「国内市場の形成と展開」（本書第三章に収録）に記したように、「地域に根をおろして生活する民衆の具体的な経済生活の実態に迫る」[6]ことにあり、同書は、その後活発化した物流史研究の「起点」になったと評価されている[7]。

このように一九七七年のサーベイ論文を起点とする私の地域構造に関する研究の究極の関心は、民衆生活の究明ということにあり、私にとっての地域研究とは民衆研究を目指す作業の一環であった。そして一九八〇年代にかけて、地域経済の研究はそれなりに進展したように思われるが、必ずしもそうではないとする研究史評価もある。例えば、高柳友彦氏による「地域」経済史研究についての研究動向は目配りの効いた優れた研究史整理であるが、石井の一九七七年の問題提起を受けて論点を掘り下げる「研究は続かなかった[8]」と指摘している。高柳氏によれば、「地域」に着目する新しい研究は、在来産業の再評価の中から生まれてくるのであり、谷本雅之『日本における在来的経済発展と織物業』（名古屋大学出版会、一九九八年）や中村尚史『地方からの産業革命』（同、二〇一〇年）に示される産業革命研究の新しい潮流と、大石編著や石井による内部批判によって代表される古い研究潮流との間には断絶があるということになる。

研究史の断絶は、研究者の世代交代に伴う問題関心や分析手法の変化によってしばしば生ずることであるが、産業革命の新旧の全体像が無関係に併存したままでは、研究の蓄積にもとづく発展を阻害することになろう。そこで、新旧の産業革命像はどこが違い、その違いはなぜ生じたのかを考えてみたい。大雑把な特徴づけをすれば、大石編著に代表される旧来の産業革命像は財閥を頂点とする中央ブルジョアジーが主導する「上から」の資本主義化であるのに対して、谷本・中村説の強調点は、在来産業や地方ブルジョアジーが活躍する「下から」の資本主義化であった。この違いは松方デフレを経過した後の企業勃興の分析の際に現れているのであるが、大石編著においては、松方デフレのもつ画期的役割が十分指摘されないまま、産業革命の話が始まっていた。すなわち、大石編著の序章「課題と方法」において、大石氏は、イギリス産業革命と比較しつつ、日本産業革命の特徴をつぎのように記している。

日本の産業革命は、ブルジョア革命の未遂行、半封建的土地所有の再編を歴史的前提にし、「マニュファクチュア時代」を本来の形で経過することなく、絶対主義国家による財政的・金融的収奪を軸とする原始的蓄積、小農民の貧窮分解と地主－小作関係の全国的形成を基礎として展開され、したがって、「右〔イギリス革命〕の如き一時代として決定的な産業革命として展開する余地少く、産業資本確立過程が軍事的半農奴制的な基本規定の下で行はれ、早くも産業革命は畸形化し萎縮するに至」ることである。(9)

ここでは、松方デフレに至る過程での資本の「原始的蓄積」が、「小農民の貧窮分解」としてのみ把握されており、ブルジョア的発展の契機は頭から否定されている。これは山田盛太郎『日本資本主義分析』の発想そのものであって、産業革命概念をそのまま日本に適用することを疑問とする山田氏の見解まで引用されている。(10) 言い換えれば、山田説に代表される講座派的見解の内部批判としての服部之總説を踏まえた大石氏の処女作『日本地方財行政史序説』がかつて強調した小ブルジョア的＝豪農的発展の問題(11)は、ここには全く引き継がれていないのである。この点については、大石氏も問題を感じていたようで、一九八九年の『自由民権と大隈・松方財政』の補論「批判と反省」では、海野福寿氏の論文「松方財政と地主制の形成(12)」に言及して、つぎのように論じている。

海野氏が、大隈と松方との殖産興業政策についての根本的差異、産業政策の基調とその政策基盤の転換を強調されたことは、大隈と松方の基本的な継続性を主張した私に対する批判となっている。……松方財政にいたって「産業・階級編成」が大きく転換することは、海野氏が指摘するとおりであろう。松方デフレの中で、農民層が貧窮分解し地主小作関係が拡大しただけでなく、豪農層も分解の波頭にたたされ、殖産興業に連係して産業資本に転成しつつあった商人層さえサバイバル競争を余儀なくされた。そうして、輸出産業についていえば、日本銀行・横浜正金銀行につながる都市銀行・売込商人の地方商人・製糸家に対する支配体制が確立していった(13)。

すなわち、大石氏は、松方デフレの中で「農民層」の貧窮分解だけでなく、海野氏の主張するように「豪農層」「商人層」も没落の危機に瀕するものが続出したことを認めるようになった。このように海野説を受容したのは、すでに大石氏の処女作においても、「下から」の豪農的発展が松方デフレの下での民権運動の敗北とともに消滅したとする評価がいちおうなされていたためであるが、さらに、大石編著における「上から」の産業革命の展開との整合性を保つためにも必要と考えたためであろう。

しかし、このように松方デフレ期における産業政策の基調と政策基盤の転換を通じて「下から」の豪農的発展が「挫折」したことを強調すると、「上から」の産業革命の展開に際して各地域において繰り返し出現する豪農層を担い手とする「下から」の経済発展をどのように位置づけるかを改めて問題にする必要が出てこよう。豪農層は、基本的な政策基盤としては否定されていたはずだからである。

大石編著において、その問題がもっとも鮮明に示されているのが、実は製糸業についての私の担当部分の分析であった。周知のように近代日本の製糸業は主として農村の豪農ないし中農を担い手として急激な発展を遂げ、産業革命末期の一九〇九年にはイタリア・中国を抜いて世界最大の生糸輸出国となり、長野県諏訪からは片倉組、山十組、小口組などは四〇〇〇釜以上という世界最大規模の製糸家が輩出した。こうした事実をもって「下からの途の貫徹」と見なす把握(14)に対して、私は、それは生糸売込問屋の流通・金融的支配に従属しつつ行われた発展であり、「売込問屋はさらに上部に位置する財閥資本家と金融面を通じて相互依存的に結合していた」ことを考慮すると、日本製糸業の発展の主たる条件は「売込問屋への従属を通じて財閥資本主導の資本主義化コースへ連携しえたことにあった」[15]と論じたのである。

こうした分析自体は基本的な正しさをもつと今でも考えているが、農民層を出自とする製糸家の急激な発展を「上から」の資本主義化の流れの中に位置づけようとするあまり、「下から」の動きそのものを内在的に評価する側面が弱くなったことは否めないであろう[16]。そうした偏りが、産業革命期における日本経済とくに地域経済のダイナミックな動きを評価する試みを阻み、研究史の断絶を生む一因となったことを反省しなければならないと思う。他方での在来産業の再評価に発する新しい研究潮流は、「上から」の資本主義化をカッコに入れていわば棚上げしたまま個別的分析を進める傾向があったため、そのままでは産業革命の全体構造の把握としては問題があることが明らかとなっている[17]。

では、大石嘉一郎説の豪農挫折論と中村尚史説の地方発展論はどのようにして統一的に把握できるのであろうか。一言でいえば、全体構造の動態を見据えつつ、その中での個々の経済主体の活動を内在的に把握することを通じてであろう。ここ一〇年ほど愛知県知多半島の経済発展を経済主体に即して究明する共同研究に携わって、私なりにこうした問題を解明する糸口を発見できたように思う。中西聡・井奥成彦編著『近代日本の地方事業家』に結実したこの共同研究は、知多半島の半田町の肥料商兼醬油醸造家の小栗三郎家が明治末期には日本屈指の巨大肥料商となったのはなぜかを究明したものであった。その際、同じ知多半島から名古屋その他に進出して銀行本支店を設立し、名古屋系・東京系大資本と対抗しつつ多角経営による地方財閥化を試みた小栗冨治郎家や井口半兵衛家が一九〇七年恐慌で挫折したのに対し、小栗三郎家はそれら名古屋系・東京系の大資本との正面対決を避けつつ大資本の資金力・流通力をむしろ利用することによって巨大化していった事実を突き止めることができた[18]。この事実は、松方デフレ期における豪農的発展が挫折し、大資本中心の産業革命が展開されるようになってからも、全国各地の豪農を担い手とする資本主義化の動きはなくなるどころかますます盛んになり、彼らがどこまで発展できるかは大資本の動きに対決するか共存できるかによって大きく異なったことを示唆している。大石説と中村説の統一的把握については、終章でさらに立ち入って触れたい。

このような筋道で考えることができるとすれば、近代における地域構造のあり方は、小経営の歴史的変容とその分解の中から生まれるさまざまな経済主体の活動を通じて決まるものと見てよかろう。もちろん主体の活動自体がその時々の活動環境をなす地域構造の発展段階、さらに全国・世界の経済・社会・政治構造によって制約されているが、最終的には地域の経済主体の選択によって構造自体も変化するものと見るべきであろう。問題は地域主体の構成をどのように捉え、その活動の中味をどう検討するかである。地域を動かす経済主体を代表するのは、実際には小経営の中から勃興してくるさまざまな規模の資本であり、その活動が地域経済のあり方を大きく規定してきたと考えるべきであろう。

かつては近代日本の地域経済の通時的特徴として、工業の地域的偏在ないし求心的構造が指摘されることが多かったが、実は近世日本とくにその末期においては、近代初期の一八七四年『府県物産表』が示すとおり地域経済における工業部門の比重は意外に均等であったのであり、産業革命の過程においても、資本制企業は大都市だけでなく地方においてもかなり広汎に誕生していた。工業の地域的偏在といわれる現象は、両大戦間期に重化学工業が大都市中心に発達することによりはじめて生じたのである（第二章「地域経済の変化」参照）。

そうだとすると、産業革命における企業勃興とくに地方における企業勃興を担った主体がどのようなものであったかが問われなければならない。後発資本主義日本では、資本制企業の中心は株式会社であるが、一九九五年の阿部武司・谷本雅之両氏の共同論文[19]は、出資リスクを担う資産家について地域社会とのかかわりを重視する「地方名望家」の存在が重視されるべきだという画期的な仮説を提起し、以後、資本制企業を支えた地方資産家の株式投資に関する研究が盛んになった。そうした中で、大阪府下貝塚の米穀肥料商廣海家の株式投資を分析した中村尚史・花井俊介両氏は、同家の株式投資が期待収益に敏感な経済合理性にもとづくものであったことを詳細に明らかにした[20]。株式投資における個人投資家の役割が戦前日本においてはきわめて重要であったことを考えると[21]、投資家層の形成と変動の究明が重要な課題となるが、データの収集・整理は十分とは言えない。武田晴人「大正九年版『全国株主要覧』の第一次集計結果」（一九八六年）[22]を超える研究が必要であろう。本書では渋谷隆一氏の編纂された浩瀚な資料集にも掲載されなかった帝国興信所調査『全国金満家大番附』（一九二九年一月）を収録し、昭和恐慌における有力資産家の盛衰を個別的かつ数量的に把握する途を開いた（第七章「昭和恐慌における階層別打撃」、附録「昭和初期の大資産家名簿」）。

資本の活動が地域経済のあり方を大きく規定するとすれば、資本の活動方向と地域に生きる民衆の利害とがどのような関係に立つかが問題となってこよう。資本の蓄積行動が地域住民の生活の安定と向上に役立つことが理想であるが、実際には資本の行動は地域内外の資本とのますます激しくなる競争関係によって規定され、資本利害と民衆利害が対立することも多い[23]。そうした資本の活動を規制し、経済格差を是正するためには、市場原理に頼るだけでなく、資本の対極に位置する民衆としての賃労働者の組織的活動をはじめとする地域レベルでのさまざまな民間組織の活動や国家権力の政策的介入が必要となってくるであろう[24]。

明治期の各地資本家は、商業会議所に結集し、東京商業会議所は国家の基本政策についても、例えば日清戦後経営における政府の「攻勢」的軍拡に対して「守勢」的軍拡で行くべきだとする批判（アジア大陸への侵略路線への批判）を試みたが、政府に押し切られた[25]。商業会議所の構成メンバーについては、商人中心だとする誤解が強かったが、第五章「商業会議所の性格と会員資格の格差」は、そうした誤解を解くべくメンバー構成を具体的に分析したものである。また、政府とりわけ大蔵省の意向を汲みつつ、地方産業の発展とも大きなかかわりをもった日本銀行については、第六章「中央銀行の制度と機能」において、フランスの中央銀行と対比しつつ支店網の広がりと活動に大きな限界が見られ、その結果、全体としての経済発展という中央銀行の第一の課題には貢献しながらも、地方を含む社会の安定を図るという第二の課題については不十分な貢献にとどまったことを明らかにした。

こうして、産業革命期に定置された軍事優位・中央優位の政策という大枠の下で、地方経済の発展は全体として困難な道を歩むことになり、中央資本との非対決路線を選んだ若干のもののみが発展した。昭和恐慌による打撃は第七章で明らかにしたように大資産家にとっては比較的軽微で済んだ反面、蚕糸業を中心とする地方産業を直撃したが、そうした結果を生む方向性は産業革命期を通じて生み出されたと言ってよい。

以上、第Ⅰ部にかかわる問題を述べたが、第Ⅱ部「地域史から見た全体史」では、地域経済の具体的分析を試みた論文・講演からいくつかを採録した。私は一九六〇年代から八〇年代はじめにかけて、『横浜市史』の編纂に加わったが、生糸・絹織物輸出や金融機関などの一部分を担当するにとどまった。一九八〇年代には群馬県史の編纂にかかわり、『群馬県史　通史編8近代現代（産業・経済）』（一九八九年）では、冒頭の「概説　群馬県経済の発達と産業構造の変化」をはじめいくつかの章を分担執筆し、群馬県がアジア太平洋戦争を転機に先進絹業地域から内陸重工業地域へと変容する中での民衆生活の全体像を究明することを試みた。だが、『横浜市史』の執筆は対象地域から特定の部分的局面を抜き出して論ずるという個別テーマに関する伝統的な学術論文のスタイルにとどまり、『群馬県史』の執筆は全体像の究明に努めつつもその困難さを経験することで終わった感があった。しかも、頁数が両者合わせて七〇〇頁を超えたため、それらの採録は見送った(26)。

第Ⅱ部に採録した三論文は、東日本の多摩、西日本の大阪と松山の地域経済を扱ったものであるが、いずれも幕末開港後の日本がなぜ独立を基本的に維持しながら経済の近代化に成功したのかという問題を、権力と民衆の中間に位置する商人・両替商の役割に注目する「商人的対応」として論じ、さらに、独立を達成した日本が帝国主義化して隣国の独立を否定していく問題を、商人主導の資本主義化とのかかわりで考察したものである。

すなわち、第八章「明治経済史再考――多摩「シルクロード」の人々」では、新選組の発祥の地多摩を攘夷思想の温床とみる通説に反して、輸出生糸を外国商人と取引することを通じて同地方には開明的精神が広がったと論じ、その中から横浜外国商館と結んで日本最大の器械製糸場を建設した萩原彦七が現れたが、内地への外資侵入を排除する政府方針の下で萩原への地元の評価は真っ二つに割れたことを指摘した。外資批判のこうした動きは伊藤内閣の「軟弱外交」批判となり、日清戦争への途を掃き清めた。

続く第九章「日本近代史上の上方経済――その役割の再評価」は、幕末の大坂が商業面では地位を低下させながらも金融面では三井大坂両替店を中心に手形市場が活性化して開港場での日本商人の活動を支えており、そうした商人・両替商の利益が明治期に紡績業などへと投下されたことを指摘した上で、上海在華紡への直接投資を行った関西の巨大紡績は中国との友好関係を重視して「満州」での領土侵略に批判的であったが、軍部批判を貫くことができなかったことを明らかにした。

最後の第一〇章「再考・維新経済史――四国松山から」は、幕末の攘夷路線の根底には対外独立の精神が息づいており、近代化を目指す開港路線と統合されて「攘夷のための開国」論（勝海舟）が政局と「商人的対応」を主導し、商人・両替商の蓄積資金が日本の産業革命の投資源泉となったこと、日清戦後のソウル・プサン間の鉄道建設のためには日本全国の地主・商人が株主となり、愛媛県での応募率は全国トップクラスであったが、同鉄道は日露対立の焦点となり、朝鮮の独立を踏みにじる結果を招いたことを指摘した。

以上のように、既発表の論文からなる本書の対象は、主としてアジア太平洋戦争以前の戦前日本経済に限られるが、その検討を通じて、経済発展に内在する独立と侵略の両面的性格がなぜ生じたかを理解する手がかりを読み取っていただければ幸いであり、さらに戦後日本経済における国家権力と地域社会の関係についても、戦後改革による構造的断絶を強調する通説にもかかわらず、連続的側面が色濃く存続することをはじめ、何らかの教訓を読み取って下さることを期待したい。

（1）　中村政則「山田『分析』と産業革命研究会」（大石先生追悼文集刊行会編『日本近代史研究の軌跡——大石嘉一郎の人と学問』日本経済評論社、二〇〇七年）一三六頁。

（2）　石井寛治「産業革命論」（石井寛治・海野福寿・中村政則編『近代日本経済史を学ぶ（上）明治』有斐閣選書、一九七七年）。

（3）　同上書、七二―七三頁。大石編前掲書に民衆生活の分析が欠けているという点は、遠山茂樹氏が指摘されていたが、どこに書かれていたかが、いま思い出せない。

（4）　同上書、七四、八六頁。今から考えると、ここでは「民衆生活」を「消費」に即して捉えることを強調するあまり、「生産」の発展という側面への言及が欠けていた。

（5）　この後、神立氏は、産業編成、地域編成、生活編成の三部からなる産業革命論として、『産業革命期における地域編成』（御茶の水書房、一九八七年）、『近代産業地域の形成』（同、一九九七年）、『明治期の庶民生活の諸相』（同、一九九九年）を刊行された。なお、本書では「地方史」と「地域史」、「地方経済」と「地域経済」という用語をともに用いている。近代日本史の歴史叙述に際して「地方」と「地域」のいずれを用いるべきかについては、歴史学界では古くから議論がなされてきた。「地方」は「中央」と対比して用いられ、地方財政の中央財政への従属的地位が示すように、「中央」史ないし「一国」史・「全体」史への従属を含意することが多いため、近代日本の実態を踏まえる意味では「地域」よりも「地方」を使うべきだとする意見がかつては強かったように思う。しかし、最近では、如何に従属的な実態があったにせよ、「地方」に生きる民衆の主体性がなくなるわけでは決してないという立場から、あえて「地域」概念を積極的に用いるべきだという意見も多くなっているようである。本書では、「中央」ないし「全国」との客観的対比を意識する場合は「地方」を用い、地域民衆の主体性を重んじる場合には「地域」を意識的に用いることにした。第Ⅰ部を「地域史と全体史をつなぐ」とし、第Ⅱ部を「地域史から見た全体史」と名付けたのは「地域」の主体性を強調したものである。しかし、既発表論文の文脈の如何によっては、いずれの用語法にも一長一短があり、必ずしも厳密に使い分けがなされているわけではない。

（6）　石井寛治「国内市場の形成と展開」（山口和雄・石井寛治編『近代日本の商品流通』（東京大学出版会、一九八六年）五頁。

(7)　[座談会] 高村直助・石井寛治・原朗・武田晴人「「体験的」経済史研究」(石井寛治・原朗・武田晴人編『日本経済史6 日本経済史研究入門』東京大学出版会、二〇一〇年) 二六頁の高村氏発言。

(8)　高柳友彦「「地域」経済史研究の現状と課題――近代日本経済史研究を中心に」(『歴史学研究』九二九号、二〇一五年三月) 二二頁。

(9)　大石嘉一郎編『日本産業革命の研究』上巻(東京大学出版会、一九七五年) 一七頁。

(10)　山田盛太郎『日本資本主義分析』(岩波書店、一九三四年、岩波文庫版、一九七七年) 二二〇頁。

(11)　大石嘉一郎『日本地方財行政史序説』(御茶の水書房、一九六一年) 二〇八-二〇九頁。そこでは、自由民権運動期の経済発展が、農民層のブルジョア的発展を推し進める「変革的コース」と、寄生地主-商人資本の産業資本への転化の「改良的コース」の対抗であったこと、前者を主導した小ブルジョア=豪農は「それが地主=商人資本へ転化する傾向においてのみ産業資本化しうるものである限り、つねに、反動的コース=近代的進化の「上からの道」に合流して行く傾向にあった」と小ブルジョアとしての豪農の発展の内在的限界が強調されていた。

(12)　海野福寿「松方財政と地主制の形成」(『岩波講座日本歴史15　近代2』一九七六年)。

(13)　大石嘉一郎『自由民権と大隈・松方財政』(東京大学出版会、一九八九年) 三四二-三四三頁。大石氏が海野説を認めざるをえなかったのは、海野氏が強調する大隈財政期の直輸出政策の主たる担い手である群馬県の豪商農の活発な動きを、主に福島県を考察対象とされてきた大石氏が全く視野の外に置いてきたためではないかと思われる。

(14)　矢木明夫『日本近代製糸業の成立』(御茶の水書房、一九六〇年) 二六二頁。

(15)　大石嘉一郎編前掲『日本産業革命の研究』上巻、一九〇頁。

(16)　日本銀行を頂点とする製糸金融のシステムの役割を強調した石井寛治『日本蚕糸業史分析』(東京大学出版会、一九七二年) の把握に対して、先端的な製糸経営のあり方を生産面を中心に説いた中林真幸『近代資本主義の組織――製糸業の発展における取引の統治と生産の構造』(東京大学出版会、二〇〇三年) に代表される諸批判の多くは、拙著のそうした偏りを問題としたものであった。私のように売込商の支配体制を強調する見方だけでは、売込商に依存して発展する製糸家の中から、片倉製糸や郡是製糸のように、流通面と金融面で売込商の支配を脱却する動きが出てくることを正当に評価することが難しくなることは確かである。

(17)　この点は、武田晴人「産業構造と金融構造」(歴史学研究会・日本史研究会編『日本史講座8　近代の成立』東京大学出版会、二〇〇五年）の研究史整理において明確に指摘されていたが、中村尚史『地方からの産業革命』の地方企業家の分析が、実際には中央資本とも密接に関係しつつなされていることにおいても示されており、また、谷本雅之氏が自らの「在来的経済発展」の概念化の狙いが「近代部門と中小部門は、日本の「近代化」の中で生じた異なる産業発展パターンとして定置」することにあると論じていることからもうかがえる（谷本雅之「「在来的経済発展」論の射程――「在来」・「近代」の二元論を超えて」荒武賢一朗・太田光俊・木下光生編『日本史学のフロンティア1　歴史の時空を問い直す』法政大学出版局、二〇一五年）。谷本氏は最近、沢井実氏との共著『日本経済史――近世から現代まで』（有斐閣、二〇一六年）において、近代日本の経済発展を、それぞれ固有の論理を有する「在来的経済発展」と「近代的経済発展」の相互作用の過程と見なし、「複層的経済発展」と呼んでいる。そこでは、規模拡大の論理が産業ごとに異なることが指摘されているが、松方デフレ期を画期とする豪農的発展の挫折という全構造的な変化は認められておらず、同一産業内での大経営と中小経営の競争のあり方への言及も乏しい。

(18)　中西聡・井奥成彦編著『近代日本の地方事業家――萬三商店小栗家と地域の工業化』（日本経済評論社、二〇一五年）第九章、第一〇章参照。こうした発展は、大資本との正面対決を避けつつなされる「非対決型の発展コース」として定式化できよう（石井寛治「近代における愛知県経済の歴史的位相」『愛知県史のしおり』資料編㉛、二〇一三年、参照）。

(19)　谷本雅之・阿部武司「企業勃興と近代経営・在来経営」（宮本又郎編『日本経営史2　経営革新と工業化』岩波書店、一九九五年）。谷本氏は、前掲沢井実・谷本雅之『日本経済史』において、「名望家」的な投資動機を収益以外の社会的な動機にまで拡張して考えれば、渋沢栄一のような産業ナショナリズムにもとづく広範な財界活動も含めることが可能であるとし、「リスク・テイキングな企業家的投資家の出資が企業の設立計画を先導し、名望家的動機をもつ投資家がそれを支え、そこにレントナー的投資家が追随することで、資産家の蓄積資金の新規産業・企業への糾合が可能となった」（一七三頁）とした。

(20)　中村尚史「明治期の有価証券投資」、花井俊介「大正・昭和戦前期の有価証券投資」（石井寛治・中西聡編『産業化と商家経営――米穀肥料商廣海家の近世・近代』名古屋大学出版会、二〇〇六年）。もっとも、廣海家の有価証券投資の原資が日清戦争直後に商人利益から配当利益に変わったのは、同家が固執した魚肥扱いが伸び悩んだことと裏腹の事実にすぎず、知多半島半田の肥料商小栗家のように魚肥から大豆粕へ転換する一般的傾向の例外のケースだということが判明した。それとともに、花井俊介「有価証券投資とリスク管理」（中西・井奥編著前掲『近代日本の地方事業家』第一章）は、小栗家の投資行動が、地元企業への名望家的投資のリスク管理が甘い反面、安定的な公社債投資の収益によってリスクヘッジを行うことによって、廣海家以上に地域工業化に貢献しうることを明らかにした。
(21) 中西聡「地方資産家の投資行動からみた近代日本――資産家資本主義の生成」(『三田学会雑誌』一〇八巻四号、二〇一六年一月)参照。
(22) 武田晴人「大正九年版『全国株主要覧』の第一次集計結果」(東京大学『経済学論集』五一巻四号、五二巻三号、一九八六年一月、一〇月)。
(23) 松嵜久実『地域経済の形成と発展の原理――伊勢崎織物業史における資本原理と地域原理』(GAP出版、二〇〇一年)は、伊勢崎織物業の発展は、同産地の諸企業が、利潤追求という資本原理だけでなく、地域社会の人々の利害を尊重するという地域原理を補完的に採用することによって実現したことを明らかにした。貴重な分析であるが、松嵜説のいう地域原理とは、押し詰めると民衆生活の利害であるように思われる。同書の問題提起は、武田晴人編『地域の社会経済史――産業化と地域社会のダイナミズム』(有斐閣、二〇〇三年)でも注目されている。
(24) もっとも、労働組合の活動が地域民衆の利害に合致せず、公害に対する労働組合の態度のように、逆に対立することもあることは、宮本憲一『戦後日本公害史論』(岩波書店、二〇一四年)が明らかにしたとおりである。また、経済力が集中したことが自動的にそこに住む人々の暮らしを豊かにするとは限らないことは、例えば、柴田徳衛氏の『柴田徳衛版東京物語　東京の常識は世界の非常識』(自治体研究社、二〇〇三年)が、世界的視野に立って鋭く指摘している。権力の介入が格差を拡大することもあることは、阿部恒久『「裏日本」はいかにつくられたか』(日本経済評論社、一九九七年)が詳しく実証している。なお、公共投資の地方分散による格差是正策が、歴史的条件如何によっては必ずしも現実的な政策とは限らない点を鋭く指摘したものとして、藤井信幸『地域開発の来歴――太平洋ベルト地帯構想の成立』(日本経済評論社、二〇〇四年)がある。
(25) 石井寛治『帝国主義日本の対外戦略』(名古屋大学出版会、二〇一二年)三一-三三頁参照。その場合、臨時商業会議所連合会に提出された渋沢らの建議案を否決して東京単独での建議にさせた立役者が、横浜正金銀行副頭取の高橋是清であったことは、後年軍部と鋭く対立した高橋のイメージから見て意外である。
(26) このほか、一九八五年から一九九二年にかけて、畏友林玲子氏の依頼により、茨城県真岡町の町史資料編のうち、製糸経営に関する資料編二冊の編纂に協力した。そのときの経験により、信州系製糸の拡大方式がむしろ非合理=異常な蓄積路線だという発見をしたことについては、「地域経済史から国民経済史へ」(『茨城県史料』付録㉗、一九九一年)を参照されたい。

第Ⅰ部　地域史と全体史をつなぐ

第一章　産業革命論

――民衆生活の視点から

冒頭に、一九七七年に執筆したサーベイ論文「産業革命論」（石井寛治・海野福寿・中村政則編『近代日本経済史を学ぶ（上）明治』第Ⅱ章「資本主義の確立」第一節、有斐閣）を収録するのは、大石嘉一郎氏を中心とする「産業革命研究会」が一九七五年に刊行した『日本産業革命の研究』が諸部門の産業資本の形成過程を詳しく論じた反面、産業革命が民衆生活をどのように変容させたかという問題の検討をなおざりにしたことを反省＝批判し、地域に生きる民衆の生活のあり様を民衆を包み込む構造とかかわらせて究明しようと提言したためである。産業革命研究のいわばピーク時の研究状況が示されているので、副題を添え、〔　〕で若干の追記を行ったほかは訂正せずにそのまま収録した。

一　研究史の現状

研究の進展

日本産業革命を対象とした科学的研究は、野呂栄太郎『日本資本主義発達史』（岩波書店、一九三〇年）、山田盛太郎『日本資本主義分析』（岩波書店、一九三四年）に始まる歴史をもっているが、数多くの研究者による詳細な実証研究が行われるようになったのは、しばしば指摘されるように一九六〇年代以降のことである。一九六〇年代初頭の状況は、大石嘉一郎の一九六三年度歴史学研究会大会報告が触れているとおり[1]、古典的見解たる山田説に対して一方では楫西光速・大島清・加藤俊彦・大内力ら旧「労農派」の流れを汲むいわゆる宇野学派から主として理論的な批判が出され[2]るとともに、他方では旧「講座派」的発想に立ちつつ主として実証の方法にかかわる古島敏雄の見解が出されていた[3]。

一九六〇年代は、さまざまな立場からの個別実証研究が進展した時期であり、その成果は一九七〇年代前半にかけて次々と発表された。それらは、いずれも旧来の「講座派」「労農派」の水準を克服しつつ新たな理論構築を行っているため、何派に属するといった分類学的整理はあまり意味がないが、それぞれの理論的傾向に即して強いて区分すれば、佐伯尚美『日本農業金融史論』（御茶の水書房、一九六三年）、林健久『日本における租税国家の成立』（東京大学出版会、一九六五年）、柴垣和夫『日本金融資本分析』（東京大学出版会、一九六五年）、長岡新吉『明治恐慌史序説』（東京大学出版会、一九七一年）、高村直助『日本紡績業史序説』（塙書房、一九七一年）などが、宇野理論に立つか、それに近い立場からの実証研究であり、高橋誠『明治財政史研究』（青木書店、一九六四年）、暉峻衆三『日本農業問題の展開』（東京大学出版会、一九七〇年）、石井寛治『日本蚕糸業史分析』（東京大学出版会、一九七二年）、永原慶二・中村政則・西田美昭・松元宏『日本地主制の構成と段階』（東京大学出版会、一九七二年）、神立春樹『明治期農村織物業の展開』（東京大学出版会、一九七四年）などは、旧「講座派」の延長線上に位置するものといえよう。また、兵藤釗『日本における労資関係の展開』（東京大学出版会、一九七一年）のような社会政策＝労働問題研究の分野での労作も出現した[4]。さらに、古島説と基本的に共通する見解をより精緻な形で論ずる星埜惇『社会構成体移行論序説』（未来社、一九六九年）が現れ、明治末－昭和初頭に産業革命期を求めつつ社会構成体の経済構造＝土台の転換（半封建制→資本制）を論じたが、この見解は、中小工業史研究（尾城太郎丸『日本中小工業史論』日本評論社、一九七〇年）や農業史研究（持田恵三『日本農業の近代化と日本資本主義の成立』御茶の水書房、一九七六年）において賛同者を生んだだけでなく、政治史研究にも重大な屈折をともないつつ影響を与えた[5]。

研究の総括

このように、理論的仮説や個別実証分析がいくつも現れたにもかかわらず、日本産業革命の総体を正面から理論的かつ実証的に論じた総括的研究はなかなか現れなかったため、研究状況の細分化が嘆かれていたのであるが、最近における大石嘉一郎編『日本産業革命の研究』上・下（東京大学出版会、一九七五年）の出現は、そうした状況にいちおうの終止符を打ったということができよう。同書は、大石嘉一郎（課題と方法、階級構成2）、高村直助（産業・貿易構造、恐慌）、石井寛治（金融構造、産業資本2　絹業）、西村はつ（産業資本1　綿業）、加藤幸三郎（財閥資本）、佐藤昌一郎（国家資本）、中村政則（地主制、階級構成1）、村上勝彦（植民地）といった東京在住の研究者による一〇年余の共同研究の成果であり、一九六〇年代に推し進められた日本産業革命研究の総括といってよい。だが、いうまでもないことであるが、これで日本産業革命研究が完成したわけでは決してない。その点は、同書序言に記されている三つの問題点（①資本主義と地主制の関連、②国際的契機と国内的要因の関連、③国家と経済の関連）が、同書各章の叙述の中で決して十分に掘り下げられていない事実一つをみても明らかであるし、同書内部における執筆者間の見解の対立をみても明白であろう。たとえば第三点の国家と経済の関連についてみると、共著者の一人中村政則による日清「戦後経営」研究が序章で言及されているにもかかわらず、章別編成から肝心の財政構造が脱落している有様であり、その他の諸論点についても同書の叙述は決して十分なものではない。その意味では、同書は一九六〇年代における産業革命研究の到達点を示すものであっても、一九七〇年代さらには一九八〇年代の研究方向を指し示すものとは必ずしもなりえていないといわねばなるまい。最近の近代史若手研究者の問題関心は独占段階へ集中する傾向があるが、産業革命研究がいいかげんなままではその後の時期を歴史的にとらえることなどおよそ不可能である以上、産業革命の個別実証が今後さらに深められる必要があるとともに、全体像についてもたとえば石井寛治『日本経済史』（東京大学出版会、一九七六年）のような単独の著者による一貫した論理に立った体系的把握が、さまざまな立場から積極的に提示される必要があろう。

産業革命と市民革命

では、日本産業革命研究において今後さらに検討すべき論点は何であろうか。まず、産業革命総体にかかわる論点で未決着のものからみてゆくと、産業革命概念とその適用をめぐる対立がある。これらの点は、大石編前掲書においても執筆者間になお意見の対立を残したままとなっている大きな論点であった。産業革命概念についての対立とは、一言でいえば山田らの二部門定置説と大内らの綿工業中心説の対立であるが、私見によれば、後者が立論の根拠としているイギリス産業革命前夜の衣料品生産が農業と結合した自給的家内工業だったという史実認識は今日の実証水準に照らして全くの誤りとしかいいようがない。また、二部門定置説の後進国への適用の手続きについては、ストレートに適用せんとする古島説のような立場は、今次大戦まで産業革命が続いたとでもしないと首尾一貫しないおそれがあり、やはり山田説のような後進国特有の産業革命概念を構成し、一種の類型把握を行うべきではないかと思う。だが、これらの点についての私見は、前掲『日本経済史』で述べたので、ここでは詳論を避けたい(6)。

産業革命総体にかかわる論点で難しいのは、むしろ、日本産業革命の進展を社会構成体全体の性格規定との関連においてどうとらえるかということ、別言すれば産業革命と市民革命との関連を日本においてどう理解するかという問題であろう。大内力『日本経済論』（東京大学出版会、一九六二年）に代表される明治維新＝ブルジョア革命説に立てば、日本産業革命はすでに市民革命の課題が達成された上で出現したことになるから、上記のような論点ははじめから問題となりえない。しかし、同書の論理構造をやや立ち入って検討すると、実は同書の明治維新＝ブルジョア革命説自体が、その論拠の一つとして維新後における産業革命の出現という事実を考えており、そこには、産業革命は必ず市民革命を前提とし、市民革命とは産業革命をもたらしうるような社会革命であるという単純明快な命題があるように思われるのである。だが、このように、異なった発展段階にある複数の生産様式が一つの社会構成の中に鋭い緊張をはらみつつ共存する可能性をはじめから論理的に否定することは、過渡期の複雑な社会構成を把握する手掛りを放棄することになるであろう。

また、古島・星埜説の影響を受けつつ、しかも結論的には星埜説と異なって、大正デモクラシー期に進められた「絶対主義権力からブルジョア権力への転化」が「一九二四(大正一三)年の護憲三派内閣の成立で実現する」ことを主張する遠山・永原仮説や、大正デモクラシー期に開始された「上からのブルジョア革命」が一九三八年国家総動員法成立を指標とする天皇制ファシズムの完成とともに完成されるとする後藤説については、(7)権力論を階級構造論から説く方法上の問題がなお未解決のまま残されているように思われる。この点については、産業革命研究の側からの問題提起として、大塚久雄「産業革命の諸類型――社会の構造変革との関連において」(『土地制度史学』三六号、一九六七年、『著作集』第五巻、所収)、水沼知一「「日本資本主義論争」における「国民経済」問題」(大塚編『後進資本主義の展開過程』アジア経済研究所、一九七三年、所収)、大石嘉一郎「近代史序説」(『岩波講座日本歴史14　近代1』一九七五年、所収)などが参照さるべきであり、最近の日本史学界において盛んに論ぜられている天皇制国家論については、本章補論〔上巻第Ⅱ章「資本主義の確立」の最後に収録された山崎隆三「補論　近代天皇制論(1)」〕があるので、ここではこれ以上この問題には立ち入らないこととする。

産業革命と自己認識

本節〔本書第一章を指す〕で試みてみたいのは、従来の産業革命研究が暗黙のうちに前提してきた研究目的のいわば原点に立ち戻って、研究のあり方そのものを問い直すという作業である。産業革命研究の目的は、われわれの歴史的な形での自己認識にあるわけであるが、そうした目的に照らしてみた場合に、従来の産業革命研究はどこまでわれわれの自己認識を豊かにしたといえるであろうか。もちろん、この「われわれ」に何を含めるかで話は大分違ってくるが、ここでは、日本人の大多数を占める「民衆」(8)（＝被支配者）ということにしたい。そうすると、従来の産業革命研究は民衆の生活の具体的な様相を歴史的な広がりの中でどこまで究明しえたかということになるわけであるが、その点では従来の研究成果の蓄積は、門脇禎二ほか編『日本民衆の歴史』全一〇巻（三省堂、一九七四年）のような試みや、中村政則『労働者と農民』（『日本の歴史』29、小学館、一九七六年）のような優れた成果もあるとはいえ、全体として意外と乏しいことを認めざるをえないであろう。その原因を探りつつ、解決への手掛りを見出すことが以下の課題である(9)。

二　一国史と地方史

民衆生活の究明

日本経済全体を問題としてきた従来の産業革命研究も、さまざまな形で民衆の問題に触れてきたし、その成長の過程（階級的自覚と組織化）が例えば賃労働史研究の形で進められてきたことは、賃労働に関する節〔第Ⅱ章第三節、西成田豊「日本型賃労働の成立」〕で示されるとおりである。また、農業や製糸業あるいは織物業に関する研究は、多様な地域性をそれぞれ明らかにすることを通じて、民衆の生活の場にメスを加えていることも事実である。しかしながら、従来の産業革命研究が実証を深める過程でしばしば個別産業部門をとりあげる形をとってきた結果、仮に地域性の指摘がなされたとしても、それはあくまでも各地域の全体構造の中から特定産業部門をぬき出して性格づけをしているだけで、地域の中に生きる民衆がかかわりをもたざるをえない諸条件の一部しか照らし出していないのである。

このように考えると、民衆生活の具体的様相を究明するという課題は、民衆が特定の地域社会に根を下して生活するものである限り、いわゆる地方史研究の場において本来果たされねばならないものであることが明らかとなろう。産業革命期の地方史研究の深化を通じて初めて日本産業革命の全体像が彫の深いものとなりうると同時に、われわれの自己認識に直接連なってくる祖先の再生産の場と祖先の生活の姿が具体的な形で究明されるのではなかろうか。もっとも、だからといって筆者は、「○○地方の産業革命」といったテーマを設定すべきだと主張しているのではない。産業革命自体はあくまでも国民経済にかかわる概念であり、「○○地方の産業革命」というテーマはその意味では成り立ちようがない。必要なのは、「産業革命期の○○地方経済」の研究であり、そこにおける民衆の生産と消費の具体相（その変化）の把握なのである。

近代地方史研究の課題

従来せいぜい近世史までしか扱ってこなかった地方史研究の中に、最近は近代史を対象とするものが増加しつつあることは喜ばしい現象である。県史や市町村史の中にも近代史にかなり大きなスペースをさくものが出てきており、見事な叙述がなされているケースも見受けられる。その意味では、上述したような課題も次第に究明されてゆく機運が出はじめているように思われるが、その際、考えておくべき問題は、民衆生活の具体相としていかなる現象を明らかにすればよいのかということと、そうした現象を出現せしめる原因をどう明らかにするかということであろう。

まず、前者についていえば、経済史としては、生産と消費の双方のあり方が明らかにされなければならない。従来の研究は生産＝労働の場に関心を集中しがちであり、そのこと自体は基本的な正しさをもっているのであるが、だからといって労働主体の再生産の場としての消費生活の具体相の究明が放置されることまで正しいとするわけにはゆかない。産業革命を通じて日本の民衆がどのような生産諸力を作り出したのかが明らかにされるだけでなく、そうした生産諸力が民衆の具体的な生産と消費の生活をいかに変えたかということもまた、否それこそが究明されるべきなのであって、そのためには労働の場とともに消費の実態が明らかにされる必要があるのである。民衆の消費生活は、国内市場の一部をなすものとして、生産のあり方にもはね返ってくる性格のものであり、その点の究明の必要が早くから指摘[10]されながら手がつけられていないため、旧「講座派」の国内市場狭隘論は実証主義的批判の好個の対象とされている[11]。地域差・階層差を明確にした消費構造の史的研究が早急に進められねばならない。

なお、民衆の生活という場合、生産手段から引き離されたまま、それとの再結合を支配者層によって拒否され、その結果最低限の消費（肉体の再生産）すらままならぬ境遇に突き落とされた最底辺層にまで分析の手が届かない限り、民衆の現実の姿を突き止めたとはいえないことが留意されるべきであろう。その意味では、たとえば、資本制生産特有の産業循環にともなう失業者の行方や、東北をはじめ各地方で頻発した凶作にともなう飢餓状況の実相などが跡づけられることも必要である[12]。そうした研究が進むにつれて、産業革命にとって民衆が何であったかということではなしに、逆に、産業革命なるものが個々の民衆にとっていったい何であったのかという基本的な問題への答えが提示されるようになるであろう。

ところで、そのようにして、民衆の多様な生活の具体相が究明されたとして、その原因をどうとらえるかという後者の問題になると、近代史特有の困難な問題に突き当たることになる。それは、民衆の生活がかかわりをもつ範囲が近世とは比較にならぬほど広がりを増すだけでなく他者との「交通」（フェアケール）の密度が格段に高まる反面、その連関が不透明になるということである。資本家による剰余労働の搾取のメカニズムが封建領主と農奴の間のような赤裸々な姿をとらないことは周知のとおりであるが、天皇制国家による租税収奪もまた地租から関接消費税へと中心を移す過程で隠微な形へと化してゆく。その結果、産業革命を通じて民衆の生活水準が若干でも上昇すると（それは民衆がよく働いたためであって、むしろなぜもっと上がらないのかの方が問題なのだが）あたかも産業革命を主導した支配者層の功績であるかのように受け取ったり、あるいは地元の政治家の努力でその地方の生活環境が良くなったことを全くの恩恵であるかのように錯覚したりする事態が生ずるのである。それゆえ、民衆の生活をかくあらしめた原因を究明するためには、研究者は歴史的諸条件の連鎖を次々とたぐって民衆を包み込んでいる構造全体（それは究極的にはこの民衆によって支えられている）を明らかにしなければならず、地方史研究と一国史研究とは、近代史においてはとくに、緊密な協働関係を保たねばならない。あたかも、近代史における一国史分析が世界史分析と密接な連携を保たねばならないように。

地帯構造論

一国史研究と地方史研究の協働関係をどのように作り出してゆくべきかについては、研究者や研究組織のあり方を含めた多くの問題が検討されるべきであるが[13]、ここでは一国史研究に携わる者の側から提出しうる媒介環としての地帯構造論について考えてみたい。地域性の検討は、個別産業史研究の中でもすでにかなり行われてきており、古島敏雄『産業史』Ⅲ（山川出版社、一九六六年）なども地域性の検出に力を注いでいるが、それらがそのまま各地域の内部構造を示すものではないことはさきに触れたとおりである。しかし、それらはいわば対象の姿を探り出すためにある地点から夜空に向けてサーチライトを放ったようなものであり、そうした光線が何本も交錯する中で次第に特定地域の内部構造が浮かび上がってくることも事実であろう。その意味で、地帯構造論はなるべく多角的な見地から設定されることが望ましい。

資本・賃労働の地域性

ここでは例示的な試みとして府県単位の資本と賃労働の関係のあり方を示す表1－1を掲げよう。資本の動きをみる指標に銀行貸出額をとったのは、地方産業には会社組織をとらないものが多いため会社資本金統計は必ずしも適当

表 1-1　資本・賃労働の地域性（1907-09 年）　（千円，人）

府県名	銀行貸出･a	賃労働者･b	a ／ b（円）	府県名	銀行貸出･a	賃労働者･b	a ／ b（円）
東京	311,328	114,058	2,730	福井	9,465	21,611	438
神奈川	64,857	25,923	2,502	長崎	9,796	23,177	423
静岡	43,414	24,493	1,772	秋田	6,479	20,690	313
新潟	37,391	22,038	1,697	岩手	4,270	13,637	313
大阪	146,506	99,277	1,476	佐賀	8,176	31,745	258
兵庫	80,842	68,711	1,177	福岡	25,045	116,300	215
三重	21,294	20,048	1,062	青森	10,660	1,909	5,584
茨城	11,595	11,446	1,013	山口	16,763	6,467	2,592
山形	12,608	13,622	926	大分	9,990	4,060	2,461
愛知	61,327	70,014	876	富山	17,627	7,645	2,306
京都	37,792	44,114	857	奈良	6,971	4,254	1,639
山梨	14,189	16,799	845	和歌山	15,323	9,420	1,627
栃木	16,679	20,712	805	千葉	11,108	6,864	1,618
岐阜	18,174	22,785	798	滋賀	11,658	8,010	1,455
北海道	20,979	26,836	782	宮崎	4,274	3,076	1,389
群馬	11,733	15,697	747	香川	6,966	5,264	1,323
愛媛	13,880	18,795	739	島根	6,885	5,352	1,287
岡山	16,119	22,659	711	沖縄	1,905	2,099	907
福島	11,385	18,154	627	鳥取	4,368	5,142	850
広島	21,193	33,982	624	宮城	6,155	9,843	625
長野	29,767	54,039	551	熊本	5,084	8,579	593
石川	9,843	18,851	522	高知	3,256	6,767	481
鹿児島	6,163	12,760	483	徳島	2,837	8,945	317
埼玉	12,770	26,772	477	計	1,236,896	1,153,441	1,072

出典 1）銀行貸出は大蔵省理財局『第 32 次銀行及担保付社債信託事業報告』による 1907 年末における普通銀行・貯蓄銀行の貸出残高合計．

出典 2）賃労働者数は石井寛治「地域経済の変化」（佐伯・小宮編『日本の土地問題』東京大学出版会，1972 年）による 1909 年末の官民工場・鉱山労働者数．

でないことを考えたためである。銀行貸出額と鉱工業賃労働者数の関連を説明するには、貸出先構成や資金需要（有機的構成や自己資本比率など）のあり方などが当然考慮さるべきだが、本表からはむしろ、そうした各地方内部の諸条件だけでは説明し切れぬ大きなアンバランスが賃労働者一人当たり貸出について存在することが注目されねばならない（さらに都市銀行支店の貸出の問題がある――後述）。賃労働者数が一万人をこえる道府県は三〇に及び、この産業資本確立期には後年と異なり紡織工業と鉱山業の比重が高い結果、鉱工業におけるある程度の地方分散傾向がみられるのであるが、そうした地方の内部において、賃労働者一人当たり貸出が全国平均をはるかに上回る東京・神奈川・静岡・新潟・大阪といったところがある反面、福岡・佐賀・岩手・秋田・長崎に代表されるきわめて低い地方が存在するのである。

これは、上述の地方内部の諸条件のほかに、京浜・大阪などの中央資本による地方進出ないし地方支配の問題を導入しなければ到底理解しがたい現象だといわねばなるまい。中央の財閥系資本が重工業や鉱山業を福岡以下の上記諸県で経営する場合には、経営資金はほとんど中央から持ち込まれているのである[14]。また信州系器械製糸業の製糸場がある長野と埼玉が蚕糸業地域のなかでもとりわけ低位にあるのは、彼等への横浜生糸売込問屋の強力な前貸金融の存在に一因があるといえよう[15]。こうした資金過剰地と資金不足地の共存は、両地域間の資金的連関を示しており、その連関の究明を通じて、一見かなりの地方分散性を保って自立性があるかにみえる地方所在企業の資金面での中央依存性とその結果としての中央資本による地方経済支配の実態が明確にされてくると思われる。

しかも中央資本による地方経済支配のルートは以上述べた諸問題に尽きるものではない。地方所在の銀行の貸出の中には、東京・大阪・名古屋に本拠を有する都市銀行支店からのものが実はそうとう多く含まれており[16]、また地方銀行の中には特定の都市銀行と親銀行－子銀行の関係を結んで、資金不足の際に借入金を仰ぐとともに資金過剰時には預け金を行っているものがしばしばあるのである。そうした場合には、両者の力量の差からして親銀行－子銀行の関係が支配－被支配関係を含むことは不可避であった。地方社会の中央依存構造を強化するものとしては、このほかに財政機構を介する地方の収奪→再分配の問題があるが、その点はあとで触れることにしよう。

〔賃労働を用いる〕生産に視点をすえた場合、最大の産業分野たる農業がここでは脱落する結果となっているが、しばしば指摘される農業経営と地主的土地所有の〈東北型〉と〈養蚕型〉と〈近畿型〉の問題も、具体的な実証を通じてさらに明確化される必要があることはいうまでもない。その際、〈出稼農家〉・〈養蚕農家〉・〈職工農家〉などと特徴づけられる各地帯の小作農民経営の再生産のメカニズムを明らかにすることが一つのポイントをなすわけであるが、その場合にここで触れた資本・賃労働の地域性も関係してくるであろうし、牛山敬二『農民層分解の構造』（御茶の水書房、一九七五年）が提起している農村内部での社会的分業の展開と「農村雑業層」の存在形態の地域性も問題となってくるであろう。

〔なお、銀行からの貸出が小農民経営に対して直接に行われることはないとはいえ、農業地帯でも地主・商人に対する貸出は盛んになされたことが注目される。表1－1において賃労働者数が一万人未満の諸県においても銀行貸出が相当な額に達している場合があることは、その点を明示している。たとえば青森県では地方産米の荷為替を主業務とする第五十九国立銀行が弘前に設立され、安田銀行も青森支店を開設している〕

消費生活の地域性

地帯構造論は、さらに別の角度からも構築される必要がある。民衆の消費生活における地域差・階層差を明らかにするためには、たとえば砂糖のように産業革命期に国内消費が急増する特定食料品をとりあげて、その消費がどのように普及していったかを調べてみることが有意義であろう。その実態を明らかにするためには、鉄道や船舶による輸送統計や商人資本の経営史料などが発掘・利用されるべきであろうし、家計簿や金銭出納簿なども重要な意味をもってくるに違いない。いま、やや時期がずれるが、一九一九（大正八）年当時の府県別砂糖消費（県民一人当たり）に関する推定値をみると、表1－2のごとくである。

幕末・維新期に一人平均二斤弱であった日本人の砂糖消費量は、一八九〇年代を通じて一〇斤前後へと激増したあと、停滞気味の時期をへて大戦期に再増し、一九一九年には一三斤台に達したのであるが、そうした増加は地域によってきわめて不均等な形で進んだことが明白であろう。全国平均一三・二斤を上回るのは東京・大阪・神奈川など一〇道府県にすぎず、大多数の地方では平均を大きく下回る量しか消費されていない。これに階層差を加えることができれば、民衆の食生活の具体相にかなり近づくことができるのではないかと思われる。そうした検討をいくつも重ねることによって、単純に国内市場の拡大を強調する見解を批判的に克服する途が開けてくるであろう。

三　国家財政と民衆

研究史の現状　地域に生きる民衆の生活の具体相が明らかにされた場合、民衆の生活をかくあらしめた原因を究明するには、地域内部の諸条件だけでなく、地帯構造論などを媒介に中央資本とのかかわりをも視野に取り込んだ検討が必要であることを述べてきたが、さらに加えて、中央および地方の国家財政とのかかわりも問題とされなければならない。国家財政が近代日本の民衆にとっていかに重い負担であり続けたかということは、地租改正時における地租が旧封建貢租の水準を引き継いだ事実や、議会開設後も産業革命期を通じて民衆の租税負担がますます増大していったという周知の事実を想起するだけでも、おのずと了解されよう。しかしながら、問題が重大であるのにひきかえ、産業革命期の国家財政に関する本格的な実証研究は、高橋誠前掲書ぐらいしかなく不振をきわめていた。ようやく

表 1-2　砂糖消費の地域性（1919 年）

斤台	府県名				
28	東京				
27					
22	大阪	神奈川			
21	石川	岡山			
20	愛知				
19					
17	北海道				
16					
15	長野	京都			
14					
13	静岡	茨城			
12	愛媛	徳島			
11	福島	山梨	三重	広島	島根
	熊本	鹿児島			
10	宮城	秋田	群馬	兵庫	福岡
	佐賀				
9	千葉	福井	鳥取	香川	
8	富山	新潟	山口	長崎	宮崎
7	山形	岐阜	滋賀	高知	
6	岩手	埼玉	奈良	和歌山	大分
5	沖縄				
4	青森				

出典）河野信治『台湾沖縄糖之市場及糖業政策』（内外糖業調査会，1922 年）35-150 頁による県民一人平均消費量．

一九七〇年代に入る頃から、日清「戦後経営」に関する中村政則[17]・坂野潤治[18]・那須宏[19]・江口圭一[20]・中里裕司[21]・大石嘉一郎[22]・石井寛治[23]らの諸研究、日露「戦後経営」に関する大島美津子[24]・坂本忠次[25]・宮地正人[26]・賀川隆行[27]・中村政則[28]・大石嘉一郎[29]らの諸研究が現われ、日清戦前についても有泉貞夫[30]・猪飼隆明[31]らの諸研究が発表されるようになった。これらの多くは、政治と経済の接点に位置する財政問題にメスを入れることを通じて、経済史・政治史という分類の枠をこえた幅広い問題提起を試みているが、財政構造そのものの分析という視角からみた場合には、若干のものを除くと概説的な限界を必ずしも突破しえていない。

比較的検討が進んでいる財政収入の面についても、地租にかわって次第に関接消費税が重きをくわえてくる国税に対しては、当時すでに「岩崎、三井等の富豪にても酒、煙草を好まざるときは、是等を嗜で消費する所の車夫馬丁よりは少く税を納むこととなるものなり、去れば租税中消費税最も多き国は最も多く貧民を虐げ其少きものは之に反するものなり……然るに我が戦後経営なるものは独り此消費税のみを増加せんとするものなり[32]」という批判が出されているのであるが、こうした租税体系が民衆の生活をどのように圧迫したかという問題を立ち入って究明したものは見当たらないし、財政支出の面に至っては、地方財政についての検討がようやく進み始めたところであって、中央財政については具体的なことはほとんどわかっていないといっても過言ではない。とくに国家財政が政商＝財閥を中心とする大ブルジョアジーの資本蓄積をどのように補強し、逆に中小ブルジョアジーの資本蓄積を妨げたかという問題になると、頼りになる研究は全く乏しい状態であり、そうした点の究明をなおざりにしたままでブルジョアジー各層の政治的発言をフォローしてみても、彼らの本音をつかむことは容易ではないといわなければならない。

国家財政と政商＝財閥

実際、たとえば日清「戦後経営」期の財政支出の大半は非生産的な軍事支出に費消されたとしても、海外からの軍艦・兵器輸入に際しては、それを担当する高田商会・三井物産などが巨額の手数料を入手しており（だからこそシーメンス事件・金剛事件も起こるのだ）、官業が巨大化したといっても、たとえば国鉄建設工事にさいしては請負業者である大倉土木組や鹿島組などが多額の利益をそのつど引き出しているのである。また、中央財政の産業補助金の大宗たる海運関係のそれについては、特定航路指定を受けて巨額の補助金を得ようとする日本郵船（近藤廉平）や東洋汽船（浅野総一郎）が、岩崎弥之助や渋沢栄一らの助力をえて伊藤・大隈・山県以下の有力政治家・官僚への強力な働きかけを行っており、議会通過時の賄賂については、どこまで正確かは別として、「聞く所に由れば郵船東洋両汽船会社より支出したる運動費総額十五万円にして内某党百二十党員に均分されたるもの五万円なりと、知らず一頭の価幾何、又知らず首領株の手数料如何」[33]などと報道される始末であった。国家財政への吸着から利益を引き出そうとする政商＝財閥と官僚・政治家との癒着関係は、あたかもロッキード事件の明治版＝国内縮刷版であったといってよい。

国家権力と民衆

大衆課税的性格をますます強めてゆく租税が、中央・地方の国家権力の手を経て、どこへどのようにして支出されてゆくかという総過程が順次明らかにされる中で、民衆の生活をかくあらしめている強力な条件としての天皇制国家の役割が全体として究明され、民衆にとって天皇制国家なるものが、何であったかということが判明してくるであろう。一方において自らが負担せしめられる税の重さを嘆きつつも、他方ではその租税を用いた施策をまるで恩恵であるかのようにありがたがるという、今日においてもみられる民衆の分裂した対権力意識を転換してゆく上でも、中央・地方を通ずる財政のからくりを総体として問い質すことの意義はきわめて大きいといわねばなるまい。

四　欧米・アジアとの関連

民衆生活と世界市場

民衆の生活を規定する諸条件をいわば〈上に〉向かって求めてゆくと、中央を含めた諸資本家や地主の問題からさらに進んで国家財政の問題にまで行きつかざるをえないことを述べてきたが、同様に民衆の生活をとりまく歴史的諸条件の連鎖をいわば〈横に〉向かってたどってゆくと、われわれは一国にのみ視野を限定するわけにはゆかなくなってくる。実際、開港以降の日本農村がたとえば生糸輸出を通じて世界市場に結びつけられていった結果、奥深い山村の養蚕家が隣村のことよりもニューヨークやリヨンの生糸相場の動向の方により強い関心を抱くという状況が生まれているのである。したがって産業革命期の民衆の生活の姿をそれを包み込む歴史的諸条件の中で理解しようとすると、商品輸出入と資本輸出入さらには労働力移動といった三層のレベルでの対外経済関係を究める作業がどうしても必要になってくる（戦争のような形での対外関係はいちおう別として）のであるが、そのさい相手国として欧米諸国のみでなくアジア諸国をも視野に入れる必要があることはいうまでもなかろう。従来の諸研究は比較史的研究にせよ段階論的研究にせよ日本産業革命の類型的特質を主として先進資本主義国との対比を通じて明らかにしてきたが、そうした把握も類型的特質を支えたり変化させたりする現実の世界史的連関の中でなされなければならない。

商品輸出入

商品輸出入の問題は産業＝貿易構造の問題や植民地支配に関する節（第Ⅱ章第5節「産業＝貿易構造（1）」滝沢秀樹、同章第6節「日本帝国主義と植民地」村上勝彦）で詳しく扱われるのでここで立ち入って論ずる必要はあまりない。今後は、世界市場での国際競争の具体相との関連で日本の産業・貿易の展開をとらえた高村前掲『日本紡績業史序説』や石井前掲『日本蚕糸業史分析』のような研究が、他産業についても欲しいところである。そのさい関税問題が競争条件を究明する一つの手掛りとなるにもかかわらず、その点を日本と相手国の双方から明らかにしたものは乏しい。たとえば一九一一年の関税自主権回復にさいして外務省がイギリスの反対を配慮して農商務省の鋼鉄関税引上げ案を押さえたという指摘はあるが、[34] このときの関税交渉にさいしてイギリス産業界から同国外務省へあてて抗議が殺到していた事実[35]がそのこととどう関係しているのかは明らかにされていない。

世界市場との関連についていては、個別産業史的アプローチだけでなく、たとえば藤瀬浩司「二〇世紀最初三分の一世紀における世界貿易の構造」(名古屋大学『調査と資料』六一号、一九七六年)が試みているような、世界貿易の基本的体系を確定しつつその中に日本貿易を位置づけてゆく作業もさらに深められる必要があろう。また、貿易を実際に担当した貿易商社に関する研究も、「総合商社」論が盛んに経営史学界で論ぜられ、その史的分析なるものがいくつも刊行されているが、本格的実証研究といいうるものは、三井物産・内外綿・岩井商店などの関するいくつかの個別論文がある程度であり、[36] その他では大倉組の検討がようやく始められたところである。[37] 三井物産・大倉組とともに一九〇八年に兵器輸出の泰平組合を作る高田商会の実態は謎に包まれたままであり、森村商会・同伸会社・日本綿花・横浜生糸合名・原輸出店・茂木輸出店・堀越商会など当時盛んに活躍した海外貿易のパイオニアの実態も詳しくはわかっていない。産業革命期を通じて商品輸出入の大半を扱い続けた外国商社(欧米・清国・インド)となるとますます研究論文が乏しく、[38] 対外関係の実態全体をつかみにくくさせている。

資本輸出入

この外国商社の問題は、実は日本産業革命における資本輸出入の問題と深いかかわりをもっている。原蓄期の日本政府は、定石どおりに鉱山・鉄道を狙ってくる外国資本の排除に努めており、続く産業革命が外資にほとんど依存することなく達成されたことは特徴的な事実であるが、それは産業部門についての話であって、対外貿易の分野は居留地へ進出してきた外国商社と外国銀行に大きく依存していたのである。さらにまた、日本の産業革命が日露戦前にではなく日露戦後に達成されたとみる立場をとるならば、日露戦争を画期とする外資の激増をどう評価するかという問題が生じてくる。この外債については、高橋前掲書や長岡前掲書が、日本資本主義の早熟的な帝国主義転化との関連で検討を加えているが、「従属帝国主義」(39)の経済的核心ともいうべき国際金融資本への「従属」の実態究明は今後の大きな課題であろう。なお、そうした資本輸入に支えられつつ進められる資本輸出については、植民地に関する節で触れられる。

労働力移動

対外経済関係で最後に見落とすことのできないのは、労働力移動(＝移民・植民)の問題である(朝鮮人労働者などの流入はもう少しあとの時期に本格化するのでここでは省略する)。この問題は、戦後の研究史ではほぼ完全にドロップしてきた論点であり、最近になってようやく満州移民史研究会編『日本帝国主義下の満州移民』(龍渓書舎、一九七六年)のような本格的研究が昭和期に関して現れたが、産業革命期についてもとくに底辺民衆に密接なつながりをもつ事柄として、立ち入った検討を要する論点ではないかと思われる。

いま、参考までに『通商彙纂』記載の各地領事館報告によって一九〇八年当時の海外在留日本人数を地域別にみると表1－3のごとくである。この中には官吏や留学生などが若干含まれている反面、台湾への移民統計が日本領ということで落ちている(韓国併合以降は韓国についても同様なので外務省の移民統計に依拠するさいは要注意)し、領事館の実態把握力には限界もあるが、台湾を含めれば人口のほぼ一％に当たる約五〇万人が主として産業革命期の二〇年間に流出していったとみて大過なかろう。これは必ずしも多くないようにも見えるが、流出人口が集中している西日本各地とくに広島・長崎などの地域社会にとっては決して無視するわけにはゆかない重みをもっていたとみるべきであろう。

相手国別ではアメリカ合衆国・韓国・中国の三国が圧倒的に高い比重を占めており、これら三国に本表記載日本人の九五%が集中している。ところで同じ移民といってもアメリカ大陸へのそれと韓国・中国へのそれとではかなり性格が違うことが留意されねばならない。『通商彙纂』には職業別統計が記されているが、それによれば、アメリカ合衆国とくにハワイ・カリフォルニアでは、当時若干の日本人が農場・商店経営者へと上昇しつつあったその勢いに対して日本人移民排斥の動きが高揚していたとはいえ、圧倒的多数の日本人移民は、「耕地労働者」「農園労働者」であったことがわかる。男女数のアンバランスは単身の男子労働者の数の多さを示しているのであろう。これに対して中国の場合は、商工業者が中心で農業関係者は皆無に等しいことが特徴的である。韓国・中国で男女数のバランスがあまり崩れていないことは、家族ぐるみで渡航した者の多さを物語っている。大体どの地域でも男子数が女子数を上回

表 1-3 海外在留日本人の地域性（1908年末）（人）

相手国		計	男	女
アジア	韓 国	126,432	70,390	56,042
	中 国	70,556	41,654	28,902
	「関東州」	29,773	17,834	11,939
	「満州」	26,085	15,101	10,984
	「本部」	14,698	8,719	5,979
	ロシア	3,841	1,974	1,867
	英領マレイ	2,162	534	1,628
	米領フィリピン	1,919	1,520	399
	蘭領東インド	614	166	448
	英領インド	389	144	245
	シャム	178	113	65
オーストラリア		3,964	3,795	169
アメリカ	アメリカ合衆国	217,158	182,717	34,441
	ハワイ	64,444	44,453	19,991
	カリフォルニア	123,308	110,736	12,572
	ペルー	4,531	4,358	173
	メキシコ	1,354	1,301	53
	ブラジル	＊794	551	173
	カナダ	117	104	13
	アルゼンチン	＊67	27	0
ヨーロッパ諸国		1,085	942	143
合計		＊435,161	310,290	124,761

出典）『通商彙纂』1909年34，54，68号より作成.
備考）＊は男女性別不明者を含む.

っているなかで例外をなすのがシンガポールを中心とする東南アジア諸地域である。そこでは女子の多くは「雑業」に分類されているが、その実態は売春婦（からゆきさん）であった[40]。韓国・中国への移民が帝国主義支配の尖兵としての役割を客観的に担ったのに対して、アメリカ合衆国への移民は日本帝国主義の先進帝国主義への「従属」性を体現する存在であったといいうるが、かかる労働力移動をも視野に収めた日本産業革命史＝帝国主義成立史の本格的検討はなお今後の課題である。

おわりに

以上のようにして、従来の一国史的検討に限定されがちであった産業革命研究が、地方ごとに豊富な具体性をもつ民衆生活の実態とその展開（「人民」への成長）を究明するところまで密度を高めるとともに、そうした民衆生活を規定しつつ究極的には民衆のあり方によって規定される天皇制権力の実相と欧米・アジア諸国との多様な関連の実態が究明されたときに、産業革命研究はわれわれの自己認識をより確かなものとする上で貢献しうるものとなるであろう。われわれの課題は、民衆史ぬきの構造論の構築であってはならないと同時に構造との関連を忘れた抽象的な民衆史の叙述であってはならず、まさに構造史と結合した民衆史の形成でなければならないのであり、かくして初めて桎梏と化した構造を民衆＝人民が打ち破ってゆく展望が開けてくるのである。

（1）　大石嘉一郎「日本資本主義確立期に関する若干の理論的諸問題」（『歴史学研究』二九五号、一九六四年）（同『日本近代史への視座』東京大学出版会、二〇〇三年、へ収録）。
（2）　楫西光速ほか『日本資本主義の発展』Ⅰ（東京大学出版会、一九五七年）。

（3）古島敏雄「産業資本の確立」（『岩波講座日本歴史17　近代4』一九六二年）。
（4）戦後における「労働問題」研究の動向と問題点については、中西洋「日本資本主義の労働問題」（佐伯・柴垣編『日本経済研究入門』東京大学出版会、一九七二年）参照。
（5）遠山茂樹・永原慶二「時代区分論」（『岩波講座日本歴史　別巻1』一九六三年）、後藤靖「近代天皇制論」（歴史学研究会・日本史研究会編『講座日本史9　日本史学論争』東京大学出版会、一九七〇年）など。
（6）『シンポジウム　日本歴史18』〈日本の産業革命〉（学生社、一九七二年）参照。
（7）注（5）の諸論文より引用。
（8）民衆概念については、児玉幸多・林英夫・芳賀登編『地方史の思想と視点』（柏書房、一九七六年）二―一〇頁参照。
（9）一九七三年末までの個別研究の成果と問題点についての筆者なりの整理は、石井寛治「日本産業革命」（社会経済史学会編『社会経済史学の課題と展望』有斐閣、一九七六年）を参照。なお、高村直助「近・現代の経済」（『日本史研究入門』Ⅳ、東京大学出版会、一九七五年）、大石嘉一郎「近代史序説」（『岩波講座日本歴史14　近代1』一九七五年）もみよ。
（10）花原二郎「貿易」（有沢広巳ほか編『日本資本主義研究入門』Ⅱ、日本評論新社、一九五七年）。
（11）正田健一郎『日本資本主義と近代化』（日本評論社、一九七一年）、中村隆英『戦前期日本経済成長の分析』（岩波書店、一九七一年）など。
（12）たとえば、斉藤博『近代日本の社会基盤』（蒼文社、一九七三年）に紹介されている事例を参照。
（13）古島敏雄・和歌森太郎・木村礎編『明治大正郷土史研究法』（朝倉書店、一九七〇年）、一志茂樹『歴史のこころ』（信濃史学会、一九七四年）、同『地方史の道』（同、一九七六年）参照。
（14）三菱長崎造船所については石井寛治「日清戦後経営」（『岩波講座日本歴史16　近代3』一九七六年）、三井鉱山については加藤幸三郎「九州炭礦部成立の諸前提」（『三井文庫論叢』二号、一九六八年）、同「九州炭礦部の性格と機能」（同、三号、一九六九年）をみよ。
（15）山口和雄編著『日本産業金融史研究　製糸金融篇』（東京大学出版会、一九六六年）参照。
（16）石井寛治「地方銀行の成立過程――地方銀行と都市銀行の分化」（『地方金融史研究』三号、一九七〇年）（同『近代日本金融史序説』東京大学出版会、一九九九年、へ収録）。
（17）中村政則「日本地主制史研究序説」（一橋大学『経済学研究』一二号、一九六八年）（同『近代日本地主制史研究――資本主義と地主制』東京大学出版会、一九七九年、へ収録〕。同「日本資本主義確立期の国家権力」（『歴史学研究』別冊特集、一九七〇年）。
(18) 坂野潤治『明治憲法体制の確立』（東京大学出版会、一九七一年）。
(19) 那須宏『帝国主義成立期の天皇制』（風媒社、一九七四年）。
(20) 江口圭一『都市小ブルジョア運動史の研究』（未来社、一九七六年）。
(21) 中里裕司「積極主義をめぐる政友会と藩閥――政友会結成前後の対立構造」（『歴史学研究』四一八号、一九七五年）。
(22) 大石嘉一郎「日清「戦後経営」と地方財政」（『現代資本主義と財政・金融』東京大学出版会、一九七六年）〔同『近代日本の地方自治』東京大学出版会、一九九〇年、へ収録〕。
(23) 石井、前掲「日清戦後経営」。
(24) 大島美津子「地方財政と地方改良運動」（前掲『明治大正郷土史研究法』）。
(25) 坂本忠次「明治末町村財政における戸数割課税の展開――岡山・山口県下の町村の事例を中心に」（『岡山大学経済学会雑誌』六巻三・四合併号、七巻一号、一九七五年）。
(26) 宮地正人『日露戦後政治史の研究』（東京大学出版会、一九七三年）。
(27) 賀川隆行「地方改良運動の社会的基盤」（『歴史学研究』四〇八号、一九七四年）。
(28) 中村政則・鈴木正幸「近代天皇制国家の確立」（『大系日本国家史』5〈近代Ⅱ〉東京大学出版会、一九七六年）。
(29) 大石嘉一郎「資本主義の確立」（『岩波講座日本歴史17　近代4』一九七六年）〔同『日本資本主義の構造と展開』東京大学出版会、一九九八年、へ収録〕。
(30) 有泉貞夫「民権運動崩壊後の地方政治状況――明治一七年～二三年」（『史学雑誌』八四編四号、一九七五年）、同「地方政治状況と初期議会」（同、八五編二号、一九七六年）、〔同『明治政治史の基礎過程――地方政治状況史論』吉川弘文館、一九八〇年、へ収録〕。
(31) 猪飼隆明「第一回帝国議会選挙と人民の闘争」（『史林』五七巻一号、一九七四年）。
(32) 『東京経済雑誌』八八七号（一八九七年七月三一日）。
(33) 同上、九六九号（一八九九年三月一一日）。
(34) 高村直助「産業・貿易構造」（大石嘉一郎編『日本産業革命の研究』上、東京大学出版会、一九七五年）〔同『日本資本主

義史論』ミネルヴァ書房、一九八〇年、へ収録〕。
(35)　Peter Lowe, *Great Britain and Japan, 1911-15*, 1969, p. 20.
(36)　『経営史林』九巻一号（一九七二年）一〇巻一号（一九七三年）所収森川英正論文、『三井文庫論叢』七号（一九七三年）所収松元宏論文、山口和雄編著『日本産業金融史研究　紡績金融篇』（東京大学出版会、一九七〇年）所収論文、『経営史学』八巻一号（一九七三年）所収作道洋太郎論文など。
(37)　『東京経大学会誌』（九四・九五号、一九七五、七六年）所収論文。
(38)　『横浜市史』もほとんど検討を放棄している。今日の研究水準は『日本経営史講座』〔2、工業化と企業者活動、日本経済新聞社、一九七六年〕所収の村上はつ論文〔「外資と民族資本——居留地貿易を中心として」〕をみれば見当がつく。
(39)　井上清『日本帝国主義の形成』（岩波書店、一九六八年）。
(40)　以上、具体的には入江寅次『邦人海外発展史』上・下（一九三六、三八年）をみよ。東南アジアについては、矢野暢『「南進」の系譜』（中公新書、一九七五年）がよくまとまっている。

参考文献

山田盛太郎『日本資本主義分析』（岩波書店）
楫西光速ほか『日本資本主義の発展』Ⅰ・Ⅱ（東京大学出版会）
大内力『日本経済論』上（東京大学出版会）
大石嘉一郎編『日本産業革命の研究』上・下（東京大学出版会）
石井寛治『日本経済史』（東京大学出版会）

第二章　地域経済の変化

――資本制部門の分散から集中へ

本章は、一九七〇年九月に軽井沢で開催されたマルクス経済学者と近代経済学者のコンファレンス「日本の土地問題」に最若手として行った報告であり、佐伯尚美・小宮隆太郎編『日本の土地問題』（東京大学出版会、一九七二年）に収録された。男女別内訳や近代的交通部門の数値を欠くなど不十分な点もあるが、(1) 資本制部門が南関東と近畿に集中するのは一九三〇年代の重化学工業化を通じてであって、産業革命期（一八八六－一九〇九年）には両地域の比重はいずれも若干低下していることを指摘したものであり、その後しばしば引用されるので、(2) 副題を付けてそのまま採録した。なお、近畿の比重が第二次世界大戦後低下する点については本書第九章を参照されたい。

一　対象と方法

本章は、戦前日本資本主義の地域経済構造の変化を、鉱工業部門の賃労働者数を指標として検討しようとするものである。わが国の地域経済の特徴としては、「工業の地域的偏在」あるいは「求心的な構造」が繰り返し指摘されてきており、(3) その指摘は基本的な正しさをもっているが、歴史的にみた場合、かかる中央集中型ともいうべき特徴が、(4) いつ、いかにして形成されたかは、必ずしも明確にされていない。

現在の地域経済の特徴を歴史的に明らかにするには、日本資本主義がはじめて本格的な重化学工業段階へ到達した第二次世界大戦後の過程[5]――とくにいわゆる高度成長期における巨大な変化――の検討が必要であることは言うまでもない。しかし、ここでは、準備の都合上、戦後段階については簡単な見通しを与えるにとどめ、主たる分析は、戦前日本資本主義がその確立過程[6]に突入する画期をなした一八八六(明治一九)年を起点とし、満州事変後の戦時経済体制下の一九三九(昭和一四)年を終点とする、ほぼ半世紀の期間について行うことにしたい。

ところで、地域経済の変化を歴史的に検討しようとする場合、地域経済の中で資本制生産の占める地位がどのように変化したかを、賃労働者数の変化を指標として明らかにすることが、基礎的な作業であることは確かであるが、従来しばしば試みられたように、『工場統計表』から得られる民間工場労働者数のみを指標としたのでは、著しく不十分である。なぜならば、戦前日本資本主義においては、官営工場がとくに重工業部門の中で大きな比重を占めているだけでなく、鉱山業部門が相当大量の賃労働者を擁しており、これらを無視しては、地域経済の検討が著しく歪んだものとならざるをえないからである[7]。

いま、この点を、判明する限りのデータについてみると、表2-1[8]のごとくである。一九〇〇年代までは、民間工場のほぼ半数前後に及ぶ官営工場・官民営鉱山の労働者が存在したことがわかろう。一八八六年から一九〇九年にかけて、表示した限りでの民間工場労働者数が約一〇倍に増えているのに対して、官営工場・官民営鉱山の労働者数もまた約一〇倍に増加している。したがって、彼らを無視しては、この時期の地域経済の実態に迫ることはできないと言わねばならない。

ところが、第一次世界大戦を経過した一九一九年には、民間工場労働者数は一九〇九年のそれの九〇％増になっているが官営工場・鉱山の場合は七七％増にすぎず、後者のウエートがやや低下し始める。そして満州事変後の戦時経済下に民間工場労働者が激増してくるなかで、鉱山労働者の比重は急速に低下してゆくのである（官営工場については

表 2-1　鉱工業賃労働者数の変化

年次	総人口・P	民間工場・A	官営工場・B	鉱山・C	A＋B＋C＝D	10000×D／P	10000×A／P
1886	39,510,146	63,780	11,557	27,035	102,372	25.9	16.1
1900	44,710,073	351,559	36,237	140,846	528,642	118.2	78.6
1909	49,903,700	800,637	116,995	235,809	1,153,441	231.1	160.4
1919	56,253,200	1,520,466	157,672	467,157	2,145,306	381.4	270.3
1929	64,450,005	1,825,022	……	286,964	2,111,986	327.7	283.2
1939	73,114,308	3,786,247	……	455,467	4,241,714	580.1	517.9
1966	98,274,961	11,337,551	（A＋B）	319,080	11,656,631	1,186.1	1,153.7

注1）参考までに記した1966年は第20回『日本統計年鑑』による．総人口は1965年のもの．工場労働者数は総理府統計局「事業所統計調査報告」が基礎．

注2）総人口は各回『帝国統計年鑑』および『昭和15年国勢調査結果報告摘要』による．1919年までは推計値．その後は，1930年および1940年の国勢調査の数値．

注3）民間工場は，1886年が第3次『農商務統計表』，その他は『工場統計表』による．1900年までは10人以上，1909年以降は5人以上工場の数値．

注4）官営工場は，第8回『帝国統計年鑑』（1886年），『全国工場統計表』（1900年），第26次『農商務統計表』（1909年），第34回『帝国統計年鑑』（1919年）による．1909年の煙草工場については第13回『専売局年報』記載の1910年分の数値を借りた．

注5）鉱山は，1919年まで各次『農商務統計表』，その後は各次『本邦鉱業の趨勢』による全鉱山の鉱夫数である．ただし，1886年の官営鉱山は『帝国統計年鑑』所載の延人数を300で割った推定値であり，民営荒川鉱山（秋田）のデータも延人数なので収入等から判断して100で割った．

不明）。第二次世界大戦後は、工場労働者がさらに激増する反面、鉱山労働者はむしろ減少気味であり、[9] かつてのような意義を完全に喪失した。

表2－1には、さらに各年次（またはそれに近い年次）の総人口を掲げておいた。最右欄二つは人口一万当たりの鉱工業賃労働者数である。これによれば、一九〇九年には人口一万当たり全国平均で二三一人の賃労働者が存在するようになっており、第一次世界大戦を通じて三〇〇人台へ上昇したのち、一時停滞し、[10] やがて戦時経済に入るや一挙に六〇〇人近くへと急上昇している。だが、それとても今日〔一九六六年〕の水準からみれば、約二分の一の水準にすぎない。地域間の人口格差が大きく開きつつあったことを考えると、地域経済の特徴を検出するにあたっては、このような賃労働者数の対人口比率が、重要な指標としての意味をもつと考えられる。以下の分析においては、地域経済の特徴を示す指標として、鉱工業賃労働者の絶対数およびその対全国比とともに、その対人口比（以下、分布密度とも呼ぶ）をとりあげていくことにしたい。

二　産業資本確立期の地域経済

地域経済の変化を具体的に検討するにあたり、まず、地域ごとの現住人口の変化をみよう。表2－2上段によると、沖縄を除く諸地域で人口の絶対数が減少した事例は、第二次世界大戦前においては皆無であり、特定地域全体として人口数が減少するのは、戦後の高度成長期に特有の現象であることがわかる(11)。

だが、全国人口に占める各地域の人口の比率の推移（表2－2下段）をみると、地域間に大きな相違がある。すなわち、南関東・近畿・北海道においてほぼ一貫して対全国比率が上昇しているのに対して、北陸・東山・山陰・山陽・四国では対全国比率は一貫して低下しており、後者の地域から前者の地域への人口移動が進んだことを推察せしめるのである。東北と九州からの人口流出が激しくなり、東海地域への人口流入が目立ってくるのは、第二次世界大戦後のことである。しかしながら、近畿地方に最も多くの人口が集中し、南関東・北九州・東北の三地域がそれに続くという当初（一八八六年）の状態から、南関東地域に最も多数の人口が集中し、近畿地域とともに、他の諸地域を大きく引き離すという状態への転換は、第二次世界大戦前の段階（例えば一九三〇年）において、すでに完了していたといってよい。鉱工業賃労働者の分布は、こうした変化しつつある人口分布の上にみられた現象であるとともに、人口分布の変化そのものを規定する最大の要因でもあった。

そこで、つぎに表2－3によって、地域ごとの鉱工業賃労働者数の変化を順次みていこう。分析の起点にすえた一八八六（明治一九）年の状態(12)で特徴的なことは、長野・岐阜・山梨三県からなる東山地域に、近畿地域や南関東地域を上回る最多数の賃労働者が集中していることであり、同地域は人口一万人当たりの賃労働者数も八八・四人と抜群の多さを示していることである。これは、産業資本確立過程の起点にあたり、いまだ機械制工場がほとんどみられない

表 2-2　地域別現住人口の変化（上段）と対全国比率（下段）

地域＼年次	1886 年	1900 年	1909 年	1919 年	1930 年	1940 年	1965 年
北海道（1）	326,614	917,635	1,400,100	2,137,700	2,812,335	3,272,718	5,171,800
東北（6）	4,185,074	4,890,731	5,296,900	5,872,100	6,574,359	7,164,674	9,107,527
北関東（3）	2,341,725	2,763,904	3,083,300	3,499,400	3,814,914	4,125,684	5,183,394
南関東（4）	4,631,598	5,248,381	6,449,000	7,444,500	9,957,577	12,740,409	21,016,740
北陸（4）	3,706,586	3,792,782	3,882,000	4,037,100	4,087,258	4,288,551	5,155,452
東山（3）	2,432,784	2,697,780	2,914,500	3,247,900	3,526,565	3,638,779	4,421,566
東海（3）	3,370,125	3,750,110	4,187,400	4,738,200	5,522,625	6,383,235	9,225,641
近畿（6）	5,384,232	6,091,691	6,950,300	8,230,500	9,857,754	11,933,453	15,776,266
山陰（2）	1,078,188	1,119,490	1,150,000	1,159,500	1,228,773	1,225,330	1,401,473
山陽（3）	3,241,729	3,516,077	3,747,200	3,956,100	4,111,735	4,493,104	5,469,854
四国（4）	2,790,286	2,947,634	3,089,400	3,227,200	3,309,634	3,337,102	3,975,058
北九州（5）	4,279,896	4,931,072	5,452,900	6,036,800	6,751,810	7,506,866	9,435,957
南九州（2）	1,366,029	1,572,079	1,799,600	2,084,700	2,317,157	2,429,824	2,943,233
沖縄（1）	375,280	470,707	501,100	581,500	577,509	574,579	934,176
計	39,510,146	44,710,073	49,903,700	56,253,200	64,450,005	73,114,308	99,218,137
北海道（1）	0.83	2.05	2.81	3.80	4.36	4.48	5.21
東北（6）	10.59	10.94	10.61	10.44	10.20	9.80	9.18
北関東（3）	5.93	6.18	6.18	6.22	5.92	5.64	5.22
南関東（4）	11.72	11.74	12.92	13.23	15.45	17.43	21.18
北陸（4）	9.38	8.48	7.78	7.18	6.34	5.87	5.20
東山（3）	6.16	6.03	5.84	5.77	5.47	4.98	4.46
東海（3）	8.53	8.39	8.39	8.42	8.57	8.73	9.30
近畿（6）	13.63	13.62	13.93	14.63	15.30	16.32	15.90
山陰（2）	2.73	2.50	2.30	2.06	1.91	1.68	1.41
山陽（3）	8.20	7.86	7.51	7.03	6.38	6.15	5.51
四国（4）	7.06	6.59	6.19	5.74	5.14	4.56	4.01
北九州（5）	10.83	11.03	10.93	10.73	10.48	10.27	9.51
南九州（2）	3.46	3.52	3.61	3.71	3.60	3.32	2.97
沖縄（1）	0.95	1.05	1.00	1.03	0.90	0.79	0.94
計	100.00	100.00	100.00	100.00	100.00	100.00	100.00

注 1）資料は表 2-1 と同じ．地域名の右の（　）は府県数を示す．

注 2）南関東は東京・神奈川・埼玉・千葉，東山は長野・山梨・岐阜，東海は静岡・愛知・三重，山陰は鳥取・島根，北九州は福岡・佐賀・長崎・大分・熊本を指す．

表 2-3　地域別鉱工業賃労働者数

地域＼年次	1886 年	1900 年	1909 年	1919 年	1929 年	1939 年	1966 年
北海道	1,126	18,458	26,836	71,874	62,441	128,280	361,586
東　北	13,417	37,027	77,855	125,220	101,543	190,685	514,461
北関東	1,462	17,853	47,855	91,120	96,056	164,416	556,964
南関東	18,708	62,708	173,617	306,700	288,313	924,256	3,158,806
北　陸	3,087	29,203	70,145	87,789	105,356	251,078	602,923
東　山	21,513	54,193	93,623	131,276	184,084	173,034	555,954
東　海	4,651	48,371	114,555	208,754	248,690	518,585	1,587,335
近　畿	20,919	105,052	233,786	475,783	508,142	986,409	2,424,536
山　陰	2,386	12,357	10,494	14,625	21,582	32,113	87,844
山　陽	2,290	34,703	63,108	119,737	109,565	238,494	655,612
四　国	580	20,461	39,771	66,992	82,018	125,353	333,812
北九州	12,212	78,609	183,861	371,209	278,194	438,741	686,508
南九州	21	9,017	15,836	23,288	24,587	57,279	130,290
沖　縄	0	630	2,099	4,936	1,415	12,991	……
計	102,372	528,642	1,153,441	＊2,145,306	2,111,986	4,241,714	11,656,631

	全国合計に対する各地域の比重							人口 1 万当たり賃労働者数						
地域＼年次	1886	1900	1909	1919	1929	1939	1966	1886	1900	1909	1919	1929	1939	1966
北海道	1.10	3.49	2.33	3.35	2.96	3.02	3.10	34.5	201.1	191.7	336.2	222.0	392.0	699.1
東　北	13.11	7.00	6.75	5.84	4.81	4.50	4.41	32.1	75.7	147.0	213.2	154.5	266.1	564.9
北関東	1.43	3.38	4.15	4.25	4.55	3.88	4.78	6.2	64.6	155.2	260.4	251.8	398.8	1,074.5
南関東	18.27	11.86	15.05	14.30	13.65	21.79	27.10	40.4	119.5	269.2	412.0	289.5	725.5	1,503.0
北　陸	3.02	5.52	6.08	4.09	4.99	5.92	5.17	8.3	77.0	180.7	217.5	257.8	585.5	1,169.5
東　山	21.01	10.25	8.12	6.12	8.72	4.08	4.77	88.4	200.9	321.2	404.2	522.0	475.5	1,257.4
東　海	4.54	9.15	9.93	9.73	11.78	12.22	13.62	13.8	129.0	273.6	440.6	540.3	812.4	1,720.6
近　畿	20.43	19.87	20.27	22.18	24.06	23.25	20.80	38.9	172.5	336.4	578.1	515.5	826.6	1,536.8
山　陰	2.33	2.34	0.91	0.68	1.02	0.76	0.75	22.1	110.4	91.3	126.1	175.6	262.1	626.8
山　陽	2.24	6.56	5.47	5.58	5.19	5.62	5.62	7.1	98.7	168.4	302.7	266.5	530.8	1,198.6
四　国	0.57	3.87	3.45	3.12	3.88	2.96	2.86	2.1	69.4	128.7	207.6	247.8	375.6	839.8
北九州	11.93	14.87	15.94	17.30	13.17	10.34	5.89	28.5	159.4	337.2	614.9	412.0	584.5	727.5
南九州	0.02	1.71	1.37	1.09	1.16	1.35	1.12	0.2	57.4	88.0	111.7	106.1	235.7	444.0
沖　縄	0.00	0.12	0.18	0.23	0.07	0.31	……	0.0	13.4	41.9	84.9	24.5	226.1	……
計	100.00	100.00	100.00	＊100	100.00	100.00	100.00	25.9	118.2	231.1	381.4	327.7	580.1	1,186.1

注 1)　資料は表 2-1 と同じ.
注 2)　＊は不明分 46,003 人ないし 2.14% を含む.

なかで、製糸業部門においては器械製糸マニュファクチュアが東山地域を中心に簇生していたことの現れである。南関東では、東京と横須賀の官営工場（軍工廠など六ヵ所）が、賃労働者総数の四六・九％（八七七九人）を占め、近畿では、大阪・兵庫のマッチ工場が賃労働者総数の二三・八％（四九七九人）を占めて、大阪・兵庫の官営工場（二二八四人、一〇・九％）や大阪の紡績工場（一五一七人、七・三％）あるいは京都・大阪の織物工場（一四〇五人、六・七％）をしのいでいる、という状態であった。

この当時についてのいま一つの特徴は、東北・北九州地域にそれぞれ全国の一〇％台の賃労働者が集中し、また北海道・山陰地域では絶対数は少ないとはいえ分布密度が当時としてはかなり高いということであるが、これらは、いずれも鉱山労働者を中心とする地域であった。以上の七地域（東山・近畿・南関東・東北・北九州・北海道・山陰）と対比するとき、その他の七地域にはきわめて少数の賃労働者しか存在せず、合計しても全国の一二％弱、平均分布密度は七・〇人（上記七地域のそれは四〇・五人）にしかならない。そうしたきわめて不均等な分布こそが、一八八六年段階の最大の特徴であったといえよう。

一九〇〇（明治三三）年にかけては、全国各地域で賃労働者が著しく増加するなかで、近畿・北九州両地域における賃労働者の増加がひときわ目立っており、両地域ともに東山地域を抜いて、賃労働者の二大集中地域となった。この基礎に、綿糸紡績業を中心とする産業資本確立過程の急激な進展があったこと、それとの関連で石炭鉱業の著しい興隆がみられたことは言うまでもない。東山地域の製糸業もそれ自体としてはさらに発展しているが、同地域の相対的な地位は、南関東地域以下に転落しているのである。もっとも、賃労働者の分布密度の点では、東山地域が（北海道と並んで）依然として最高の地位を占めており、近畿・北九州地域といえどもこれに及ばないことも見落としてはなるまい(13)。このことは、綿業を基軸とする産業資本確立過程の進展が、いまだなお、過程の出発点にみられた絹業を頂点とする地域経済の構造を十分克服するに至っていないことを示すものといえよう。

日露戦争を経た一九〇九（明治四二）年――私見ではほぼ産業資本確立時点[14]――の様相は、一九〇〇年とかなり異なっている。すなわち、一九〇〇年以降、全国的に賃労働者数が倍増するなかで[15]、東山地域の地位はさらに低下し、東海地方の工場生産が伸びた結果、近畿・北九州・南関東および東海地域という、のちの四大工業地帯を含む地域が、全国的な鉱工業の中心地域としての姿をはっきり現してきたのである。とくに近畿・北九州地域は、賃労働者の分布密度の点でも東山地域を凌駕するようになり、それぞれわが国の工業および鉱業の中心としての地位を確定した[16]。これら両地域と対比した場合、政治的中心地東京を含む南関東地域は、少なくとも鉱工業生産面に関する限りは、明らかに劣位にあった。

ところで、以上のごとき鉱工業中心地の形成は、必ずしも他の地域における鉱工業の発展を否定するものではなく、一九〇九年段階においては、一八八六年段階にみられたような極端な不均等はむしろなくなっていることが注目される。すなわち、北九州・近畿・東山・東海・南関東の五地域の賃労働者分布密度が大体三〇〇人前後であるのに対し、山陰・南九州・沖縄を除く諸地域（すなわち北海道・北陸・山陽・北関東・東北・四国の六地域）は、ほぼ一五〇人を中心とする分布密度を示しており、両者の間に二倍の格差があるとはいえ、一八八六年当時のような著しい格差は認められないのである。これは、わが国の産業資本確立過程を、大都市商人資本による機械制大工業の移植という基本線のみで考えるときには理解し難い現象であるといわねばならない。そこで、やや立ち入って、一九〇九年段階における府県別の賃労働者構成を、表2－4によって検討しておこう。

表2－4においてまず注目すべき点は、民間「染織」工場（＝繊維工業）の占める比重の高さである。五〇〇万人近い繊維工業賃労働者が民間工場労働者中に占める比率は六〇・八％に達し、一九〇〇年当時の同じ比率六七・五％（二三万七一三一人）には及ばぬとはいえ、一八八六年の五五・八％（三万五五八二人）、一九一九年の五五・二％（八三万九三四九人）、二九年の五四・七％（九九万七六九〇人）、三九年の二八・二％（一〇六万七二八三人）をいずれも上回っている。

表 2-4　1909(明治 42)年の府県別，賃労働者内訳

	5人以上民間工場			官営工場	鉱山	合計		5人以上民間工場			官営工場	鉱山	合計
	染織	機械器具	その他					染織	機械器具	その他			
北海道	1,497	2,025	5,706	1,086	16,522	26,836	京　都	24,370	1,027	13,233	5,419	65	44,114
							滋　賀	3,902	223	3,798	0	87	8,010
青　森	172	157	634	518	428	1,909	奈　良	2,881	105	899	0	367	4,254
岩　手	3,398	89	1,366	412	8,372	13,637	和歌山	6,516	138	2,136	0	630	9,420
宮　城	5,658	144	2,782	744	515	9,843	大　阪	43,642	12,407	32,041	11,122	65	99,277
秋　田	457	62	1,494	689	17,988	20,690	兵　庫	21,504	6,105	36,066	2,644	2,392	68,711
山　形	10,203	233	1,567	363	1,256	13,622							
福　島	5,274	199	1,891	819	9,971	18,154	鳥　取	3,382	214	1,242	0	304	5,142
							島　根	2,281	101	1,011	0	1,959	5,352
群　馬	14,696	181	724	0	96	15,697							
茨　城	4,211	118	1,485	846	4,786	11,446	岡　山	11,034	321	7,117	1,238	2,949	22,659
栃　木	5,524	359	7,103	449	7,277	20,712	広　島	5,520	1,214	4,986	21,605	657	33,982
							山　口	1,554	144	1,962	281	2,526	6,467
埼　玉	21,151	1,068	2,375	2,154	24	26,772							
千　葉	2,152	86	4,602	0	24	6,864	香　川	910	227	3,984	133	10	5,264
東　京	36,750	17,255	31,214	28,829	10	114,058	愛　媛	10,578	489	2,560	243	4,925	18,795
神奈川	7,294	3,292	3,202	12,135	0	25,923	徳　島	2,726	261	4,562	793	603	8,945
							高　知	2,228	155	3,844	42	498	6,767
新　潟	11,014	1,295	2,526	294	6,909	22,038							
富　山	4,925	500	2,058	0	162	7,645	福　岡	6,095	1,342	8,113	10,515	90,235	116,300
石　川	12,130	148	3,068	682	2,823	18,851	長　崎	197	5,788	2,150	5,898	9,144	23,177
福　井	18,477	204	2,241	0	689	21,611	佐　賀	353	664	5,083	0	25,644	31,745
							熊　本	2,160	316	3,318	1,703	1,082	8,579
長　野	52,373	59	739	620	248	54,039	大　分	1,885	20	1,380	0	775	4,060
岐　阜	15,184	66	4,118	0	3,417	22,785							
山　梨	15,277	12	1,256	0	254	16,799	宮　崎	1,132	7	222	0	1,715	3,076
							鹿児島	3,043	216	1,930	1,624	5,947	12,760
静　岡	16,184	714	5,677	1,154	764	24,493							
愛　知	49,766	3,056	15,263	1,512	417	70,014	沖　縄	280	5	1,664	0	150	2,099
三　重	14,573	1,015	3,905	429	126	20,048	合　計	486,508	63,821	250,308	116,995	235,809	1,153,441

注 1)　資料は表 2-1 に同じ.

そして、その地域分布の点では、長野・愛知・大阪・東京・京都などへの集中がたしかにみられるけれども（これら上位五府県で繊維工業賃労働者の四二・五％が集中している）、後述する重工業部門の場合と較べると、その集中度の低さは明白であり、全国各地に広汎に分布していることをむしろその特徴としているのである。[17] もっとも、繊維工業といっても、その内容は、製糸・綿紡績・絹織物・綿織物・毛織物等々さまざまであり、分野ごとにみるときには——細分化することに伴う一般的な集中度の高まりを考慮しても——相当高度の集中をみせているものもある。例えば、毛織物業のごときは、

上位五府県（東京・大阪・兵庫・愛知・福井）に賃労働者合計一万三八五五人中実に九七・五%が集中しており、綿紡績業（大阪・東京・兵庫・愛知・三重に八万九七八一人中七二・四%が集中、工場労働者皆無が二五県）や絹織物業（福井・石川・京都・埼玉・新潟に五万九五七四人中七〇・五%が集中、工場労働者皆無が六県）もかなりの集中ぶりである。それゆえ、繊維工業全体としての集中度の低さは、一つには、上位五府県（愛知・大阪・埼玉・愛媛・兵庫）で賃労働者合計七万一七五九人のうちわずか五一・七%しか擁していない綿織物業と、上位五県（長野・愛知・山梨・岐阜・埼玉）への集中度が五六・三%（合計一九万一五六一人に対して）の低水準にある製糸業とに主としてもとづくものであり、いま一つには、繊維工業内部における地域的分業の展開（上記五小部門の各上位五府県リストに重複して四回出てくるのは愛知のみ、三回出てくるのは大阪・埼玉・兵庫のみである）にもとづくものであろう。

表2－4からつぎに看取しうる点は、民間「機械器具」工場（金属工業を含むので、当時の重工業部門を意味すると考えてよい）のウエートがまだきわめて低いこと、および、その地域分布が東京・大阪など大都市を含む府県に偏っていることである。この点は、官営工場（その多くは重工業）を含めても変わらないといってよい。すなわち、民間重工業労働者数に仮に官営工場労働者数全体を加えても、それは繊維工業賃労働者数の三分の一程度にしかならないのである。また、民間重工業は、全府県にわたっていちおう分布しているとはいえ、東京・大阪への集中には著しいものがあり、続く兵庫・長崎・神奈川と合わせた上位五府県（分布密度上位五府県と同一）で全賃労働者の実に七〇・三%を占めているのである。とくに目立つのは、地方の有力な繊維工業地帯に機械工業が未展開なことであるが、それは機械工業が中央へ集中していった結果ではなく、繊維工業用機械の国内生産の決定的な立遅れを示すものにほかならない(18)。他方、官営工場は軍工廠を中心とし、とくに呉海軍工廠（広島、二万九一七人）、東京砲兵工廠（東京、一万二五六一人）、横須賀海軍工廠（神奈川、一万一五六九人）は、民間の三池鉱山（一万一二二五人）すら上回るわが国最大の労働者集結点として賃労働者の地域分布にも大きな影響を与えていた。官営工場労働者は、この三府県と大阪（大阪砲兵工廠ほ

か）・福岡（八幡製鉄所ほか）からなる上位五府県（分布密度上位五府県と同一）に、全体の七二・〇％が集中しているのである。しかも、官営工場の分布は、民間重工業の分布とほぼ重なっており（民間重工業上位一〇府県と官営工場上位一〇府県とは七府県までが重複している）、民間重工業の地域分布についてみた中央集中性をさらに強化していることが注意されなければならない。

表2－4について最後に指摘したい点は、鉱山労働者の地域分布もまた上位五道県（福岡・佐賀・秋田・北海道・福島、分布密度では福島の代わりに岩手が入る）に全労働者の六八・〇％が集中する形をとっていること、だがその場合は、資源分布に規定されて、工場地帯とはむしろ離れたところに、いわば鉱山地帯を形成している場合が多いことである。このことは、綿紡績業や重工業についてみられた賃労働者分布の中央集中性を修正する動きを、鉱山業がある程度果たしていることを意味しているといえよう。

以上、表2－4によりつつ一九〇九年段階の賃労働者分布をやや立ち入って検討した結果、そのあり方を基本的に規定しているのが繊維工業であり、繊維工業はその内部に、鋭い相違をはらみつつも、全体としてはむしろ全国的に分布していること、鉱山業もまた賃労働者の地方分散を助長していることが判明した。これに対して、東京・神奈川・愛知・大阪・兵庫などの大都市所在府県には、官営を含めた重工業の立遅れのゆえに、地域経済の全体構造を規定する力は乏しく、これらの府県への賃労働者の集中は、人口集中に支えられる面を強くもつとともに、分布密度の高さは、重工業だけでなく、繊維工業と「その他」の諸工業（東京の印刷工業、愛知の窯業、兵庫のマッチ工業など）に負うところがかなり大きいことも判明した。

このような、ある程度の地方分散を伴う中央集中型ともいうべき特徴をもたらした要因は、いろいろと考えられるが、もっとも基本的なものは、一八八六－一九〇九年に進行した産業資本確立過程が、一方では、綿紡績業や重工業などにみられるように大都市の商人資本による機械制生産の「移植」というコースを基本線としつつも、同時に、他方では、綿織物業や製糸業をはじめ、さまざまな地方「在来」産業の資本制化を随伴しており、一九〇九年段階においては、後者がとうてい無視しえない大きな比重を占めていたという事実に求められねばなるまい(19)。

三　戦時経済体制下の地域経済

第一次世界大戦以降については、いま一九〇九年時点について確認した事態がいかに変化したか、あるいは変化しなかったか、という観点から検討していこう。

第一次世界大戦期のブームを経ることにより、一九一九(大正八)年には、わが国の鉱工業賃労働者数は一挙に一九〇九年のそれの八六%弱も増加し、分布密度も六五%強上昇した。賃労働者の地域分布状態には基本的な変化が認められなかったとはいえ、近畿・北九州の比重がさらに高まり、南関東・東海・東山の比重がやや低落気味であることが対照的である。これは、いわゆる大戦景気が、鉱工業中心地域でもかなりの偏差をもっていたことの現れであろう。その結果、一九〇九年に較べると、賃労働者の分布密度の点での地域間格差が若干拡大していることは否定しがたい。すなわち、一〇〇人前後の山陰・南九州・沖縄はもちろんのこと、二〇〇人強の東北・北陸・四国各地域も、六〇〇人前後に達している北九州・近畿地域と比較すると、三倍近い差が認められるのであり、これは大戦前にはみられなかった大きな格差である。

だが、かかる変化がまさに大戦時の熱狂的なブームの所産であったことは、その変化に一時的な性格をある程度与えた。そのことは、昭和恐慌突入直前の一九二九(昭和四)年のデータからもうかがうことができる。この年のデータには官営工場の分が欠落しているので不十分さを免れないが、例えば、一九一九年当時の北九州地域の労働者数は異常な石炭ブームの所産であったことがうかがえるし、逆に一九一九年当時の東山・東海地域の対全国比の低落はそれ自体としての停滞を意味しなかったことが判明する。こうして、一九一九年にいったん拡大しかけた賃労働者分布密度の地域間格差は、一九二九年には再び縮小した。すなわち、北九州・近畿の分布密度が低落した反面、北陸・山陰・四国などで分布密度が高まったため、全国的にみて分布密度の地域間格差はやや縮小した[20]。なお、東山地域の賃労働者分布密度が、この年再び全国の首位を奪回したことは[21]、賃労働者分布の戦前段階に特有な地方分散性を象徴するものといえよう。重要なことは、この一九二九年の段階においても、一九〇九年段階で確認した、ある程度の地方分散を伴う中央集中型という地域経済の基本的特徴はほとんど崩れていない、ということである。

ところが、一九三九（昭和一四）年になると、事態は大きく転換する。すなわち、鉱工業賃労働者数が一九二九年に比してほぼ倍増することにより、分布密度の全国平均は五八〇・一人と、二九年当時の最密集地域すら上回る高さへと飛躍した。その過程で南関東地域の賃労働者数が抜群の伸びを示して近畿地域に肉迫し[22]、他方、北九州地域の地位は大幅に低下して東海地域にすら追い抜かれた。こうして、近畿・南関東・東海の三地域には、全国鉱工業賃労働者の過半（五七・二六％）が、はじめて集中することになったのである。しかも、この三地域は、賃労働者の分布密度の点でも他の諸地域を大きく引き離して、独特の地位を固めるようになった。それに伴い、地域間の分布密度の格差は拡大した。これら三地域が、七〇〇－八〇〇人台の水準に達しているのに対し、下方には二〇〇－三〇〇人台の地域が七つもあるのである。ここにはじめて、戦後段階にみられる極端な中央集中型の地域経済の原型が明確にその姿を現したといってよい。

このような地域経済の変化をもたらしたものは、重化学工業の急激な拡張であった。表2－5に明らかなごとく、一九三九年には、民間工場労働者数において「機械器具」工業（金属工業を含まない）が「紡織」工業を押さえて首位に立ち、重化学工業（機械器具・金属・化学の合計をとる）全体としても軽工業（上記三部門以外の合計をとる）を凌駕した[23]が、かかる重化学工業化の過程は、同時に、南関東・東海・近畿三地域への賃労働者の猛烈な集中過程だったので

表 2-5　1939(昭和 14)年の府県別，賃労働者内訳

	5 人以上民間工場				鉱山	合計		5 人以上民間工場				鉱山	合計
	紡織	金属	機械器具	化学				紡織	金属	機械器具	化学		
北海道	5,943	13,104	9,694	6,615	65,671	128,280	京　都	60,486	3,759	2,085	6,506	1,963	110,227
							滋　賀	16,984	368	1,094	11,321	663	35,250
青　森	546	838	726	674	4,302	15,169	奈　良	7,549	733	925	1,566	992	19,527
岩　手	3,034	6,613	1,044	1,814	13,386	32,166	和歌山	21,352	773	3,292	3,222	1,694	42,715
宮　城	3,034	1,988	1,563	1,640	5,674	21,540	大　阪	110,721	91,995	165,903	43,706	369	494,084
秋　田	751	855	1,934	175	16,442	27,153	兵　庫	54,798	49,192	95,500	33,894	5,216	280,606
山　形	15,610	2,615	975	224	6,486	31,713							
福　島	16,337	1,600	2,233	8,686	25,153	62,944	鳥　取	4,587	1,190	984	796	1,191	11,804
							島　根	6,671	1,736	2,337	2,742	1,826	20,309
群　馬	40,954	2,779	21,569	1,623	3,628	76,754							
茨　城	6,068	364	23,523	2,949	9,179	49,124	岡　山	32,904	742	9,372	9,454	3,866	75,370
栃　木	15,999	4,378	2,542	1,224	7,456	38,538	広　島	15,760	6,092	27,452	14,297	1,509	85,762
							山　口	2,688	4,722	12,340	22,667	24,204	77,362
埼　玉	33,525	15,792	14,851	3,416	627	77,146							
千　葉	2,899	2,467	4,617	2,874	649	28,179	香　川	6,699	655	2,761	5,616	1,018	24,089
東　京	57,539	86,774	324,030	64,516	48	628,653	愛　媛	21,322	1,191	5,633	12,498	7,008	57,035
神奈川	13,152	31,268	107,858	16,513	28	190,278	徳　島	8,168	519	1,937	2,830	1,598	22,837
							高　知	4,746	354	1,804	7,083	2,299	21,392
新　潟	24,545	9,893	19,384	9,633	7,274	84,885							
富　山	21,472	8,422	8,560	5,370	106	48,760	福　岡	14,324	53,952	23,078	24,628	154,881	295,451
石　川	31,350	2,041	9,244	654	1,951	54,172	長　崎	3,099	4,068	26,814	601	28,306	72,031
福　井	52,214	583	1,039	4,792	1,524	63,261	佐　賀	3,207	217	3,672	1,246	12,694	27,607
							熊　本	5,773	375	1,548	4,621	1,928	21,064
長　野	53,173	3,219	2,665	845	2,028	75,132	大　分	5,157	279	1,871	1,655	5,809	22,588
岐　阜	31,540	1,587	10,983	4,621	4,744	75,292							
山　梨	16,571	121	680	634	879	22,610	宮　崎	3,267	90	767	16,941	2,619	29,330
							鹿児島	10,222	189	1,444	365	7,658	27,949
静　岡	44,821	3,071	14,721	14,243	3,892	113,721							
愛　知	124,687	18,779	127,995	13,249	984	345,939	沖　縄	195	8	116	49	1,792	12,991
三　重	30,840	2,950	8,034	1,867	2,253	58,925	合　計	1,067,283	445,300	1,131,604	455,467	455,467	4,241,714

注 1)　資料は表 2-1 と同じ．
注 2)　民間工場の「その他」744,905 人の府県別数値は掲げなかったが合計には含めてある．

ある。そこで、この間の事情を明らかにするために、表2－5によって、府県別の賃労働者構成をやや立ち入って検討しておこう。[24]

まず「紡織」工場（＝繊維工業）の賃労働者の地域分布は、上位五府県（愛知・大阪・京都・東京・兵庫）への集中度が三八・二％と、一九〇九年段階のそれ以下の低水準であることからわかるように、依然として地方分散型といって差し支えない。[25]

これに対して、「金属」「機械器具」「化学」の三部門を合わせた重化学工業においては、上位五府県（東京・大阪・兵庫・愛知・神奈川）へ全労働者の六四・四％が集中するという著しい中央集中型をなしている。[26] 重化学工業のなかでは、「機械器具」工業がもっとも顕著な集中性を示し（東京・大阪・愛知・神奈川・兵庫へ七二・六％が集中）、「金属」工業がこれに続く集中度を示しているが（大阪・東京・福岡・兵庫・神奈川へ七〇・三％が集中）、「化学」工業には集中度はむしろ低い（東京・大阪・兵庫・福岡・山口へ四七・七％が集中）。重化学工業とくに重工業の地域分布におけるこうした中央集中性は、一九〇九年においても同様にみられた現象であるが、この段階においては、重工業部門自体の比重が飛躍的に高まったために、全体としての賃労働分布のあり方を基本的に規定する要因となっていることが注目されねばならない。

最後に鉱山労働者の地域分布をみると、上位五道県（福岡・北海道・長崎・福島・山口、労働者分布密度では福島の代わりに佐賀が入る）に全労働者の六五・五％が集中しつつも、独特の鉱山地帯を形成して賃労働者分布の中央集中型を修正している点、一九〇九年の場合と同様であるが、ただ、民間工場労働者数に対する比率が一二％と、一九〇九年当時の同二九％に較べて著しく低下しているため、かかる修正力もまた大きく減退せざるをえなかった。

四　総　括

太平洋戦争以降現在に至る時期については、一九六六年時点の様相を一瞥するにとどめよう。前掲表2－3に示したごとく、工場労働者数が激増した結果、ついに人口一万当たりの賃労働者数が一〇〇〇人の線を突破するわけであるが、その結果、地域経済のあり方も戦前とはかなり変わってきた。だが、戦時・戦後の歴史過程における屈折を捨象すれば、それは、一九三九年(昭和一四)年段階にすでに発現しつつあった変化のいわば延長線上にあることが注意されなければなるまい。すなわち、南関東・東海・近畿の三地域への賃労働者の集中傾向はいっそう強まり、対全国比率は六一・五二%に達した。なかでも南関東地域の伸びは目覚ましく、ついに近畿地域を凌駕するに至っている。賃労働者の分布密度の点でも、これら三地域の優位は揺るがない。これに対して、一時は近畿に次ぐ数の賃労働者を集め、分布密度において全国最高位を占めたことのある北九州地域の地位の低下はさらに進み、分布密度においては、ついに、東山・山陽・北陸・北関東・四国の諸地域以下の水準に落ち込んでしまった。このような相違をはらみつつも、全体的にみる限り、地域毎の賃労働者分布密度は、三九年のそれをそれぞれほぼ倍増した形をとっており、それゆえ、密度の絶対的な格差は、いっそう拡大したことになるといえよう。かかる変化を規定したものが、とくに一九五〇年代中葉以降にみられた爆発的な重化学工業化の進展と、石炭鉱業の急速な衰退にあったことは言うまでもあるまい。

以上の検討を通じて、われわれは、今日その問題性を指摘されるところの地域経済の中央集中的な構造は、ある意味では、その歴史的起源を、一八八六年にはじまる戦前日本資本主義の特徴的な確立過程そのもののなかに有しつつも、一九〇九年という資本主義確立段階においては、わが国の地域経済は、なお地方分散的な側面を濃厚に併せもっており、今日的な意味での極端な中央集中的構造の原型は、満州事変以降の戦時経済体制下においてはじめて明確な形をとって現れたことを知った。いうまでもなく、この戦時経済体制そのものは、戦前日本資本主義のもつ諸制約のゆえに短期間で崩壊してしまったのであり、地域経済の構造もそれとともに、いったん崩壊せざるをえなかった。したがって、「原型」の発現といっても、それは、さしあたっては形態上の意味で用いているにすぎず、今日的な意味での内実をもった地域経済構造の形成の直接の起点を明らかにするためには、戦後改革を前提とする戦後日本資本主義の成立・展開過程そのものの分析へ進まなければならないであろう。本章は、その前提となった歴史的諸事情の一端を明らかにしたにすぎない。

（1）〔男女別内訳については、石井寛治『資本主義日本の歴史構造』（東京大学出版会、二〇一五年）第四章注(5)で若干言及した〕。

（2）〔例えば、大石嘉一郎「労働力群の構成」（大石嘉一郎編『日本産業革命の研究』下巻、東京大学出版会、一九七五年）、北村嘉行・矢田俊文『日本工業の地域構造』（大明堂、一九七七年）、神立春樹「産業革命と地域社会」（歴史学研究会・日本史研究会編『講座日本歴史8　近代2』東京大学出版会、一九八五年）参照〕。

（3）例えば、川島哲郎「日本工業の地域的構成」（大阪市立大学『経済学雑誌』四八巻四号、一九六三年）参照。

（4）ここでいう「中央」とは、何よりも東京を指し、ついで大阪・名古屋を指すが、場合によっては北九州を含めて、以下用いることとする。〔このように中心を四つも設定するのはおかしいという批判がコンファレンスにおいてなされたが、京浜・阪神・中京・北九州のいわゆる四大工業地帯への工業の集中を念頭におけば、四大中心という見方も成り立つと考えている〕。

（5）この点については、さしあたり、専修大学社会科学研究所編『日本資本主義構造の研究』（未来社、一九六八年）参照。〔なお、二一世紀の現在の時点から振り返ると、第二次世界大戦後のいわゆる高度経済成長期自体がひとつの歴史的検討を要する時代となっており、さらにその後の変化まで含めないと現時点の地域構造の特徴にまで届かないであろう。現在、地域構造の問題点とされているのは、鉱工業部門よりもむしろ情報サービス部門を中心とした総生産と人口の「東京一極集中」であり、その行き過ぎを如何に是正するかということである（橘木俊詔・浦川邦史『日本の地域内格差――東京一極集中から八ヶ岳方式へ』日本評論社、二〇一二年、参照）。一九五五年から一九八五年までの三〇年間の長期的高成長期（石井寛治前掲『資本主義日本の歴史構造』第一二章）においては、製造業の地方分散が進み、東北農村では石油ショック後も一九八〇年代まで地域経済の発展が見られたという（友田滋夫「「製造業への低賃金労働力給源としての農家」の機能収縮と農村」『歴史と経済』二二九号、二〇一三年四月）。東京一極集中は、そうした製造業の地方分散の後退とともに情報サービス業の東京集中が激しく進行する結果として生じた事態であり、その総過程を歴史的にどう位置づけるかが問題となろう」。

（6）石井寛治「日本資本主義の確立」（歴史学研究会・日本史研究会編『講座日本史6　日本帝国主義の形成』東京大学出版会、一九七〇年、所収）。

（7）例えば、江波戸昭「日本資本主義発展と地域構造」（現代地理学体系第3部、『世界地理』第2巻所収）は、この点に若干言及しているが、民間工場・鉱山を統一的に扱っているわけではない。古島敏雄『資本制生産の発展と地主制』（御茶の水書房、一九六三年）は、一八八六年について三者を総合的に分析している。

（8）表2－1は本稿で使用する諸統計を集約したものなので、さらに若干注記しておく。一九六六年の「事業所」統計は、労働者数については、五人以上「事業所」のデータより合計で七・五％増えるだけなので、その前の統計との比較にはいちおう耐えられよう。官営工場はそのほとんどが一〇〇人以上の規模なので、下限はとくに問題としなくてよいと思われる。『帝国統計年鑑』に、主要官営工場が記載されるのは、一九二四年までであり、『陸軍省統計年報』に主要官営工場が記載されるのは一九二四年までであり、『海軍所年報』に海軍工廠労働者数がのるのは二五年までである。鉱山統計のなかにきわめて小規模な鉱山のデータも含まれていることは、府県別の集計値に一〇人以下の場合が例外的とはいえ存在することからもわかるが、それを分離する方法はない。ただ、例えば一九〇九年の農商務省鉱山局『本邦鉱業一斑』に記されている「重要鉱山」（その基準は生産価額であり、石炭山のごときは鉱夫一〇〇人以上でも記載されていないものが多数ある）の労働者数だけでも、本表記載の鉱山労働者数の八一％強に達する事実から考えるに、鉱山経営のほとんどが、少なくとも五人以上の賃労働者を雇用する資本制生産の形をとっていたと推断しうる。

（9）もっとも、戦後の復興過程を通じての石炭業を中心とする鉱山業の発展は目覚ましいものがあり、一九五〇年代中葉の労働者数は、五〇万人をこえて、戦前水準を一時しのいでいる。

（10）一九二九年当時の官営工場労働者総数三二万七一九八人を加えても、全国平均は三七六・九人にしかならず、一九一九年水準をやはり下回っている。
(11)　県単位でみると、第二次世界大戦前でも、北陸・山陰・四国などでは、絶対数が一時期減少している事例が若干ある。
(12)　一八八六年より前の状態については、何よりも山口和雄『明治前期経済の分析』(東京大学出版会、一九五六年)および古島敏雄『産業史Ⅲ』(山川出版社、一九六六年)を参照せよ。
(13)　ただし、府県別の分布密度においては、大阪は三四八・二人、福岡は三二七・六人であり、長野の二八二・三人を上回っている。
(14)　前掲、注(6)石井、「日本資本主義の確立」参照。
(15)　一九〇九年の一〇人以上工場の職工数と、鉱夫数を合計すると一〇四万一七三八人であり、一九〇〇年当時のそれの一七・一%にあたる。
(16)　ここで、このような限定を付したのは、賃労働者数を指標として見た生産面での劣位は、必ずしも経済全体における劣位を意味しないからである。その点を検討するために、当初の予定では、賃労働者の側面の分析だけでなく、資本の側面の分析を試みる予定であったが時間の制約もあって断念した。後日を期したい。多少その点に関連して、「地方銀行の成立過程――地方銀行と都市銀行の分化」(『地方金融史研究』三号、一九七〇年)において、普通銀行預金・貸出の地域性の検討を試みたことがある。〔この課題は、関心を抱きつつも、筆者自身は今日まで果たしていない。関連した論文として、産業革命期には東京の資金が大阪を含む全国の産業発展に貢献したのではないかという興味深い仮説を展開した武田晴人「産業構造と金融構造」(歴史学研究会・日本史研究会編『日本史講座8　近代の成立』東京大学出版会、二〇〇五年)を参照されたい〕。
(17)　このことは人口一万当たりの繊維工業賃労働者数についてみた場合、ここでの上位五位に入っていない福井・山梨が、第二位の愛知を上回り、また、埼玉・石川・群馬・岐阜・三重の五県が第四位の東京を凌駕していることにも現れている。
(18)　〔繊維工業用機械の国内生産の遅れを、ここでは工場統計から推定したが、神立氏は注(2)に記した論文において力織機の国内生産が進んでいたことを根拠に生産手段生産部門の確立の指標とすべきことを主張された。確かに力織機の国産化は各地の機業地で進んでいたからその実態を明らかにすべきであった。石井正「力織機製造技術の展開」(南亮進・清川雪彦編『日本の工業化と技術発展』東洋経済新報社、一九八七年)は、一九〇九年当時の日本では、小幅力織機が五人未満の零細工場においても多数製造されていたという注目すべき事実を明らかにしている〕。
(19)　ただし、このことは、地方の「在来」産業を支配したものが、大都市の商人資本でありうることを否定するものではない。

例えば、製糸業に対する横浜生糸売込商の支配については、山口和雄編著『日本産業金融史研究　製糸金融篇』（東京大学出版会、一九六六年）をみよ。その点の検討なくしては、実は、「地方分散」そのものが内包していた限界性も明らかにならないのであるが、ここでの検討は省略せざるをえなかった。

(20)　もっとも、東北地域のように、鉱山業不振の結果、山陰地域並みの水準に落ち込んだところもあることに留意しておこう。

(21)　府県別にみると、長野の七一六・七人は、福岡の七〇一・六人、大阪の六六八・九人、愛知の六二〇・五人を引き離してやはり首位を久し振りに奪回している。もっとも、官営工場のデータを補うと、福岡は少なくとも七七五・二人となり（八幡製鉄所労働者一万八五八七人を加算）、長野の首位は失われる。

(22)　東京・神奈川の賃労働者数合計は、この頃、一九〇〇年以来、はじめて大阪・兵庫のそれを凌駕した。

(23)　『工業統計五〇年史』によると、機械器具工業の従業者数が、紡織工業のそれを抜くのは一九三九年が最初であり（生産額からみても同様。なお、紡織工業従業者数はこの年まで増加し、以後減少していくことも留意せよ）。また、重化学工業の従業者数が軽工業のそれをこえるのも、この一九三九年である（前者一九七万人、後者一八〇万人）。三五年当時には、重化学工業従業者数が軽工業のそれの五三％にすぎなかったこと（前者八一万人、後者一五五万人）を考えると、戦時経済体制下に、国家権力の大幅な介入によって進行した重化学工業化のテンポの速さがわかろう。

(24)　この点については、山中篤太郎編『日本産業構造の研究』（有斐閣、一九四四年）が、一九三一、三五、三八年の『工業統計表』をもとに詳細な地域構造分析を行っているので、ここでは、ごく基本的な点だけに触れることにする。

(25)　賃労働者分布密度の点からみると、福井・石川両県は、これら五府県のいずれよりも高く、また、群馬・長野・富山・三重・山梨・岐阜・和歌山・滋賀の諸県は、愛知・京都には劣るとはいえ、大阪・兵庫・東京を凌駕する繊維工業地帯をなしているのである。

(26)　賃労働者分布密度の点からみても、これら五府県はいずれも五〇〇人以上という抜群の高さを示しており、福岡（三二八・六人）、山口（三〇六・九人）、富山（二七一・八人）などを大きく引き離している。

第三章　国内市場の形成と展開
――商品流通の視点から

本章には、山口和雄先生を中心として一九七四年に発足した商品流通史研究会の研究報告書（山口和雄・石井寛治編『近代日本の商品流通』東京大学出版会、一九八六年）の第一章として執筆した「国内市場の形成と展開」を採録した。同書は、その後活発化した流通史・物流史研究の先駆であり、鉄道・海運の輸送統計を用いて諸商品の流通状況を把握する手法の開発が高く評価された(1)。実はそうした手法は本書第四章に採録した織物金融史研究の一環として開発したものであり、同書はそれを拡張したものにすぎない。同書の執筆を起点として醬油醸造業史や肥料流通史の研究が飛躍的に深化したが(2)、流通史研究の事実上の出発点の水準と当時の問題意識を跡付けておくために、ここでは、かつて利用した明治七年府県物産表の相川県の落丁部分の欠落数値を補ったほかは、ほぼ原型のまま採録した。

一　課題と方法

1　研究史の現状

日本資本主義の確立過程は、その本質的な一側面として統一的国内市場の形成過程を伴っており、その特質の究明は各地域で生活する民衆の経済生活（生産と消費）の実態を明らかにする上で不可欠の課題であるにもかかわらず、そうした研究はこれまできわめて乏しかった。それにはさまざまな理由が考えられるが、一つには「国内市場狭隘説」の定説化と通俗化（後述）が、国内市場そのものへの研究意欲を減退させ、問題はむしろ「狭隘」な国内市場の限界を突破すべく展開された対外進出にあるとして、貿易史や植民地侵略史へと研究者の関心を誘致したためであろう。こうした研究状況に対して、一九七〇年代に入る頃から、戦前日本資本主義の発展過程は国内市場の顕著な拡大を伴っていたという批判が提起されるようになった。統計分析を根拠になされるこうした批判は、一見きわめて客観的で正確な印象を与えるが、後述するように、批判せんとする「狭隘説」の本来の内容を十分に吟味しないまま、拡大の事実を単純に対置するにとどまっている場合が多く、必ずしも説得力をもっていない。以下、国内市場史を論じた代表的研究をとりあげ、どこに解明されるべき真の課題があるかを検討しよう。

いわゆる国内市場狭隘説を代表する最初の研究は、『日本資本主義発達史講座』（岩波書店、一九三二―三三年）の第二回・第三回配本に含まれた小林良正「交通機関の発達と内外市場の形成＝展開（上）（下）」[3]であろう。同論文は、まず、国内市場の形成＝展開は、「生産、殊に資本家的商品生産の発展との交互関係に於いてのみ、把握されなければならぬ」と述べ、「流通部面を、生産機構から、全く引離し、浮き上らせて取扱ふ」「多くのブルジョア「経済史家」における、「商業史」の取扱ひ方」を批判する。そして「消費資料市場」と「生産手段市場」の発展過程を具体的に検討し、「日本資本主義は、――夫の綿糸紡績業の発達の内に、最も典型的な例証を持つ様に――着々、自己の国内市場を――一面には、外国資本の手から奪還しつつ――形成しながらも、その土地改革の不徹底さに基付く、再生産基礎の本質的狭隘性の故に、早くも、その国内的矛盾をば、所謂『横への発展』に振り向けざるを得なかったし、又日清・日露両役に関する限りでは、なかば、これに成功したのである」[4]と述べた。

ここで注目すべきことは、小林は、国内市場の拡大の事実そのものは認めた上で、その特質として狭隘性を論じていることである。先の引用文からもその点がうかがえるが、同論文附表第五表には、人口一人当たり綿織物消費額が明治一八－二二(一八八五－八九)年平均の〇・三八円から三八－四二(一九〇五－〇九)年平均の二・〇三円へと漸次増大してゆく過程が明示されているし、鉄鋼や石炭の国内消費の増大ぶりを示す統計もいちおう掲げられている。このような把握は、小林が一国の歴史記述にさいして、「一回的＝偶然的な個別性（Einzelheit）」として記述するのでも、また「抽象的な一般性（Allgemeinheit）」に解消するのでもなく、「むしろこの国の具体的な特質を、つねに一般性に関係せしめ、しかも他と区別（sondern）さるべきものとして、すなわち、「諸規定の綜合なるが故に具体的」な、言葉の真実の意味における特殊性（Besonderheit）として把捉せんとする」(5)立場をとったために行われたのであった。そうした立場からすれば、日本資本主義においても国内市場の拡大自体は一般的なこととして当然確認された上で、さらに進んでその拡大の限界が特殊性として問題にさるべきだ、ということになるし、また、一九二九年の世界大恐慌の下での市場の縮小自体は一般的なこととされつつ、さらに日本における打撃の特殊な深刻さを農業部門との問題とすべきだ、という主張になるであろう。小林は、かかる特殊性を日本資本主義の構造的一環としての「半封建的零細耕作農業」が「再生産基礎の本質的狭隘性」をもたらすという論理で説明しようとしたのであった。

　こうした「国内市場狭隘説」に対しては、さまざまな批判が加えられており、歴史学畑でも、自生的発展を評価する立場から古島敏雄や中安定子の国内市場を重視する見解が提出されているが(6)、ここでは一九七〇年代以来の目立った動向として、近代日本の経済発展の順調さを高く評価する研究が相次いで現れた事実に注目しておきたい。その源流はW・W・ロックウッドの研究(7)あたりに求めることができるが、そうした傾向を汲みつつ小林らの「狭隘説」批判を正面から試みた研究として、正田健一郎『日本資本主義と近代化』(8)と中村隆英『戦前期日本経済成長の分析』(9)をあげることができよう。

　正田は、日本資本主義の歴史的研究の基本課題は、日本が非西欧世界でほとんど唯一の後進資本主義国として成長・発展しえた条件を探ることにあるとし、「安定的需要構造」に支えられつつ在来産業が産業革命中も一貫して発展したことが、近代工業の発展を可能にした条件であると見る。そして国内市場が拡大しているデータを示して、「消費水準の上昇は、国内購買力の増大、つまり国内市場の拡大にほかならない。この結論……は、日本資本主義発達史研究の通説からすると、著しく異質なものとなろう」[10]（傍点石井、以下断りなき場合同様）と主張するのである。「安定的需要構造」という指摘は、興味深い論点提示であるが、同書に示された程度の市場拡大の事実は、前述のとおり小林論文においても十分認識されており、本来の「狭隘説」の議論は、もう少し異なった水準で行われていたことが想起さるべきであろう。

中村説も、日本経済の歴史を「成長の視点」から検討している限り、正田説と同様な観点に立っているといってよい。中村は、個人消費の伸びが明治期の高い経済成長の大きな要因であったとし、「消費の伸びが鈍かったことから帝国主義化が進行した、という直線的な発想はやはり単純にすぎる」[11]と主張する。そして、そうした個人消費のほとんどが在来的な財に対するものであることから、在来産業の発展（均衡成長）を説明しようとするのである。『郡是』などを利用した消費構造の実証は興味深いが、同書における在来産業概念はあいまいであり、輸出向け生糸・織物・マッチ各産業など資本主義化した部分を混入させているため、国内市場に立脚した均衡成長というシェーマは実証的にみてなお疑問が多いといわねばなるまい。

2　究明すべき課題

以上、国内市場史をめぐって、「狭隘説」と「拡大説」とが十分かみ合わないまま対立している研究史の現状を指摘したが、こうした状況において、われわれはどのように課題を設定すべきであろうか。たしかに中村も指摘するように、これら両説については、それぞれの学説を生み出した時代的背景があり、それに制約された研究者の問題関心がある。恐慌からの脱出路を戦争に求めた一九三〇年代初頭に生きた研究者が「明治以来の日本経済の体質のなかに宿命的な暗さ」を感じざるをえなかった事情を認めつつ、中村自身も、自らの研究について、「本書は、戦後の成長と構造変化を分析する眼で過去をふりかえることになってしまった」[12]と述懐しているのである。では、高度成長も過去のものになった今日、われわれは、戦前日本資本主義における国内市場をどのような角度から問題とすべきであろうか。

高度成長の過程は、日本経済史研究者に、日本経済の後進性把握の固定化を反省する機会を与えたが、そのことは、正田＝中村説のように戦前史を戦後史に連続する高成長過程とみることを正当化するものだったのではなく、逆に、戦後史と共通する発展の可能性を潜在的に有しながらもそれを実現しえなかった、戦前史のもつ構造的制約条件を歴史的なものとして再検討することを、要請するものだったのではなかろうか。戦前に比較しての大幅な所得格差の縮小を伴いつつ国内市場が拡大され、未曾有の高度成長が実現していった国内的前提条件としては、敗戦と戦後改革を画期に、軍事支出に代表される再生産外消耗が激減し、かつ、農業生産力が大幅に上昇した事実が重視されねばなるまい。

とすれば、戦前における国内市場については、正田＝中村説のように、「狭隘説」を国内市場拡大を全く否定するものであるかのように認識し、その拡大の事実を指摘する単純な「拡大説」を対置することで批判が完了したとするのではなく、小林説がかつて問題としかけたような拡大そのものに内在する日本的特質の把握を、多面的・実証的にいっそう立ち入って進めていく点にこそ、われわれの課題があるということになろう[13]。そのためには、世界市場への編入と資本主義化が進むにつれて幕藩制以来の社会的分業の全国的再編がどのように進み、具体的にいかなる地帯構造＝連関を有する統一的国内市場が形成されていくか、という観点からの地域分析を深めなければならず、さらに、各地域内部での生産的・個人的消費のあり方を階級分化とのかかわりで検討する階層分析を行うことが要請されるであろう。そのことは、国内市場の特質究明の狙いが、冒頭で述べたように地域に根をおろして生活する民衆の具体的な経済生活の実態に迫る点にあることからも当然の要請であり、そうした分析を通じてこそ、現代的イメージからはほど遠い巨大な地域的・階層的格差を伴った人々の経済生活の全体像をつかむことができるはずである。

二　国内市場の諸段階

1　段階規定の基準

近代日本における統一的国内市場の形成過程については、産業革命が始まる直前の明治一〇年代にすでにいちおう出来上がっていたという指摘があると同時に、産業革命を経ることにより明治三〇年代末にようやく出来上がったという議論もある。例えば、山口和雄は、明治一〇年代の商品流通の詳細な分析を通じて、当時すでに全国的流通網によってあらゆる生産物取引が大量に行われていた事実を明らかにしつつ、「国内市場が一応できあがっていた(14)」と論じたが、富永祐治は、明治三〇年代末期について、「農村の停滞性は市場の狭隘を生んだけれども、兎に角主要生産物は従来の地方的流通の域から脱してすでに全国的な市場を拓いていた(15)」と主張しているのである。

かかる諸見解については、まず、「資本主義の発展段階の問題から独立した、別個の問題としての国内市場の問題というものは、けっして存在しない(16)」というレーニンの指摘が想起さるべきであろう。産業革命を通ずる国内市場形成の意味についても、レーニンの「国内市場は、商品経済が現われるときに現れる。国内市場はこの商品経済の発展によってつくりだされ、社会的分業の細分化の程度が国内市場の発展の高さを規定する。国内市場は、商品経済が生産物から労働力へうつるにしたがって、ひろまっていく。そして、この労働力が商品に転化する度合いに応じてのみ、資本主義は国の全生産をとらえ、主として、資本主義社会でますます重要な地歩をしめていく生産手段の増大によって発展していく(17)」という古典的指摘が手掛りを与えてくれる。

しかしながら、幕藩制社会が強制的に世界市場へ編入される中から生み出された近代日本社会においては、統一的国内市場の形成過程もまた古典的基準のみでは律しえない独特の過程をたどることが留意されなければなるまい。すなわち、市場の統一性という点では、幕藩制社会がその確立期から年貢米の商品化にもとづく全国的な規模での領主的商品経済を内包していただけでなく、その後の農民的商品経済の展開、あるいは、開港以降の運輸手段の近代化も加わって、明治初年における米穀市場などは価格面でかなり高度の全国的統一性をもっていたことが究明されている[18]反面、日本産業革命を通ずる労働力の商品化には周知のとおりさまざまな量的・質的限界があり、「社会的分業の細分化の程度」＝「国内市場の発展の高さ」という点からみると、およそ産業革命期らしからぬ様相を一面で維持しつづけるのである[19]。そこで、以下においては、市場の統一性に関する検討はひとまずおいて、産業革命期を通じて国内市場がどこまで発展したかという問題に主として取り組むことにしたい。

2　商品流通と輸送手段

まず、きわめて現象的な貨物輸送量という事実から検討を始めよう。

図3－1によれば、鉄道による貨物輸送がやや目立った数値を示すようになるのは、明治一九（一八八六）年にそれまでの二〇－三〇万トン台から一挙に五〇万トン台に達した頃のことである。この年は銀本位制の定着を前提に企業勃興が起こるという日本産業革命の開始を画する年であり、それ以前の時期はいわば資本の原始的蓄積期に当たる段階であった。開港後の貿易と政府の殖産興業政策を契機に、幕藩制社会末期の商品流通は大きく変化しつつあったが、貨物輸送のルートとしては、山口和雄がすでに分析しているように海上輸送が中心を占めていたものと思われ[20]、そのかぎりでは幕藩制社会と共通していた。もちろん、対外貿易の開始に伴う新たな商品流通が加わり、海上輸送手段も西洋型帆船・汽船が登場するし、道路の整備が進み、河川輸送が依然として重要な役割を果たしていた点なども留意

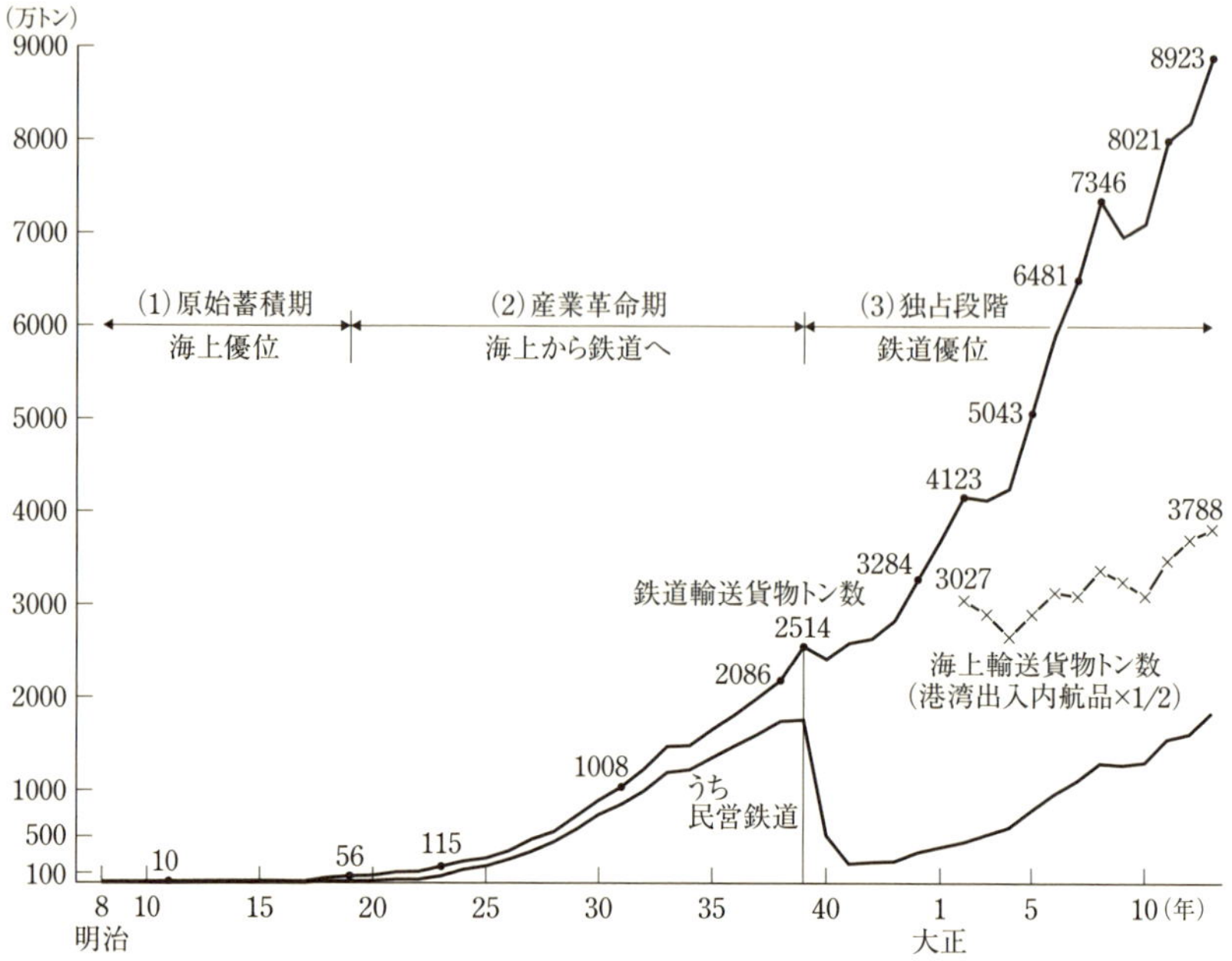

図3-1　鉄道輸送と海上輸送

出典）　近代日本輸送史研究会編『近代日本輸送史』（成山堂書店，1979年）34, 430-1, 446頁.

されなければならないが、安政六（一八五九）年の開港以降の原始蓄積期は、単純化していえば、いわば海上輸送優位の時期であったとみてよかろう。

図3－1によれば、明治一九年以降、鉄道輸送貨物の数量は年々増大し、海上輸送に代わって鉄道輸送が国内輸送の中心になってゆく。富永祐治は、大正二（一九一三）年当時の海陸輸送量の比較を試み、依然として海上輸送が優位に立っていたと論じたが[21]、それは鉄道輸送については発送（＝到着）トン数を用いたのに、海上輸送については発送トン数と到着トン数を合計したために生じた誤りであり、正しくは図3－1に示したとおり海上優位はすでに崩れ去っていたのである。輸送トン数（距離を無視した単純トン数）において鉄道輸送が海上輸送を凌駕するのがいつであるかについては、史料上の制約からはっきりしない。しかし、図3－1における海上輸送のトン数グラフを左方向へ伸ばしてゆくと、鉄道国有化がなされる明治三九年前後のところで鉄道輸送のトン数グラフと

表 3-1　地域別貨物輸送量（大正 8 年）　　（千トン）

	鉄道輸送				海上輸送	
	発送（A）	到着	同一府県向（B）	B／A	移出入	輸出入
北海道	9,058	8,971	8,767	96.8	5,019	801
東　北	5,499	3,698	1,712	31.1	2,044	18
関　東	10,045	12,319	2,301	22.9	12,836	3,441
（東京）	3,377	6,031	757		4,271	0
（神奈川）	2,030	1,664	454		8,436	3,441
北　陸	2,506	2,181	856	34.2	1,271	208
東　山	1,670	2,607	621	37.2	0	0
東　海	4,024	3,730	1,127	28.0	4,472	806
（愛知）	1,895	1,813	417		3,079	522
近　畿	7,262	7,033	1,865	25.7	17,902	7,175
（大阪）	2,808	2,338	344		9,315	1,897
（兵庫）	2,787	2,322	1,067		7,869	5,276
中　国	2,434	2,055	874	35.9	3,163	1,004
四　国	374	353	300	80.4	2,913	0
九　州	17,058	17,090	14,244	83.5	16,356	5,575
（福岡）	13,406	13,645	12,406		11,616	4,252
沖　縄	0	0	0		216	26
その他	285	158	0		0	0
合　計	60,215	60,195	42,666	70.9	66,191	19,054

出典）鉄道省運輸局『大正八年中鉄道輸送主要貨物数量表』（商品流通史研究会編『近代日本商品流通史資料』第 11 巻），内務省土木局『大正十年大日本帝国港湾統計』（同上第 10 巻）．

注 1）鉄道は「省線各駅相互発着並ニ省線連帯線相互発着」につき図 3-1 より少ない．

注 2）北陸は新潟・富山・石川・福井，東山は山梨・長野・岐阜，東海は静岡・愛知・三重，を指し，「その他」は朝鮮・満州との間のもの．

注 3）単位未満四捨五入，以下同様．

交わることになる。明治四〇年前後の時期に日本産業革命が終了するという私見[22]に立てば、明治一九年に始まる約二〇年間の日本産業革命期における鉄道の普及が、貨物輸送における海上輸送の優位を鉄道輸送の優位へと転換せしめた、ということになる。

このあとの独占段階（独占移行期を含む）において、伸び悩みの海上輸送を尻目に、鉄道輸送が国有鉄道を中心に飛躍的な伸びをみせている。ただし、鉄道輸送については、海上輸送と異なり比較的短距離の輸送を多く含んでいることが留意さるべきであり、さらに地域によっては海上輸送に大きく依存しつづける所もあることが見落とされてはなるまい。

表3－1によれば、北海道・九州・四国における鉄道輸送の圧倒的部分が同一道県内へ向けての短距離輸送であり、本州各地域でも二〇－三〇%台が同一府県内向けで

ある。また、概して西日本各地においては、この大正八（一九一九）年当時も海上輸送に依存する度合いがかなり高いことが判明しよう。[23] そうした輸送手段の変化に支えられつつ、明治四〇（一九〇七）年頃には推定約五〇〇〇万トンであった国内貨物輸送量は、[24] 大正八年には九三〇〇万トンと外国貿易品一九〇〇万トンの四・九倍の水準に達し、[25] 大正一三（一九二四）年には一億二七〇〇万トンと外国貿易品二二〇〇万トンの五・七倍にも及ぶようになるのである。[26]

3　地域経済の変化

以上概観したような商品流通の拡大の基礎には、地域経済の変化、とくに工業生産の発展を軸とする地域経済の商品経済化が横たわっていた。後進資本主義国の日本の場合には、貿易による新たな商品流通の展開や鉄道に代表される交通手段の変革が地域経済を変えてゆく側面が重視されねばならないとはいえ、そうした新たな商品流通が拡大し定着してゆくためには、商品を生産し消費する地域経済のあり方がどこまで変化したかがやはり問題となろう。そこで、産業革命を通じて日本各地の地域経済のあり方がどのように変化したかを、さしあたり地域ごとの生産物構成に即して検討したいのであるが、産業革命期にはそうした検討に役立ちうる統計が簡単には作成できそうもないため、やむをえず明治七（一八七四）年と大正一三（一九二四）年の二時点をとりあげ、[27] 各種生産物価格の構成という面から地域経済のあり方がどのように変わったかをみることにしたい。

表3－2、表3－3は、半世紀を隔てた二時点における地域経済を対比しやすい形に集計・整理したものである。できるだけ包括的な地域別産額を算出すべく、前者については基本史料である『明治七年府県物産表』の数値を他の若干の史料で補足し、後者は『第四十五回日本帝国統計年鑑』と『大正十三年工場統計表』の数値を組み合わせた。産業分類は主として後者を基準としている。

全国レベルでみると、この半世紀の間に農産物と工産物の構成比がほぼ逆転していることがわかる。すなわち、明治七年の農産物五八・二％、工産物三三・七％という構成比が大正一三年には農産物三〇・八％、工産物五九・四％へと変化しているのである。比率の伸びという点では、鉱産物が一・一％から三・二％へと急上昇し、工産物の伸び率を上回っていることも注目される。農産物のなかにも商品化するものが含まれ、しかもその比重が増大することは周知のとおりであり、工産物のなかにも自給的なものがあるが、全生産物のうちで占める工産物の比率は地域経済の商品経済化の度合を示す指標としてもっとも有効であるといえよう。

まず表3－2によりつつ明治七年当時の状況を検討しよう。同表から作成した表3－4によれば、工産物生産は近畿および関東へ集中し、両地域で全国の四一・九％を占めており、農産物・林産物・畜産物を上回る集中ぶりをみせている。しかしながら、各地域内部における工産物比率をみると、近畿が四四・八％とずばぬけた高さを示し、北海道が四・四％と極端に低いことを別とすれば、いずれの地域も二五％から三五％の間に位置していることが注目される。これは、地域差の著しさを示すよりも、むしろその乏しさを示すものではあるまいか。

もっとも、地域別のデータは、それ自体が府県別データを集計したものであるから、さらに細かくみれば、やはり従来の諸研究[28]が強調してきたような地域差の著しさが検出されるのかもしれない。そこで工産物比率に限って府県ごとの数値を掲げておこう（表3－5）。

北海道を別として、一〇％台五県、二〇％台二三県、三〇％台二五県、四〇％台六県、五〇％台二府県（東京・兵庫）、六〇％台二府（京都・大阪）という具合である。大阪・京都・兵庫の高い比率は近畿地域でも突出しており、関東地域では東京がとびぬけた高さを示していることが注目されよう。そして、いっそう重要な特徴は、その他の大多数の県が二〇％前後から四〇％前後の線の間に位置していることであり、その限りでは例えば近畿地域と東北地域との間にあまり大きな違いがないことである。とくに、後進地域の代表格として扱われることの多い東北地域の諸県の工産物比率がこの当時は必ずしも低くなく、酒田県のような低率のものもある反面、若松・磐前・置賜・水沢の四県

（円）

東　海 (5)	近　畿 (9)	中　国 (8)	四　国 (3)	九　州 (9)	全　国	%
20,901,383	34,766,011	26,612,803	14,881,207	25,257,417	217,880,285	58.2
13,592,606	24,374,236	16,676,672	9,534,163	17,892,784	143,630,372	38.4
26,920	251,402	92,692	6,662	8,167	4,917,922	1.3
1,380,163	3,109,120	994,645	533,018	39,033	7,334,610	2.0
169,294	801,802	1,409,230	1,181,540	1,052,122	7,133,700	1.9
445,263	1,574,824	1,529,297	816,377	632,836	8,574,125	2.3
968,049	525,146	1,164,366	582,669	1,102,185	10,655,993	2.8
42,423	32,213	9,598	1,931	14,231	2,112,657	0.6
71,270	358,135	1,463,680	295,074	805,845	3,947,519	1.1
0	0	53,250	2,989	709,640	860,200	0.2
10,644,770	30,913,750	12,716,707	8,617,274	9,953,642	126,151,042	33.7
1,359,471	9,988,528	1,960,905	829,357	663,114	31,090,196	8.3
65,538	871,785	138,499	21,787	6,856	5,403,793	1.4
212,204	362,985	99,023	164,121	27,301	1,234,348	0.3
1,075,939	8,672,056	1,478,613	609,317	519,680	22,128,699	5.9
45,322	689,858	82,052	42,375	38,365	1,638,795	0.4
332,586	1,091,593	370,257	61,755	295,199	3,201,656	0.9
184,077	989,967	127,793	114,826	191,221	2,125,265	0.6
1,399,036	3,718,875	3,376,948	2,591,721	1,694,712	19,575,617	5.2
602,928	1,493,711	1,044,558	450,897	1,047,359	6,971,588	1.9
227,019	1,397,112	60,951	75,786	61,181	2,521,094	0.7
183,230	302,585	1,793,908	803,589	420,835	5,166,886	1.4
870,949	1,680,058	440,969	340,153	772,831	7,403,111	2.0
19,091	111,726	540	0	0	164,256	0.0
5,710,081	9,894,746	5,547,478	4,455,664	5,699,072	52,543,702	14.0
2,633,386	4,056,404	1,968,717	1,444,784	2,362,425	21,106,776	5.6
570,818	851,893	365,646	457,482	597,844	5,261,507	1.4
274,327	15,927	78,701	811,150	724,966	1,905,071	0.5
724,157	2,748,399	809,765	181,423	599,128	8,408,444	2.2
47,161	355,700	56,065	11,247	35,412	896,907	0.2
711,791	185,359	49,390	21,491	14,713	919,913	0.2
33,200,029	68,939,668	44,896,083	26,374,141	38,804,047	374,342,664	100.0
269,442	1,429,325	70,549	77,717	75,412	4,633,751	
2,778,616	4,554,927	3,935,649	2,668,927	5,062,140	33,830,094	

表 3-2　地域別生産額（明治 7 年）

	北海道（1）	東　北（11）	関　東（9）	北　陸（5）	東　山（4）
①農産物	86,485	21,131,077	38,467,536	20,353,671	15,422,695
（米）	0	15,559,277	21,171,488	16,196,437	8,632,709
（繭）	662	1,000,748	1,634,026	258,651	1,637,992
（棉）	0	75,162	732,941	234,116	236,412
②畜産物	33,003	1,248,655	744,326	130,833	362,895
③林産物	0	854,728	1,159,448	904,959	656,393
④水産物	3,121,353	763,614	1,323,000	1,056,020	49,591
（魚肥）	1,576,358	58,960	350,667	26,276	0
⑤鉱産物	7,078	290,547	175,332	270,099	210,459
（石炭）	0	3	3,913	90,405	0
⑥工産物	150,169	10,341,867	21,904,683	12,174,179	8,734,000
i 紡織工業	4,761	2,095,867	7,852,932	3,193,393	3,141,868
（生糸類）	0	1,309,140	1,151,119	399,808	1,439,261
（木綿糸類）	0	29,144	230,521	69,084	39,965
（織物）	2,359	488,523	5,401,912	2,336,701	1,543,599
ii 金属工業	0	24,334	111,145	584,171	21,173
iii 機械器具工業	0	191,860	379,768	354,153	124,485
iv 窯　　業	0	93,515	95,076	94,893	233,897
v 化学工業	45	1,510,504	2,236,019	1,642,672	1,405,085
（油蠟類）	0	418,185	804,327	714,686	394,937
（魚肥以外の肥料）	0	130,514	301,684	126,814	140,033
（紙類）	0	510,434	450,582	272,876	428,847
vi 木材工業	126,224	677,047	1,078,812	1,036,645	379,423
vii 印刷工業	0	1,848	0	1,081	29,970
viii 食料品工業	17,337	5,131,803	8,931,249	4,154,111	3,002,161
（酒類）	0	1,950,622	3,400,223	1,718,720	1,571,495
（醬油）	0	269,421	1,624,932	300,207	223,264
（砂糖）	0	0	0	0	0
ix その他工業	1,802	615,089	1,219,682	1,113,061	395,938
（化粧具）	0	18,153	257,047	28,039	88,083
（漆器）	0	149,767	74,329	215,922	37,151
①～⑥合　計	3,398,088	34,630,488	63,774,325	34,889,762	25,436,033
肥料小計	1,576,358	189,474	662,351	153,090	140,033
人口（人）	180,432	3,584,092	5,707,293	3,285,406	2,072,612

出典）　内務省勧業寮『明治七年府県物産表』その他．詳しくは本文注(27)を参照．

（千円）

近畿（6）	中国（5）	四国（4）	九州（7）	沖縄（1）	全国	%
389,407	351,916	224,468	576,212	26,073	3,808,944	30.8
267,986	223,887	121,463	324,448	1,402	2,214,438	17.9
37,209	36,215	34,771	52,120	67	551,680	4.5
23,471	9,052	3,262	11,236	1,489	127,055	1.0
31,893	22,988	14,086	46,768	332	254,582	2.1
33,019	37,940	30,544	65,741	3,463	438,579	3.5
125	692	106	1,466	0	28,066	0.2
11,195	20,306	15,312	188,503	2,044	400,751	3.2
60	10,791	0	162,550	306	241,614	2.0
2,312,355	402,657	245,897	565,710	10,241	7,347,669	59.4
997,466	164,729	148,269	152,613	2,367	3,372,010	27.2
67,539	35,010	53,852	54,452	20	859,633	6.9
287,242	64,908	25,293	44,869	0	644,954	5.2
505,725	53,629	65,058	34,068	2,348	1,531,870	12.4
183,704	17,437	385	26,843	46	378,564	3.1
41,215	2,132	0	7,223	0	89,990	0.7
157,971	14,912	1,556	33,505	27	447,490	3.6
64,365	15,983	10,405	51,303	130	264,224	2.1
6,343	5,466	2,518	18,897	0	59,237	0.5
266,105	41,384	19,260	50,214	212	729,222	5.9
6,247	111	42	2,713	0	22,279	0.2
15,347	8,219	3,563	17,038	0	73,650	0.6
43,624	8,676	4,948	6,710	82	180,840	1.5
47,957	4,942	2,512	9,245	54	146,659	1.2
317,554	95,268	50,481	189,142	6,752	1,246,844	10.1
122,876	59,600	29,948	66,754	2,391	495,508	4.0
13,786	11,771	12,257	12,295	0	130,569	1.1
90,841	109	463	58,741	4,304	187,517	1.5
27,989	9,788	1,273	13,691	319	106,620	0.9
91,710	16,277	4,782	23,314	242	237,861	1.9
5,137	601	907	481	199	30,097	0.2
113,910	13,261	2,026	9,130	10	237,335	1.9
2,801,340	844,859	533,569	1,454,170	43,642	12,377,580	100.0
21,719	9,022	3,711	21,217	0	123,995	
8,892	5,066	3,118	8,637	605	59,139	

場は含まれていない.

表 3-3　地域別生産額（大正 13 年）

	北海道（1）	東北（6）	関東（7）	北陸（4）	東山（3）	東海（3）
①農産物	149,203	505,853	644,994	321,968	289,712	329,138
（米）	57,941	351,943	295,212	262,672	120,811	186,673
（繭）	320	59,667	116,035	17,235	124,216	73,827
②畜産物	8,961	5,237	41,858	4,225	5,437	12,829
③林産物	19,220	37,100	31,004	14,662	18,383	18,152
④水産物	108,090	37,418	45,286	28,056	1,492	47,530
（魚肥）	20,178	3,218	725	1,470	0	173
⑤鉱産物	47,385	52,105	35,866	16,051	6,913	5,071
（石炭）	41,735	19,731	6,186	39	217	0
⑥工産物	159,971	282,375	1,534,910	368,252	497,527	967,778
i 紡織工業	12,271	121,727	532,752	234,911	413,626	591,279
（蚕糸）	31	75,071	147,803	20,967	298,700	106,188
（綿糸）	0	2,401	41,462	7,433	21,491	149,855
（織物）	2,518	39,587	273,577	189,614	65,512	300,208
ii 金属工業	13,615	6,173	116,057	5,428	651	8,226
（鉄鋼）	12,313	3,459	21,792	1,327	0	531
iii 機械器具工業	2,093	1,968	183,792	5,490	1,021	45,156
iv 窯業	10,342	7,432	31,190	6,588	15,979	50,507
（セメント）	9,445	3,624	8,212	0	0	4,733
v 化学工業	45,663	4,754	193,481	40,274	5,815	62,061
（油粕）	397	131	1,754	19	175	10,692
（人造肥料）	3,396	133	14,797	8,528	3	2,628
vi 木材工業	19,443	32,308	23,536	6,488	1,923	33,102
vii 印刷工業	3,344	3,813	60,798	2,823	2,869	8,301
viii 食料品工業	42,983	87,374	259,564	44,107	36,588	117,031
（酒類）	16,056	61,711	49,369	31,154	25,660	29,990
（醤油）	3,536	9,035	40,935	6,039	5,498	15,418
（砂糖）	1,921	0	23,967	0	0	7,172
ix 瓦斯電気業	3,471	6,617	20,993	5,990	12,875	3,614
x その他工業	3,695	7,589	52,634	10,989	2,812	23,818
（漆器）	153	5,014	1,888	7,932	939	6,847
xi 加工修理	3,051	2,620	60,113	5,164	3,368	24,683
①～⑥合計	492,830	920,088	2,333,918	753,214	819,464	1,380,498
肥料小計	23,971	3,392	17,276	10,017	178	13,493
人口（千人）	2,831	6,033	11,688	3,939	3,367	4,965

出典）①～⑤は主として『日本帝国統計年鑑』第 45 回，⑥は主として『大正十三年工場統計表』による．官営工
詳しくは本文注(27) を参照のこと．

表 3-4　地域経済の性格（明治 7 年）　（%）

		北海道	東北	関東	北陸	東山	東海	近畿	中国	四国	九州	全国
地域内比率	農産物	2.5	61.0	60.3	58.3	60.6	63.0	50.4	59.3	56.4	65.1	58.2
	畜産物	1.0	3.6	1.2	0.4	1.4	0.5	1.2	3.1	4.5	2.7	1.9
	林産物	0.0	2.5	1.8	2.6	2.6	1.3	2.3	3.4	3.1	1.6	2.3
	水産物	91.9	2.2	2.1	3.0	0.2	2.9	0.8	2.6	2.2	2.8	2.8
	鉱産物	0.2	0.8	0.3	0.8	0.8	0.2	0.5	3.3	1.1	2.1	1.1
	工産物	4.4	29.9	34.3	34.9	34.3	32.1	44.8	28.3	32.7	25.7	33.7
	計	100.0	100.0	100.0	100.0	100.0	100.0	100.0	100.0	100.0	100.0	100.0
対全国比率	農産物	0.0	9.7	17.7	9.3	7.1	9.6	16.0	12.2	6.8	11.6	100.0
	畜産物	0.5	17.5	10.4	1.8	5.1	2.4	11.2	19.8	16.6	14.8	100.0
	林産物	0.0	10.0	13.5	10.6	7.7	5.2	18.4	17.8	9.5	7.4	100.0
	水産物	29.3	7.2	12.4	9.9	0.5	9.1	4.9	10.9	5.5	10.3	100.0
	鉱産物	0.2	7.4	4.4	6.8	5.3	1.8	9.1	37.1	7.5	20.4	100.0
	工産物	0.1	8.2	17.4	9.7	6.9	8.5	24.5	10.1	6.8	7.9	100.0
	計	0.9	9.3	17.0	9.3	6.8	8.9	18.4	12.0	7.0	10.4	100.0

出典）表 3-2 より算出.

に至っては全国上位一一府県に含まれる高率であることに注意したい。

かかる事態はいったいどのように理解さるべきであろうか。従来の理解は、三都に代表される工業都市の発展を強調する反面において、その他の農村地帯は工業発展が遅れている点において共通するものとみなす傾向があったように思われるが、はたしてそうした理解は正しいのであろうか。この点を考えるために、表3－2に戻って、各地域の工産物の内容を検討してみよう。まず明らかなことは、最大の工業部門は食料品工業であり、北海道と東山・近畿を除く諸地域において第一位を占めていることである。もしも、酒・味噌・醤油などの醸造物にはじまり茶・砂糖・漬物・豆腐・煙草などに至る食品加工業が工産物の圧倒的部分を占めていたならば、それは工業生産の未成熟な段階をむしろ示すものといえよう。だが、実際にはそれに続いて、紡織工業と化学工業（菜種油・胡麻油・蝋燭など油蝋類、紙類、魚肥を除く肥料類が中心）がいずれの地域でもかなり高い産額を示し、その他の諸工業も、史料上の欠落が多い印刷工業を除いて[29]、いずれも各地域内に多かれ少なかれ存在しているのである。とすれば、大多数の県が二〇%前後から四〇%前後までの工産物比率を有するという前述の事態は、三都に代表される工業都市を除く農村地帯においても、マニュファクチュアを多数生み出す水準には到底至らぬにせよ、かなり活発な工業

表 3-5　府県別工産物比率（明治 7 年）　　　（円）

府県名		全生産額（A）	工産物額（B）	B/A（%）	府県名		全生産額（A）	工産物額（B）	B/A（%）
北海道		3,398,088	150,169	4.4		愛　知	15,247,632	5,220,902	34.2
	青　森	3,139,840	622,238	19.9	海	三　重	6,085,204	1,616,618	26.6
	岩　手	2,439,214	470,182	19.3		度　会	3,917,757	944,524	24.1
東	水　沢	4,399,118	1,728,791	39.3		滋　賀	8,233,719	2,216,246	26.9
	宮　城	3,900,222	1,071,264	27.5		豊　岡	5,072,613	1,698,020	33.5
	秋　田	5,202,087	1,154,576	22.2	近	京　都	16,274,572	10,530,691	64.7
	酒　田	2,126,029	236,939	11.1		大　阪	9,551,598	6,543,902	68.5
	山　形	2,326,615	601,198	25.8		兵　庫	3,736,667	2,134,421	57.1
	置　賜	2,144,483	865,861	40.4		飾　磨	8,094,798	2,574,982	31.8
北	若　松	2,394,065	1,126,194	47.0	畿	堺	5,386,169	1,674,906	31.1
	福　島	3,234,308	1,063,350	32.9		奈　良	7,670,992	2,517,886	32.8
	磐　前	3,324,507	1,401,274	42.1		和歌山	4,918,540	1,022,696	20.8
	茨　城	3,511,084	822,421	23.4		鳥　取	2,996,175	612,828	20.5
	新　治	6,601,302	1,688,101	25.6	中	島　根	3,428,250	928,769	27.1
関	栃　木	9,698,548	4,718,442	48.7		浜　田	2,509,919	696,394	27.7
	熊　谷	16,600,317	6,145,112	37.0		北　条	2,729,789	877,930	32.2
	埼　玉	5,482,030	2,196,522	40.1		岡　山	3,603,383	919,560	25.5
	千　葉	9,790,491	1,907,302	19.5		小　田	5,783,746	1,780,664	30.8
東	東　京	4,250,857	2,335,506	54.9	国	広　島	8,200,700	2,663,095	32.5
	神奈川	4,220,873	1,083,209	25.7		山　口	15,644,121	4,237,467	27.1
	足　柄	3,618,823	1,008,068	27.9	四	名　東	13,577,710	4,849,236	35.7
	新　潟	13,263,982	4,803,403	36.2		愛　媛	7,105,142	2,337,466	32.9
北	相　川	709,328	283,400	40.0	国	高　知	5,691,289	1,430,572	25.1
	新　川	6,895,468	2,244,389	32.5		福　岡	5,722,088	781,379	13.7
陸	石　川	6,637,310	2,248,946	33.9		小　倉	3,009,317	908,517	30.2
	敦　賀	7,376,500	2,581,126	35.0	九	佐　賀	3,388,328	763,961	22.5
	山　梨	4,969,332	1,627,870	32.8		三　潴	3,820,160	1,059,702	27.7
東	長　野	6,101,912	1,790,583	29.3		長　崎	5,786,473	1,296,217	22.4
山	筑　摩	6,543,173	2,544,137	38.9		大　分	4,476,369	1,289,285	28.8
	岐　阜	7,821,616	2,771,410	35.4	州	白　川	6,958,932	1,822,681	26.2
	静　岡	4,113,709	1,560,706	37.9		宮　崎	4,297,323	1,519,276	35.4
東	浜　松	3,835,727	1,302,020	33.9		鹿児島	1,345,057	512,624	38.1

出典）表 3-2 に同じ.

生産が商品生産として営まれていたことを示す、と理解すべきではないかと思われる。

全国各地におけるかかる工業生産の展開は、一つには幕藩制社会とくにその末期における地域経済のあり方に規定されているはずである。幕藩制的全国市場の展開がありながらも当時の経済は基本的には藩経済圏の枠内で営まれ、そのことが全国各地にそれぞれ多様な工業生産を作り出す結果となったのであろう。と同時に、いま一つの規定要因として幕末開港後の貿易による影響をあげておかねばなるまい。この点は第三節において若干具体的な検討をするが、貿易は生糸輸出を介して後進的な東日本の工業生産を引き上げた反面、綿糸・織物輸入を通じて先進的な西日本の工業生産の水準を引き下げたものと推定されるのであり、そのことが前述のような工業生産比率の地域的な均等性を生み出しているように思われるのである。

つぎに表3－3によりつつ大正一三年当時の状態を検討し、明治七年当時からの変化を明らかにしよう。同表から作成した表3－6が示すように、全体として工産物・鉱産物の比率が高まり、その分だけ農産物の比率が低下しているが、地域によって大きな差が生まれてきている。すなわち、農産物の地域内比率については、北海道が明治七年の二・五％から大きく伸びて三〇％台に達した反面、近畿が五〇％台から一〇％台まで急落するなど激しく変動しており、かつては北海道を別として五〇－六〇％台に集中していた農産物比率は、沖縄・東北の五〇％台、北陸・四国・中国の四〇％台、九州・東山・北海道の三〇％台、関東・東海の二〇％台、そして近畿の一〇％台という具合に著しい不均等性をみせるようになった。この過程はもちろん農産物の内部構成の変化を伴っている。明治七年には農産物＝一〇〇のうち、米穀六五・九、棉花三・四、繭二・三と、米穀が三分の二を占め、棉花生産額が繭生産額をなお上回っていたのに対し、大正一三年には同様な比率が米穀五八・一、繭一四・五となり、繭生産の伸びが目立つ反面、棉花生産はほとんど壊滅した(30)。「米と繭」を軸とする構成が形成されたといってよい。

ここでは、若干その比重を低下させつつもなお全農産物の過半を占める米穀の生産と消費の地域性についてみてお

表 3-6　地域経済の性格（大正 13 年）　（%）

		北海道	東北	関東	北陸	東山	東海	近畿	中国	四国	九州	沖縄	全国
地域内比率	農産物	30.3	55.0	27.6	42.7	35.4	23.8	13.9	41.7	42.1	39.6	59.7	30.8
	畜産物	1.8	0.6	1.8	0.6	0.7	0.9	0.8	1.1	0.6	0.8	3.4	1.0
	林産物	3.9	4.0	1.3	1.9	2.2	1.3	1.1	2.7	2.6	3.2	0.8	2.1
	水産物	21.9	4.1	1.9	3.7	0.2	3.4	1.2	4.5	5.7	4.5	7.9	3.5
	鉱産物	9.6	5.7	1.5	2.1	0.8	0.4	0.4	2.4	2.9	13.0	4.7	3.2
	工産物	32.5	30.7	65.8	48.9	60.7	70.1	82.5	47.7	46.1	38.9	23.5	59.4
	計	100.0	100.0	100.0	100.0	100.0	100.0	100.0	100.0	100.0	100.0	100.0	100.0
対全国比率	農産物	3.9	13.3	16.9	8.5	7.6	8.6	10.2	9.2	5.9	15.1	0.7	100.0
	畜産物	7.1	4.1	32.9	3.3	4.3	10.1	18.5	7.1	2.6	8.8	1.2	100.0
	林産物	7.5	14.6	12.2	5.8	7.2	7.1	12.5	9.0	5.5	18.4	0.1	100.0
	水産物	24.6	8.5	10.3	6.4	0.3	10.8	7.5	8.7	7.0	15.0	0.8	100.0
	鉱産物	11.8	13.0	8.9	4.0	1.7	1.3	2.8	5.1	3.8	47.0	0.5	100.0
	工産物	2.2	3.8	20.9	5.0	6.8	13.2	31.5	5.5	3.3	7.7	0.1	100.0
	計	4.0	7.4	18.9	6.1	6.6	11.2	22.6	6.8	4.3	11.7	0.4	100.0

出典）表 3-3 より算出.

こう。表３－７は、輸移出入を捨象して生産額を供給量とし、一人当たり消費量の差を捨象して現住人口を需要量の指標とした場合の需給関係を算出したものである。これによれば、半世紀の間に地域的な過不足が明確化し、東北と北陸（および中国）が米穀過剰地＝移出地の代表、関東と近畿（および北海道）が米穀不足地＝移入地の代表としての地位をはっきりと占めるに至ったことが判明する。変化の幅がもっとも大きい地域は、最大の過剰地から関東に次ぐ不足地へと大転換をとげた近畿と、過剰地としての性格を著しく強めた東北であるといってよい。米穀流通の概況については、第三節において輸移入米を加えた検討を改めて行いたい。

ところで、農産物の地域内比率が低下したといっても、それが当該地域の農業生産の絶対水準が低下したことを直ちに意味するわけでは決してない。もちろん種類による盛衰はあるし、年による豊凶も避け難いが、米穀生産を例にとれば、明治一四－一八年平均の全国産額三〇四〇万石が、大正五－九年平均五八三四万石へ至るまで（五年平均で見て）大体において増大を続け、大正一〇－一四年平均でやや落ちて五七六四万石を記録する際に、同様な傾向は近畿を含む全地域において看取されることは周知のところであろう[31]。近畿の場合、米穀過剰から米穀不足へと転換するのは、米穀生産の増大を上回る現住人口の

表 3-7　米穀需給の地域性　（％）

		北海道	東北	関東	北陸	東山	東海	近畿	中国	四国	九州	沖縄	全国
明	供給・A	0.0	10.8	14.7	11.3	6.0	9.5	17.0	11.6	6.6	12.5		100.0
治	需要・B	0.5	10.6	16.9	9.7	6.1	8.2	13.5	11.6	7.9	15.0		100.0
7	A－B	－0.5	0.2	－2.2	1.6	－0.1	1.3	3.5	0.0	－1.3	－2.5		0.0
大	供給・A	2.6	15.9	13.3	11.9	5.5	8.4	12.1	10.1	5.5	14.7	0.1	100.0
正	需要・B	4.8	10.2	19.8	6.7	5.7	8.4	15.0	8.6	5.4	14.6	1.0	100.0
13	A－B	－2.2	5.7	－6.5	5.2	－0.2	0.0	－2.9	1.5	0.1	0.1	－0.9	0.0

出典）表 3-2，3-3 より算出．供給＝生産額比率，需要＝現住人口比率．

急増によってもたらされたのであり、そうした人口増加の主因は工業生産の著しい発展であった。

そこで、前掲表3－4と表3－6を比較して地域内工産物比率の伸び方をみると、大正一三年には北海道・東北・九州・沖縄を除く七地域が明治七年当時最高の近畿の水準（四四・八％）をこえていることがわかる。鉱産物を加えた比較では、九州もかつての近畿の水準（四五・三％）を大きく上回り、北海道もかなり近い水準に達している。とくに大きく伸びたのが近畿と東海であり、次いで関東が東山を上回る伸び率で第三位を占めた。こうして対全国比率における上位二地域（いずれも近畿と関東）への集中度は四一・九％から五二・四％へと上昇することとなった。不均等発展の結果、大きく取り残された地域は、沖縄と東北であり、とくに東北の変化の乏しさが目立っている。近代日本の地主制史研究の分野で地主制（農業構造）の地帯性として〈近畿型〉と〈東北型〉の対比がしばしばなされるが[32]、工業を含めた地域経済全体の性格という観点からみると、近畿地域と東北地域の差異が明確化するのは、まさにこの半世紀を通じてであったというべきであろう。

では、このような大きな地域格差を生み出したのは、工業部門のなかのどの分野だったのであろうか。表3－8によると、地域による変動幅がもっとも大きいのは紡織工業であり、工産物比率の伸び率最高の東海は、紡織の比率上昇でもトップを占め、北海道に次いで紡織の比率上昇が低い東北が、工産物全体の伸び率でも最下位にある。それゆえ、紡織工業の動向がもっとも規定的であるといってよかろう。しかしながら、各地域間の違いは紡織工業だけによって決まるのではなく、重化学工業（金属・機械器具・化学）のように、

表 3-8　工産物比率の変化（明治 7—大正 13 年）　（%）

	北海道	東北	関東	北陸	東山	東海	近畿	中国	四国	九州	全国
大正 13 年	32.5	30.7	65.8	48.9	60.7	70.1	82.5	47.7	46.1	38.9	59.4
明治 7 年	4.4	29.9	34.3	34.9	34.3	32.1	44.8	28.3	32.7	25.7	33.7
差	28.1	0.8	31.5	14.0	26.4	38.0	37.7	19.4	13.4	13.2	25.7
紡　織	2.4	7.1	10.5	22.0	38.1	38.7	21.1	15.1	24.7	8.8	18.9
金　属	2.8	0.6	4.8	−1.0	0.0	0.5	5.6	1.9	−0.1	1.7	2.7
機　械	0.4	−0.4	7.3	−0.3	−0.4	2.3	4.0	1.0	0.1	1.5	2.7
窯	2.1	0.5	1.2	0.6	1.0	3.1	0.9	1.6	1.6	3.0	1.5
化　学	9.3	−3.9	4.8	0.6	−4.8	0.3	4.1	−2.6	−6.2	−0.9	0.7
木　材	0.2	1.5	−0.7	−2.1	−1.3	−0.2	−0.8	0.0	−0.4	−1.5	−0.5
印　刷	0.7	0.4	2.6	0.4	0.3	0.5	1.5	0.6	0.5	0.6	1.2
食　品	8.2	−5.3	−2.9	−9.0	−7.3	−8.7	−3.1	−1.1	−7.4	−1.7	−3.9
その他	1.9	0.0	3.9	−1.7	0.7	1.6	4.4	2.9	0.8	1.6	2.5

出典）表 3-2，表 3-3 より算出した比率からさらに算出．

この半世紀間に関東・近畿両地域へ著しく集中しつつ発展した分野の存在が[33]、これら両地域の工産物比率を大きく引き上げていることも留意されなければならない。さらに、東北地域の工産物比率の伸びが例外的に小さい理由としては、紡織工業の伸びの低さに加えて、化学・食品両分野での落ち込みが、四国・東山地域に次いで激しいことがあげられよう。

以上、表3－2、表3－3にもとづいて地域経済の変化を地域ごとの生産物構成という面から検討してきた結果、工業地域近畿と農業地域東北を両極とする地域経済の分化（全国規模での社会的分業）が形成されたことがほぼ明らかになったといえよう。こうした分化は、生産物の構成でなく生産物総額（現住人口一人当たり）でみたときには、いかなる様相をとって現れるであろうか。表3－9の示すところはきわめて明快である。

すなわち、明治七年当時、特殊な状況にあった北海道を除くと、近畿地域が抜群の高水準にあり、大正一三年にはさらにその相対的地位を高めているのに対し、明治七年には九州の上位にあって辛うじて最下位を免れていた東北地域が、大正一三年には沖縄を除く全国最下位に転落し、近畿地域の約二分の一の水準に低迷しているのである。この半世紀の間に、東海・近畿・九州・東山各地域が相対的地位を上昇させている一方で、北海道・中国・東北・四国・関東・北陸各地域がその地位を低下させており、大正一三年当時の関東は全国水準すら下回っているが、これは産業革命を

表 3-9　人口一人当たり生産物総額　（円，％）

	北海道	東北	関東	北陸	東山	東海	近畿	中国	四国	九州	沖縄	全国
明治 7 年	18.8	9.7	11.2	10.6	12.3	11.9	15.1	11.4	9.9	7.7		11.1
（対全国比）	169	87	101	95	111	107	136	103	89	69		100
大正 13 年	174	153	200	191	243	278	315	167	171	168	72	209
（対全国比）	83	73	96	91	116	133	151	80	82	80	34	100

出典）表 3-2，表 3-3 より算出．

通ずる紡織工業中心の発展、第一次世界大戦期にみられた重化学工業の急成長に加えて、大正一二年の関東大震災による特殊な打撃の結果であろう。

そうした点を考えてゆくと、半世紀を隔てた比較というのは、日本経済のような変化の急速な対象を分析する場合、期間のとり方がやや長過ぎるという難点をもつといわねばなるまい。少なくとも第一次世界大戦前の時点で、どこまで地域経済の変化が進んでいたかを確かめる作業が残されているといえよう。ここでは、工産物比率の動向を基本的に規定したのが産業革命を主導した紡織工業であること、近畿における米穀過剰から不足への転換の画期が明治末年であること[34]、などから、近畿と東北を両極とする地域経済の分化は、基本的には産業革命期を通じて生み出されたという仮説的見通しを述べるにとどめておく。この見通しが正しいとすれば、独占段階における地方鉄道の普及をまつまでもなく、鉄道国有化に至る幹線鉄道網の全国的普及と汽船の増加による海上輸送の迅速化が、全国的規模での産地間競争を激化させ、社会的分業の全国的再編を強力に推し進めたことになろう。

表３－９でみたような一人当たり生産額の水準は、ある程度まで一人当たりの所得水準あるいは消費水準とも照応するはずである。国内市場史の観点からすれば、市場の広がりの基礎をなす個人的消費の水準が地域・階層によりどのように異なり、どう変化してゆくかが重要な問題となるが、それをここで正面から論ずる用意はない。ここでは、各地域に居住する人々のうち豊かな層をなす所得税納入者の人数と課税所得額を検討するにとどめたい。

表３－10は、四時点における一定額以上の所得金額の者の人数と合計所得金額を地域別にみたものであり、注記したように明治四三年の場合は利子・配当を除く所得への課税であるため、

表 3-10　所得税納入者の人数と所得金額

	明治 20 年（300 円以上）		明治 31 年（300 円以上）		明治 43 年（1000 円以上）		大正 13 年（3000 円以上）	
	金額（千円）	人数	金額（千円）	人数	金額（千円）	人数	金額（千円）	人数
北海道	231	431	387	758	11,483	5,588	41,811	8,312
%	0.3	0.4	0.2	0.4	3.6	2.8	2.9	2.8
東北	5,363	9,429	11,602	14,708	25,209	17,384	96,305	22,106
%	6.7	7.9	6.9	7.5	7.9	8.7	6.6	7.4
関東	32,733	40,461	53,049	53,259	80,352	48,220	390,566	72,560
%	40.7	33.9	31.5	27.3	25.3	24.1	26.7	24.4
（東京）	23,102	23,085	34,167	28,860	44,432	21,849	267,717	42,310
%	28.7	19.4	20.3	14.8	14.0	10.9	18.3	14.2
北陸	4,832	7,782	10,384	13,751	21,983	15,006	70,911	17,017
%	6.0	6.5	6.2	7.0	6.9	7.5	4.9	5.7
東山	4,339	7,535	7,728	10,240	13,444	10,194	53,443	12,670
%	5.4	6.3	4.6	5.2	4.2	5.1	3.7	4.3
東海	5,382	8,998	11,581	14,338	23,193	15,663	108,498	24,832
%	6.7	7.5	6.9	7.3	7.3	7.8	7.4	8.3
近畿	13,279	20,509	34,287	38,180	63,704	34,821	388,962	67,934
%	16.5	17.2	20.4	19.6	20.1	17.4	26.6	22.8
（大阪）	5,259	7,676	14,628	15,038	26,003	12,705	182,427	29,253
%	6.5	6.4	8.7	7.7	8.2	6.3	12.5	9.8
（兵庫）	1,742	4,367	7,724	8,045	18,946	10,619	109,823	20,624
%	2.2	3.7	4.6	4.1	6.0	5.3	7.5	6.9
中国	5,012	8,610	14,372	18,346	28,194	19,690	96,457	22,445
%	6.2	7.2	8.5	9.4	8.9	9.8	6.6	7.5
四国	3,061	4,891	7,175	9,178	13,692	10,116	47,888	12,743
%	3.8	4.1	4.3	4.7	4.3	5.1	3.3	4.3
九州	6,223	10,591	17,862	22,420	36,216	23,474	163,016	36,484
%	7.7	8.9	10.6	11.5	11.4	11.7	11.2	12.3
沖縄	26	59	53	114			2,318	542
%	0.0	0.0	0.0	0.1			0.2	0.2
全国	80,482	119,296	168,480	195,292	317,469	200,156	1,460,176	297,645
%	100.0	100.0	100.0	100.0	100.0	100.0	100.0	100.0

出典）『日本帝国統計年鑑』第 7，18，30，45 回．
注 1）明治 43 年，大正 13 年は第三種所得税納入者がそれぞれ 1,256,535 人，1,850,017 人いるが，明治 31 年との対比上，所得金額 1000 円以上，同 3000 円以上の者に限って表示した．
注 2）明治 20 年，31 年は利子・配当を含む個人総合課税であり，大正 13 年も利子を除く総合課税であるが，明治 43 年の場合は利子・配当を除く個人分離課税である．

表3-11　人口千人当たり所得税納入者数　（人）

年度	明治20	明治31	大正13		
所得額	300円以上	300円以上	3000円以上	800―3000円	計
北海道	1.3	1.0	2.9	21.1	24.1
東　北	2.3	3.1	3.7	17.9	21.5
関　東	5.8	6.8	6.2	32.3	38.5
北　陸	2.1	3.6	4.3	22.8	27.2
東　山	3.1	3.9	3.8	22.0	25.8
東　海	2.7	3.9	5.0	24.1	29.1
近　畿	3.8	6.4	7.6	28.7	36.4
中　国	2.0	4.0	4.4	29.5	33.9
四　国	1.8	3.1	4.1	20.2	24.7
九　州	1.9	3.5	4.2	28.9	33.1
沖　縄	0.2	0.3	0.9	7.1	8.0
計	3.0	4.5	5.0	26.2	31.3

出典）表3-10に同じ．
注）人口は各年末現住人口．

数値の性格が不連続である点を注意しなければならない。本表をみて直ちに気付くのは、明治二〇（一八八七）年当時における関東の地位が人口数や生産額を考慮してもきわめて高いこと、および、その高さはしだいに低落して、上昇を続ける近畿に追いあげられ、第一次世界大戦と関東大震災を経た大正一三（一九二四）年にはほとんど同列となること、の二点である。京浜や阪神の地位が生産額で想定される水準よりも高いのは、政商・貿易商や集散地問屋を頂点とする部厚い商人層の存在のゆえであるが、東京の場合には華族や官吏が多く居住していることが大阪と異なっており、初期の地位の高さをもたらす大きな要因となっている[35]。銀目廃止や廃藩置県による打撃がとくに大きかったのが大阪商人であったことも留意さるべきであろう。だが阪神地方を含む近畿地域が、綿紡績業を軸とする産業革命の最大の中心地となったことは、所得の伸びの低い華族・官吏層をかかえる東京を有する関東の相対的地位の低下をもたらさずにはおかない。明治三一（一八九八）年までの変化にその点ははっきり示されているといってよい。

関東・近畿以外の地域の動向をみるには、所得税納入者数の対人口比が役立ちそうである。個人総合課税である三時点について比率だけを示した表3－11によると、明治二〇年当時の東北は、関東・近畿・東山・東海につづく第五位にあったのに対し、明治三一年になると、北陸・中国・四国・九州の納入者が大きく増えたため、東北は〔下から数えて〕沖縄・北海道に次ぐ順位へと落ち込んでしまったことが判明する。大正一三年の所得三〇〇〇円以上層についても東北は明治三一年と同様な地位にあるが、より注目に値するのは、所得三〇〇〇円未満の納税者の層が東北ではとりわけ薄いことであり、その結果納税者全体の比率では東北は北海道すら下回っているのである。西日本では四国が東北に似た構成を示しており、三〇〇〇円未満納税者層の厚薄は、地域全体の所得＝消費水準の一指標たりうるのではないかと思われる。

三　商品流通の概況

本節では、いくつかの商品をとりあげて、国内における流通の概況をつかみ、第三章以下の詳細な実態分析への導入としたい。対象とする時期は、産業革命が終わった後で第一次世界大戦が始まる直前の大正初年辺りを中心としたいが、論点の立て方や史料面の制約などから、他の時期に言及することもあろう。かかる検討を通じて、商品として生産された消費資料や生産手段が、いかなる地域のどのような階層の人々によって、どの程度消費されたか、という国内市場の特質を究明したいと思う。

ここでも、まず、どのような種類の商品が主として流通していたのか、という現象的な問題から入ってゆこう。表3－12は、大正元(一九一二)年当時の鉄道輸送貨物の構成と、大正五(一九一六)年当時の主要港発着海上輸送貨物の構成を示したものである。重量でみる限り、石炭が海陸ともに抜群の比重を占め、木材・米穀・肥料がこれにつづいていること、価格を考慮すると、そのほかでは砂糖、繊維品、鉄鋼、紙類、酒類などが重要な品目であることがわかろう。後年、有力な輸送貨物となるセメントも、[36]本表では最下位に姿を現している。

しかし、本表に載らなかった商品として、生糸のように高価だが軽量の品目があること、[37]あるいは、醤油のように鉄道や重要港を経由しない地方的取引が多い品目があることも注意せねばならない。表3－13によれば、醤油生産は

表 3-12　輸送貨物構成

	鉄道発送（大正 1）	海上発着（19 港）（大正 5）	
	千トン	千トン	千円
石炭	13,256	17,916	141,023
木材	2,655	2,023	49,516
米穀	1,327	1,666	139,718
肥料	1,090	1,363	91,816
石材	629		
魚類	551		
木炭	501		
鉱石	431	200	5,052
麦類	381		
鉄鋼	323	1,040	211,450
煉瓦	316		
食塩	314	479	17,586
石油	258	174	16,319
織物	194	138	110,244
石灰	193		
棉花	189	451	138,294
砂糖	173	883	208,782
酒類	161	236	45,431
綿糸	142	196	93,400
紙類	139	298	74,703
大豆	134		
セメント	120	226	5,656

出典）　鉄道は鉄道院『本邦鉄道の社会及経済に及ぼせる影響』（以下，『影響』）1052-3, 1259-61 頁．海上は三和良一「海上輸送」（日通総合研究所編『日本輸送史』）416-7 頁．
注）　鉄道は発送，海上は発送と到着の合計につき，両者を直接に比較することはできない．鉄道輸送の織物は綿布と絹布の合計．

米や酒ほどには全国に分散していないとはいえ、特定地域への生産の集中度はかなり低い方に属しており、第三章〔高村直助「木曽商人の遠隔地商業」〕で検討する小間物＝化粧具のように関東（東京）と近畿（京都・大阪）へ極端に生産が集中しているもの(38)とは著しい差があった。

以下、これらの商品のうちから、消費資料として米穀・醤油・砂糖、生産手段として肥料・石炭・鉄鋼の六品目をとりあげ(39)、おもに全国的流通の概況を検討したい。念のために言えば、そのことは地方的流通の重要性を決して否定するものではなく、その検討に至る前提作業をとりあえず試みたいのである(40)。

1　米　穀

大正元（一九一二）年当時の鉄道と沿岸航路による米穀輸送の状態を表3－14によってみよう。当時の平年作五一〇〇万石(41)に対し、ここには鉄道輸送と海上輸送を合わせて一三〇〇万石（発送量）の動きが示されている。生産米のうち販売される市場米がほぼ二四〇〇万石とされている推計(42)に従えば、そのほぼ半分に当たり、県内限りでの動きを一部含みつつも、北海道・東京・大阪に代表される米穀不足地への遠距離輸送が中心であるといってよい。

すなわち、北海道へは富山・新潟・山形・秋田など日本海側諸県からの海上輸送が行われ、東京へは東北・関東・北陸一帯からの鉄道輸送と東北・九州などからの（横浜経由を含む）海上輸送が並存し、大阪へは中国・四国・九州からの海上輸送を北陸（石川・福井）からの鉄道輸送が補足していた(43)。持田恵三の研究によれば、明治二〇年代の明治的米穀市場（各地の地廻り的米市場が船舶輸送で連繫）は、鉄道の普及とともに東京・大阪を中心とする東西二大ブロックへ編成替えされるとのことであり、明治四〇年代には米輸送の船舶から鉄道への移行が「ほぼ完了する」(44)ものとされている。しかし、表3－14の示すところでは、大正元年当時においても海上輸送がなお重要な役割を果たしており、鉄道輸送への移行が完了したとは言い難い。

鉄道輸送への移行が基本的に完了し、東西二大ブロックが完成するのは、おそらく第一次世界大戦期を経た後のことであろう。大正一三（一九二四）年における東京市への移入米四二八万石のうち鉄道によるものが三八二万石（八九％）を占めており、同様な傾向は大正九年頃にはすでに認められる(45)。また、大阪市への移入米三八六万石（大正一三年）のうち、鉄道によるものは内地米七七万石中の五〇万石だけで、依然として海上輸送の優位が続いているかのようであるが、実はこの海上輸送の七六％に当たる二五四万石は朝鮮米の直送分であり、内地米についてはもはや鉄道中心の輸送になっているのである(46)。大阪への朝鮮米の輸入は明治期からみられ(47)、大正一三年当

表 3-13　生産の地域集中度　（%）

	上位 2 地域		上位 4 地域	
	明治 7	大正 13	明治 7	大正 13
米	31.7	30.6	55.8	56.0
酒	35.3	38.3	59.0	62.8
醬　油	47.2	43.2	69.5	63.2
砂　糖	80.7	79.7	99.2	96.3
棉　花	61.2		84.8	
綿　糸	48.1	67.7	78.6	84.8
繭	66.5	43.5	92.1	67.7
生　糸	50.8	51.9	88.2	73.0
織　物	63.6	52.6	81.2	82.9
化粧具	68.4		84.5	
漆　器	43.6	49.1	78.6	82.9
油　蠟	36.6		63.2	
紙	50.3		68.9	
肥　料	64.8	36.8	84.7	67.8
（魚肥）	91.2	83.0	96.0	93.4
石　炭	93.0	84.6	99.7	97.3
セメント		47.8		72.4
鉄　鋼		70.0		91.7

出典）　表 3-2，3-3 より算出.

表3-14　米穀の輸送（大正元年）　（千石）

	鉄道		海上			推定		鉄道		海上			推定
府県名	発送	到着	発送	到着	同外米	余剰米	府県名	発送	到着	発送	到着	同外米	余剰米
北海道	375	326	467	1,220	30	−1,252	滋賀	229	43	0	0	0	686
青森	148	226	169	95	0	144	京都	38	480	9	35	1	−355
岩手	47	0	8	93	15	−79	奈良	0	0	0	0	0	182
宮城	158	92	107	73	6	184	和歌山	0	18	10	30	0	−100
秋田	276	118	112	0	69	539	大阪	160	609	234	1,348	21	−1,001
山形	123	76	199	0	20	617	兵庫	568	656	495	280	42	190
福島	72	101	0	0	0	36	鳥取	48	0	163	107	0	210
茨城	213	18	0	0	0	149	島根	44	0	44	95	1	214
栃木	274	34	0	0	0	29	岡山	122	40	13	20	0	357
群馬	0	81	0	0	0	−456	広島	71	114	59	135	0	−353
埼玉	26	15	0	0	0	−257	山口	130	0	246	242	0	329
千葉	0	18	104	4	2	391	香川	0	0	247	12	1	141
東京	420	1,498	120	1,442	0	−2,781	徳島	0	0	108	31	13	−237
神奈川	245	340	448	803	44	−810	高知	0	0	23	69	21	6
新潟	400	92	171	0	6	819	愛媛	0	0	242	60	23	−142
富山	136	19	443	0	1	825	福岡	296	721	572	43	22	510
石川	157	40	7	9	0	279	佐賀	243	26	195	5	0	425
福井	159	0	54	9	1	268	長崎	110	115	139	125	29	362
山梨	0	64	0	0	0	−257	大分	56	14	91	25	0	59
長野	0	201	0	0	0	−117	宮崎	0	0	69	2	0	217
岐阜	135	21	0	0	0	17	熊本	313	34	370	206	0	222
静岡	164	183	5	19	0	−326	鹿児島	60	88	299	48	24	−300
愛知	157	234	18	101	0	−2	沖縄	0	0	1	1	0	−452
三重	132	103	376	217	20	218	合計	6,305	6,857	6,438	7,015	410	−652

出典）鉄道は前掲『影響』付図第17，18図の発着とも2,000トン以上の駅の数値を合計．1石=0.15トンとして石換算．2,000トン未満駅を加えると総計884万石となる．海上（内国移出入）は，内務省土木局『大正元年大日本帝国港湾統計』によるが，東京は大正2年の数値を利用．推定余剰米は『影響』付図第16図の明治39-大正元年平均収穫から大正元年人口1人当たり1石消費として算出．

注1）海上輸送には台湾米移入を含むが，朝鮮米移入は含まない．ただし，一旦移入したあとの輸送は含まれる．

注2）輸入外米の海上発送は省略したが，神奈川県より740千石，兵庫県より138千石など合計987千石に及び，到着米410千石を上回っている．統計に中小港への輸送が漏れているためと思われる．

時の大阪「市民の食料米の大宗は朝鮮米である」(48)と報告されるまでになったが、かかる状況は大正七（一九一八）年の米騒動を画期に朝鮮米移入が激増してから出現したものと思われる。

以上、全国的米穀流通が東西二大ブロックの形へと収斂してゆく過程をみたが、前述したように米穀流通には地方的な範囲のものも多いことが注意されなければならない。いま長野県農会の推計した新潟・長野両県の販出主体別の市場米を示すと表3-15のとおりである。新潟の場合は産出米の六七%、長野においては四三%が商品化されており、

表3-15　産米市場販出量（明治40年）　（石）

	区分	収得米	戸数	自家消費	市場販出			
					剰余米	自家米	計	（%）
新潟	自作	1,152,550	89,246	441,768	710,782	0	710,782	40.4
	地主	738,513	33,114	163,914	574,599	0	574,599	32.7
	小作	738,513	107,434	531,798	206,714	265,899	472,613	26.9
	計	2,629,575	229,794	1,137,480	1,492,095	265,899	1,757,994	100.0
長野	自作	701,205	105,291	505,396	195,809	101,079	296,888	53.1
	地主	357,136	24,268	116,486	240,650	0	240,650	43.0
	小作	238,091	91,818	440,726	−202,635	22,036	22,036	3.9
	計	1,296,432	221,377	1,062,608	436,459	123,115	559,574	100.0

出典）長野県農会『新潟山形二県ニ於ケル米ニ関スル調査』（明治43年）111，239頁．
注）新潟の収得米は自作地・小作地反別に反収1石5608を乗じ，小作料を50%として算出してあり，自家消費は1戸5.5人で1人0.9石として算出．長野も反収1石8215，小作料60%，1戸4.8人，1人1石消費．自小作は自作と小作に分けてある．

小作農（長野ではさらに自作農）の自家消費分の販売（＝窮迫販売）すらかなりみられることが判明しよう。同調査は、「新潟県は一般に生産者の生活甚た低度にあるを以て常に不良米を食用とする習慣なるか如し、彼等は外国米にして廉価なる時は自己の生産米を売却し好んで外国米を買入れて食料とす[49]」と記しており、小作農は本来自家消費に当てるはずの米穀の半分を販売したと推定している。こうした性格の販売米が加わることによって、明治四〇年の県外移出米九八万石[50]に近い量の米穀が県内で流通し、農民・地主以外の商工業者その他によって消費されることが可能となったのである。

このように、米穀生産者たる農民が、自ら生産した米を十分に消費できるとは限らないという状態は、新潟県にのみ特有のものでは決してない。表3－14の米移出県のなかに、推定余剰米量を大幅に超えた量の米を発送しているものがいくつもあることが、その点を裏付けている。例えば、品質の良さで有名な肥後米の産地熊本県がそうであるが、同県の場合は大正一三年当時においても一三四万の人口が消費する米は九九万石（うち外米・植民地米七万石）にすぎず、「其の人口に比して消費量の斯く僅少なるは他県に殆ど例を見ない処で、一般県民の質実を語って充分であらう。全く地方農家の大部分は麦その他の代用食をなす状態で、天草地方に於ては甘藷は土人の重要なる常食となされてゐる[51]」と報告されていた。

表 3-16　植民地米・外国米の消費　（千石）

地　域	大正 13 年				大正 2 年		
	朝鮮米	台湾米	外国米	計	外国米	内訳（4 万石以上）	
北海道	1	12	134	147	76		
東　北	3	29	183	215	859	秋田 269	山形 202
						宮城 161	青森 115
関　東	191	210	169	570	231	神奈川 90	
北　陸	2	5	89	96	318	新潟 238	
東　山	45	39	11	95	73	長野 53	
東　海	179	127	139	445	198	静岡 100	愛知 57
近　畿	2,434	76	186	2,696	154	兵庫 66	
中　国	430	48	20	498	121	広島 44	
四　国	126	35	82	243	97		
九　州	116	135	185	436	614	福岡 255	長崎 250
沖　縄	6	29	90	125	102		
全　国	3,532	745	1,294	5,571	2,844		

出典）鉄道省運輸局『米ニ関スル経済調査』（大正 14），農商務省農務局『米ニ関スル調査』（大正 4 年）．

米穀消費の水準・内容については、地域的な差異だけでなく、階層による違いもあることは、すでに述べたことからある程度うかがえるし、消費調査などから明らかである。(52) ここでは輸入外米がどのような階層によって消費されたかという点から若干の検討を試みておきたい。表3－16によれば、植民地米の消費が大阪など特定の大消費地へ集中しているのに対し、外国米消費は全国各地に分散している。(53) 大正二年の消費状況に関する調査(54)によれば、外米は普通内地米に混ぜて食べるが、その使用を「恥辱トセル」風習が根強いため、安価な外米は「生活難ノ為又ハ生産費節減ノ為ニ貧困者、工場等ニ於テ消費セラルルニ過キサル有様」だという。注目されるのは、「近年米価騰貴ノ為高価ナル自家産米ヲ売出シテ外米ヲ食用スル者岩手県ヲ除ク外ノ東北諸県、新潟其ノ他ニ於テ稀ニアルカ如シ」と述べられていることで、各地の外米消費状況表には、「主トシテ都市」で消費される岩手県を除く東北各県では「都市農村共ニ消費ス」、「外米ノミ又ハ外米ニ内米麦又ハ大根混合」と記され、新潟についても「都市農村共ニ消費ス」、「外米三割又ハ内地米ト半々ノ割合ニ混食ス」とある。表3－15で新潟県小作農が明治四〇年に販売した「自家米」二六万石余に近い二三万石余の外米が大正二年の同県で消費されているわけであり、小作農による外米使用は決して「稀ニアル」事態ではなかったとみなければなるまい。

このような地域差・階層差を伴いつつ、全体としての米穀消費の水準は大正後期に一人平均一石一斗という空前の高さに達するのであり、その後はパン食を含む食生活の多様化が進むこととなる。

2　醬　油

同じ調味料である塩や味噌と較べると、醬油はその普及——とくに農村への——がかなり遅れたようである。江戸時代に三都を主たる市場として湯浅（紀伊）、竜野（播磨）、小豆島（讃岐）、銚子・野田（下総）が特産地として発展したことは周知のところであり、(55) 近代に入ってから農村でも醬油がしだいに消費されるようになるが、その推移と実態を明らかにした研究はほとんどないため、ここではごく大雑把は概観を試みて第五章〔林玲子「銚子醬油醸造業の市場構造」〕における分析への導入としたい。

まず表3－17によって醬油生産の地域別動向をみよう。近代になってから各地農村で増えたといわれる自家醸造(56)の数値を正確に知ることができないため、自家用醬油醸造人員に単純に七斗を乗じて推計したが、(57) その結果によれば、明治七年の全国産額九四万石余は大正一三年には四五四万石余へと五倍近く増加しており、一人当たり生産量も二升七合九勺から七升六合九勺へと三倍弱に増えている。(58) 大正一三年に至っても醬油の海外輸出は海外在留邦人向けの一万石台しかないから、(59) 全国平均一人当たり生産量はそのまま一人当たり消費量とみて差し支えない。問題はこの一人当たり平均消費量の中にどのような地域的・階層的差異が含まれているかにあるが、その点の追求はあとに回し、表3－17について、関東地方が生産総量において一貫して首位を保ち、一人当たり生産量においても当初トップにあったのが、やがて四国地方に激しく追い上げられ、追い抜かれるという事実を確認しておこう。地域別生産量ということになれば、これをそのまま消費量とみなすわけにはいかない。念のために表3－18の府県別データによって上位産

表 3-17　醤油の地域別生産量

地　域		明治 7 年	明治 20 年	明治 32 年	大正元年		大正 13 年	
		自家用共	営業用	営業用	営業用	自家用共	営業用	自家用共
生産量（石）	北海道	0	0	22,176	49,910	56,517	95,303	105,288
	東北	46,694	87,943	120,653	143,544	176,356	243,517	288,916
	関東	278,490	331,342	579,979	717,055	783,506	1,103,371	1,190,146
	北陸	53,606	59,942	94,495	118,978	171,545	162,783	180,845
	東山	37,642	42,970	50,394	84,513	179,393	148,199	248,684
	東海	78,489	115,802	180,038	299,441	378,074	415,580	468,954
	近畿	182,873	185,676	261,316	306,865	410,471	371,577	459,910
	中国	85,460	153,546	195,501	234,182	247,981	317,275	427,805
	四国	85,970	81,904	174,373	186,298	316,187	330,380	457,975
	九州	93,708	121,063	176,016	250,280	617,065	331,397	716,824
	全国	942,932	1,180,188	1,854,941	2,391,066	3,337,095	3,519,382	4,545,349
同上一人当たり（升）	北海道	0.00	0.00	2.64	3.00	3.40	3.37	3.72
	東北	1.30	2.10	2.49	2.65	3.26	4.04	4.79
	関東	4.88	4.75	7.34	7.13	7.79	9.44	10.18
	北陸	1.69	1.62	2.49	3.06	4.41	4.14	4.59
	東山	1.82	1.77	1.88	2.85	6.04	4.40	7.39
	東海	2.82	3.44	4.85	6.91	8.73	8.37	9.45
	近畿	4.01	3.45	4.34	4.21	5.64	4.18	5.17
	中国	2.17	3.55	4.25	4.70	4.98	6.26	8.44
	四国	3.22	2.94	5.95	5.95	10.10	10.60	14.69
	九州	1.85	2.14	2.74	3.33	8.22	3.84	8.30
	全国	2.79	2.99	4.20	4.62	6.45	5.95	7.69

出典）前掲『明治七年府県物産表』,『日本帝国統計年鑑』第 7, 20, 33, 45 回. 大正元年と 13 年の自家用生産量は, 地域別自家用醤油醸造人員（ヤマサ醤油史料）に 1 人当たり 7 斗を乗じた.
注）沖縄は調査を欠くが, 全国平均を出す際には沖縄人口も加えた. 表 3-3 の数値は本表の営業用分である.

地をみると、表示した時期の上位七県の構成は全く変わっておらず、明治期の特産地がそのまま大正期にも特産地を形成していること、しかし、その伸び率においては、千葉・香川・愛知の三県が断然他県を引き離していることなどが判明する。このことは、醤油の全国流通を検討する場合には、千葉県（銚子・野田）[60]と香川県（小豆島）の製品がとくに注目さるべきことを示唆しているといってよい。

ところで、当時の醤油の流通についての統計はあまり整備されているとはいえず、味噌と合計されていることが多い。しかし、統計作成者の鉄道省運輸局が「味噌醤油」として合算してあるさいも「其の大部分は醤油である」[61]と述べているのを信用することとし、ここでは大正八年の鉄道輸送統計（表3－19）と大正元年の海上輸送統計（表3－20）を検討

表 3-18 醤油の主産地 (石)

順位	明治 20 年		明治 32 年		大正元年		大正 13 年	
1	千葉	121,816	千葉	256,644	千葉	373,102	千葉	658,854
2	愛媛	73,535	香川	119,973	愛知	162,289	香川	233,003
3	兵庫	73,168	兵庫	114,360	兵庫	147,163	愛知	232,367
4	岡山	64,389	茨城	100,172	香川	129,739	兵庫	178,395
5	福岡	58,022	愛知	98,171	福岡	97,430	茨城	124,543
6	茨城	53,781	岡山	89,426	茨城	95,831	福岡	123,957
7	愛知	52,768	福岡	72,225	岡山	87,773	岡山	107,601
小計		497,479		850,971		1,093,327		1,658,720
全国比		42.2%		45.9%		45.7%		47.1%

出典） 表 3-17 と同じ.
注） 営業用醤油のみ. 明治 20 年の愛媛は香川を含む.

しよう。

表3－19は第一次世界大戦の好況を経たあとの数値なので、醤油の流通が相当拡大した状況を示しているものと思われるが、地域外にまで輸送されている分は全体の二割前後にとどまっており、県内ないし地域内での輸送がなお圧倒的部分を占めていることがわかる。地域外への鉄道輸送が多いのは、東海・関東・中国の諸地域であるが、東海地域からの移出は岐阜県（四五二一トン）と東京・横浜両市（三七一一トン）および大阪・京都・神戸三市（二五二〇トン）に八五%が集中し[62]、中国地域からの移出も京都・神戸・大阪三市（四〇四七トン）へ七三%が集中しており、千葉県を中心とする関東地域からの移出だけが、北海道（一九六一トン）、東北（二一三九トン）、北陸（二〇一トン）、東山（二二三六トン）、東海（一一四一トン）、近畿（三三九一トン）、中国（二七七トン）、九州（六四トン）、朝鮮満州（一六三トン）と全国的な拡がりを示している。だが、この関東産醤油の鉄道輸送に占める他地域への輸送分の比率はわずか一五%弱にすぎず、地域内輸送（とくに東京市宛）が大部分を占めていることも、あわせて留意されなければなるまい[63]。

味噌醤油の鉄道輸送量がもっとも少ない四国地域は、表3－20の海上輸送では最大の焦点をなす。移入港としてずば抜けた地位にある大阪・神戸両港へ運び込まれる醤油の大半を瀬戸内海に浮かぶ小豆島（香川県小豆郡、坂手港と土庄港がある）が供給しているからである。大正元年当時の香川県醤油産額一六万

表 3-19　味噌醤油の鉄道輸送（大正 8 年）　（トン）

着／発	県内	地域内他県	地域外他県	計
北海道	21,178	0	2	21,180
東　北	10,527	2,270	2,803	15,600
関　東	13,466	53,357	11,573	78,396
北　陸	4,238	1,982	2,801	9,021
東　山	3,546	1,144	1,941	6,631
東　海	10,327	2,430	12,673	25,430
近　畿	6,860	11,949	3,144	21,923
中　国	4,659	1,170	5,523	11,352
四　国	1,100	287	37	1,424
九　州	12,230	13,921	440	26,591
計	88,131	88,510	40,907	217,548
（%）	40.5	40.7	18.8	100.0
大正 13	102,015	129,997	62,044	294,056
（%）	34.7	44.2	21.1	100.0

出典）前掲『大正八年中鉄道輸送主要貨物数量表』,『大正十三年中鉄道輸送主要貨物数量表』による.
注）地域とは東北・関東などを指す.

表 3-20　醤油の海上輸送（大正元年）　（石）

港名	移入量	主要移入先			
函館	11,083	新潟	3,854	大阪	2,655
		青森	2,192	東京	2,149
東京	32,651	千葉	15,869	尾勢	14,049
横浜	28,260	東京	26,216		
大阪	208,157	網干	40,265	坂手	34,793
		小豆島	34,608	堺	8,490
		湯浅	6,960		
神戸	38,527	土庄	17,756	飾磨	6,318
		坂出	4,890	高砂	2,730
浦戸	13,120	神戸	13,120		

出典）前掲『大正元年大日本帝国港湾統計』.
注）移入量 1 万石以上のみ．東京・大阪の数量はトン表示を 1 トン＝6 石 17 として石換算．東京は「醤油及酢」，大阪は「醸造品」である.

八四四七石のうち八割に当たる一三万四一三〇石が大阪・兵庫・広島方面へ移出されているが、小豆郡の産額は一一万六五七五石、移出は一一万九五七七石と圧倒的比重を占めていた(64)。なお、大阪港への移入で第一位の網干港は兵庫県の竜野醤油の積出港である。この年の竜野醤油産額九万三八七七石のうち鉄道による輸送が五万七〇五八石（京都宛四万一〇八八石、大阪宛一万七九〇石、大津宛五一八〇石）であったというから(65)、その残りが帆船によって大阪港へ輸送されたとみてよい(66)。海陸いずれのルートを経るにせよ、竜野醤油の供給先は京都・大阪にほぼ限定されていた。

以上、第一次世界大戦前後における醤油の流通は県内・地域内流通が主体で、地域間＝全国流通とみられるのは千葉県産醤油が中心で、香川県産・愛知県産の醤油がそれに続いていることを明らかにしたが、こうした流通圏の拡大は、有力醤油醸造業者による流通機構の編成替えを伴っていた。銚子については第五章において詳述されるので、野田の場合を見ると、亀甲万（キッコーマン）印醤油を茂木佐平治家が大正元年に関西市場へ大景品付で売り出したときには、名古屋以西の販売を岡田商店の一手販売に委ねていたのが、大正六年に茂木・高梨一族の大同団結により野田醤油株式会社（資本金七〇〇万円）が設立されるや、大正八年には岡田商店との契約を解消して大阪出張所が京阪神を中心に西日本への販売を直接担当することとし、翌九年からは東京醤油問屋の販売区域として認めた京浜地区を除く関東以西を全て同社の直接扱いに変え、さらに大正一一年にはそれまで東北・北海道への販売を委ねてきた国分商店から販売権を回収したのである(67)。小豆島の場合も、しだいに大資本への集中が進むが、ここでは明治一一年に醸造業者が栄久社なる結社を作って販路の拡張につとめ、明治三四年設立の小豆島醤油製造同業組合も試験場を設立して品質改良につとめつつ販路の拡張にも努力したといわれる(68)。ここでも流通範囲の拡大を積極的に推進したのは商人よりも製造業者であったことが注目されよう。

醤油の全国流通が増大した背景として第一次世界大戦と戦後の好況が決定的な意味をもったことは、しばしば指摘されるとおりである(69)。大正三年六月末に一円五四銭（極上一樽九升入）であった醤油相場は、七年一一月末に三円八五銭、八年一二月末には九円五二銭へと暴騰し、一〇年三月末には六円九〇銭まで落ちたとはいえ、戦前に比し四倍半の高値を維持している。この点につき『東洋経済新報』は、「過去の好況期に於ては一般需要者が、高値の上等品を嗜好するに慣れて、今日と雖も此の方面の需要は減退せず、而して上等醤油はその風味及び香味の工夫味付けに相当の手数と費用を要するから、安値売出しは出来ない上、需要は一向減少しないのみならず、今日の状態は品不足を示す位ひである(70)」という見方をやや批判的に紹介しているが、値下げは翌一一年に入ってようやく若干進むのであり、大戦期を通じて伸びた消費水準は基本的には維持されたというべきであろう(71)。

しかし、ここで問題となっているのは、銚子や野田で生産される最上品（上等品）であり、小豆島においても丸金醬油株式会社を先頭として大戦期に「関東物ニ劣ラザル小樽（九升詰）最上品ヲ製造販売」しはじめ、その結果「京阪神ニ在テハ却テ関東物ニ優ルノ歓迎ヲ博セリ」と報告されていることが注意されなければならない(72)。明治期の農村においては醬油それ自体が贅沢品とされ、塩や味噌が主として用いられたといわれており(73)、第一次世界大戦を経て農村での利用が一般化したといっても、地元醸造業者のものがまず使われたであろうことを考えると、最上品を購入しうる農家はごく限られていたはずである(74)。したがって、野田や銚子、のちには小豆島で産出される醬油が全国的流通に乗った場合でも、それは大都市や地方都市を主たる市場とするものであり、農村部へはごく上層の部分（＝地主層）までしか浸透しえなかったものと考えるべきであろう(75)。この点なお実証的検討が必要であるが、第二次世界大戦前の醬油の全国的流通はその意味でかなり強く限定されており、大正末期以降の「生産過剰」問題発生の条件の一つもそこにあったのである。

3　砂　糖

米穀・醬油などと異なり砂糖は世界商品であり、欧米・アジア諸国いずれにおいても多かれ少なかれ消費された。幕末の日本においても讃岐・阿波産の白糖と大島・琉球産の黒糖合わせて最高時で五〇〇〇万斤近くが消費されていたと推定されており(76)、開港後の砂糖輸入の急増は国産白糖の減退をもたらしつつも(77)、全体としての砂糖消費を著しく増加させた。前述の幕末の水準が一人当たり二斤弱であったのに対し、明治一八－二一（一八八五－八八）年には五・〇斤、明治三〇－三三（一八九七－一九〇〇）年には一一・三斤という具合に飛躍的な上昇を示している(78)。この頃から日本精製糖（東京）と日本精糖（大阪）（明治三九年合併して大日本製糖）に代表される内地精製糖会社、さらには台湾製糖を中心とする台湾粗糖会社が次々と設立され、しだいに輸入糖と対抗しはじめるが(79)、三四年に砂糖消費税が賦課されて砂糖価格が上昇したことが一因となって[80]、その後の一人当たり消費は一〇斤前後の線を低迷し、第一次世界大戦を経ることによりようやく二〇斤前後の水準に達するのである[81]。だが、この水準も、一九二〇年代初頭のアメリカ（一人当たり八四斤）、イギリス（七三斤）はもちろん、ドイツ（三八斤）、オランダ（三四斤）にも大きく引き離されていた[82]。

ここではまず、開港後の砂糖輸入が、どのような影響を砂糖消費に与えたかを検討しよう。表3－21は、横浜・神戸・大阪へ外国から輸入された砂糖が、どのような地域へ売られたかをみたものである。当時の輸入糖の八割を扱う横浜港の引取商（増田屋・大坂屋ほか[83]）は、直接に、または東京を経由して、輸入糖の圧倒的部分を関東・東北・北海道などの東日本へ送っており、北陸・近畿以西における輸入糖の消費は、同表に欠けている長崎港輸入分を加えても全体の二割程度にしかならないことが判明しよう。明治一一（一八七八）年の国内産額は、讃岐二二八四万斤、阿波二八二万斤、大隅一一七三万斤、肥前三三八万斤を中心に合計四八二五万斤（うち東日本は駿河・遠江など計一四七万斤）[84]で、ほかに琉球産砂糖がおよそ一〇〇〇万斤あった[85]。仮に琉球を含む西日本産の砂糖の二割（＝一一三六万斤）が東日本へ移出されていたとすれば[86]、一人当たり消費は東日本三・四斤、西日本二・九斤となる。幕末の大坂から江戸へ積み送られる商品のなかで最大の比重を占めたものが砂糖（国産）であったことからも関東を

表3-21　輸入糖の販路（明治11年7月－12年6月）　（斤）

地域	横浜より	東京より	大阪より	出入差引計
北海道	5,589,575	48,400	0	5,637,975
東北	0	4,249,100	613,800	4,862,900
関東諸県	4,624,194	18,144,600	0	22,768,794
東京府	28,319,953	5,397,353	0	5,397,353
東海	2,077,106	177,000	286,260	2,539,366
東山	378,485	301,300	73,150	752,935
北陸	327,641	0	2,460,130	2,787,771
近畿	1,869,373	2,200	2,143,700	4,015,273
中国	0	0	812,310	812,310
四国	0	0	62,920	62,920
九州	0	0	15,930	15,930
計	43,186,327	28,319,953	6,467,200	49,653,527

出典）東京商法会議所「海関税則御改正ニ付御下問復申書」（『渋沢栄一伝記資料』第17巻），大阪商法会議所「海関税則御改正ニ付関税局ヨリ御下問ノ答書」（『大阪商業史資料』第35巻）．

注1）この期間の輸入額は，横浜42,689,950斤，神戸4,300,488斤，大阪1,709,597斤，長崎3,691,417斤，合計52,391,452斤であり，長崎だけがここでは落ちている．

注2）横浜から東京へ運ばれた分の行方は第2欄に示されているが，近畿へ運ばれた分は第3欄には含まれてなく，すべて近畿で消費されたものと見なしている．

中心とする東日本の砂糖消費水準が相当高まっていたことが推察されるとはいえ[87]、西日本の水準を凌駕することは開港前段階ではありえぬ事態だったに違いない。開港後の輸出生糸がまさに関東を主産地とするものだったことと、文明開化の中心地東京を擁していたことが、かかる逆転現象をもたらしたのであろう。

この当時の輸入糖は安価な赤砂糖が中心であったが、間もなくジャーディン＝マセソン商会とバターフィールド・アンド・スワィアーの製造・販売する白砂糖（「香港車糖」）の輸入が増え[88]、日清戦争後はドイツ産の甜菜糖が参入して輸入糖の価格を引き下げたためますます輸入が増大した[89]。しかしながら、明治二八年末に相次いで設立された前述の近代的精製糖二社は、原料糖戻税制度による保護を受けて安価なジャワ糖に依拠しつつ、精製糖分野において輸入糖を駆逐していった。そのさい、つぎのような流通面での条件が輸入糖駆逐を促進したという。すなわち、

内地製糖ハ戻税制度ノ下ニ外国製糖ニ対シ比較的有利ノ保護ヲ受ケ居ルニ因リ外国製糖ヲ輸入スルヨリモ内地ニテ製造スル方利益ナルノミナラス、内地糖ハ其販売ノ上ニ於テモ甚ダ便利ノ方法ヲ用ヰ、即チ内地ノ主要市場ニハ其店舗ヲ置キ其処迄ノ運賃ヲ負担シテ取引スルノミナラス、茲ニ製品ヲ貯蔵シ置キ入用ノ都度販売シ其代金ノ支払ニ約束手形ヲ受取ルナト金融上便利ヲ与フルコト尠カラサルヨリ自然需要モ多キニ及ヘト、外国糖ハ斯ル便宜ヲ有セサルタメ内地糖ノ如ク割安ニ供給スルコト能ハス随テ其売行キモ漸次減退ヲ免レス、加之本品取扱商人中ノ主タルモノハ大概内地糖ノ製造者ナルニ因リ自己ノ利害上ヨリ又自然本品ノ輸入ヲ計ラサルニ至ルハ必然ノ勢なり[90]。

と、製造業者と商人が一体となって輸入糖駆逐へと進んでいるというのである。この点なお実証的検討が必要であるが、輸入代替が進む際の重要な条件が流通過程のあり方にもひそんでいることを示唆しているといえよう。

そこでつぎに、第二次条約改正（明治四四年）により輸入精製糖の協定税率が廃止され、内地消費向け精製糖についての原料糖戻税制度も廃止されて、台湾糖依存の方向が打ち出された直後の大正元（一九一二）年当時における砂糖

表3-22　砂糖の輸送（大正元年）　（千斤）

地域		鉄道 発送	鉄道 到着	海上 発送	海上 到着	生産 ゴチックは精製糖	外国貿易 輸入	外国貿易 輸出
北海道		5,142	5,033	4,723	15,993	0	0	0
東北		553	27,794	1,185	7,689	0	0	0
関東	東京	92,687	2,720	13,675	133,602	**33,319**	0	0
	神奈川	45,215	3,127	197,389	193,375	**46,906**	89,807	21,410
	その他	988	31,326	0	1,150	2,616	0	0
東山		0	18,433	0	0	0	0	0
東海		15,512	47,880	7,330	31,986	878	1,202	0
北陸		0	24,284	894	1,361	0	0	0
近畿	大阪	78,427	7,800	100,920	166,702	**44,343**	57,128	11,743
	兵庫	4,498	0	34,874	21,359	**20,400**	15,667	14,653
	その他	0	18,097	1,067	1,761	527	0	0
中国		795	3,700	22,058	33,897	246	1,513	374
四国		0	0	4,083	11,602	11,402	104	0
九州	福岡	23,217	13,245	16,286	2,412	**68,293**	61,567	42,706
	鹿児島	15,307	3,227	18,729	36,958	27,224	0	0
	その他	382	17,217	2,303	9,925	3,617	219	0
沖縄		0	0	52,325	369	57,615	0	0
合計		282,723	223,883	477,841	670,141	317,386	227,207	90,886

出典）鉄道は前掲『影響』付図第123，124図の200トン以上の駅の数値を合計（200トン未満駅を加えると総計288,495千斤），海上（内国移出入，台湾との間を含む）は，前掲『大日本帝国港湾統計』による．生産は『第二十九次農商務統計表』（大正元年），貿易は『大日本外国貿易年表』（大正元年）による．

注）章末注（91）に記したので参照されたい．

流通を概観しよう（表3－22）。内地産甘蔗糖は一億円台へ増大しているが、その大部分は鹿児島・沖縄産の黒糖であり、四国産の白下糖はわずか一〇〇〇万斤程度に凋落している。この年の輸移入は台湾より二億五〇〇〇万斤、外国より二億三〇〇〇万斤であり、それらの約半分を原料糖として使用しつつゴチックで表示した三会社五工場で二億斤余の精製糖を作り、国内需要を満たした余剰九〇〇〇万斤を海外へ輸出している。差引国内消費は約五億斤で、一人当たり九・三斤の水準となる[91]。流通ルートの要をなすのは、上記五工場所在地であるとともに貿易港を擁する東京・神奈川・大阪・兵庫・福岡であり、それを補足する拠点が、黒糖供給地の鹿児島・沖縄、および台湾糖移入＝集散地の愛知・山口である。この場合も東日本では鉄道、西日本では海運がそれぞれ優位にあるが、京浜または阪

表 3-23　砂糖消費（大正 8 年）

地域	消費（千斤）	1 人当たり（斤）
北海道	41,424	17.6
東　北	50,704	8.8
関　東	199,920	18.0
東　山	37,843	11.8
東　海	74,508	15.8
小　計	404,398	14.9
北　陸	36,650	9.5
近　畿	113,664	14.0
中　国	66,553	13.4
四　国	33,055	10.8
九　州	79,826	9.8
沖　縄	3,363	5.9
小　計	333,111	11.6
合　計	737,509	13.2

出典）河野信治『台湾沖縄糖之市場及糖業政策』（大正 11 年）34-150 頁.
注）人口は大正 9 年 10 月 1 日現在.

神の商圏がどのような拡がりをもつかは、鉄道貨物の行先が示されていないためはっきりしない。大正八（一九一九）年の鉄道統計によると(92)、新潟・長野・山梨以東は京浜ルートが圧倒的で、静岡が京浜・阪神両ルートの衝突・伯仲する境界線をなしており、また、京浜ルートが愛知より西へはほとんど及ばないのに対し、阪神ルートおよび鹿児島ルートは細いながらも東日本全域に及んでいる点が特徴的だが、これは後者に含まれる黒糖輸送のためであろう。

このようにして供給された砂糖の消費は、どのような地域性をもつに至ったのであろうか。大正元年前後の一人当たり消費一〇斤水準については、「此消費量は生活向上の都会と、之に反する地方との間に差違あるべきは勿論にして、其精確なる数字を得る能はずと雖、東京、大阪、京都、名古屋、神戸等の都市に在りては、一人一年の平均消費量は二十五斤以上三十斤以内と推定するを得べし、又当業者の唱ふる処に依れば、総消費量の三分の一は飲食上の調味料にして三分の二は菓子、サイダー等の製造用となる割合なりと云ふ」(93)と報告されている。全人口の一割を占めるこれら六大都市の消費水準を仮に一人三〇斤とすれば、残りの九割の人々の消費は一人八斤ということになる。

では、残りの人々については、地域による差はなかったのかどうか。この点を大正元年について検討する余裕がないので、大正八年当時に関する調査を表3－23として掲げておこう。これは都市における消費を含んだ地域別推定値であるが、東日本が東北地域のような低水準のところを擁しながらも西日本よりも全体として高水準であること、西日本は比較的均一であるが黒糖主産地沖縄における消費が極端に低いことなどが判明しよう。開港後の砂糖輸入によって生じたものと推定した東西砂糖消費水準の逆転現象は、その後の輸入増大から精製糖国産への過程を通じてそのまま固定化し、相異なる食生活のパターンを規定する一因となったのである。[94]

4　肥　料

日本農業が世界的にみてどの程度の「多肥農業」と規定できるかについては必ずしも明確でないが、[95] 化学肥料が中心となる昭和初年以前においても、先進地を中心とした商品作物栽培が多肥集約農法をもっぱら追求していたことは明らかである。[96] ここでは、魚肥から大豆粕へと変化してゆく販売肥料の消費が、どのような地域性と階層性をもっていたかを検討しよう。

表3－24は、明治二一（一八八八）年当時における魚肥（干鰯・鰯〆粕・鰊〆粕）生産合計三一〇四万貫の七四％を占める北海道産鰊〆粕を中心とした北海道産鰊肥料の販路である。[97] 北陸から中国・四国・近畿さらに東海地方が主要な販路であることが判明しよう。北陸では富山（計一六万七一四〇石）の米作へ比較的安い胴鰊・笹目鰊が大量に施肥され、四国では徳島（八万四八九七石）の藍作への鰊粕の投入が目立つが、それらを除くと、広島（八万四二五四石）・岡山（六万五五二五石）から兵庫（二四万〇七六〇石）・大阪（一五万八四一六石）を経て三重（五万七五八三石）・愛知（一〇万七〇八六石）へ至る先進棉作地帯での鰊粕消費が目立っている。[98] もっとも、兵庫・大阪の数値には転送される分も含まれているようであり、[99] 大阪の場合、二一年の肥料集散に関する統計によれば、[100] 六七四万貫（＝約一七万石）のうち摂津・河内・和泉へ向けられた分は二八六万貫（＝約七万石）にすぎず、大半は阿波（七六万貫）、近江（六九万貫）、紀伊（四五万貫）、あるいは伊勢・尾張・三河などの東国（一〇四万貫）その他へと転送されている。

江戸時代においては、これらの地域が消費する魚肥といえば、何よりも干鰯・鰯〆粕であり、享保期に近江で使われはじめた鰊肥料はその後も各地の干鰯肥料の不足を補うのが普通だったという。[101] そして、天保期に一〇万石台であ

表 3-24　北海道産にしん肥料の販路（明治 21 年）　（石 = 40 貫）

地　域	鰊粕	胴鰊	鰊笹目	鰊白子	計	（%）
東　北	5,300	118	1,275	0	6,693	0.6
関　東	4,802	0	0	0	4,802	0.4
東　山	5,090	1,293	638	615	7,636	0.6
東　海	166,885	5,510	1,104	0	173,499	14.4
北　陸	34,802	155,100	68,401	24,069	282,372	23.5
近　畿	328,603	96,723	181	13,531	439,038	36.5
中　国	103,904	59,854	12,442	17,104	193,304	16.1
四　国	88,006	0	58	0	88,064	7.3
九　州	6,977	0	104	166	7,247	0.6
計	744,369	318,598	84,203	55,485	1,202,655	100.0

出典）村尾元長『鰊肥料概要』（明治 28 年）40-44 頁.
注 1）ほかに滋賀県あて胴鰊 5,846 箇，鰊白子 356 箇がある.
注 2）北海道庁が各府県から集めたデータによるため，府県間の出入りによる若干の重複があるという.

った北海道鰊産額が、安政年間に三〇万石前後、明治七・八年に五〇万石前後へ急増することによって[102]、鰊肥料が鰯肥料を凌駕するのであるが[103]、明治二一年当時においても、干鰯・鰯〆粕の生産は、千葉（二一一万貫）、北海道（一〇二万貫）、青森（七一万貫）、岩手（五八万貫）、愛知（五八万貫）、長崎（五六万貫）を主産地として合計七九九万貫に及んでいた[104]。千葉県産の干鰯・〆粕の販路については、明治一六（一八八三）年の史料にもとづいて、関東から東海・紀伊・四国まで広がっていたこと、「かかる広範囲の市場も明治二十年前後より次第に狭隘を告げるに至った」ことが指摘されている[105]。

しかし、明治一四年の徳島県に関する調査は、「北海道肥料ノ徳島へ輸入スルモノハ鯡〆粕ノ上等品ニシテ笹目胴鯡鯡白子等ハ当地ニ用ヒス、又地廻リト称シ南部及九十九里其他宇和島辺ノ鰮〆粕ハ多少輸入アリ[106]」と、すでに鰊肥料が鰯肥料を圧倒している事実を伝えており[107]、また明治二三年の和歌山県に関する調査も、同県産「柑橘類ニ施用スル所ノ肥料ハ鯡搾粕、鰮絞粕、油粕、人糞ノ四種トス而シテ其尤適応シタル肥料ハ鰮絞粕ニ及フモノナシト雖価ノ貴キヲ以テ今多ク鯡搾粕ノミヲ用フ[108]」と報告しているのであって、販路の縮小は明治一〇年代にもかなり進行しつつあったごとくである。明治七（一八七四）年の東京府についての「干鰯並魚絞粕入湊及出湊高」調査が、安房・上総・下総・常陸・陸前・陸中・陸奥から入る干鰯二六万六四〇〇俵、魚絞粕七万俵に関して、尾張・三河・伊勢・其他への「出湊高」が干鰯六万二〇〇〇俵、魚絞粕一万五〇〇〇俵である、としていることは[109]、当時の東北・関東産鰯肥料の販路の中心が関東地方(道路・河川輸送)にあり、海上ルートによる送り先は東海地方を主とする形に縮小していることを示している。また、明治一五(一八八二)年当時の大阪の肥料集散合計六二二万貫のうち、鰯肥料は七万五〇〇〇俵(＝一二〇万貫)と五分の一程度にしかすぎず、とくに南部・上総・下総・安房から大阪へ入荷する分がわずか二万俵であることも[110]、東北・関東産鰯肥料の販路が著しく限定されてきていることを意味している。

鰯肥料から鰊肥料への転換の理由は後者が比較的安いという事実であった。場所請負制の下で鰊漁業を担当したアイヌ系住民が酷使の故に激減したあと[111]、鰊漁業の重要な担い手となったのは東北地方等からの農民の季節出稼ぎであり、明治二一年には北海道の漁業者一万八千余戸に対して雇漁夫は約一〇万を数え、その七割が本州からの出稼ぎであった[112]。魚肥を用いない東北農村の農民が出稼ぎで生産した魚肥が近畿農村の生産力を支える、という関係にあったといってよい。それとともに、明治一〇年代以降の鰊肥料の販路の拡大については、電信と汽船・鉄道の普及による取引方法・輸送方法の変化が大きな影響を及ぼしていることが見落とされてはならない。明治三四(一九〇一)年に、大阪肥料問屋の変遷につき、「汽船の便が開けし以前は和船持が北海道の魚肥を買入れ之を大阪に積来りて問屋に販売す若し其時に売れざれば問屋に売却を委托し置く……汽船の便開けし以来北廻船の肥料専売も自然に消滅し、何人にても資金あれば仕入を為すを得る事と為り、其結果問屋及仲買も自から北海道へ行きて買入を為し汽船便にて積出すに至れり[113]」と述べられており、一般に大阪・兵庫・東京などの「集散地経由ガ減ツテ産地ヨリ実需地へ直行ノ商売ガ主体トナル[114]」という変化が指摘されている。だが、一面では函館‐京浜という汽船ルートの出現が鰊肥料流通における集散地東京の地位を高めるといった現象も生じている。すなわち、明治一五年頃の函館港からの鰊肥料移出について、「近来ノ比例ヲ以テスレハ十ノ六七ハ京阪及中国ニ輸シ、其三四ハ東京近傍及九州地方ニ輸出ス[115]」と報告されているが、これは汽船を利用して三井物産などが北海道魚肥の取引に進出した結果であり、三井物産本店で明治一一年からその取引を担当した遠藤大三郎は、「尾、三、勢即チ伊勢湾沿岸ハ重要ナ販路デ半田ノ万三商店〔第四章の分析対象〕ハ最有力ナ買人デアッタ、伊勢湾カラ米ヲ積ンデ東京湾ニ入津スル帆船ノ帰リ便ヲ利用シテ積出ヲシタ[116]」と回顧している。関東産鰯肥料の販路は、こうした東京経由の鰊肥料流通によっても蚕食されていったのである。しかしながら、明治二〇年代になると、敦賀からの鉄道ルート[117]や北海道との直接の汽船ルート[118]の普及により、大阪・東京経由の比重は低下してゆくこととなる。明治三〇年当時の東京肥料問屋については、「愛知県名古屋、或イハ関八州ノ農家ガ重モニ花主[119]」と言われており、三四年当時の大阪肥料問屋についても「主たる需要地は大和河内を初とし、東は江州南は紀州にして、時として阿波讃岐へ及ぶことあり……大阪は敦賀名古屋等と競争の地位に立てり[120]」とされるほどになるのである。

以上、表3－24を手掛りに魚肥消費の実態を見てきたが、東北・九州における消費の乏しさはともかくとして、この時期に上向的発展をとげつつあった東山地方その他の養蚕業〔桑作〕への施肥はどのような状態にあったのかが問題となろう。明治二三（一八九〇）年の農事調査によれば、群馬県の桑園については「最モ多ク施肥ニ供スルハ人糞、蚕糞、堆肥、大豆ヲ通例トス、酒粕、〆粕、魚腸、乾鰮等ヲ用ユルモノハ僅々タリ[121]」と報告され、山梨県の場合は「桑園ニ施用スル肥料ノ主ナルモノハ焼酎粕・人尿・堆肥・大豆・米糠・油糟等ニシテ、或ハ乾鰮蚕尿稲藁ヲ用フ」とあり、続いて「本県ハ道路ノ不便尤モ甚タシキカ故ニ、乾鰮ノ如キ肥料成分ニ富メルモノモ徒ラニ運賃ノ為メニ収支償ハサルノ憾アルヲ以テ縦令其効験ノ薄キニモ係ハラス地方所産ノモノヲ用フルモノ多シ[122]」と輸送コストの高さが魚肥利用を阻んでいるという注目すべき説明を付している。明治三八年に至る時期の長野県小県郡の桑園について、「肥料ハ堆肥ヲ基肥トシ其レニ油粕酒粕人糞尿ヲ用ヒタレドモ、鉄道開ケ交通利便トナリシヨリ以来鯡〆粕ヲ用ヒ、近来之ニ次ギテ大豆粕ヲ施用スルモノ多キニ至レリ[123]」と報告されていることをみても、桑園に魚肥が利用されるかど

表 3-25　販売肥料の需給（明治 43 年）　　（千円，％）

地域		供給 製造	供給 輸移入	供給 計	供給 全国比	需要 計	需要 全国比	需要 動物質	需要 植物質	需要 反当（円）
北海道		3,768	2,790	6,558	9.7	558	1.0	166	4	0.10
東北		533	4	537	0.8	2,365	4.4	449	1,059	0.29
関東	東京	8,440	2,206	10,646	15.8	658	1.2	196	246	1.08
	神奈川	1,177	3,778	4,955	7.4	733	1.4	182	267	0.98
	その他	739	0	739	1.1	9,089	17.1	2,545	3,129	1.17
東山		395	0	395	0.6	3,403	6.4	759	1,297	1.01
東海	愛知	1,887	2,100	3,987	5.9	4,401	8.3	2,172	1,536	2.78
	その他	863	1,105	1,968	2.9	4,453	8.4	1,718	1,565	1.98
北陸		946	217	1,163	1.7	6,197	11.7	3,929	1,132	1.28
近畿	大阪	7,465	2,878	10,343	15.3	1,112	2.1	449	384	1.61
	兵庫	3,008	10,844	13,852	20.6	2,052	3.9	962	689	1.47
	その他	787	0	787	1.2	3,909	7.4	1,408	1,964	2.78
中国		1,538	1,564	3,102	4.6	6,329	11.9	2,776	1,434	1.28
四国		497	0	497	0.7	3,020	5.7	456	1,167	0.89
九州		2,633	3,239	5,872	8.7	4,807	9.0	1,746	1,835	0.53
沖縄		1	0	1	0.0	95	0.2	0	65	0.16
合計		34,677	32,724	67,401	100.0	53,182	100.0	19,935	17,773	0.94

出典）「肥料販売に関する調査」（『大日本農会報』374-378 号，大正元年）.
注 1）「動物質」は鰊〆粕，鰮〆粕など，「植物質」は大豆油粕，菜種油粕など．計には「礦物質」（過燐酸石灰，硫安など）や「調合」肥料も含む．
注 2）需要＝消費については，「唯営業者の届出に係るもののみを計上したるものなるを以て実際上に於ける販売肥料消費の約七割内外に相当する見込なり」と記されている．

うかは運賃を含めた価格の問題にすぎなかったことがわかろう。[124] 鉄道網の普及により東山各地域への魚肥輸送の条件が整う頃には、より安価な輸入大豆粕が登場するのであって、その結果、桑園への金肥投入は魚肥段階を十分経ないまま大豆粕段階へと進んでしまうのである。

そこで、つぎに表3－25によって明治四三（一九一〇）年当時の販売肥料の流通を検討しよう。同表によれば、この年の販売肥料の供給額は七〇〇〇万円近いが、輸移入肥料の中には「調合肥料」などの原料となる分が相当含まれており、そのまま消費されるものは二六五五万円強と推定されているから、実際の供給額＝消費額は六一二三万円程度であり、明治三六年当時の二八八八万円と較べると、二・一二倍に急増している。その内訳では、大豆粕がこの年「満州」（以下カッコ略）で品薄のため減少しつつも一九〇二万円と断然トップにあり、以下、調合肥料一二一六万円、過燐酸石灰六七一万円、鰊〆粕五九二万円、菜種油粕五三七万円という順序であって、干鰯・鰯〆粕は合わせても一七二万円にしかならない[125]。

これらの販売肥料の供給元をみると、北海道・千葉などに限られていた明治二一年当時と異なり、阪神・京浜が六割を集中して二大中心をなすとともに、北海道・愛知・九州なども有力供給先となっていることがわかる。阪神・京浜の二大中心は、満州産大豆粕とイギリス産硫安の輸入港神戸・横浜を擁し、過燐酸石灰の八四%を生産する東京・大阪を含んでおり、さらに硫安・過燐酸石灰等を混ぜた調合肥料の八〇%を供給している[126]。北海道は樺太からの移入品を含めた鰊〆粕を供給し、愛知は大豆粕を輸入する一方で最大の大豆粕製造地でもあった。

大豆粕輸入は、魚肥が賃銀上昇と産額減少のため騰貴した結果、それに代わるものとして増加した。「内地ノ海産品不猟[127]」の明治二五(一八九二)年から急増する輸入大豆粕の需要は「尾張地方最多ク、三河、播磨之ニ亜キ、東京、肥前、筑後等之ニ次ク[128]」とされていたが、二九年にも「内地ノ海産物肥料騰貴シタルニ伴ヒ[129]」輸入が激増し、消費地域は全国へ拡大していった。その際、「鉄道の普及が各地への輸送を容易ならしめ、其需要を喚起し其販路を開拓するに於て寄与したるもの又尠からず」と言われ、大豆粕の供給を京浜地方に仰いでいた信越地方について、「中央線全通の結果、四日市及半田等の商人は盛に同地方に侵入し孰れも販路の拡張に力むる[130]」ようになったと指摘されていることに留意しよう。大豆粕は魚肥の代替物たるにとどまらず、肥料市場の全国的拡大と深化をもたらしたのであり、富山や滋賀・和歌山、あるいは広島のように魚肥利用の伝統の古いところへは、かえって大豆粕がなかなか食い込めないという側面すらみられた。こうして、表3-25の地域別反当たり消費額が示すように、東海・近畿を頂点とし、北海道・東北・九州を底辺とするかなり大きな格差を伴う形で、全国的な肥料市場が大豆粕流通を基軸として形成されたのであった[131]。

最後に、販売肥料の消費の階層性についても一応みておかねばならないが、この問題はかなり複雑な諸側面をもっ

表 3-26　稲田 1 反歩収支　（円，％）

		関西 17 ヵ村平均			東北 12 ヵ村平均		
		明治 23	明治 32	明治 41	明治 23	明治 32	明治 41
自作	収入（1）	17.897	27.171	38.773	10.753	18.556	24.569
	支出（2）	12.052	18.881	28.780	8.723	14.152	20.227
	肥料（3）	3.389	5.119	7.745	2.403	3.897	5.432
小作	収入（4）	16.914	25.519	36.835	10.605	17.805	23.455
	支出（5）	17.203	26.760	37.793	11.516	19.573	26.078
	肥料（6）	2.941	4.424	6.700	1.944	3.339	4.435
比較	（4）／（1）	94.5	93.9	95.0	98.6	96.0	95.5
	（6）／（3）	86.8	86.4	86.5	80.9	85.7	81.6

出典）　農商務省農務局『本邦農業経済事情』（明治 42 年）52-53 頁．斎藤技師の出張による調査とあり，同じ数値が斎藤万吉『実地調査日本農業の経済的変遷』（青史社復刻版，1975 年）にも載っている．

ている。すなわち、日本農業の多肥集約農法が零細経営固有の農法であるとすれば、それは小作農においてむしろ強く現れ、山林の利用条件で恵まれない彼らは金肥依存度も高くなる可能性があるという指摘をどう考えるかという問題である。そうした側面は確かにありうるといわねばならないが、事実問題として小作農による施肥なり金肥購入なりが、自作農よりも高い水準にあったかどうかは、それ自体として実証さるべき課題であろう(132)。

表３－26によると、水田稲作における反当たり施肥量（自給肥料を含む）は、関西・東北のいずれにおいても、小作農の場合は自作農のそれの八割台の水準でしかない。収入の半ば近くを現物小作料にとられる小作農としては、金肥に対する必要性が高かったとしても、購買力の点でやはり自作農に及ばず、そのことが反当収量の差になって現れているとみるべきではないかと思われる(133)。ただし、自作農と小作農による金肥利用度の差は、すでにみた地域間の平均水準の差ほど大きくはない。その意味では、例えば肥料資本が直面してであろう国内市場の限界は、階層差とともに地域差の存在にもとづく側面がきわめて大きかったとみるべきであろう。

5　石　炭

表３－27に示したように、明治一〇年代まで佐賀（肥前松浦炭田）と長崎（高島炭鉱）を中心に発展してきた石炭業は、一二〇年代に入るや福岡（三池炭

表 3-27　石炭の需給　（トン）

区分		明治 7	明治 19	明治 32	大正元	大正 9
供給	北海道	0	51,697	633,282	1,884,845	4,509,582
	福島	0	4,093	329,074	1,644,441	2,491,010
	茨城	498	2,106	31,309	338,946	888,746
	山口	51,000	36,608	185,875	732,653	1,484,115
	福岡	110,780	582,667	4,468,905	12,621,889	15,914,941
	佐賀	93,132	595,779（佐賀・長崎計）	520,849	1,370,457	2,047,853
	長崎	134,100		414,858	901,205	1,708,427
	その他	40,066	49,407	137,646	145,319	200,710
	小計	429,576	1,322,357	6,721,798	19,639,755	29,245,384
	輸入	8,863	7,469	51,154	305,882	1,740,500
	合計	438,439	1,329,826	6,772,952	19,945,637	30,985,884
需要	船舶		239,027	1,234,912	3,117,807	6,015,935
	鉄道		18,453	495,976	1,578,771	3,219,718
	工場		147,743	2,594,669	6,617,663	14,695,056
	製塩		459,440	669,325	791,890	778,003
	小計		864,663	4,994,882	12,106,131	24,708,712
	輸出	117,600	669,043	2,487,614	3,440,347	2,694,515
	合計		1,533,706	7,482,496	15,546,478	27,403,227

出典）明治 7 年の生産は『府県物産表』，輸出入は『日本貿易精覧』（昭和 10 年），その他は『農商務統計表』（第 3，16，29，37 次）による．
注）明治 7 年の佐賀県産出量は，金額を長崎炭単価で割って算出．同年の官営三池炭 63,275 トン，同高島炭 69,458 トン（『帝国統計年鑑』）は，それぞれ福岡，長崎の『府県物産表』数値に含まれているものと見なした．外国船への販売は輸出に含めた．

鉱と筑豊炭田）を軸に産炭量を激増させてゆき、大正期に入ると北海道の地位が高まるようになるが、大正九年当時においても北九州三県の比重は依然として全産炭量の三分の二を占めていた。江戸時代以来の需要の中心であった製塩用の消費はあまり伸びておらず、需要の伸びを規定したのはまず輸出炭（外国船用炭を含む）と日本船用炭であり、次いで工場用炭と鉄道用炭であった。ただし、第一次世界大戦期を画期に、電力と石油の普及により、エネルギー源としての石炭の地位が低下しはじめることも見落とされてはなるまい。

石炭業へは財閥系をはじめとする大資本が好んで進出し、筑豊でも日清戦争後にそうした傾向が強まった結果、明治三七（一九〇四）年には三井・三菱と地元の貝島・安川の四大資本で全出炭の五一・九％を占めるまでになり(134)、三井と三菱の間で早くも端緒的なカルテルが結成されるに至ったとさえいわれている(135)。全国的にも、明治四二年には上位五社（三井・北炭・三菱・貝島・明治）への生産集中度は四九・九％に及んだが[136]、他方、多数の中小・零細炭鉱が再生産され続けたことも、石炭流通のあり方を大きく規定した。需要の大宗をなす工場用炭についても、大規模工場中心の綿糸紡績業や洋紙製造業・セメント工業などに続いて、比較的中小規模な製糸業・織物業などでの石炭消費がしだいに伸びてくることが明らかにされている[137]。

このような大小の格差をそれぞれ有する供給側と需要側がどのようにつながっていたかを検討するために、表3－28を作成した。

産地ごとの輸送ルートをみると、まず北海道では、夕張その他から室蘭（八八万トン）・小樽（三二万トン）へ鉄道輸送された石炭の大半は、主として北海道炭礦汽船会社の社有・雇入汽船により横浜・釜石・直江津・四日市・名古屋等へ運ばれた[138]。

福島・茨城両県にまたがる常磐炭田は、この当時は北海道を上回る出炭量を記録しているが、これは明治三〇年の日本鉄道磐城線の開通を画期に、地の利を活かした鉄道輸送を行った結果である[139]。大正元（一九一二）年の出炭高一九七万トンのうち、鉄道院へ四八万トン（契約高）、東京へも四八万トンを送り、残りを関東・東北諸県や長野・山梨両県へ鉄道輸送している。鉄道院への納入契約高合計に占める常磐炭の比率は三〇％と、九州炭四二％には及ばないが、北海道炭二八％を上回っており、「九州北海道等に比し幾分有利な運賃割戻」が加わることにより、鉄道院需要は同炭田の発展の大きな条件となった。

これに対して山口県宇部炭田の産炭は、瀬戸内海沿岸の塩田を市場とする古い歴史を有し、もっぱら海上輸送に依存していたが、本表の山口県側についてはその数値は拾われていない[140]。明治三〇年代には新たに阪神方面に家庭用炭としての販路が開けたとはいえ、明治四〇年に宇部鉱業組合が大阪の石炭問屋と直接取引を始めるまでは、炭鉱主は馬背・荷車で海岸へ搬出した石炭を各消費地から訪れる船主に売却していたのである[141]。

最大の産地福岡県では、筑豊炭田の諸鉄道駅から八三〇万トン台の石炭が若松・戸畑・門司・八幡などへ送られ、かつては一〇〇万トンをこえた河川輸送は七〇万トン台に減少している。北海道の場合と異なり、ここには鉄道輸送による河川輸送の凌駕（明治二八年）の歴史があるのである。(142) 門司・若松へ集められた筑豊炭のうち一六五万トンが上海・香港等へ輸出され、国内各地へ若松港から四二九万トン、門司港から六八万トンがそれぞれ発送された。若松港の東側＝戸畑側は水深く汽船を繋留できるのに対し、西側＝若松側は浅いため「専ら和船の積取を為すのみなれば、其沿岸は常に数百の帆船輻輳し、……岸壁に沿ひたる陸上には高架桟橋を設け、岸壁に繋留せる船舶に対し、底開石炭車の底切りをなすと同時に、漏斗に依りて直に船積(143)」したという。若松側のかかる条件と最大の送り先たる大阪港が貯炭所を欠くという条件が、瀬戸内海を通ずる石炭の帆船輸送（のちには小型汽船に曳船輸送が加わる）を永く存続させたと言ってよい。しかし、三〇年代中葉から関東・東海方面への輸送が増加したときには、当初は門司港、のちには若松港東側から出港する汽船が活躍した。(144) なお、福岡県の三池炭は、その多くが三池港から海外輸出されたため、本表の輸送ルートには姿を現さない。佐賀・長崎両県の産炭の輸送も本表からは必ずしも明らかでないが、唐津港・長崎港経由の輸出と本州への移出が行われていたようである。(145)

以上、北海道、本州（常磐・宇部）、九州の順に産炭の輸送ルートを検討した結果、鉄道と海運が相互補完的に結合する北海道・九州の大供給地から本州の大消費地（京浜・東海・阪神）への輸送形態が主導的タイプをなしており、鉄道のみ（常磐）、あるいは海運のみ（宇部）という形態は傍流的タイプであることが判明した。輸送距離を加味すれば海運の決定的重要性はさらに明白であり、米穀その他でみられたような鉄道輸送が海上輸送を圧倒してゆく事態は生じなかった。鉄道輸送の役割は、産炭地と移出港、移入港と内陸消費地を連絡する面で大きかったというべきであろう。

では、本州・四国の消費地へ向けて供給された北海道炭約七〇万トン、常磐炭約二〇〇万トン、宇部炭約七〇万ト

表3-28　石炭の生産・流通・消費（大正元年）　（トン）

地域		生産	鉄道		海上		消費		
			発送	到着	発送	到着	民間工場	官営工場	塩田
北海道		1,884,845	1,403,312	1,461,059	795,257	89,717	182,733	0	0
東北	福島	1,644,441	901,815	59,614	0	0	49,358	0	0
	その他	9,697	0	85,784	2,354	1,035,320	53,998	0	0
関東	茨城	338,946	343,562	93,318	0	0	60,707	0	8,675
	東京	0	71,652	625,559	4,497	1,548,407	1,066,914	123,028	11,822
	神奈川	0	52,632	23,469	1,254,181	1,562,666	132,373	6,935	0
	その他	394	0	451,362	0	360	133,029	13,649	0
東海	愛知	0	73,245	9,877	108,967	911,607	248,441	0	15,468
	その他	44	50,973	63,789	80,588	293,425	142,205	0	0
東山		17,257	0	204,879	0	0	180,600	0	0
北陸		2,038	0	69,497	443	105,943	62,816	0	0
近畿	大阪	0	233,162	34,549	5,191	1,991,284	694,315	73,114	0
	兵庫	0	0	52,572	874	582,468	372,033	0	106,478
	その他	29,612	0	216,721	393	28,501	196,711	15,132	0
中国	山口	732,653	0	43,784	0	58,252	140,809	12,237	154,661
	その他	2,213	0	10,078	36,408	366,628	201,873	132,889	157,142
四国		605	0	0	342	409,129	97,696	0	298,872
九州	福岡	12,621,889	8,305,731	8,466,944	7,470,567	1,865,353	1,109,998	689,137	0
	佐賀	1,370,457	963,350	859,839	482,444	0	35,519	0	0
	長崎	901,205	0	149,117	1,104	18,188	127,774	13,200	0
	その他	68,399	0	99,991	30	138,731	145,911	0	38,772
沖縄		15,060	0	0	18	0	34,766	0	0
合計		19,639,755	12,399,434	13,081,802	10,243,658	11,005,979	5,470,579	1,079,321	791,890

出典）生産・消費は第29次『農商務統計表』による．官営工場は1,000万斤以上使用工場のみ（そのほかを合わせると1,147,080トンとなる）．鉄道輸送は前掲『影響』付図第72，73図にある4,000トン以上発送駅，2,000トン以上到着駅の数値を合計．輸送総量は13,256,111トンである．海上（内国移出入）は前掲『大日本帝国港湾統計』による．

ン、九州炭約五九〇万トン、合計約九三〇万トン[146]は、どこでいかなる用途に向けられたのであろうか。

表3-28の消費欄でみる限り、第一位を占めるのは、実は産炭地福岡であり、炭鉱自体の消費（「工場消費」に含まれる）と官営八幡製鉄所の消費（約六五万トン）[147]が福岡県の地位を押し上げているのであるが、本州では東京・大阪が消費地の双璧をなしている。

表3-28によれば、東京へは鉄道経由で六三万トン、横浜を介する海上経由で一五五万トン、合計二一八万トンが入荷している。大正元年の東京市に関する別の調査による

と、鉄道経由の常磐炭五六万トン、海上経由の九州炭七四万トン・北海道炭三五万トンを中心に合計一七三万トンが入荷し、転送分一一万トンが東京での消費量であったという。そのうち鉄道用炭約六万トン、船舶用炭約九万トン、一〇人未満小工場・家庭用炭約一八万トンと推定されており、それらを除く官民工場用炭が圧倒的比重を占めていたことがわかる(148)。東京への海上輸送はほとんどが横浜港を経由しており、「横浜より東京に輸入する石炭は横浜港内にて汽船より達磨船（一艘の積量四十噸乃至百噸の艀船）に積取り、蒸気曳船に牽引せしめ、東京湾を経て隅田河口に入り、其輸送目的地が隅田川沿岸なる場合は其の儘更らに遡航して終局地へ至り、目的地が水深充分なる枝川沿岸なるときは曳船を解き、船夫の手繰に依りて到達」するが、必要に応じて、「達磨船の石炭を更らに川艀（一艘の積量十五噸乃至二十五噸の伝馬船）に移して配送」した。陸上での配達は荷馬車ないし荷車によったという(149)。筑豊山元価格がトン当たり二円五〇銭のとき、それに積出港（若松・門司）への平均鉄道運賃六〇銭、横浜への汽船運賃一円を含む東京の工場河岸までの運賃・諸掛り二円八〇銭が加わると、東京での筑豊炭原価は五円九〇銭と山元価格の二・四倍となる。大正元年における門司・若松―横浜間汽船運賃は最低五三銭・最高一円三一銭と大幅に変動しており、九州炭の動きによって基本的に規定される東京の石炭相場は、その他の諸要因も加わって不安定極まりなかった(150)。

つぎに大阪の場合を表3―28によってみると、海上輸送で一九九万トン到着しており、大阪港へ入る一八六万トンの中心は若松からの筑豊炭一三六万トンと本山（山口県）からの宇部炭一三万トン、および崎戸（長崎県）からの八万トンである(151)。鉄道到着分は三万トン程度なので、全体として東京府にわずかに劣る入荷量であり、転送分を差し引いた大阪府の推定消費量は一七九万トンとなる。これを表示した工場用消費量と対比するとかなり大きな差があるが、それは大阪の場合、船舶用炭の比重がきわめて高いためである(152)。大阪港への石炭の海上輸送の圧倒的部分は帆船によるものであった(153)。運賃は汽船よりも割高であるが、「帆船に在りては普通安治川一丁目迄は積荷の儘遡航し、且着港後約十日以内は停船料を徴することなく、偶々制限日数を超過して停船料を徴せらるることあるも、汽船に比すれば甚だ低廉なり、而して大阪における石炭商の多くは貯炭場を有せず、積込み来りたる帆船を以て貯炭場の代用とし、取引成立の後始て艀船に転載して配送する」ためであったという[154]。帆船による場合、積出港（若松・門司）からの運賃・諸掛りは二円二五銭見当であり、東京までの費用に較べて五五銭ほど安いことになる[155]。

東京府・大阪府における多量の石炭消費も、本州・四国での消費全体からみると当然ながらその半ばにも達しない。表3－28の消費量分布からうかがえるように、工場用炭の消費は全国的な拡がりをみせており、各地域での消費の実態を歴史的に究明する必要があるが、ここではその余裕がないので、最後に、石炭市場の市場としての特質について一言しておくこととしたい。

大量輸送の円滑化により石炭の全国市場がすでに確立したといってよい大正初年においても、石炭相場には基準とすべき一定の標準相場がなかった。日本銀行門司支店の調査によれば、「石炭ノ売買値段ハ各店共非常ニ秘密ニ附シ居リテ一定ノ標準相場ナルモノナク、曩ニ若松石炭商組合ノ如キ各石炭商ヨリ炭価ノ相場ヲ報告サセ一定ノ統計ヲ取リ居タルモ真相ヲ去ルコト甚タシク、且ツ三井三菱ノ大手筋カ絶対ニ秘密ニ附シ居ルヲ以テ昨今ハ之カ調査ヲ中止セシカ如ク、実ニ買手売手双方ノ意向ニテ定マル有様ニテ標準相場ナルモノナシト云フ、一商店ニ於テモ売買値段カ非常ニ区々ニ分レ居レリ、之ヲ要スルニ得意先ノ信用程度ノ如何及契約時期ノ如何モ大ナル主因ナルモノノ如シ」[156]という状態だったのである。かかる市場の非公開性は、東京・大阪のような消費地においても同様であった[157]。しかも、個別的に行われる取引にさいしては、さまざまな詐欺瞞着が横行した。例えば明治三五年当時の大阪安治川における取引について、「最も奇観とも云ふべきは各需用者が石炭購入の炭価を実際出来得べからざる安価に直切りて買入をなさんとし、商人も亦この出来得べからざる価格に甘じて売るの一事なり」と報告されており、そうしたことを可能にする「商業の秘訣」は「混炭」（悪炭を混交する）にあり、「名称は如何なる良炭なるも露骨に曰はば唯購買者が仕払ひ得べき迄の価格に応ずるの混炭を渡すと云ふの外なし」という説明がなされている。これでは標準相場など成り立ちようがないであろう。しかも、かかる方策は程度の差はあれ、「第一流の巨商」をも巻き込んで行われているというのであり[158]、大正期に入っても消滅しなかった[159]。しだいに有力炭鉱業者が石炭商を兼営して市場面での優位を固めてゆくさいに、こうした市場の特質が何故に存続し、そのことが生産のあり方にいかなる反作用をもたらすか、という問題を分析することは、財閥資本の高蓄積の内容を明らかにする上でも欠くことのできぬ重要性をもつといえよう。

6　鉄　鋼

第一次世界大戦前における日本の鉄鋼生産額は欧米先進国に比べるときわめて微々たるものであり、また、輸入鉄鋼を加えた消費額の低水準にとどまっていた。明治四四(一九一一)年－大正二(一九一三)年平均の一人当たり銑鉄消費額は二二キログラムと推定されており、アメリカ合衆国（二九六キログラム）の一三分の一、ドイツ（一四八キログラム）・イギリス（一四〇キログラム）の七ないし六分の一の水準であった[160]。しかしながら、低水準であるとはいえ鉄鋼消費が拡大しつつあることは、「鉄と石炭」を基礎とする近代産業がこの日本においても定着し発展していることを示す証拠であり、八幡・釜石に代表される鉄鋼生産も着実に拡大しはじめていた[161]。

ここでは、約一〇〇万トンに達した大正元年当時の鉄鋼消費の実態を流通面から検討してみたい。消費についての古典的研究は、小島精一による推計であり[162]、その後の研究はいずれも小島推計の引用にとどまっている。同推計の結論は、「大正初頭に於ては全需要約百万瓲に達し、土木建築需要（全体の三五－四〇％）を筆頭として、鉄道用（二五％）軍需（一五％）機械造船用（一〇％）等の順位で、いずれも需要量は急激に膨脹しつつあった[163]」というもので、大筋においては承認しうる丹念な推計である、若干疑問が残るのは、車輌・造船以外の機械工業用の需要を鋼材一万トン・鋳物五万トンと見積もる際の一つの根拠として、明治四二年当時の職工五人以上の機械器具工場生産額六五七九万円の内訳、①船舶一六七九万円、②車輌一八一万円、③機械一五一五万円、④器具七一四万円、⑤金属製品二二六四万円、⑥修理二二六万円、のうち③だけを間接に引用しているが[164]、厳密な意味での機械の工場生産のみに議論が限定されすぎ、その結果、先の結論にみられるような一〇%ほどの使途不明分が残されたのではないかという点である。④器具や⑤金属製品を合計すると、③機械の二倍近い額になるが、それらの生産に際してもかなりの鉄鋼が消費されたはずであり、例えば大正元年二万五七一五トンの輸入をみた「葉鉄」（ブリキ）の輸入増加については、「内国ニ於テ罐詰物ノ売行キ多キニ連レ製罐材料トシテ本品ノ需要増加セルノミナラス、近頃ハ又印刷罐、文具箱、針刺、引札ヲ製造シ、又ハ薬剤、蚤取粉の容器ナトヲ製造スルニ用ユルモノ大ニ増加シタルニ因ルナリ[165]」と説明されているのである。はるばるイギリスから輸入した鋼材として貿易統計に記載されている葉鉄の用途には、なんと蚤取粉の容器まで含まれている事実を視野に収めておく必要があるわけである。と同時に、先の工場統計には、全国各地に散在する町村の鍛冶屋や大工といった五人未満の零細作業場が全く含まれていないことも留意しなければならない。

そうした点を念頭に置きつつ、以下、「鋼材で七十五万瓲それに鋳物用銑鉄として約二十二万瓲、合計大約百万瓲[166]」とされる大正初年の鉄鋼需要の地域性を追うことにしたい。

表3－29（注も参照）によれば、鉄鋼の供給ルートの要は輸入港神戸・横浜を近くにもつ大阪と東京の二大集散地であり、八幡と釜石の生産した鉄鋼も主として海上経由で両集散地へ運ばれている[167]。釜石製鉄所の製品は当然ながら経営者である東京の田中長兵衛事務所により販売されたが[168]、官営八幡製鉄所の大正三年度売渡先は鉄道院四万四二六三トン、陸軍一万七〇五トン、海軍二万三五一一トン、其他官庁一万二八七九トン、民間一二万四九四一トン、合計二一万六二九九トンであり[169]、民間販売については、三井物産を中心とする東京の問屋仲間の共同購入機関三井組と、大倉組を代表とし岸本吉右衛門商店ら関西の問屋仲間に東京の森岡平右衛門商店を加えた共同購入機関大倉組とに限り販売したといわれる[170]。しかし、実際の販売高を見ると、三井物産門司支店二万八五一〇トン、同大阪支店四八〇トン、東京大倉組七〇二〇トン、大阪大倉組四七七〇トン、岸本商店一万七三〇トン、森岡商店八六四〇トンという具

表 3-29　鉄鋼の流通（大正元年）

（トン）

府県名	鉄道		海上		府県名	鉄道		海上	
	発送	到着	発送	到着		発送	到着	発送	到着
北海道	21,469	19,529	1,781	26,711	滋賀	0	1,458	0	0
青森	0	2,143	653	868	京都	4,260	11,191	278	273
岩手	3,905	1,030	60,400	100	奈良	0	0	0	0
宮城	0	5,913	0	1,538	大阪	45,065	7,323	109,220	325,922
秋田	0	1,789	0	0	兵庫	24,707	10,623	146,433	7,364
山形	0	7,966	86	462	和歌山	0	0	0	37
福島	0	10,595	0	0	鳥取	590	719	1,459	137
茨城	0	4,594	0	0	島根	0	2,280	0	374
栃木	0	5,082	0	0	岡山	0	0	461	61
群馬	0	1,586	0	0	広島	509	0	38	2,410
埼玉	597	7,821	0	0	山口	714	923	0	16
千葉	0	3,484	0	0	香川	0	0	0	0
東京	73,078	17,213	43,561	74,073	徳島	1,949	0	0	720
神奈川	43,162	25,462	334,926	65,345	愛媛	0	0	125	3,666
山梨	0	978	0	0	高知	0	0	0	0
長野	0	2,814	0	0	福岡	49,733	15,800	678	1,723
岐阜	725	3,584	0	0	佐賀	0	2,556	0	413
静岡	2,839	4,567	4	47	長崎	4,240	10,001	4,698	2,620
愛知	7,174	17,487	375	25,155	大分	0	1,404	0	211
三重	1,155	2,792	5,877	2,756	宮崎	0	0	0	191
新潟	1,469	18,522	72	165	熊本	0	1,503	1,009	1,103
富山	0	4,489	0	0	鹿児島	0	5,153	135	1,720
石川	0	2,335	0	0	沖縄	0	0	0	0
福井	0	1,091	69	987	計	287,340	243,800	712,338	547,168

出典）鉄道は前掲『影響』付図第 60，70 図にある「鉄及鋼」500 トン以上発着駅の数値を集計．輸送総量は，322,608 トンである．海上（内国移出入）は前掲『大日本帝国港湾統計』による．銑鉄・一般鋼材を中心とするが，金物や鉄以外の金属材が含まれていることもある．金額から重量を推計した分もある．

注 1）鉄鋼輸入（農商務省鉱山局前掲『製鉄業ニ関スル参考資料』にならい，釘類・鉄道建設用材・電線支柱・家屋等建築材料まで含む）は，この年，横浜 361,749 トン，神戸 394,344 トン，大阪 13,857 トン，長崎 31,144 トン，門司 41,017 トン，その他 24,647 トン，計 866,756 トンである（『大日本外国貿易年表』による）．

注 2）鉄鋼生産は，福岡（銑鉄 177,880 トン，鋼鉄 207,279 トン），岩手（銑鉄 54,141 トン，鋼鉄 11,319 トン），の他は，鳥取・島根・広島・宮崎に合計 3,905 トンあるだけである（『農商務統計表』による）．

合であり、有力造船所などは直接に八幡製鉄所と取引していたようである。[171]

横浜港に関する港湾統計によれば、輸移入鉄鋼の大部分に当たる二八万一〇七八トンが東京へ送られており、[172]東京は鉄道入荷と合わせて約三〇万トンの入荷分のうち約一二万トンを主として鉄道で東日本各地へ送り出しているから、差引一八万トンを消費していることになる。東京は大阪と並ぶ機械器具工業の中心地であるが、その鉄鋼消費量はせいぜい四万トン程度と推定され、[173]最大の需要はやはり都市化に伴う土木建築関係だったものと思われる。東京から鉄道で送られる鉄鋼の到着駅はきわめて多様かつ広範囲であり、鉄道院工場のある大宮（七八二一トン）や海軍工廠の所在地横須賀（三三四二トン）をはじめとする関東諸県はもとより、東北諸県にも大量の鉄鋼が送り込まれている。東北では山形県新庄（四六四六トン）、福島県山都（四〇九六トン）、宮城県小牛田（四〇五〇トン）をはじめとし、秋田県の大舘（一二五八トン）、能代（五三一トン）も多いことからみて、院内・細倉・小坂・尾去沢・阿仁といった諸鉱山の経営や水力発電所の建設のための需要が大きかったものと思われる。[174]長野県では長野（一〇七七トン）と並んで岡谷（一〇四三トン）が多く、山梨県の甲府（九七八トン）へもかなりの鉄鋼が到着しているが、岡谷・甲府の場合は、製糸工場と製糸器械の建設・製作のための需要が中心であったろう。長野・山梨両県は五人以上機械器具工場に関する統計では全国最下位の生産額を記録するにとどまるが、明治二〇年代から輸入鉄鋼の有力な消費地であった。[175]新潟県では長岡（四七三七トン）、沼垂（三七三四トン）を中心とする石油採掘業関連の鉄鋼需要が大きかったようである。[176]

大阪は表3－29では差引約一八万トンの消費という計算になるが、[177]その四分の一は鉄鋼以外の金属材と推定されるから、[178]鉄鋼消費は約一三万トンとみてよかろう。ここでの機械器具工業生産額は東京のそれにほぼ匹敵するが、その過半は銅製品を含む金属製品工業に関するものであるから、[179]機械器具工業用の鉄鋼消費は東京のそれを若干下回ることになる。しかし、神戸の造船業産額が、横浜はもちろん長崎・大阪をはるかに抜く地位にあるため、[180]阪神と京浜の比較では、機械器具工業の鉄鋼消費量は阪神が優位を占めているといってよい。大阪からは鉄道と水運で富山・岐阜・愛知以西の西日本に鉄鋼が送られていくが、岐阜・愛知両県では東京からの入荷も多く、両集散地の力が拮抗し合っている(181)。

大正元年の名古屋市の場合、京浜より主として海運で六四八三トン、阪神より主として鉄道で六一〇二トンの鉄鋼を受け入れているが、同時に外国からの輸入が七二四九トンあり、独自の集散地として発展しつつあった(182)。この点は、東京の森岡平右衛門（明治三九年営業税八〇一円）・森田宇兵衛（同四五一円）・浅井半七（同三九六円）や、大阪の岸本吉右衛門（同八四八円）・津田勝五郎（同四二七円）らと並んで、名古屋には有力鉄商岡谷惣助（同銅鉄商三九八円・洋鉄商二二三円）がおり、東京・大阪へ支店を出して活躍していたことから明らかであろう(183)。もちろん名古屋を中心とする機械器具工業（とくに時計・車輛・染織機械）も発展しつつあったが、その規模は横浜と大差なく、あまり大きなものではなかった(184)。

中国・四国方面における鉄鋼消費の実態についてはよくわからない。明治二〇年代初頭までは鉄鋼生産における全国的中心として二万トン近い産額を記録した中国地方の砂鉄精錬も、大正元年には三〇〇〇トン台へ凋落しており(185)、本表では鳥取県米子港から阪神方面へ一三六九トン積出されている辺りにわずかにその動きをうかがうことができる。広島県の呉港には八幡製鉄所その他から鉄鋼搬入があるはずだが、本表には示されていない。九州では長崎県への到着が目立ち、三菱長崎製鉄所が大量の鉄鋼を吸引していることがうかがえるけれども、長崎へは外国からの輸入鉄鋼の方がはるかに多いことが留意されねばなるまい。

以上の検討は、輸送統計による大雑把なものにすぎないが、鉄鋼消費が大都市の大工場だけでなく、地方都市・農村あるいは鉱山・水力発電所など全国的な拡がりをもって増加しつつあることが判明したといえよう。ただし、農具の生産をはじめ、農村固有の需要がどこまで大きかったかについては、ここでの検討からはにわかに断定し難いが、幕藩制以来の歴史的制約からみても(186)、あるいは史料面での言及の乏しさからみても、かなり限定されていたものと言わねばなるまい。第一次世界大戦期の「鉄飢饉」の地方的様相を含めて、地方的流通の内部にまで踏み込んだ検討が今後必要である。

7 小括

六商品の全国的流通の概況についての検討は、それぞれの研究史の水準の違いもあるため必ずしも統一のある叙述とはならなかった。繊維製品や機械類の市場を素材にしばしば論ぜられてきた「狭隘性」論への評価を、それら諸商品の検討を欠いたままで行うことは適当でないし、大正初年という貿易赤字が激増した時期の「入超構造」[187]を論ずるだけの用意も整っていない。ここでは、そうした総括的結論ではなく、六商品の全国的流通の検討に際して繰り返し登場してきた流通の結節点＝集散地としての東京と大阪について一言述べておきたい。

大集散地としての大坂と大消費地としての江戸を二大中心とする幕藩制的全国市場が、幕末開港直前にはすでに諸藩経済圏の自立と農民的商品経済の発展によって解体されつつあったことは周知のところであるが、開港による外国貿易の開始と維新変革による幕藩制の崩壊は、大阪の地位の低下と新たな集散地としての東京の台頭をもたらした[188]。明治二〇（一八八七）年まで全国輸出入の六割以上が横浜を介して行われた結果、かつての大坂↓江戸という商品流通と完全に逆方向の横浜・東京↓大阪という輸入商品流通の太いパイプが形成され[189]、廃藩置県と地租金納化は「天下の台所」であった大阪の衰微を促進した。生糸輸出が東日本各地の経済を活気づけ、綿製品・羊毛製品の輸入が西日本綿業地を圧迫したという後背地の対照的な動向も、東京と大阪の盛衰を規定したといってよい。

大阪の経済が活気を取り戻すのは、綿紡績業を主軸とする産業革命の展開を通じてであった。そこでは、大阪は商業都市であるよりも工業都市であり、大集散地として復活しただけでなく大供給地・消費地として発展していったのである。東京もまた同様な商工業都市としての性格を強めていった。

しかしながら、汽船と鉄道の普及は、肥料流通について述べたように、大集散地そのものの必要性を低下させる働きをもった。また、生産者の大規模化は、醬油や石炭の流通についてみたように生産者自身が流通機構を掌握し、集散地商人への依存から脱却する結果をもたらしてゆく。砂糖の場合も、ある程度似た状況が生まれつつあったといってよかろう。東京や大阪の集散地問屋が重要な役割を果たしているのは、鉄鋼の場合や、別稿で検討した織物問屋など比較的限られた分野にすぎないのであり、それらの分野では、集散地問屋はたんなる商品の取次業務にとどまらず、信用の供与や情報の提供といった側面で重要な役割を担うことによって存続・発展していたように思われる[190]。東京・大阪以外の集散地・消費地の商人についても、同様な問題があり、総じて日本の商品流通機構はきわめて複雑であり続けた点に特徴があるといえよう[191]。

（1）（柿崎一郎「物流史」（社会経済史学会編『社会経済史学の課題と展望』有斐閣、二〇一二年）三四八頁、中村尚史「問題の所在」（中西聡・中村尚史編著『商品流通の近代史』日本経済評論社、二〇〇三年）一－二頁）。

（2）（いま、本章で扱った三消費財（醬油・米穀・砂糖）と三生産財（肥料・石炭・鉄鋼）の国内流通と消費構造についての、その後の研究に触れると、醬油醸造業については、林玲子編『醬油醸造業史研究』（吉川弘文館、一九九〇年）から、林玲子・天野雅敏編『東と西の醬油史』（吉川弘文館、一九九九年）を経て、井奥成彦・中西聡編著『醬油醸造業と地域の工業化――高梨兵左衛門家の研究』（慶應義塾大学出版会、二〇一六年）に至る一連の研究があり、肥料流通史については、石井寛治・中西聡編『産業化と商家経営――米穀肥料商廣海家の近世・近代』（名古屋大学出版会、二〇〇六年）と中西聡・井奥成彦編著『近代日本の地方事業家――萬三商店小栗家と地域の工業化』（日本経済評論社、二〇一五年）に代表される研究成果がある。米穀流通については、大豆生田稔『近代日本の食糧政策――対外依存米穀供給構造の変容』（ミネルヴァ書房、一九九三年）や小岩信竹『近代日本の米穀市場――国内自由流通期とその前後』（農林統計協会、二〇〇三年）によって研究が深められたが、消費構造や米穀商人の本格的分析は残されている。石炭流通の研究は供給面と需要面に関する個別研究が急増した。九州大学記録資料館（旧石炭研究資料センター）の『エネルギー史研究』と三菱経済研究所の『三菱史料館論集』には主として供給面からの実証密度の高い諸論文が掲載され、需要面からの実証の進展は杉山伸也「日本の産業化と動力・エネルギーの転換」(『社会経済史学』八二巻二号、二〇一六年)によって示されているが、流通そのものの特質解明は今後の課題であろう。砂糖流通については大島久幸「砂糖流通過程の錯綜性とメーカー主導型流通機構の形成」(久保文克編著『近代製糖業の発展と糖業連合会』日本経済評論社、二〇〇九年)のような研究が現れたが、消費構造の検討も欲しいところである。鉄鋼流通とその消費構造の研究は、長島修『官営八幡製鉄所論——国家資本の経営史』(日本経済評論社、二〇一二年)による同製鉄所の製品販路の分析を除くと、あまり進んでいないようである」。

(3) のち、小林良正『日本産業の構成』(白揚社、一九四九年)へ収録。

(4) 小林良正「交通機関の発達と内外市場の形成=展開」(上)六、五六頁。

(5) 小林前掲書、序言。

(6) 中安定子「在来綿織物業の展開と紡績資本」(『土地制度史学』一四号、一九六二年)、古島敏雄『資本制生産の発展と地主制』(御茶の水書房、一九六三年)。

(7) W. W. Lockwood, *The Economic Development of Japan, Growth and Structural Change, 1868-1938*, Princeton U. P., 1955.

(8) 正田健一郎『日本資本主義と近代化』(日本評論社、一九七一年)。

(9) 中村隆英『戦前期日本経済成長の分析』(岩波書店、一九七一年)。

(10) 正田前掲書、一六三、二二四頁。

(11) 中村前掲書、三一頁。

(12) 同右書、「はしがき」iv頁。

(13) この日本的特質を何を基準にしていかなるものとして把握するかについては、周知のように戦前の資本主義論争以来の鋭い意見の対立があり、われわれの研究会内部でも見解が分かれている。

(14) 山口和雄『明治前期経済の分析』(東京大学出版会、一九五六年)二〇九頁。

(15) 富永祐治『交通における資本主義の発展』(岩波書店、一九五三年)一七六頁。

(16) レーニン「ロシアにおける資本主義の発展——大工業のための国内市場の形成過程」(『レーニン全集』第三巻、大月書店、一九五四年)四六頁。

(17)　同右書、四七頁。
(18)　小岩信竹「明治十年代の米価動向と米穀中継地市場」(『社会経済史学』四〇巻一号、一九七四年)、同『明治初年の地域別価格動向』(弘前大学『文経論叢』一五巻二・三号、一九八〇年)。
(19)　そのこととも関連して、産業革命の概念、日本における時期設定については、本書執筆者の間でも意見の対立がある。
(20)　山口前掲書、第五章参照。
(21)　富永前掲書、三四七頁第一一一表。なお、同書の叙述に依拠した石井寛治「産業資本の確立」(永原慶二編『日本経済史』有斐閣、一九七〇年)二三八頁の叙述も誤っていた。
(22)　石井寛治『日本経済史』(東京大学出版会、一九七六年)一二五―一三一頁。
(23)　ただし、江戸時代に北前船の往来で栄えた日本海沿岸諸県については、明治期はともかく、大正八年頃までには秋田から島根に至るまで全て鉄道優位に変化し終わっていることも留意さるべきであろう。第二章の分析〔山口和雄「近代的輸送機関の発達と商品流通――北陸・北越地方の場合」〕は、過渡期ともいうべき明治期の問題を扱ったものである。
(24)　海上輸送を鉄道輸送とほぼ同量とみなす。
(25)　表3―1の鉄道輸送量に、海上移出入量の半分(同一品が出と入の二回計上されているため)を加えたものを、貿易輸出入量(輸出品と輸入品は別物なので合計のまま)と対比した。
(26)　近代日本輸送史研究会編『近代日本輸送史』(成山堂書店、一九七九年)四三一、四四七頁。
(27)　明治七年を選んだのは、周知の『明治七年府県物産表』という包括的史料があるためであり、大正一三年を選んだのは、大戦前には包括的史料を欠くということと、大戦期の変化が大正九年恐慌と大正一二年震災を経て一応落ち着いた時期をとるということのためであるが、震災による影響がまだかなり残っている点でやや問題があろう。
〔旧稿では、明治七年の作成に際して主として利用した『明治七年府県物産表』東京大学経済学部蔵本が相川県の一部(五六二・五六三・五六六・五六七頁)を欠落していたため、同書第2表に注記したように、その部分の数値を除いて集計した。今回、その後入手した落丁のない原本によって可能な限り数値を補って表3―2を作成した。北海道に関しては、大蔵省『開拓使事業報告』第三編(明治一八年)二―三、二七五―二七六頁によった。鹿児島県の砂糖産額は糖業協会編『近代日本糖業史』上巻一〇七頁の大島黒糖産額を『府県物産表』の宮崎県黒糖単価で価格換算した。滋賀県などの通価不詳分は原則として除いて集計したが、長野県の蚕卵紙は全国に準じて一枚二円とし、大分県の醸造物は小倉県の単価で価格計算した。鹿児島県の数値は疑問が多いので米産額だけを宮崎県単価で価格計算し、米と砂糖（前述）だけを採用した。地域名の後の（　）は府県数を示す。足柄県はここでは関東地域に含めた。明治七年の品目分類は大正一三年との比較を考慮した。①農産物（穀類、蔬類、種子・果実類、菌蕈類、蚕卵紙類、繭類、綿類）、②畜産物（禽獣類）、③林産物（薪炭及焚物類）、④水産物（海藻類、魚類、甲貝類、虫類、肥料類中の魚肥）、⑤鉱産物（金銀銅鉄類、玉石礦土類）、および、⑥工産物の六つに大別し、⑥工産物はさらに、ⅰ紡織工業（生糸類、真綿類、麻類、木綿糸類、縫織物類・縫裁類・染物類・手間物類）、ⅱ金属工業（金属箔類、金属細工類）、ⅲ機械器具工業（諸器械類、船舶類）、ⅳ窯業（陶器類、硝子細工類）、ⅴ化学工業（薬種・製薬類、油蠟類、染料・染具類、魚肥以外の肥料類、飼料類、紙類）、ⅵ木材工業（戸障子、指物類、籐竹莨器類、桶樽類、竹木類から桑葉・桑苗を差引いたもの）、ⅶ印刷工業（図書製本類）、ⅷ食料品工業（穀質澱粉類、醸造物類、飲料及食物類、煙草類）、ⅸその他工業（氈席類、皮革羽毛類、化粧具類、文房具類、膠漆類、漆器類、網縄類、履物類、雑貨玩具類）に分けた。桑葉・桑苗は繭・生糸と二重・三重の計算となるので、『府県物産表』の数値から、ここでは削除してある）。

〔大正一三年の表3－3の数値について、①は『統計年鑑』の「農産物価格」に『第一次農林省統計表』の繭価格を加えた。②は『統計年鑑』の「搾乳高」「屠殺」牛馬豚価額、乳製品、肉製品の計、③は『統計年鑑』の「主要林産物価額」の合計、④は『統計年鑑』の漁獲物価額と水産製造物の合計、⑤は『統計年鑑』の鉱産物、石材、土石類の計、⑥ⅰのうち蚕糸・織物、ⅳのうち陶磁器・瓦、ⅷのうち酒類（清酒・味醂・焼酎）・醤油、ⅹのうち漆器は、いずれも『統計年鑑』の数値を採用した。ⅷのうち畜産物、鰹節はそれぞれ②、④へ含まれているので除外した〕。

(28)　前掲山口『明治前期経済の分析』、前掲古島『資本制生産の発展と地主制』。

(29)　印刷工業は、例えば東京を含む関東諸県に全く記載されていない事実が示すように、欠落が目立っている。

(30)　明治二〇年に二二三九万貫の最高収量を記録した棉花産額は、二九年に一〇〇〇万貫ラインを割り、四二年には一〇〇万貫未満へ転落、大正一三年にはわずか四八万貫を産するにとどまった（加用信文監修『改訂日本農業基礎統計』農林統計協会、一九七七年、二二三四頁）。

(31)　谷口吉彦『商業組織の特殊研究』（日本評論社、一九三一年）一三五－一三六頁。

(32)　山田盛太郎『日本資本主義分析』（岩波書店、一九三四年）一九六－一九九頁。

(33)　両地域への集中率は、金属工業四八・九％→七九・二％、機械器具工業四六・〇％→七六・四％、化学工業三〇・四％→六三・〇％である（官営工場は除く）。

(34) 谷口前掲書、一四二－一四三頁。
(35) 石井寛治「成立期日本帝国主義の一断面」(『歴史学研究』三八三号、一九七二年、のち、石井寛治『近代日本金融史序説』東京大学出版会、一九九九年、へ収録)。
(36) 大正一三年には、石炭、木材、米穀、肥料、木炭に続く第六位へ躍進する(鉄道省運輸局『大正十三年中鉄道輸送主要貨物数量』、商品流通史研究会編『近代日本商品流通史資料』第一一巻、日本経済評論社、一九七九年、所収)。
(37) 鉄道院『本邦鉄道の社会及経済に及ぼせる影響』(大正五年、以下『影響』と略記、前掲『近代日本商品流通史資料』第一二巻所収)付図第八五図によれば、大正元年度中の生糸鉄道輸送量(到着)は、横浜への一万八三二六トン、京都への一六三三トン、福井への一三三五トンなど合計三万二八九トンである。
(38) 明治七年の化粧具産額約九〇万円のうち、東京二三万六〇五五円、京都一七万五七四〇円、大阪一三万七五一三円と三府で全国の六一%を占めていた。ちなみに、〔第三章で論ずる小間物商扱いの木曽商人が属する〕筑摩県は八万三九九二円で全国第四位であった。
(39) 本来ならば繊維工業関連の商品をとりあげるべきであるが、すでに、山口和雄編著『日本産業金融史研究　織物金融篇』(東京大学出版会、一九七四年)などにおいて、ある程度扱ったので、ここでは省略した。
(40) 府県統計書のなかには、県内における商品流通額を県外との商品流通額と対比した統計を載せているものがある。例えば、明治三五年『福井県統計書』は、主要一六市町村ごとの「輸出入商品」を「管内」と「管外」に区別し、さらに「陸運」「廻漕」別に詳しく載せている。合計すると、「管外」からの移入約二八四七万円、同移出約二九三一万円に対し、「管内」での移入約一五一九万円(うち廻漕二三〇万円)、同移出約一三三二万円(うち廻漕二〇三万円)となり、きわめて旺盛な県内商品流通の存在がうかがえる。主要市町村を介さない県内流通や町村内流通まで加えれば、その点はさらに明確となろう。
(41) 前掲鉄道院『影響』付図第一六図、明治三九年から大正元年までの七年間中、最豊凶二年を除く平均。
(42) 花田仁伍『小農経済の理論と展開』(御茶の水書房、一九七一年)三四二－三四三頁。
(43) 持田恵三『米穀市場の展開過程』(東京大学出版会、一九七〇年)七二－七三頁も参照。
(44) 同右書、八一頁。
(45) 鉄道省運輸局『重要貨物状況』第一輯(大正一四年)四－五頁。
(46) 同右書、三八－四一頁。海上輸送分は、外米輸入四〇万石、外米移入(神戸より)一〇万石、内地米移入二七万石(九州米七〇％・四国米一五％・其他一五％)、台湾米五万石、朝鮮米二五四万石、計三三六万石である。
(47) 村上勝彦「植民地」(大石嘉一郎編『日本産業革命の研究』下巻、東京大学出版会、一九七五年、所収)二四一―二四五頁。
(48) 前掲『重要貨物状況』第一輯、四〇頁。持田前掲書、一三五―一四四頁を参照。
(49) 長野県農会『新潟山形二県ニ於ケル米ニ関スル調査』(明治四三年)一一三頁。
(50) 同右書、一五七頁。
(51) 前掲『重要貨物状況』第一輯、五六頁。
(52) 例えば、瀬川清子『食生活の歴史』(講談社、一九五七年旧版、一九六八年新版)一五頁以下、梅村又次ほか『地域経済統計』(長期経済統計13、東洋経済新報社、一九八三年)三三頁以下、をみよ。
(53) この点はすでに持田前掲書、一三九―一四〇頁で指摘されている。
(54) 以下、農商務省農務局『米ニ関スル調査』(大正四年)三五五―三五九頁。
(55) 金兆子『醬油沿革史』(明治四二年)。
(56) 笹間愛史『日本食品工業史』(東洋経済新報社、一九七九年)五六頁。
(57) ヤマサ庶務部「醬油醸造業に就て」(昭和三年二月)による。
(58) 日本醬油協会編『日本醬油業界史』(同協会、一九五九年)五七頁によれば、本表の生産量(営業用)は諸味石数であり、製成醬油石数はその二割増とみるべきだそうである。
(59) 鉄道省運輸局『塩、砂糖、醬油、味噌ニ関スル調査(重要貨物情況第九編、大正十五年二月)』醬油、一八頁。ただし、朝鮮・台湾向けは含まれていない。
(60) 銚子は野田よりも醬油醸造の歴史は古いが、明治期の生産量は野田の半分程度であり、第一次世界大戦期には三分の一になるが、その後野田を追い上げ、大正一三年の査定石高は一九万八五九四石と野田三三万五二一五石の六割程度に達した(「明治四拾参年以降醬油販売数図表」ヤマサ史料、その他による)。
(61) 前掲鉄道省運輸局『塩、砂糖、醬油、味噌ニ関スル調査』醬油、三一頁。
(62) 愛知県産醬油の大部分は小麦を用いずに大豆と塩を原料とする溜醬油であり、それゆえに販路も自ずと限られる傾向があった。

(63) 大正元年当時の東京市入荷高合計は二三〇万九四〇二樽（＝九升入）、出荷高二四万一六〇八樽、市内売捌高二〇五万九〇九五樽であり、入荷高を産地別にみると千葉が一九〇万四八八八樽と入荷高合計の八二・五％を占め、残りは茨城一五万二九一二樽、東京五万六三八三樽、栃木四万八二六五樽、埼玉三万四六三四樽、群馬二万一五三四樽、神奈川一万八〇五樽、その他地方七万九九八一樽という具合であり、関東以外からの入荷はわずか三・五％にすぎなかった（『東洋経済第二回商品年鑑』東洋経済新報社、大正一四年、三八三頁）。

(64) 『大正一年香川県統計書』による。

(65) 前掲『影響』中巻（大正五年）一二〇四－一二〇五頁。

(66) 前掲鉄道省運輸局『塩、砂糖、醤油、味噌ニ関スル調査』醤油、二七頁。

(67) 以上、『野田醤油株式会社二十年史』（一九四〇年）、『キッコーマン醤油史』（一九六八年）による。

(68) 香川県小豆郡役所『小豆郡誌』（大正一〇年）六四四－六四六頁。

(69) 例えば、前掲『日本醤油業界史』は、「大正五年頃より六、七、八年と世界大戦に因る全国稀有の好景気は、全国的に国民生活の水準を高め、食生活に於ける嗜好も亦これに伴い醤油の如きも従来自家用醤油に甘んじていた山間僻地まで、最上品が普及浸透して一躍需要が激増したことも、最上品増産の一因を為したものであろう」（五七頁）と記している。ただし、最上品がそれほど普及するのは、むしろ第二次世界大戦後とみるべきであろう。

(70) 「醤油の需給と市価」（「東洋経済新報」大正一〇年四月九日号）。

(71) ちなみに、第一次世界大戦後（＝一九二〇年代）の一人当たり消費量水準は空前にして絶後の高さであった。

(72) 前掲『小豆郡誌』六四七－六四八頁。

(73) 田村平治・平野正章編『しょうゆの本』（柴田書店、一九七一年）一一三－一一四頁。ただし、表3－17で示したように、大正元年当時かなり多くの自家醸造が各地で行われていたことも留意さるべきであろう。

(74) 前掲瀬川『食生活の歴史』一二二頁には、昭和一〇年暮れの千葉県久留里町付近で村の婦人たちがそれぞれ醤油の一升樽を背負って帰村したのを目撃したことを根拠に、当時はまだ「正月料理だけは醤油を使う」という風習だったと述べ、前掲『日本醤油業界史』四三頁にも同様な叙述がみられるが、自家醸造品の利用はもっと前からあったはずで、それは正月に限られなかったと見るべきであろう。

(75) 山形県村山郡の自作上層K家（大正八年自作地田二町五反、畑一町、小作地田二町、家族労働力六－七人、常雇二－三

人）の醤油購入は、明治四〇年代に始まり、大正元年に一斗台に上り、大正八年を画期に二－三斗台の水準に達するが、最高値の大正九年でもせいぜい一升四〇銭程度の地元醤油を買っていたにすぎない（柏倉亮吉・山崎吉雄編『自作農農家々計に関する諸記録――山形県上ノ山市西郷字加藤久弥氏所蔵』山形大学教育学部社経研究会、一九五五年）。

(76) 樋口弘『本邦糖業史』（ダイヤモンド社、一九三五年）一七七頁。

(77) 信夫清三郎『近代日本産業史序説』（日本評論社、一九四二年）二二三頁以下、社団法人糖業協会編『近代日本糖業史』上巻（服部一馬執筆、勁草書房、一九六二年）九五頁以下参照。

(78) 堀宗一『日本糖業政策』（糖業研究会、大正一年）一二頁。

(79) 前掲『近代日本糖業史』第四章、第五章。

(80) 堀前掲書、二〇－二二頁の指摘によれば、三一年から四一年にかけて「三温」百斤の大阪市内卸値は八円一八三から一六円〇一七へと七円七三四騰貴したが、この間九円〇一二の増税がなされている。

(81) 朝日新聞社編『日本経済統計総観』（一九三〇年）一二一九頁。

(82) 前掲鉄道省運輸局『塩、砂糖、醤油、味噌ニ関スル調査』砂糖、三二頁。なお、河野信治『日本糖業発達史（消費篇）』（日本糖業史編纂所、一九三一年）七五－八一頁もみよ。

(83) 当時の砂糖引取商については、石井寛治『近代日本とイギリス資本』（東京大学出版会、一九八四年）二二〇－二二二、三三九六頁をみよ。

(84) 〔内務省〕勧農局・商務局『明治十三年綿糖共進会報告』第一号（明治一三年）第二表。

(85) 「明治六年大蔵省調、琉球藩雑記」によれば、砂糖産額は「五百万斤内外」（『沖縄県史』第一四巻、一九六五年、九八頁）、「河原田盛美、琉球備忘録」記載の明治八年一－一一月那覇港輸出入品概略によれば、黒糖輸出九九万六一八九貫余（＝約六二三万斤）（同上書、二一七頁）である。さらに、安良城盛昭『新・沖縄史論』（沖縄タイムス社、一九八〇年）二六五頁によれば、明治一二年の沖縄産糖高は一〇八〇万斤である。

(86) 二割としたのは、明確な根拠があるわけではない。明治一五年の大阪集散物資についての大阪商法会議所の調査（日本経営史研究所編『五代友厚伝記資料』第二巻、三九一頁以下）に、大阪から北海道、伊勢・尾張・三河、東京、出羽へ送られる黒白の和糖が一〇万四〇〇〇挺（＝一〇四〇万斤）あると報告されている事実を念頭におくと、大阪を経由しない直送分を無視しても最低一〇〇〇万斤は東日本へ送られたと考えてよいように思われる。

(87)　林玲子「幕末・維新期における大坂－江戸間の商品流通史料——木田家九店文書」(『流通経済大学論集』一四巻三号、一九八〇年)。
(88)　前掲石井『近代日本とイギリス資本』三九四－三九六頁。
(89)　大蔵省主税局『明治三十一年外国貿易概覧』は、同年の白砂糖輸入の増大理由の一つとして、「香港製糖家ハ独逸糖ト競争スルタメ該糖ニ類スル白糖ノ価格ヲ引下ケ得失ヲ顧ミスシテ売捌ヲ務メタルコト」(四八三頁) をあげている。
(90)　大蔵省主税局『明治四十二年外国貿易概覧』五二二頁。
(91)　前掲『影響』中巻、一一六八－一一六九頁。〔なお、表3－22の注記をここへ転記しておく。①生産のゴチック体の数値は精製糖工場によるもので、大日本製糖東京工場、同大阪工場、同大里工場 (福岡県)、明治製糖川崎工場、台湾製糖神戸工場の五工場である。関東、近畿、九州の「その他」には、東京・大阪・神戸・福岡の分が含まれる。②この年の台湾糖 (含糖蜜) の日本移出は二億五一六一万一〇〇〇斤、外国輸出は三四九四万七〇〇〇斤である。③工場ごとの原料使用高 (台湾産、外国産) は、大日本・東京工場 (一八三二万斤、二二八四万斤)、同・大阪工場 (一九四七万斤、二六八四万斤)、同・大里工場 (一一〇二万斤、六〇一二万斤)、明治・川崎工場 (三五〇七万斤、一六一五万斤)、台湾・神戸工場 (一〇三八万斤、一〇八七万斤) で、合計二億三一〇八万斤 (九四二七万斤、一億三六八一万斤) となる〕。
(92)　鉄道省運輸局『大正八年中鉄道輸送主要貨物数量表』(前掲『近代日本商品流通史資料』第一一巻、所収)。
(93)　前掲『影響』中巻、一一六九頁。
(94)　砂糖消費については、例えば黒糖消費の分析を手掛りに、その階層性を究明すべきであるが、ここでは果たしえなかった。
(95)　大内力『肥料の経済学』(法政大学出版局、一九五七年) などにみられる「多肥農業としての日本農業」という通説に対する、加用信文編『日本農業の肥料消費構造』(御茶の水書房、一九六四年) の批判をみよ。
(96)　海野福寿「農業生産力発展の特質について」(堀江英一・遠山茂樹編『自由民権期の研究』第四巻、有斐閣、一九五九年)。
(97)　『第五次農商務統計表』四三七頁の魚肥統計による。そこで鰊〆粕の生産高は二三〇〇万貫 (＝五七万五〇〇〇石) であり、表3－24よりかなり少ないが、同表には注記したとおり若干の重複計算がある。なお、この表のもとになる府県別データは、その他、村尾元長『北海道漁業志要』(明治三〇年)、北水協会編『北海道漁業志稿』(明治二三年稿、昭和一〇年刊)、北海道庁ほか編『北海道漁業史』(一九五七年) にも掲載されているが、いずれも誤植が多く合計が合わない。
(98)　詳しくは、前掲海野「農業生産力発展の特質について」をみよ。

(99) 明治一〇年代初頭については、開拓使『三府四県采覧報文』(明治一二年印刷、前掲『近代日本商品流通史資料』第一巻所収)三一四―三一七、三三一―三三四頁をみよ。
(100) 『大阪府誌』第一編(明治三五年)五九二―五九四頁。「北海道其の他各国産肥料」に関する統計である。
(101) 荒居英次『近世日本漁村史の研究』(新生社、一九六三年)五二九―五三〇頁。なお、江戸時代の肥料については、戸谷敏之『徳川時代に於ける農業経営の諸類型』(アチック・ミューゼアム、一九四一年)、古島敏雄『日本農業技術史』(時潮社、一九四七・四九年、『古島敏雄著作集』第六巻、東京大学出版会、一九七五年、所収)などに詳しい。
(102) 前掲『北海道漁業史』一三〇―一三一頁。
(103) 前掲山口『明治前期経済の分析』二八頁。なお前掲表3―2の魚肥産額もみよ。加賀藩領砺波郡の場合、天保期から嘉永期にかけて鰯肥料と鰊肥料の消費比率が、六対四から四対六へと逆転したという(『富山県史』通史編Ⅳ近世下、一九八三年、三〇六頁)。他地域より早目の逆転であろう。
(104) 『第五次農商務統計表』四三三―四三七頁。
(105) 山口和雄『九十九里旧地曳網漁業』(アチック・ミューゼアム彙報第一二、一九三七年、日本常民文化研究所編『日本常民生活資料叢書』第一二巻、三一書房、一九七三年、所収)二八四頁。
(106) 開拓使『西南諸港報告書』(明治一五年、前掲『近代日本商品流通史資料』第二巻、所収)三八頁。
(107) 前掲山口『九十九里旧地曳網漁業』も先の引用文の次の頁で、明治一九年の千葉県水産集談会における発言から、阿波国は「維新ノ際ヨリ北海道産鯡搾粕ヲ購求シ、漸次其額ヲ増加シ方今ノ如キハ関東産ハ其跡ヲ絶ツ」という部分を紹介している。理由は価格差にあったという。
(108) 和歌山県内務部『和歌山県農事調査書』(大橋博編『明治中期産業運動資料』第九巻(一)、日本経済評論社、一九八〇年、所収)中、五四頁。調査時点は解題(高嶋雅明)による。
(109) 東京都編『東京市史稿』市街篇第五十七(一九六五年)四七三頁。
(110) 前掲『五代友厚伝記資料』第二巻、四二八―四二九頁。一俵の重量換算は宇和・佐伯の鰯粕・干鰯について一六貫余とあるのを用いた。
(111) 前掲『北海道漁業史』第一編第三章「場所請負制度」、海保嶺夫「北海道の『開拓』と経営」(『岩波講座日本歴史　近代3』、一九七六年)参照。

(112) 前掲『北海道漁業史』二四三頁による。
(113) 「大阪肥料商の過去及現在（広海二一郎氏の談話に拠る）」（『大阪銀行通信録』三九・四〇号、明治三四年）。
(114) 遠藤大三郎『穀肥商売之回顧』（一九二八年）九八－九九頁。
(115) 大蔵省『開拓使事業報告』第三篇（明治一八年）八八一頁。「汽船が主に活躍したのは太平洋岸の東廻り航路であった」（前掲荒居『近世日本漁業史の研究』五五二頁）。
(116) 前掲遠藤『穀肥商売之回顧』九〇頁。
(117) 先にも引用した明治一九年千葉県水産集談会の発言は「濃尾ノ地ハ従来関東肥料ノ一大華主ナリシカ、敦賀ヨリ大垣間ニ鉄道敷設以来、従来運輸ノ景況ヲ変シ、方今ニ至リテ北海道産ノ搾糟ハ漸次敦賀ヨリ濃尾ノ地方ニ侵入シテ、該地需用者ノ信用ヲ博シ、益其多キヲ加ントスルノ景況ニ立至レリ」と述べている（前掲山口『九十九里旧地曳網漁業』二八六頁）。
(118) 明治二六年に名古屋の肥料市場を調査した村尾元長は、「尾、参、勢地方の肥料商業、従来其供給を東京の肥料問屋に仰きたりしも、近時半田、亀崎等の同商等大に振ふて北海道産地に臨み、而して直接に供給を得るに至り、又北海道産地の肥料出産人等は、其需用地なる尾、参地方に直輸入するに至り、随つて東京肥料問屋の手を経るもの、自ら減少し其商勢亦一変す」という新聞報道を引いて、「実に然り……中国四国の大阪、玉島肥料商に於る亦同し」（村尾元長『鰊肥料概要』明治二八年、四七－四八頁）と記している。
(119) 明治三〇年一一月の水産諮問会席上での東京海産物問屋室伏治郎兵衛の発言（大日本水産会・大日本塩業協会編『水産諮問会紀事』明治三一年）。
(120) 前掲広海談話（『大阪銀行通信録』三九・四〇号）。数量的には大阪市役所『明治三十三年大阪市輸出入貨物調査書』（前掲『近代日本商品流通史資料』第八巻、所収）によって裏付けることができるが、ここでは省略した。
(121) 群馬県史編さん委員会編『群馬県史』資料編18（一九七八年）二九八頁。
(122) 前掲『明治中期産業運動資料』第七巻（三）（一九七九年）五二頁。
(123) 長野県農会『桑園経済調査資料』二（明治三九年）三三頁。
(124) 福島県農事調査には、信夫伊達地方の桑園に鰯粕が使われていること、道路開鑿鉄道開通により磐城・越後地方だけでなく北海道・東京方面からも魚肥が購求されるように変わったとある（前掲『明治中期産業運動資料』第三巻（二）、三三、一九九頁）。

(125) 以上、農商務省農務局『本邦農業経済事情』(大正二年)による。
(126) 過燐酸石灰は、東京人造肥料(明治二〇年設立)がトラスト化した大日本人造肥料(明治四三年)の東京・大阪工場が中心となって国内自給を達成しているが、硫安と石灰窒素は日本窒素肥料の水俣工場での生産が明治四三年にようやく開始された。しかし、ここでは化学肥料の流通は扱いえない。
(127) 大蔵省主税局『明治二十五年外国貿易概覧』四四〇頁。
(128) 同『明治二十七年外国貿易概覧』四八四頁。
(129) 同『明治三十年外国貿易概覧』四七三頁。
(130) 前掲『影響』中巻、六三三頁。
(131) この格差は大正後期に至るまで基本的に変わらなかった(石井寛治「産業・市場構造」、大石嘉一郎「『日本帝国主義史1』東京大学出版会、一九八五年)。
(132) 前掲大内『肥料の経済学』四二頁。そこでは昭和一一年度『農家経済調査』の数値による実証が試みられているが、経営規模の差や水田比率の差、あるいは地域による格差をどう処理したか不明である。
(133) 調査を行った斎藤技師も、この統計について、「自作農と小作地との生産力は、関西・東北共自作地の方多きを例とすれども、関西地方に於ては其差額稍々大なるが如く、平均百分の五内外を示せり、肥培其他に至ても両者の間に相違あるや明かなる事実」だと指摘している(斎藤万吉『実地調査日本農事の経済的変遷』青史社復刻版、一九七五年、一九八頁)。
(134) 隅谷三喜男『日本石炭産業分析』(岩波書店、一九六八年)三三五頁。
(135) 荻野喜弘「日本石炭産業における独占の形成過程」(『西南地域史研究』第一輯、一九七七年)。ただし、この主張の根拠は若干の推定を含んでいる。この時期の石炭流通市場については、春日豊「三井財閥における石炭業の発展構造」(『三井文庫論叢』一一号、一九七七年)がもっとも詳しい。
(136) 前掲石井『日本経済史』一七二頁。
(137) 今津健治「明治期の工場用石炭消費量について」(秀村選三ほか編『近代経済の歴史的基盤』ミネルヴァ書房、一九七七年)。
(138) 高野江基太郎『日本炭礦誌』(明治四一年)一二五–一二九頁。前掲『影響』中巻、八一五–八一六頁。
(139) 以下、山野好恭・岡田武雄編著『常磐炭礦誌』(帝国新報社、大正五年)三七–八三頁による。

(140) ただし、内務省土木局『大日本帝国港湾統計』の神戸港石炭輸入先として宇部二億一七八八万斤（一三万トン）、大阪港石炭輸入先として本山二三万四四八二トンがある。山陽本線とは若干離れているためか鉄道の利用もなく、昭和初年においても、「山口炭ノ積出港ハ宇部ニシテ一ケ年ノ積出量八百三十万噸、主ナル仕向地ハ瀬戸内海沿岸、阪神、京浜方面ナリ」と報告されている（商工省商務局『商取引組織及系統ニ関スル調査（石炭）』昭和四年、前掲『近代日本商品流通史資料』第一三巻所収、一一－一二頁）。
(141) 俵田明編『宇部産業史』（渡辺翁記念文化協会、一九五三年）一三一－一三六頁。
(142) 前掲『影響』中巻、七八〇頁。
(143) 同右書、八一九頁。
(144) 前掲隅谷『日本石炭産業分析』三五七頁、前掲『影響』中巻、八〇六－八一〇頁。
(145) 前掲高野江『日本炭礦誌』三九一－四二八頁参照。例えば、高島炭坑については、「販路は主として長崎、横浜両港に於て、遠洋航路の諸外国汽船に供給し、其他優等『コークス』製造の原料として、若松製鉄所、大阪製銅場、同砲兵工廠、住友コークス製造所、大阪舎密会社、其他の需用を充せり」とある。
(146) 表3－28より算出。
(147) 『第二十九次農商務統計表』による。『八幡製鉄所五十年誌』（一九五〇年）二二六頁によれば、原料炭を含む大正元年石炭消費は約六六万トン（うち輸入炭約八万トン）である。
(148) 商工調査会『東京に於ける石炭市場概要』（大正三年、滝本誠一・向井鹿松編『日本産業資料大系』第九巻、中外商業新報社、一九二七年、所収）による。
(149) 同右書、三七二－三七九頁。
(150) 同右書、三六八、三八〇－三八二、三九〇－三九一頁。この調査報告は、「九州炭の積出港より横浜迄の輸入費と横浜より東京消費地迄の配送費とは殆んど伯仲する」事実に注目し、東京港築造により大幅なコストダウンが実現すると述べている。汽船運賃そのものの低下の意義も重要だが（安場保吉「明治期海運における運賃と生産性」、新保博・安場保吉『近代移行期の日本経済』日本経済新聞社、一九七九年）、山元から工場までの全運賃がさらに問題とされる必要があろう。
(151) 前掲『大日本帝国港湾統計』による。なお、大阪市役所庶務部『明治三十三年大阪市輸出入貨物調査書』（前掲『近代日本商品流通史資料』第八巻所収）によれば、同市へ国内から入る石炭五五万トンのうち、九州炭が四〇万トン、長門炭（＝宇部炭)が一五万トンを占めていた。
(152) 翌大正二年の大阪市石炭消費調(前掲『影響』中巻、七九六頁)によれば、合計一三二万トンのうち、工業用六〇万トン、船舶用五八万トン、鉄道用七万トン、湯屋用・水道用各三万トンという具合であった。
(153) 大正元年の若松－大阪間海上輸送の八一%が和船積であった(前掲『影響』中巻、七九六頁)。昭和二年においても、若松港積出炭の三八%が帆船、二一%が被曳船積で、合計すると、汽船積の四一%を上回っている(前掲『商取引組織及系統ニ関スル調査(石炭)』四六－四七頁)。
(154) 前掲『影響』中巻、七九四－七九五頁。
(155) 前掲『東京に於ける石炭市場概要』三八二－三八六頁。
(156) 日本銀行調査局『筑豊石炭調査』(大正六年)五一頁。
(157) 例えば、前掲『東京に於ける石炭市場概要』三八〇、三八二頁参照。
(158) 中尾善之助「石炭」(『大阪銀行通信録』六二号、明治三五年一二月)。
(159) 東京についてであるが、前掲『東京に於ける石炭市場概要』三六四－三六六頁参照。
(160) 農商務省鉱山局『製鉄業ニ関スル参考資料(大正七年六月調査)』一八頁。備考として「本邦銑鉄消費高ハ輸入鋼鉄ヲ八〇－一〇〇トンノ割合ヲ以テ銑鉄ニ換算シ、之レヲ産出銑鉄ニ加ヘテ其総量ヲ全消費高ト仮定シテ推算シタルモノナリ」とある。同資料記載の銑鉄内地産額二二万八八二二トン(三ヵ年平均)に輸移出入差引二三万三〇八四トンを加え、鋼材輸移出入差引五二万五七二四トンを〇・八で除した六五万七一一五トンをさらに加えた一一一万九〇六〇トンを、人口五〇五八万で割ると二二・一キログラムになる。
(161) 一九一一－一三年平均の鋼材生産額は二二万二一三二トンであり、前注を考慮すると、銑鉄自給率は四九・五%、鋼材自給率は二九・七%となる。詳しくは、奈倉文二『日本鉄鋼業史の研究』(近藤出版社、一九八四年)、前掲大石編『日本帝国主義史1』第五章(村上勝彦執筆)などをみよ。
(162) 小島精一『日本鉄鋼史(明治篇)』(千倉書房、一九四五年)。
(163) 同右書、四一五頁。
(164) 同右書、四〇三－四〇九頁では、製鉄業調査会による輸入機械類使用鉄鋼材推定表と機械輸入額・国産額を用いており、その際「国内生産額は明治末二千数百万円以上と推定され、輸入と相半するに至ってゐる」という土屋喬雄『続日本経済史概要』（岩波書店、一九三九年）一二五一頁の叙述を利用しているが、この叙述は、農商務省工務局『主要工業概覧』（生産調査会、明治四五年）三六二頁の叙述に依拠しており、後者の「機械類ノ製産額」についての叙述は明らかに『工場統計表』の数値である。

(165) 大蔵省主税局『大正元年外国貿易概覧』六一一頁。

(166) 小島前掲書、四一〇頁。

(167) 八幡製品の輸送ルートは本表ではあまりわからないが、やや後の大正六年当時については、「製品ノ輸送約三分ノ一ハ鉄道輸送ニテ残リハ皆海運ニ依ル、而シテ海運ニ依ルモノハ全部八幡市日本郵船代理店栃木商店之ヲ取扱フ」とされ、「製品運搬ノ定期船」として、「製鉄所所有船広南丸、吉林丸、主トシテ横浜行、栃木所有船第一及第二八幡丸、犬島丸、主トシテ大阪行、其の他呉等ニ運搬スルモノハ帆船ノ便ニ依ル」と報告されている（三井物産株式会社大連支店『製鉄、鋼事情視察報告』大正六年一二月、六〇－六一頁）。

(168) 同右書、七七頁。

(169) 同右書、五八頁。

(170) 全国鉄鋼問屋組合編『日本鉄鋼販売史』（一九五八年）三一－三二、三七頁。

(171) 前掲『製鉄、鋼事情視察報告』五九－六〇、一五七頁。

(172) それに対応する東京への入荷は本表では過小に評価されている。

(173) 明治四二年の生産額は一五六四万円（全国の二三・八％）であり、一〇〇万円当たり約二〇〇〇トンの消費、大正元年の生産額二〇〇〇万円とみて、四万トンの消費になる。

(174) 例えば、福島県において、この当時盛んに発電所建設がなされていた点については、『福島県史』18（一九七〇年）一〇三七頁以下、同19（一九七一年）六三一頁をみよ。

(175) 大蔵省主税局『明治二十七年外国貿易概覧』には、板鉄が「製糸用ノ釜」（五二四頁）に用いられ、筒鉄及管鉄の輸入増加の一因が「製糸機械ノ湯通シニ鉄管ヲ用ユルコト増加」したことにあり、「製糸室用ハ重ニ信州ニ於テ之ヲ使用」（五二七頁）した、という指摘がある。同様な指摘は他の年次にもしばしばみられる。

(176) 長岡が工作機械工業の一つの中心になってゆく点については、沢井実「第一次大戦前後における日本工作機械工業の本格的展開」（『社会経済史学』四七巻二号、一九八一年、〔のち、沢井実『マザーマシンの夢――日本工作機械工業史』名古屋大学出版会、二〇一三年、所収〉）参照。

(177)　大阪港のデータでは、入荷のほとんどが神戸からであり、それに対応する神戸港の出荷が本表では過小に表示されている。

(178)　大阪市役所港湾部編『大正二年大阪港勢一斑』（前掲『近代日本商品流通史資料』第八巻所収）によれば、「鉄材」の到着二七万六六一五トン（うち鉄道四六二七トン）、発送一六万二〇四九トン（同三万五一三四トン）に対し、「金属材」の到着八万一二五五トン（同二万三四〇九トン）、発送六万二五三一トン（同一万二五〇二トン）であった。

(179)　明治四二年の生産額は一五〇七万円（全国の二二・九％）であるが、うち八八八万円は金属製品である。

(180)　明治四二年の兵庫県機械器具工業産額は一一一一万円（全国の一六・九％）と、神奈川県の二八〇万円（同四・三％）を大きく上回るが、その中心は造船業八五〇万円であり、長崎四六六万円、大阪一八八万円、神奈川一〇〇万円を大きく引き離し、全国一六七九万円の五〇・六％を占めていた。

(181)　やや後年のデータであるが、鉄道省運輸局『大正八年中鉄道輸送主要貨物数量表』（前掲『近代日本商品流通史資料』第一一巻所収）による。

(182)　『名古屋商業会議所統計年報　大正二年』（前掲『近代日本商品流通史資料』第六巻、所収）による。

(183)　商工社編『日本全国商工人名録』（明治四一年）による。岡谷惣助店については、とりあえず、岡戸武平『鉄一筋――岡谷鋼機三百年の歩み』（中部経済新聞社、一九六八年）を参照せよ。

(184)　明治四二年の愛知県機械器具工業生産額は二三二万円であった。

(185)　前掲小島『日本鉄鋼史（明治篇）』七九頁。

(186)　江戸時代の和鉄の需要は釘と農具の製造用が大きかったといわれるが、城下町建設とそこへの農村鍛冶の強制的集中により、農村内部での農具生産が困難になるという歴史的事情が農具の発展を制約したようであり、そうした負の遺産は近代日本農業へも何らかの影響を及ぼしているはずである。〔近代日本の民需向けの機械器具工業に関する研究は、鈴木淳『明治の機械工業――その生成と展開』（ミネルヴァ書房、一九九六年）をはじめとし、『日本鉄道車輌工業史』（日本経済評論社、一九九八年）から前掲『マザーマシンの夢』に至る沢井実の精力的な研究、さらに海外史料まで分析した中村尚史『海をわたる機関車――近代日本の鉄道発展とグローバル化』（吉川弘文館、二〇一六年）などによって大きく前進したが、農具に関する研究は依然としてあまり進んでいないように思われる〕。

(187)　山崎隆三編『現代日本経済史』（有斐閣、一九八五年）は、「戦前の「入超＝外資依存＝金融的従属」構造は、戦時段階を

媒介として、戦後高度成長期における「出張＝資本輸出」構造へ転化する」(はしがき ii)という壮大な仮説的枠組を提示している。この枠組の有効性については若干の疑問があるが、「入超構造」がいかにして必然化されるかを市場面から追求することは、国内市場史研究の重要な課題であると言えよう。

(188) 石井寛治「織物集散地と集散地問屋の概況」(前掲『日本産業金融史研究　織物金融篇』、所収)は、大阪の地位が低下することへの評価が欠けていた。この点については、高村直助「解題『東京市貨物集散調査書』」(前掲『近代日本商品流通史資料』第七巻)、同「解題『明治三十三年大阪市輸出入貨物調査書』『名古屋市貨物集散概況』」(同八巻)を参照されたい。

(189) この新しい流れを支えた信用関係については、石井寛治「引取商との国内為替取引」(丁吟史研究会編『変革期の商人資本』吉川弘文館、一九八四年、所収〔のち、石井寛治『近代日本金融史序説』東京大学出版会、一九九九年、へ収録〕)をみよ。

(190) 前掲『日本産業金融史研究　織物金融篇』第一章参照。鉄鋼問屋については、大阪の岸本吉右衛門商店の岸本喆叟(明治二〇年生)が、回顧談のなかで、「大阪の鉄問屋は一種の金融機関であった。全国各地の鉄屋さんへ全くの信用取引で鉄材を売り込む。地方により年内数回、番頭さんが集金と新規注文取を目的に出張する。だから貸金のような然かも無利息の貸金の一種で集金に出張する番頭さんも、半分払って貰えるやら、一寸都合が悪いと何分の一より貰えないか新規の注文を獲得するという仕事とにらみ合わせての仕事だから、相当の腕と頭の働き経験等が必要であり、滞貸が大きくなれば其回収方法の上手下手も責任者担当者として自己の地位の上下にも関する重大問題である」(岸本喆叟『鉄屋のぼんち』一九五九年、一七九—一八〇頁)と記している。

(191) 〔このように結論部分で日本の流通機構の「複雑さ」を指摘したところ、その中身が何であり、なぜそのような複雑さが見られるのかという批判を受けた(中西聡・中村尚史編著『商品流通の近代史』日本経済評論社、二〇〇三年、一二頁)。従来も指摘されてきた近代日本の流通機構の多様性と卸商の多段階性を念頭において「複雑さ」と称しただけであったので、当然の批判といえよう。多段階性は、近世社会において全国に散在する零細生産者と各種消費者を、産地問屋・三都集散地問屋・消費地問屋を介して結びつける過程で生じたものであり、近代初期の問屋主導の流通機構は近世に構築された多様で豊かな消費生活を支える流通機構の役割を継承するもので、必ずしも経済の後進性を示すものではなく、むしろ多様な消費を支える合理的機構であったことを、石井寛治『日本流通史』(有斐閣、二〇〇三年)では論じたが、小売段階の叙述が乏しいという批判を受け、若手の批判者たちと共同で、石井寛治編『近代日本流通史』(東京堂出版、二〇〇五年)を編纂した。そこでは、問屋優位の流通が一九二〇年恐慌を画期に分野によっては大きく崩れはじめ、大規模化するメーカー優位の流通に変化した上で、さらに石油危機以降は、大規模小売商が主導する流通に再変化するという三段階の時期区分を設定した。もちろん多様性のなかでの時期区分であるから、分野による違いがあるが、全体としてはメーカーと小売商の大規模化に伴い日本の流通機構の多段階性はしだいに解消しつつあるといえよう」。

第四章　織物集散地と織物問屋のランキング

本章は、山口和雄編著『日本産業金融史研究　織物金融篇』（東京大学出版会、一九七四年）第一章「集散地の織物問屋と金融」の第一節として執筆した「織物集散地と集散地問屋の概況」を採録した。同書の中で比較的よく引用・利用され、とくに主要織物問屋の活動規模を営業税によって示したランキング表は役に立つからである。[1]その意味で、表題を「織物集散地と織物問屋のランキング」とした。本論文は、産業金融史研究会が製糸・紡績・織物の三部作完結後、商品流通史研究会へ移行する媒体となった。問屋の開業年次でその後判明したものを追加し[2]、営業税からの売上金額の推定方法を注(21)のように改め、それぞれの推定売上金額を下方修正したほかは、〔　〕で示した修正を施しただけで、基本論旨は原論文と変わらない。

一　織物集散地の実態

はじめに、織物の国内流通において全国的な意味での中央集散地となっている場所を検出しよう。表4－1は、一九一二（大正元）年段階における綿布・絹布の国鉄輸送の概略を示したものである。私鉄・船舶による輸送分が欠落し、国鉄中小駅のデータも欠けているとはいえ、鉄道国有化が完了し、鉄道の普及による水運の衰微が相当進んだ段階であることを考えると、同表は綿布・絹布の全国的流通の基本構造を示しているとみてよい。

表 4-1　綿布・絹布の国内流通（国鉄・1912 年）

輸送量（ton 以上）		発送			到着			
綿布	40,000 t	東京 4						
	30,000 t				大阪 4			
	20,000 t	大阪 4			東京 4			
	10,000 t	愛知 7	京都 2	和歌山 2				
	5,000 t	三重 3	栃木 3	兵庫 3	京都 1	愛知 3	兵庫 3	
		静岡 3	岡山 4					
	2,000 t	奈良 5	広島 2	岐阜 2	神奈川 3	新潟 5	栃木 4	和歌山 1
					青森 3	富山 2		
	1,000 t	群馬 1	埼玉 2	新潟 2	広島 3	宮城 1	岡山 2	秋田 3
		北海道 2	富山 1	神奈川 1	静岡 2	山形 3	長野 2	群馬 2
					福島 3			
絹布	4,000 t	京都 4						
	2,000 t				京都 3			
	1,000 t	福井 1			東京 3	神奈川 1	大阪 2	
	500 t	東京 3	石川 3					
	300 t	群馬 3	新潟 4					
	200 t	大阪 1	福島 2	岐阜 1	愛知 1	福岡 2	兵庫 2	福井 1
	100 t	埼玉 1	山形 2	神奈川 1	石川 1	岡山 1		

出典）鉄道院『本邦鉄道の社会及経済に及ぼせる影響』(1916 年).
備考）綿布は年間 300 t 以上の駅，絹布は同 50 t 以上の駅を集計．数値は駅数.

まず綿布流通においては、東京と大阪が抜群の集散量を記録し、二大集散地を形成している。東京四駅へは汐留＝新橋（二万三八五八トン）を中心に計二万九七一五トンの綿布が到着し、秋葉原（二万八五五八トン）以下四駅から計四万一七四トンが発送されており、大阪四駅へは、湊町（一万四九七九トン）・大阪（一万三四一六トン）を中心に計三万二九七〇トンが到着し、大阪（二万二一一三トン）以下四駅から計二万六〇七二トンが発送されている。以上の数値による限り、大阪の集散量は東京のそれにやや劣っているが、実際には、私鉄ならびに船舶による輸送を加えると、大阪の集散量は外国貿易を除いても東京のそれを大きく上回っており（後述）、綿織物の最大の集散地としての大阪の地位は、この段階においても揺らいでいない。

これらに続くのが、愛知（発送一万九二五二トン・到着七九六一トン）と京都（発送一万三五六〇トン・到着八二二五トン）であるが、いずれの集散量も東京・大阪のそれの半分以下にすぎない。愛知県からの発送量が到着量の二倍以上であることは、同県の綿織物産地としての性格をよく示しているが、発送駅は名古屋（九九一四トン）のほかに半田（四八八四トン）・亀崎・岡崎・蒲郡・一宮・千種と多数にわたっている。名古屋の地位は地方的には有力であるとはいえ、同地が全国的な中央集散地として台頭するのは、関東大震災以降のことである(3)。

つぎに、絹布流通においては、京都の地位の圧倒的な高さが注目される。京都の絹布集散量（発送五六五一トン・到着三三四七トン）(4)は、京都を除く発送・到着各二〇〇トン以上府県の発送・到着量総計にほぼ匹敵する巨大さなのである。この点に対しては、桐生を含む群馬県の発送量がわずか四二二トンにすぎない事実などから(5)、資料上の制約が指摘される必要があろう。だが、そうした点を考慮した上でも、絹織物の国内流通に占める京都の決定的地位は、この段階においてもとうてい否定しがたいといわなければなるまい。

東京・大阪は絹布に関しては、集散地である以上に、むしろ消費地としての性格が濃いというべきであろう。なお、発送地としての福井・石川と到着地としての神奈川＝横浜が結びついていることは改めて説明するまでもない。輸出品生産地と輸出港とが、綿布の場合と対照的に、遠く離れていることが、かかる数値を表4－1に載せたのであり、これらは、国内市場をめぐる流通とは区別して扱われねばならない(6)。

以上の検討により、一九一二年段階において、東京・大阪・京都が織物流通の全国的な中央集散地としての地位を占め、名古屋が有力な地方集散地として発展しつつあることが明らかとなった。そこで、各集散地のあり方を、別の資料によって、やや立ち入って分析するが、京都については第二章〔西陣織物業と金融〕の分析があるのでここでは省略したい。

東京については、一九一二年以降の東京市による調査しか今のところ見当たらないので、表4－2により一九一二－一四年の状況を検討しよう。織物関係品の集散の六割前後が鉄道によっており、水運の比重は著しく低下していることがまず明らかである。水運の多くは外国貿易関係であるから、国内流通の圧倒的部分が、鉄道に依存していたこ

表4-2　東京市における織物関係品の集散　（トン）

内訳		1912年 発送	1912年 到着	1913年 発送	1913年 到着	1914年 発送	1914年 到着
水運	海路			20,830	40,913	18,566	46,637
	河川			3,449	378	478	32
	「内国」	8,812	8,510	10,294	7,754	7,356	10,666
	外国	11,814	25,793	13,985	33,537	11,688	36,003
	計	20,626	34,303	24,279	41,291	19,044	46,669
鉄道	繭	393	117			678	201
	綿	1,554	2,337	3,780	4,745	4,136	5,139
	綿糸	13,433	13,630	19,140	10,736	19,877	9,249
	綿織物	29,461	33,293	34,736	40,032	27,514	32,038
	毛糸			22	68		
	毛織物			1,525	1,822	2,474	1,264
	生糸	132	617	28	222	26	197
	絹織物	163	1,808	222	1,743	286	1,079
	麻・製品			179	1,056		
	計	45,136	51,802	59,632	60,424	54,991	49,167
合計		65,762	86,105	83,911	101,715	74,035	95,836
鉄道百分比		68.6	60.2	71.1	59.4	74.3	51.3

出典）『東京市統計年表』(1912)，『東京貨物集散調査書』(1913, 1914)．
備考）「内国」貿易には，朝鮮・台湾分が含まれている．

とになる。とくに河川による輸送は当時ほとんど消滅していることが留意さるべきであろう。そこで、鉄道による集散の品目別内訳をみると、綿糸・綿織物の比重が著しく高いことが判明する。単位重量当たりの価格差を考慮しても、この両者に及ぶ品目はない。したがって、東京における織物関係品の集散を検討する際には、綿糸・綿織物の動きに焦点が絞られねばならない。

では、東京を経由する織物関係品の集散の範囲は、どのような広がりと特徴をもっていたのであろうか。表4-3によって、一九一四年段階の状態を商品別に検討しよう。

①　綿糸　仕出地は近畿・東海・関東にほぼ限られ、大阪と静岡が圧倒的な比重を占めている。それら各地からの到着綿糸に、それを上回る量の東京市内生産にかかる綿糸が加わり、主として関東・奥羽・東海方面へ発送されている。とくに栃木・埼玉の両県が仕向地の中心をなしているといえよう。綿糸について東京は大阪・兵庫には及ばぬとはいえ、

表 4-3　東京市を通ずる織物関係品の集散範囲（1914 年）　（トン）

仕向地ないし仕出地		発送 綿糸 鉄道	発送 綿布 鉄道	発送 綿糸布 水運	発送 綿糸布 計	発送 絹布 鉄道	発送 毛織物 鉄道	到着 綿糸 鉄道	到着 綿布 鉄道	到着 綿糸布 水運	到着 綿糸布 計	到着 絹布 鉄道	到着 毛織物 鉄道
北海道		124	748	4,513	5,385	12	159	0	33	4	37	0	5
奥　羽		1,896	6,027	793	8,716	32	300	32	236	0	268	36	25
関　東		11,935	11,871	743	24,549	153	667	1,238	6,422	32	7,692	330	600
甲　信		599	1,772	0	2,371	11	49	59	96	0	155	32	0
東　海		3,387	1,081	67	4,535	12	152	4,191	11,103	434	15,728	33	82
近　畿		852	4,294	422	5,568	40	621	3,691	13,680	2,823	20,464	570	336
北　陸		700	1,029	0	1,729	15	356	0	244	0	244	67	3
中　国		6	119	62	187	8	69	38	169	438	645	3	213
四　国		0	3	0	3	0	1	0	3	0	3	0	0
九　州		2	119	23	144	3	29	0	52	0	52	8	0
その他		376	451	609	1,436	0	71	0	0	0	0	0	0
合　計		19,877	27,514	7,232	54,623	286	2,474	9,249	32,038	3,731	45,018	1,079	1,264
奥羽	青森	207	713	0	920	5	51	0	17	0	17	0	0
	岩手	227	648	451	1,326	3	31	0	13	0	13	0	0
	宮城	431	1,459	342	2,232	7	75	1	58	0	59	4	4
	秋田	287	703	0	990	4	36	1	19	0	20	1	0
	山形	242	821	0	1,063	5	36	28	28	0	56	19	0
	福島	502	1,683	0	2,185	6	71	2	101	0	103	12	21
関東	群馬	1,250	1,568	0	2,818	35	34	187	1,229	0	1,416	62	40
	栃木	3,953	1,789	12	5,754	21	44	358	1,387	6	1,751	10	29
	茨城	718	1,620	192	2,350	10	52	3	143	10	156	5	1
	千葉	739	1,345	341	2,425	14	14	49	117	11	177	4	0
	埼玉	3,513	2,311	126	5,950	42	20	185	2,542	5	2,732	77	39
	東京市	14	59	0	73	0	20	1	15	0	16	0	19
	東京郡部	845	470	49	1,364	10	27	6	597	0	603	158	0
	神奈川	903	2,709	23	3,635	21	456	449	392	0	841	14	472
甲信	山梨	134	678	0	812	6	12	49	31	0	80	25	0
	長野	465	1,094	0	1,559	5	37	10	65	0	75	7	0
東海	岐阜	1	7	0	8	0	49	3	2	0	5	2	56
	静岡	1,825	595	0	2,420	9	33	3,561	1,864	0	5,425	22	3
	愛知	1,429	452	67	1,948	3	63	565	8,497	411	9,473	9	22
	三重	132	27	0	159	0	7	62	740	23	825	0	1
近畿	滋賀	19	35	0	54	0	0	8	29	0	37	2	0
	京都	76	1,104	0	1,180	34	20	80	2,456	0	2,536	406	42
	大阪	757	3,131	422	4,310	6	599	3,587	7,328	2,823	13,738	161	294
	奈良	0	14	0	14	0	1	2	64	0	66	0	0
	和歌山	0	10	0	10	0	1	14	3,803	0	3,817	1	0

出典）東京市役所庶務課『東京貨物集散調査書』（1914 年度）.
備考）「その他」は朝鮮および「南満州」. 兵庫県はここでは中国地方に分類されている. 樺太の数値はここでは北海道に合算されている.

愛知・岡山に比肩しうる生産地であり、おもに大阪からの供給に補充されつつ、東日本全域に販路を広げていたのである。

②　綿布　仕出地は綿糸と同じ近畿・東海・関東に限られているが、府県名は綿糸の場合より多様である。大阪と愛知が抜群の地位を占めるが、和歌山・埼玉・京都・静岡・栃木・群馬からの入荷もかなりの量にのぼっている。入荷綿布の一部は東京市内で消費されるけれども、多くは関東・奥羽・北海道・甲信方面へと仕向けられる。大阪へ向けられるものの多くは特殊な加工綿布であろう。端的にいえば、東京は、おもに近畿・東海方面から集めた綿布を東日本全域に販売する集散地であった。

③　絹布　仕出地は近畿（京都・大阪）と関東（東京郡部・埼玉・群馬）であり、入荷量の大部分が消費され、一部が埼玉・群馬など近県へ販売されている。奥羽・北海道方面への販売が少ないことは、おそらく同方面での絹布消費の少なさを反映しているのであろう。このように絹布については、東京は集散地であるよりもそれ自体が大消費地＝大集中地なのである。

④　毛織物　発送量が到着量を著しく上回っているのは、東京市における毛織物生産（全国生産のほぼ二分の一）の結果であり、この点綿糸の場合と似ている。市内生産品に神奈川＝横浜、大阪、兵庫（二一〇トン）＝神戸からの入荷品を加えて、大阪・神奈川および東日本全域へと販売している。

以上の商品別検討をやや強引に要約すれば、東京は、近畿・東海・関東方面から入荷した商品を関東以北を中心とする東日本全域に販売する集散地であった、ということになろう。

大阪については、一九〇〇年と一九一二年の状況を検討しよう。

表4－4によれば、一九〇〇年当時の大阪市における織物関係品の集散の六割近くが水運によっており、鉄道の比重が低いことが判明する。これは、鉄道の未発達によるよりも、むしろ東京と異なる大阪の特質を示すものとみるべ

表 4-4　大阪市における織物関係品の集散（1900 年）　（トン，千円）

内訳	移輸出				移輸入				計	
	水運	汽車	計	概価	水運	汽車	計	概価	概価	百分比
実綿	841	13,861	14,703	622	26,079	625	26,704	782	1,404	0.8
繰綿	20,359	18,316	38,675	6,888	183,367	2,629	185,997	28,618	35,506	19.7
綿糸	58,535	74,194	132,730	22,580	10,292	58,980	69,272	12,645	35,225	19.5
綿織物	67,483	34,979	102,462	34,017	26,995	58,631	85,626	31,198	65,215	36.1
繭	46	1,670	1,716	230	836	534	1,371	175	405	0.2
生糸	45	370	416	2,293	253	240	494	2,501	4,794	2.7
真綿	87	2	90	257	10	74	84	429	686	0.4
絹織物	3,193	537	3,731	8,247	3,326	1,260	4,586	10,174	18,421	10.2
麻苧	2,500	2,053	4,553	767	11,855	979	12,835	1,951	2,718	1.5
麻織物	179	112	292	900	557	540	1,097	470	1,370	0.8
毛糸類	1,549	168	1,718	833	566	885	1,451	535	1,368	0.8
毛織物	4,652	3,817	8,470	6,046	419	19,865	20,285	7,340	13,386	7.4
計	159,476	150,086	309,562	83,686	264,559	145,248	409,808	96,824	180,510	100.0

出典）大阪市役所『明治三十三年大阪市輸出入貨物調査書』により作成.

きであろう（後述）。集散品目の中では、綿花・綿糸・綿織物が合計七六％（金額）を占めて圧倒的な地位にあり、絹織物・毛織物がそれらに続いている。

そこで、まず大阪を経由する綿糸・綿織物の集散の範囲を表4－5によってみよう。

①　綿糸　大阪市はわが国最大の綿糸生産地であるが、それに神戸港からの輸入綿糸と、近傍の和泉・摂津・備中などの紡績工場からの移入綿糸が加わり、神戸港・大阪港から輸出されると同時に、東日本の集散地東京と尾張・和泉・紀伊・伊予をはじめとする西日本の主要綿織物業地へもれなく出荷されている。もっとも、近畿・四国方面への出荷に較べると中国・九州方面への出荷が少ない事実も留意さるべきであろう。東海・甲信方面以東の東日本へは、名古屋・東京を介してつながりをもつにとどまり、大阪の綿糸問屋が直接に押さえている販路は、北陸・近畿以西の西日本にほぼ限られていたといってよい。

②　綿織物　大阪から綿糸を供給した主要綿織物業地と集散地から、大量の綿織物が大阪へと集中されている。大阪市内での生産もかなり多いが、おそらく輸出向けのものが中心であろう。国内出荷先の第一は東京であり、それに山城・北海道・豊前が続き、販路

表 4-5　大阪市を通ずる綿糸・綿織物の集散範囲（1900 年）　（トン）

仕向地ないし仕出地		綿糸 出荷	綿糸 入荷	綿織物 出荷	綿織物 入荷
	北海道	271	0	4,423	0
	奥　羽	433	0	2,434	21
	関　東	18,673	1,961	17,709	11,302
	甲　信	859	0	176	0
	東　海	18,113	3,692	4,419	8,293
	近　畿	35,588	18,674	11,925	38,322
	北　陸	7,728	1,494	4,502	140
	中　国	25,692	41,348	6,960	10,800
	四　国	10,937	1,160	6,337	13,928
	九　州	2,926	890	8,233	2,773
	台　湾	162	0	809	13
	外　国	8,313	26	34,506	6
	合　計	132,730	69,272	102,462	85,626
奥羽	陸奥	76	0	1,917	21
奥羽	陸前	45	0	32	0
奥羽	羽後	277	0	445	0
奥羽	羽前	35	0	40	0
関東	上野	0	171	10	899
関東	下野	796	38	18	2,610
関東	常陸	0	0	13	0
関東	武蔵	17,877	1,752	17,491	7,792
関東	（東京）	17,857	1,294	17,334	7,020
関東	相模	0	0	177	1
甲信	信濃	859	0	176	0
東海	美濃	39	11	122	223
東海	伊豆	0	22	0	0
東海	駿河	889	0	843	7
東海	遠江	233	3	15	20
東海	三河	163	81	50	53
東海	尾張	16,137	2,003	2,839	7,833
東海	伊勢	516	1,571	354	147
東海	伊賀	134	1	192	10
東海	志摩	2	0	4	0
近畿	近江	1,120	88	456	66
近畿	山城	4,713	1,172	5,226	8,483
近畿	丹波	780	47	638	125
近畿	丹後	0	0	2	0
近畿	河内	2,853	3,933	352	342
近畿	和泉	13,079	8,233	1,212	11,544

仕向地ないし仕出地		綿糸 出荷	綿糸 入荷	綿織物 出荷	綿織物 入荷
	大和	4,111	3,986	1,299	5,625
	紀伊	11,932	1,215	2,740	12,137
北陸	佐渡	22	0	21	0
北陸	越後	3,420	0	1,398	10
北陸	越中	1,915	1,491	1,200	78
北陸	加賀	1,185	0	873	16
北陸	越前	1,186	3	889	36
北陸	若狭	0	0	121	0
中国	淡路	355	3,748	368	75
中国	摂津	20,749	24,922	1,922	6,119
中国	（神戸）	20,349	19,126	1,722	5,620
中国	播磨	1,081	2,591	1,695	1,925
中国	但馬	8	0	4	0
中国	因幡	27	0	3	0
中国	伯耆	116	2	258	342
中国	出雲	21	10	135	12
中国	岩見	162	0	258	4
中国	美作	0	0	0	11
中国	備前	1,182	2,077	217	739
中国	備中	70	5,852	59	162
中国	備後	508	421	276	558
中国	安芸	172	1,605	394	440
中国	周防	984	51	370	138
中国	長門	257	69	1,001	275
四国	讃岐	1,023	339	1,017	602
四国	阿波	2,185	84	1,531	2,686
四国	伊予	6,638	720	2,186	10,524
四国	土佐	1,091	17	1,603	116
九州	筑前	57	34	214	189
九州	筑後	27	9	65	12
九州	肥前	219	26	479	346
九州	肥後	47	24	156	24
九州	豊前	811	754	3,809	1,033
九州	豊後	772	27	1,458	528
九州	日向	194	8	533	117
九州	大隅	43	0	141	41
九州	薩摩	181	8	875	146
九州	対馬	3	0	42	0
九州	琉球	572	0	461	337

出典）表 4-4 に同じ．地域分類は表 4-3 に合わせた．

表 4-6　大阪市を通ずる絹織物・毛織物の集散範囲（1900 年）　（トン）

地域	絹織物		毛織物		国名	絹織物		国名	毛織物	
	出荷	入荷	出荷	入荷		出荷	入荷		出荷	入荷
北海道	115	0	2	0	山城	1,154	3,141	摂津	215	17,801
奥羽	5	0	0	0	（京都）	3	2,182	（神戸）	204	17,595
関東	24	441	2,540	1,923	武蔵	24	430	武蔵	2,475	1,923
甲信	0	0	1	0	（東京）	22	423	（東京）	2,061	1,760
東海	5	64	98	14	紀伊	399	387	豊前	878	14
近畿	1,712	3,647	719	230	豊前	346	4	伊予	513	22
北陸	0	1	1,015	7	和泉	157	117	山城	349	162
中国	576	204	1,187	17,983	伊予	233	24	（京都）	60	162
四国	496	72	1,118	75	長門	196	16	豊後	425	5
九州	538	78	1,636	30	摂津	66	141	加賀	364	0
台湾	16	1	24	1	（神戸）	63	141	越中	351	3
外国	220	56	102	2	讃岐	174	23	讃岐	343	11
合計	3,731	4,586	8,470	20,285	朝鮮	151	0	越前	288	2

出典）表 4-4 と同じ.
備考）国別数値は，出貨・入貨合計上位 10 国について掲げた.

は広汎である。しかし、大阪の綿織物問屋が直接に掌握している販路は、北海道を除けば、やはり北陸・近畿以西の西日本全域にほぼ限られるといわねばなるまい。

つぎに、同時期における絹織物と毛織物の集散について簡単に見ておこう（表4－6）。

③ 絹織物　京都を中心とする山城からの入荷が圧倒的に多く、東京その他からの分がそれを補っている。桐生を含む上野国からの直接入荷が一一トンにすぎないのは不可解であるが、東京・京都を経由するものが多いと一応解釈しておく。大阪市においてかなり消費されたうえ、近畿以西の西日本全域へ出荷されており、大阪の集散地としての性格は明らかである。

④ 毛織物　神戸からの輸入品の入荷が圧倒的に多く、輸入依存段階の特徴をよく示している。大阪市内で大半が消費されたうえ、残りが、東京と近畿以西の西日本全域へ出荷されている。

一九〇〇年段階に関する以上の検討から、当時の大阪は、神戸港からの輸入品と近畿・中国・四国からの入荷商品を、東京へ大量に送ると同時に、北陸・近畿以西の西日本全域へと販売する集散地であることが明らかになった。続いて、一九一二年段階の大阪について、一九〇〇年段階の大阪および一九一二年当時の東京と対比しつ

表 4-7　大阪市における織物関係品の集散（1912 年）　（トン）

品目	陸運＝鉄道		海運＝貿易		（「内地」貿易）		（朝鮮貿易）		（外国貿易）	
	発送	到着	発送	到着	出貨	入貨	出貨	入貨	出貨	入貨
綿花	87,885	15,652	35,187	241,553	29,559	15,206	4,220	5,434	1,408	220,913
綿糸	53,759	50,321	88,728	29,873	34,373	29,121	2,692	41	51,663	711
綿布類	30,790	46,259	72,959	13,684	29,424	11,304	7,616	10	35,919	2,370
呉服太物類	※ 364	※ 500	9,342	6,097	4,524	6,039	420	0	4,398	58
洋反物類	※ 7,527	※ 9,632	5,036	1,663	3,555	729	316	1	1,165	933
綿ネル	※ 900	※ 12,153	14,042	1,635	11,815	1,513	403	0	1,824	122
メリヤス・タオル	※ 11,448	※ 1,535	34,712	1,139	11,669	1,117	817	1	22,226	21

出典）『大阪市統計書』（1912 年度）.「内地」には台湾の数値が含まれている.
備考）※印の数値は，1915 年の数値（『大阪市統計書』）をもとに，綿布類の伸び率を基準に算出した推定値.

つ、簡単な検討を行っておきたい。

表4－7によれば、一九一二年段階の大阪は、織物関係品の集散において、一九〇〇年段階よりもひとまわり大きくなっている。すなわち、綿花の集散量は計三七万八二七七トンに達し、一九〇〇年当時の一・四倍になり、綿糸集散量二二万二六八一トンは同じく一・一倍強である。伸び率の点で綿糸が綿花に劣るのは、大阪市以外の各地での綿糸生産の著しい発展の反映にほかならない。綿織物については分類基準に変化があるため比較しにくいが、綿布類のみの集散量は一六万三六九二トンに達し、それだけで一九〇〇年当時の綿織物全体の集散量の九割近くに相当しており、呉服太物類以下の四品目の推定集散量一一万七七二五トンを加えると、一九〇〇年当時の綿織物毛織物双方の集散量合計の一・三倍弱になる。増加した集散品の六割前後は依然として海運によっており、大阪築港の成果がそこに認められるといえよう。注目すべきことは、海運のうちに占める「内地」貿易の比重の高さであり、海運による綿糸集散の五四％、同綿布類以下五品目の織物集散の五一％はそれぞれ「内地」貿易なのである。大阪が織物関係品の国内流通の集散地としても、いかに海運に依存し続けているかがこれによってうかがえるであろう。東京との性格の差としてこの点はとくに留意しておきたい。ところで、東京については一九一二年当時の集散の状況をすでに検討したので、その集散量を、同時点の大阪のそれと比較してみよう。前掲表4－2によれば、一九一二年における東京の綿糸布集散量は鉄道によるもの八万九八一七トンであり、水

運（「内国」貿易）一万七三二二トンを仮に全部綿糸布として加えると一〇万七一三九トンになる。これに対し、同年の大阪（表4－7）は、鉄道による綿糸布集散量一八万一一二九トン、海運（「内国」貿易）によるもの一〇万四二二二トンで、合計二八万五三五一トンに達し、東京のそれの約二・七倍に達する。綿糸だけをとれば大阪は東京のほぼ五倍の量の集散を行っており、綿布についても推定一・七倍の量の集散を行っている。国鉄主要駅のデータによる前掲表4－1では、綿布集散において東京にやや劣っていたかにみえた大阪は、より網羅的な国内流通統計では、東京をはるかに凌駕する地位にあるのである。この点に関する限り、事態は一九〇〇年段階においても同様だったものと思われる。

一九一二年段階における大阪経由の織物関係品の集散の範囲は、前述した一九〇〇年段階のそれと基本的に変わらないといってよいが、念のために表4－8を掲げておこう。

①　綿糸の集散については、輸入糸がほとんど消滅した反面、仕出地が四国・九州を含む西日本全体――むろん綿紡績工場のある県に限られる――に広まり、入荷量全体もやや増加している。そして、仕向先については、関東＝東京、東海＝尾張、および近畿諸国への出荷量が激減し、中国・四国・九州方面への出荷と神戸港・大阪港からの海外輸出が激増している点が注目される。大阪と東日本とのつながりは、間接的にも薄れつつあるといってよい。

②　綿織物については、綿布類を中心としつつその他をあわせ考慮すると、まず入荷量が一九〇〇年に較べてかなり減少し、とくに近畿と関東からのそれが著減していることが判明する。そして、仕向先については、関東＝東京への出荷が激減した反面、中国・四国・九州方面への出荷が激増し、海外輸出も増加する、という綿糸の場合に似た変化が看取されよう。かかる変化は、これを東京の側からみるならば、東京市場の大阪市場からの自立化傾向ということができるように思われる。それを推進したのは、一つには東日本における綿糸・綿織物生産の発展であり、いま一つは東京諸問屋の仕入活動が鉄道網の発達に結びついて大阪をいわば飛び越えて直接に産地――例えば和歌山――と

表 4-8　大阪市を通ずる織物関係品の集散範囲（1912 年）　（トン）

仕向地ないし仕出地	綿糸				綿布類				絹布	
	発送		到着		発送		到着		発送	到着
	陸運	海運	陸運	海運	陸運	海運	陸運	海運	陸運	海運
北海道・樺太	0	421	0	0	29	3,962	3	15	4	0
奥　羽	1,285	312	7	0	1,043	324	64	0	0	12
関　東	4,788	3	1,689	265	5,223	345	4,105	1,062	23	389
(東京)	4,585	0	1,389	265	4,688	231	1,812	971	11	214
甲　信	461	0	5	0	203	0	26	0	0	11
東　海	9,797	596	3,398	5	3,061	94	10,476	99	14	27
近　畿	25,665	1,190	12,621	69	8,561	1,042	24,725	167	142	490
北　陸	2,570	192	600	0	2,858	0	799	0	9	56
中　国※	2,271	7,612	27,336	10,030	3,605	4,292	4,035	3,636	146	16
四　国	0	18,323	0	14,198	4	5,657	8	5,306	0	0
九　州	116	5,336	3,089	4,504	1,049	8,982	806	893	13	22
台　湾	0	243	0	0	0	4,422	0	52	0	0
朝　鮮	1,875	2,692	1	41	2,017	7,616	7	10	7	0
南満州	32	0	1	0	54	0	0	0	1	0
外国（神戸）	0	45,971	0	615	0	27,419	0	2,337	0	0
外国（大阪）	0	5,692	0	96	0	8,500	0	33	0	0
計	48,860	88,583	48,747	29,823	27,707	72,655	45,054	13,610	359	1,023

仕向地ないし仕出地	呉服太物類・A		洋反物類・B		綿ネル・C		莫大小及タオル・D		A＋B＋C＋D	
	発送	到着	発送	到着	発送	到着	発送	到着	発送	到着
	海運		海運		海運		海運		海運	
北海道・樺太	146	1	332	4	6,321	6	2,324	4	9,123	15
奥羽	64	0	89	0	732	0	396	0	1,281	0
関東	0	0	137	2	0	0	0	0	137	2
近畿	283	264	167	29	66	199	192	37	708	529
中国※	753	853	498	20	640	20	4,992	120	6,883	1,013
四国	1,539	3,762	750	474	1,293	1,119	1,357	839	4,939	6,194
九州	1,265	913	1,195	110	2,403	95	1,854	57	6,717	1,175
台湾	310	24	141	32	133	0	399	21	983	77
朝鮮	420	0	316	1	403	0	817	1	1,956	2
外国（神戸）	1,480	57	842	929	1,449	122	19,934	15	23,705	1,123
外国（大阪）	2,918	1	323	4	375	0	2,292	6	5,908	11
計	9,178	5,875	4,790	1,605	13,815	1,561	34,557	1,100	62,340	10,141

出典）『大阪港勢一斑』（1912 年度），『大阪市統計書』（1912 年度）．
備考）地域分類は表 4-3 に従った．中国※には神戸を介する外国貿易が含まれてない点，表 4-5 と異なる．

結びつくようになったことである。

③　絹布類は鉄道輸送の分しか判明しないが、それでも京都からの入荷が四六六トンで第一位を占め、東京や上野国＝桐生（五五トン）からの入荷を大きく上回っている。入荷した絹布類の大半は大阪市内で消費され、残りが近畿・中国方面へ鉄道輸送されている（九州・四国へは海運によるのであろう）点も一九〇〇年当時と大差ないようである。すなわち、この時期にも、大阪は絹布の消費地であるにとどまらず、集散地としてもある程度の役割を果たしているのであるが、興味深いことは、同じ一九一二年の各種鉄道輸送統計によると、京都府から各地への発送量が前述のとおり五六五一トン（うち京都駅三五七〇トン）であるのに対して京都府から東京市への到達量は一一一二トン[7]、同じく大阪市への到達量は四六六トンにすぎない事実である。この事実は、京都から東京・大阪以外の各消費地へ絹布類が直送されていることを示しており、絹織物に関する限り、大阪でも東京でもなく、京都こそが中心集散地であることを統計面から証明しているといえよう。

以上の東京・大阪に関する検討から、一九〇〇年代前後における織物関係品の集散において、東京・大阪はそれぞれ東日本・西日本を販路として直接に掌握する二大集散地であることが明らかになった。もっとも、そのさい、東海・甲信方面への出荷が、東京・大阪ともに少ない事実も見落としてはなるまい。同方面では名古屋が集散地として独自の地位を占めていたのであり、その意味では、名古屋を地方的な有力集散地として押さえておく必要がある。東京は綿糸・綿織物の仕入面で一九〇〇年代初頭には大阪へ強く依存していたが、その後一九一〇年代初頭にかけてしだいに大阪から自立していく傾向にあった。それゆえ、おそらく一九〇七年前後の時期――私見では産業資本確立期――には、東京・大阪・京都が、それぞれ異なった特徴をもつ中心的な集散地としての地位を確立し、名古屋が地方的な有力集散地として発展しつつあったとしてよいように思われるのである。

なお、これまで集散地の側から検討を行ってきたけれども、これを個々の生産地の側からみると、必ずしも東日本

↓東京、西日本↓大阪といった傾向があるとはいえないことも留意しておくべきであろう。例えば、綿織物・絹綿交織物を中心とする足利織物の一八九九年当時の国内仕向先は、大阪三〇%・京都二二%・名古屋一八%・東京二八%・その他二%（金額基準）であり、[8] 一九一二年には、大阪四〇%・京都一三%・愛知一二%・東京二五%・その他一一%（重量基準）である。[9] また、桐生産絹織物の仕向先も、その七割が京都・大阪・名古屋で占められ、東京へは三割しか出荷されていない（一九〇〇年・一九一〇年調）。[10] 他方、愛知県織物については、一九〇〇年当時いわゆる尾西地方の絹綿交織物の「内地ノ仕向先ハ京坂五分、東京三分、其他ノ二分ハ四国九州奥羽及北海道トス。但シ四国九州ヘハ京坂地方ヨリ廻送セラルルモノ多シ」[11] と報告され、西日本との結びつきが強いのに対し、同時期の知多地方産出の「晒木綿ノ主ナル需用地ハ東京ニシテ毎年全産額ノ七割以上ハ此地方ニ吸収セラル。而シテ残余ノ三割ハ産地ノ近傍即チ尾張、三河、伊勢地方ノ需要ヲ充タスモノナリ」[12] と報告され、三河木綿についても一九一〇年当時「東京ニ売捌カルルモノ殆ド其ノ全部ヲ占メ、単ニ其ノ一少部分京阪地方ニ出サル」[13] とされており、伝統的に東京への出荷が圧倒的部分を占めている。鉄道の普及が契機となって仕向先が大きく変わり、多様化することもあるが、[14] にもかかわらず、第一次世界大戦前の時期には、各生産地は、中央集散地と結びつく場合には、[15] いずれかの集散地に強く結びつく傾向があったといえよう。

第一次世界大戦を画期に織物の国内流通ルートは大きく変化してゆく。その分析は本稿の範囲をこえるが、①従来東京か大阪へ主たる出荷先を求めていた産地が東京・大阪双方へ出荷するようになり、[16] さらに、②東京・大阪の織物問屋を経由せずに産地が直接に地方消費地ないし東京・大阪の小売商＝百貨店と結びつく傾向が現れてくる。[17] ①は消費者の織物に対する需要の多様化＝高度化を背景に集散地問屋が全国仕入を志向した結果であり、集散地問屋の役割を強化してゆくが、他面、生産者・産地問屋と小売商＝百貨店の勢力の増大は交通通信機関の発達とあいまって、②の傾向を出現せしめ、第一次世界大戦中から集散地問屋不要論が唱えられ始めることになる。[18] だが、集散地問屋の地位は、その後必ずしも低下していない。その点については、集散地問屋なるものが、単なる集散機能だけでなく、生産＝技術と消費＝流行に関する「智識」と、小売商への「貸売」を行う「金融力」を有しているという当時の指摘が重視される必要があろう[19]。以下、集散地問屋のあり方の検討へと進むことにしよう。

二　織物問屋のランキング

個別問屋の分析に入る前に、それらの位置づけを行うためにも、東京・大阪・京都および名古屋において活動していた問屋全体の状況を簡単に見ておこう。明治期における集散地織物問屋の活動規模を知る手掛りとして利用しうるのは、一八九七（明治三〇）年以降の営業税関係の数値である。すなわち、一八九六年三月公布（九七年一月施行）の営業税法によれば、物品販売業者の営業税は、①売上金額の一万分の五（卸売の場合、小売は一万分の一五）、②建物賃貸価格の一〇〇〇分の四〇、③従業者一人ごとに一円、と定められており[20]、大局的には売上金額と比例していると思われるのであり、営業税額に一定の操作を施せば、当該卸売問屋の年間売上金額の大体を推定することが可能と思われるのである[21]。そこで、ここでは、右の四都市における織物卸売問屋のうち、一八九九年当時営業税一〇〇円以上を納入していた者、および一九〇九・一九一〇年当時同五〇〇円以上を納入していた者をできる限り網羅的に表示してみた。いま、一八九九年について、推定売上金額一〇万円以上の者（営業税一一二円以上）の数を、あらかじめ掲げると、表4－9のようになる。

東京・大阪・京都の間には、問屋数の点では著しい差がなく、名古屋がかなり劣っていること、三〇万円以上の有力問屋層は、東京がもっとも厚く、京都が薄いという特徴がある。以下、各集散地ごとにみてゆこう。

東京の主要織物問屋は、表4－10に明らかなごとく、ほとんど全て日本橋区にあり、とくに大伝馬町を中心とする

表 4-9　織物問屋の規模別構成（1899 年）

営業税	推定売上	東京	大阪	京都	名古屋	計
560 円以上	50 万円以上	3	4	1		8
336 円以上	30 万円以上	6	1	2		9
224 円以上	20 万円以上	13	6	6	6	31
168 円以上	15 万円以上	10	11	8	1	30
112 円以上	10 万円以上	30	25	28	6	89
計		62	47	45	13	167

出典）表 4-10 ～表 4-13 より作成.

地域に集中して独特の問屋街を形成している。[22]

薩摩・前川・杉村・塚本の上位四店は、幕末＝維新期に開業（正確には江戸＝東京に店舗開設）しているが、田中⑤から外村⑰にかけては、市田⑫・山下⑭・安田⑮を除き、いずれも伝統ある老舗である〔これら古くからの問屋が幕末＝維新期の激動を耐えて存続・発展してきていることが、大阪などと異なって、二〇－一〇〇万円層の厚さをもたらしていると言えよう。二〇万円未満層になると、幕末以降に開業した問屋の数が圧倒的に多くなってくる。したがって、一〇万円以上層六二店全体の中では、弘化期以降に開業した四二店[23]の売上合計金額八三〇万円が、全体（一二七八万円）の六五％を占めているが、上位を占める老舗の勢力は、なお牢固たるものであったといわねばなるまい〕。だが、一九〇九・一九一〇年にかけての売上金額の伸び率をみると、老舗グループは概して新興グループに劣っており、新興グループでは、最上位四店がさらに他店を引き離すと同時に、市田⑫・山崎㉗をはじめ、老舗グループに追いつき、凌駕するものが現れるようになる。われわれは、のちに、新興グループ中でもとくに著しい発展をこの時期に示す市田⑫と、老舗グループ中もっとも古い川喜田⑧ならびに長谷川⑬とをとりあげて個別的検討を加える予定である。

つぎに、大阪の場合を表4－11によってみると、ここでも織物問屋は、東区とくに本町とその周辺の特定地域に集中している。[24]

一八九九年段階は、最上位を占める老舗稲西合名を、竹村・山口・伊藤（忠）・伊藤（萬）らが激しく追い上げつつあり、追い抜く寸前であったといえよう。[25]その他の店については開業年次を網羅的に明らかにしえていないので確言しかねるが比較的新しいものが多かったごとくであり、この点東京と大きく異なっている。このことは、幕末＝維新

表 4-10　東京の主要織物問屋

番号	屋号	姓名	職業	店舗所在	開業	1898 年	1899 年		1909/10 年	
						所得・円	営業税・円	売上・千円	営業税・円	売上・千円
1	丁子屋	薩摩治兵衛	呉服太物金巾卸	日・田所	慶応 3	15,885	996	889	5,318	1,773
2	近江屋	前川太郎兵衛	木綿金巾綿糸卸	日・堀留	万延 1	30,172	764	682	2,562	854
3	丁子屋	杉村甚兵衛	洋織物卸	日・新材木	弘化 4	23,785	578	516	3,954	1,318
4		塚本合名会社	呉服木綿卸	日・伊勢	明治 5	滋賀県	491	438	2,673	891
5	田端屋	田中次郎左衛門	木綿卸	日・大伝馬	正保 2	三重県	431	385	1,447	482
6	大和屋	長井九郎左衛門	木綿卸	日・大伝馬	元禄 9	三重県	408	364	1,229	410
7	近江屋	森　セツ	呉服木綿卸	日・本石	元禄 3	27,396	364	325	1,978	659
8		川喜田久太夫	木綿太物金巾卸	日・大伝馬	寛永 12	三重県	355	317	1,139	380
9	丁子屋	小林吟右衛門	呉服木綿卸	日・堀留	天保 2	滋賀県	341	304	1,027	342
10	柏屋	柏原孫左衛門	木綿糸類卸	日・本	元禄 2	7,244	329	294	1,464	488
11	大黒屋	杉浦三郎兵衛	呉服太物卸	日・本石	天和 2	8,572	329	294	1,976	659
12		市田弥一郎	京呉服卸	日・田所	明治 7	11,256	319	285	2,760	920
13	丹波屋	長谷川次郎兵衛	木綿繰綿卸	日・大伝馬	延宝 2	三重県	298	266	2,568	856
14	亀屋	山下忠七郎	呉服太物卸	日・長谷川	嘉永 3	5,965	295	263	105	35
15	中屋	安田源蔵	呉服木綿卸	日・橘	明治 8	7,275	291	260	1,072	357
16	槌屋	田中四郎左衛門	呉服木綿卸	日・本	万治 1	10,486	291	260	1,007	336
17	布屋	外村宇兵衛	木綿呉服卸	日・新大坂	天保 12	滋賀県	278	248		
18	伊勢屋	稲村源助	呉服太物卸	日・富沢	明治 1	6,550	267	238		
19	近江屋	西村与兵衛	洋織物卸	日・長谷川	安政	10,000	267	238	255	85
20	近江屋	前川太兵衛	木綿太物綿ネル卸	日・富沢	明治 5	7,290	243	217		
21	亀屋	大久保源兵衛	呉服木綿卸	日・富沢	天保	5,142	232	207	839	280
22		高橋半兵衛	洋毛織物卸	日・本	元治 1	9,327	227	203		
23	松屋	白石甚兵衛	洋織物卸	日・新乗物	明治 4	3,608	219	196	1,246	415
24	冨屋	井上市兵衛	洋織物卸	日・富沢	嘉永	7,279	216	193	762	254
25		（名）金子商店	毛織物洋傘卸	日・富沢	明治 30		216	193	695	232
26	佐野屋	菊池長四郎	呉服太物卸	日・元浜	文化 11	30,957	208	186	677	226
27	三河屋	山崎作次郎	洋織物卸	日・田所	万延 1	3,176	205	183	2,280	760
28	大黒屋	石井清兵衛	呉服太物卸	日・橘	維新前	2,041	187	167		
29	信濃屋	大浜忠三郎	洋織物卸	日・田所	慶応初年	横浜市	187	167	773	258
30	油屋	向山小平次	呉服太物卸	日・大伝馬	明治 3	12,167	181	162	763	254
31		辻　新兵衛	呉服糸類卸	日・通油	明治 25	6,547	179	160	524	175
32	中村屋	中村磯八	木綿卸	日・橘	天保	8,000	177	158	937	312
33		宮田幸兵衛	木綿糸綿卸	日・新大坂	慶応 1	2,316	158	141	814	271
34		柴田源七	呉服卸	日・葺屋	明治 2	滋賀県	158	141	452	151
35	大黒屋	島田利右衛門	洋毛織物卸	日・弥生	万延 1	4,030	156	139	1,048	349
36	近江屋	中村吉兵衛	木綿卸	日・新大坂	文政	滋賀県	153	137		
37	上総屋	鈴木与市	洋織物卸	神・須田	慶應 2	1,458	150	134		
38		（資）山一商店	洋織物卸	日・田所	明治 31	2,190	148	132	271	90
39	伊勢屋	高松伊助	和洋織物木綿染糸卸	日・堺	嘉永	5,351	147	131		
40	冨屋	堀越常七	呉服木綿卸	日・富沢	明治 25	2,125	147	131	842	281
41		下村忠兵衛	中形呉服太物卸	日・久松	明治 2	23,236	140	125	1,045	348
42	大田屋	斎藤嘉吉	洋織物卸	日・新大坂	明治 5	2,645	137	122		
43	近江屋	川島斎兵衛	太物金巾卸	日・長谷川	明治 3	5,234	137	122		
44		田辺正助	綿布卸	日・橘	明治 15	1,573	136	121	618	206
45	伊勢屋	小津清左衛門	木綿卸	日・大伝馬	元禄 11	三重県	136	121	481	160
46	近江屋	竹内房次郎	洋織物卸	日・長谷川	明治 5	2,119	133	119	248	83
47	田原屋	村越庄左衛門	呉服卸	日・長谷川	元禄	9,200	128	114	525	175
48	油屋	植村和吉	木綿卸	日・本船	天保	1,780	128	114	507	169

表 4-10　つづき

番号	屋号	姓名	職業	店舗所在	開業	1898年	1899年		1909/10年	
						所得・円	営業税・円	売上・千円	営業税・円	売上・千円
49		(資) 小泉商社	太物卸	日・通油	明治1	1,452	124	111		
50		中島喜之助	和洋毛織物卸	日・本	明治23	2,358	124	111		
51		大森喜右衛門	呉服木綿卸	日・本石	明治5	埼玉県	124	111	625	208
52	越前屋	池上弥右衛門	京呉服京染物悉皆商	日・新大坂	嘉永	4,539	123	108	370	123
53	吉野屋	丸山伝兵衛	呉服太物卸	日・横山	天保	3,192	121	108		
54	三河屋	外山弥助	呉服太物木綿卸	日・元浜	天保	3,326	118	105	650	217
55	泉屋	青木五兵衛	洋織物卸	日・田所	明治13	1,513	118	105		
56	近江屋	中井長兵衛	呉服卸	日・通油	明治1	滋賀県	118	105	872	291
57		小川作蔵	洋傘付属品綿ネル卸	日・新大坂	明治11	3,042	117	104		
58	柏屋	石川吉兵衛	金巾太物卸	日・新和泉	明治4		115	103	298	99
59	近江屋	坊野宗兵衛	金巾木綿卸	日・橘	明治3	4,048	113	101	476	159
60	大菱屋	石田万兵衛	木綿綿ネル卸	日・通油	明治18	1,736	113	101	1,072	357
61	大黒屋	大久保久七	呉服木綿卸	日・富沢	明治22	1,200	113	101	528	176
62	大黒屋	藤野茂八	洋織物更紗卸	日・通旅籠	安政	2,494	112	100		
63		市田善兵衛	木綿太物卸	日・田所	明治7	5,256	111	99	286	95
64		外村嘉兵衛	呉服太物卸	日・通油	明治23	滋賀県	111	99		
65	近江屋	西川甚五郎	木綿金巾呉服卸	日・堀留	元和1	滋賀県	110	98		
66	松坂屋	奥田藤八	呉服太物木綿卸	日・元浜		3,089	106	95		
67	大野屋	前田兼七	呉服太物卸	日・富沢	慶応	3,125	106	95		
68		堀越勘治	洋織物卸	日・通旅籠	明治29	3,058	106	95		
69	万屋	野本茂兵衛	木綿太物卸	日・伊勢	元治1	1,918	103	92		
70		田中源治	呉服卸	日・長谷川	明治7	滋賀県	102	91	665	222
71		石井伊兵衛	太物木綿金巾卸	日・堀留	明治13	700	101	90		
72		槙島裕八	太物金巾卸	日・新大坂	明治7	2,688	101	90	363	121
73	近江屋	沢井藤助	太物卸	日・新大坂	明治3	1,130	100	89	714	238
74	荒物屋	橋本喜左衛門	呉服木綿足袋卸	日・馬喰		2,437	100	89	288	96
75		(資) 小野里商店	呉服太物卸	日・元浜	天保7		100	89		
76		中小路清次郎	洋織物商	日・通油	明治39				1,252	417
77	松坂屋	植草甚助	呉服太物卸	日・小網	文政	850	90	80	1,222	407
78		中島支惣吉	染絹太物卸	日・大伝馬	明治23	群馬県	62	55	959	320
79		神野清五郎	呉服太物卸	日・富沢	明治20	929	79	71	766	255
80	上総屋	吉岡伊三郎	呉服太物卸	日・新乗物	嘉永		78	70	765	255
81	升屋	山田合名会社	呉服卸	日・富沢	明治23	京都府	97	87	762	254
82		薩摩徳三郎	綿糸雑貨洋反物商	日・堀江	明治				696	232
83		岡田正次郎	木綿卸	日・富沢	明治15	1,739	91	81	660	220
84	近江屋	増田善兵衛	呉服卸	日・大伝馬	明治28	滋賀県	41	37	649	216
85		中村合名会社	木綿卸	日・弥生	明治25		93	83	630	210
86		杉村甚右衛門	木綿綿ネル卸	日・堀留					597	199
87	吉田屋	高橋政右衛門	風呂敷手巾卸	日・元浜	明治21		20	18	588	196
88		三上田子太郎	呉服卸	日・本					581	194
89		島村助七	毛織物卸	神・岩本	明治15	1,423	28	25	573	191
90	万屋	村田茂七	洋織物卸	日・新大坂	明治31		37	33	543	181
91		荒井庄三郎	呉服木綿卸	日・田所	明治23	330	85	76	522	174

出典）屋号・姓名・職業・店舗・1899年営業税は井出徳太郎編『日本商工営業録』(第2版), 1898年所得税は,『日本紳士録』(第5版), 開業年次は東京興信所『商工信用録』(第3版), 1909/10年営業税は『日本全国商工人名録』(4版). 売上金額は営業税額を0.00112 (1899年), 0.00300 (1909/10年) で除して推定. その根拠は本文注 (21) を参照されたい.

備考）1899年の営業税100円以上, または, 1909/10年の営業税500円以上の卸売商を掲出. 店舗所在の日は日本橋区, 神は神田区の意味. 旧稿では複数店舗の扱いを注記してあるので必要ならば参照されたい.

表 4-11 大阪の主要織物問屋

番号	屋号	姓名	職業	店舗所在	開業	1898 年	1899 年		1910 年	
						所得・円	営業税・円	売上・千円	営業税・円	売上・千円
	稲西	稲本利右衛門				滋賀県				
1	合名	西村重郎兵衛	呉服木綿卸	東・本	文政 2	滋賀県	835	746	3,277	1,092
2		竹村弥兵衛	洋反物内外綛糸卸	東・伏見	元治 1	5,800	800	714	1,668	556
3		山口玄洞	洋反物卸	東・本	明治 18	8,700	737	658	4,594	1,531
4	紅屋	伊藤忠兵衛	呉服羅紗卸	東・本	明治 5	滋賀県	649	579	3,912	1,304
5		伊藤萬助	舶来織物卸	東・本	明治 16	9,027	402	359	3,381	1,127
6	天喜	瀬尾喜兵衛	木綿卸	南・塩	宝暦	46,462	317	283	1,401	467
7	近江屋	森 セツ	呉服木綿卸	東・本	文久 3	27,396	306	273	1,336	445
8	明荷屋	外村市郎兵衛	呉服木綿卸	東・本	明治 7	滋賀県	278	248	1,244	415
9		河崎助太郎	舶来織物卸	東・伏見	明治 25	1,904	261	233	3,878	1,293
10		佐藤栄八	小倉織帯地綿糸卸	東・本		岡山県	231	206	624	208
11		小西又助	洋反物卸	東・伏見		5,866	225	201	470	157
12	宮田屋	西尾宗七	綿ネル卸	東・伏見	明治 20	2,296	215	192	1,135	378
13		川田豊七	木綿卸	東・南本		5,414	203	181	1,050	350
14	布屋	外村与左衛門	呉服木綿卸	東・安土	文化 7	滋賀県	202	180	1,127	376
15		中原万助	洋反物卸	東・備後		6,890	193	172	540	180
16	百足屋	芝川新太郎	洋反物卸	東・道修	天保 8	2,745	187	167	1,098	366
17		村田長兵衛	呉服卸	東・南本	明治 18	6,180	185	165	1,083	361
18	丹波屋	方 勝助	木綿卸	南・順慶		4,962	184	164	335	112
19		杉村理三郎	洋反物卸	東・瓦	明治 24		183	163		
20		多田孫七	舶来反物卸	東・本		2,968	180	161	463	154
21		武井源三郎	洋反物卸	東・伏見		1,146	179	160		
22	丹波屋	野村利兵衛	木綿太物卸	南・塩		12,376	177	158	685	228
23		藤井鎌次郎	洋反物卸	東・本			162	145		
24		河瀬芳三郎	舶来織物卸	東・本		1,110	156	139	282	94
25		山中利右衛門	呉服卸	東・本	万延 1	滋賀県	148	132	599	200
26		川喜田久太夫	木綿太物卸	東・安土	天保 9	三重県	147	131	607	202
27		千草安兵衛	舶来織物卸	東・南本	明治 12	3,843	146	130	773	258
28		新谷幸次郎	洋反物卸	東・淡路			146	130		
29	近江屋	小杉佐兵衛	呉服太物卸	東・本	明治 13	3,284	146	130	808	269
30	九多屋	中島清七	呉服木綿卸	東・本		6,849	145	129	717	239
31	市田屋	加地源一郎	呉服太物卸	東・本	明治 19	1,427	144	129	664	221
32	根津清	根津ツネ	木綿卸	東・本	明治 12	5,978	144	129	931	310
33	嵯峨屋	多田克三郎	舶来織物卸	東・備後		1,302	141	126	650	217
34		中村市太郎	舶来織物洋傘卸	東・安土		1,178	140	125		
35	近江屋	岡崎栄次郎	洋反物卸	東・本		15,450	138	123	305	102
36	稲西屋	稲本唯七	木綿卸	東・本	明治 10	2,467	136	121	375	125
37		藤田末治郎	綿布卸	東・南本	明治	2,004	132	118	461	154
38		佐藤辰三郎	舶来織物卸	東・南本	維新前	1,246	130	116	728	243
39	布屋	山口仁兵衛	呉服卸	東・備後		5,903	126	113	554	185
40	羽州屋	戸田猶蔵	舶来織物卸	東・本	明治 15	13,214	126	113	563	188
41	綿屋	竹尾治右衛門	呉服卸	東・南本		29,246	125	112	366	122
42		山口嘉蔵	舶来反物卸	東・備後	明治 28	1,047	123	110	1,396	465
43	布屋	日比庄兵衛	呉服太物足袋卸	東・本		2,135	122	109	1,018	339
44	羽州屋	伊藤新次郎	洋反物綿ネル卸	東・本	明治 13	1,617	120	107	589	196
45	羽州屋	伊藤久七郎	洋反物太物卸	東・本	明治 27	3,319	117	104	715	238
46		西村健次郎	木綿呉服太物卸	東・本	明治 18	2,975	116	104	739	246
47		小西長左衛門	洋織物卸	東・伏見		3,269	113	101		

表 4-11　つづき

番号	屋号	姓名	職業	店舗所在	開業	1898年	1899年		1910年	
						所得・円	営業税・円	売上・千円	営業税・円	売上・千円
48		川嶋新次郎	尾濃物産木綿卸	東・本		945	111	99	157	52
49		石田岩吉	洋反物卸	東・平野			109	97		
50	近江屋	蜂谷利七	太物木綿卸	東・北久太郎		572	107	96	75	25
51		松井岩助	フランネル卸	東・伏見		988	107	96	99	33
52	榎並屋	津田太郎兵衛	木綿卸	南・安堂寺		1,363	105	94	87	29
53		岡島千代造	毛斯綸友禅染卸	北・中之島	明治 14	1,393	102	91	946	32
54	百足屋	斎藤龍造	舶来織物引取卸	東・瓦		2,184	102	91	428	143
55		中西藤兵衛	木綿太物卸	北・大工		2,544	101	90	828	276
56		小西要助	洋反物卸	東・伏見		3,062	101	90	970	323
57	河内屋	池内六兵衛	呉服卸	東・北久太郎		2,666	100	89		
58		越田五兵衛	羅紗卸	東・瓦		1,850	100	89	1,127	376
59		薩摩治兵衛	金巾糸類卸	東・備後	明治 37	東京府			2,882	961
60		田附政次郎	木綿紡績糸卸	東・本	明治 22	764	26	23	1,961	654
61		八代祐太郎	木綿卸綿類仲買	東・高麗橋	明治 35				1,142	381
62		市田弥一郎	呉服卸	東・南本	明治 35	東京府			998	333
63		小泉合名支店	呉服木綿卸	東・備後	明治 2	京都府			791	264
64		外村定次郎	呉服卸	東・本	明治 23	京都府	91	81	769	256
65		小野利三郎	呉服太物卸	東・南本	明治 24		36	32	738	246
66		大野善太郎	木綿卸	東・備後			28	25	736	245
67		和田保合資	木綿卸	東・本	明治 29		93	83	733	244
68		平林甚助	金巾木綿卸	東・南久宝寺					727	242
69	和泉屋	和田保次郎	木綿卸	東・備後	明治 18		54	48	688	229
70		田村駒次郎	毛斯綸卸	東・安土	明治 27		39	35	673	224
71		柳井五兵衛	木綿太物卸	東・伏見	天保 11				608	203
72		馬場藤七	綿ネル木綿卸	東・北久太郎	明治 20		74	66	582	194
73		河田松蔵	毛斯綸卸	東・本	明治 30		28	25	565	188
74	和泉屋	牧野定助	白木綿太物卸	東・本			61	54	558	186
75		中島　弘	綿ネル洋反物卸	東・安土	明治 27		13	12	556	185
76		西村治兵衛	呉服卸	東・南本	明治	京都府			539	180
77		安藤善五郎	白木綿卸	東・南久太郎			46	41	535	178
78		三露久兵衛	木綿卸	東・北久太郎			57	51	531	177
79		前川弥助	木綿卸	東・備後	明治	京都府			523	174
80		中谷庄兵衛	ネル洋反物卸	東・本	明治 29		17	15	520	173
81		八田宗三郎	舶来毛織物卸	東・道修					512	171
82	近江屋	西沢武助	綿ネル木綿卸	東・唐物	明治 4		49	44	503	168

出典）屋号・姓名・職業・店舗は，商業興信所『大阪・京都・神戸・名古屋商工業者資産録』（第 5 版，1902 年），1898 年所得税は『日本紳士録』（第 5 版），1899 年営業税は『日本商工営業録』，1910 年営業税は大阪商業会議所『大阪商工人名録』（1911 年）による．開業年次は日本織物新聞社『大日本織物二千六百年史』（1940 年）上巻，東京信用交換所『日本繊維商社銘鑑』（1970 年）その他による．

備考）掲出基準，売上の推定方法などは表 4-10 に準ずる．

期の大阪では、数多くの有力織物問屋が没落・廃業したことを示唆しているように思われる(26)〔三〇万円以上層の少なさは、ひとつにはそうした歴史的要因にもとづくのであろう。有力な老舗の少ないことは、集散地としての大阪の規模の巨大さと相俟って、新興商人に急速な発展の機会を与えている。山口③・伊藤萬⑤が、開業後わずか一五年前後で最上層へ到達した事実が、そのことをよく示している。当時の大阪は東京よりも織物集散量はひとまわり大きかったと思われるから、大阪には表4－11のような一〇万円未満の小規模商人も東京以上に多数おり、上昇の機会をうかがって盛んに活動していたに違いない。表4－11によれば、一九一〇年にかけて、数多くの有力商人（一五万円以上層）が、新しく出現しているが、そのことは、当時の大阪における新興商人の発展性を端的に示すものといえよう〕。

表4－12によって、京都の主要織物問屋をみよう。店舗の所在は一見散在しているようであるが、個々に確かめると烏丸三条を中心とする地域に大部分が集中しており、いわゆる室町問屋街を形成していることがわかる(27)。西陣地区の上仲買はここには含まれず、下仲買＝室町問屋が表示されているのである。ずば抜けた発展を示すものこそないが、辻忠郎兵衛を頂点とする卸売問屋の層は著しく厚い。開業年次については十分確かめるに至ってないが、きわめて古い者が多いことは否定できないであろう。京都における織物問屋の特徴は、その経営の安定性と発展の緩慢性にあり、その点、大阪の織物問屋の特徴と対照的である。一九〇九・一九一〇年にかけての発展テンポを東京・大阪のそれと比較することにより、かかる緩慢性を具体的に知ることができよう。

集散地としての名古屋が、東京・大阪・京都に一段劣っていたことは前述したが、そのことは、織物問屋のレヴェルでも明白である。

〔表4－13によれば、一八九九年当時は最上層の問屋でも売上金額はせいぜい二〇万円台であり、一九一〇年に至ってようやく滝兵②の取扱金額が一〇〇万円をこえるにすぎない〕。関東大震災前の名古屋織物問屋は、中部地方六県下を得意先地盤としており、わずかに滝兵②・滝定⑤が関東・東北方面へ販路を広げていたといわれている(28)。一九〇〇年代は、一般に

表 4-12　京都の主要織物問屋

番号	屋号	姓名	職業	店舗所在	開業	1898年	1899年		1909/10年	
						所得	営業税・円	売上・千円	営業税・円	売上・千円
1	大文字屋	辻　忠郎兵衛	木綿卸	諏訪町五条下る	宝暦頃	30,220	729	651	2,630	877
2	銭清	内貴清兵衛	呉服卸	東洞院押小路下	天保	11,782	364	325	1,183	394
3	布屋	外村宇兵衛	糸縮緬卸	堺町三条上る	慶応 2	滋賀県	340	304		
4	麹屋	安盛善兵衛	太物卸貸金	不明門松原下る		12,338	322	288	1,620	540
5	津清	上田作次郎	呉服卸貸金	不明門松原下る		21,197	278	248		
6		伊吹平助	木綿卸	烏丸綾小路下る	文政 3	3,273	262	234	1,355	452
7	近弥	前川弥助	金巾卸	蛸薬師高倉東入	明治 14	4,106	251	224	877	292
8	奈良屋	下村忠兵衛	呉服卸	烏丸綾小路下る	安政 2	23,236	246	220	695	232
9	柊屋	津田栄太郎	西陣織物卸	東洞院三条下る	明治 17	10,558	235	210	909	303
10	ひらきや	藤川源兵衛	染呉服卸	室町二条下る	宝永	7,529	223	199	402	134
11	近江屋	小泉新兵衛	呉服卸	烏丸六角下る	享保 8	7,113	222	198		
12	明荷屋	外村与左衛門	呉服卸	柳馬場三条下る	文化	滋賀県	199	178	788	263
13		(資) 藤原商社	木綿呉服金巾卸	烏丸通五条上る			197	176	557	186
14	布屋	山中利右衛門	関東呉服卸	室町六角下る	弘化 4	滋賀県	195	174	411	137
15		大原直次郎	呉服卸	東洞院蛸薬師下		9,580	189	169	565	188
16	近江屋	西堀清兵衛	呉服卸	烏丸錦小路下る	明治 1	4,124	181	162	483	161
17	桝屋	伊藤平三	西陣織物卸	室町押小路下る		3,056	169	151		
18	近利	吉田利助	縮緬卸	新町三条下る		7,678	167	149		
19	近江屋	市田理八	関東呉服卸	六角東洞院東入		9,078	161	144	288	96
20	千切屋	西村総左衛門	染呉服織物卸小売	三条烏丸西入	慶長 9	4,033	158	141	771	257
21	丸太	沢村太七	縮緬卸	新町三条下る	明治 5	2,443	156	139	450	150
22	丹後屋	高田久七	羽二重縮緬卸	室町姉小路下る		3,355	155	138	46	15
23	近江屋	堤　喜兵衛	太物卸貸金	東洞院六角下る		3,526	155	138		
24		稲垣合名会社	呉服縮緬卸	室町姉小路上る	弘化 3		153	137	416	139
25	千切屋	西村治兵衛	西陣織物染呉服卸	三条通室町西入	弘治	12,898	152	136	559	186
26	桝儀	宮本儀助	西陣織卸小売金貸	松原烏丸東入	弘化 3	11,664	150	134	585	195
27	誉田屋	矢代庄兵衛	織物卸	室町二条上る		6,266	149	133	64	21
28	わくや	西川幸兵衛	縮緬卸	烏丸六角下る		21,262	147	131	567	189
29	八作	野橋作兵衛	呉服縮緬卸	室町御池下る	天明	10,108	141	126	549	183
30	井茂	木ノ下茂兵衛	呉服卸	五条室町西入	文政 1	2,054	138	123	298	99
31	永楽屋	細辻伊兵衛	太物卸貸金	三条烏丸西入	寛文	3,550	135	121	644	215
32	桝屋	山田定七	関東織物卸	烏丸三条下る	安政 2	7,402	133	119		
33	八文字屋	富田富太郎	縮緬卸	室町蛸薬師下る	天保	2,692	132	118	571	190
34	美濃利	井上利助	木綿卸	六角新町東入	慶応 1	13,089	129	115	400	133
35	金益	塚本惣助	生絹卸	東洞院仏光寺下	明治 13	1,578	123	110	921	307
36	桝屋	井上吉兵衛	木綿卸	烏丸錦小路下る			122	109		
37	桔梗屋	森　清兵衛	白木綿卸	蛸薬師高倉東入		1,525	121	108	453	151
38		橋中儀兵衛	呉服卸	三条室町西入		3,827	120	107	455	152
39	桝常	津田常七	呉服卸	東洞院松原西入	明治 9	5,279	117	104	623	208
40	津ノ国屋	上田勘兵衛	呉服卸貸金	不明門松原下る	天保	5,991	116	104	514	171
41	中誉田屋	矢代仁兵衛	呉服卸	室町二条下る	享保	4,652	115	103	897	299
42	美濃屋	安藤栄造	呉服卸	烏丸綾小路下る	安政	2,790	114	102	412	137
43	鴈半	中村半兵衛	西陣織物卸	東洞院六角下る		6,153	114	102	520	173
44	桔梗屋	安田太七	染呉服卸	烏丸蛸薬師下る	慶応 2	3,376	113	101	296	99
45	八文字屋	大川金七	呉服生絹卸	室町御池下る	明治 11	1,511	113	101	364	121
46	桝屋	小山米太郎	太物卸	富小路蛸薬師下	天保	4,389	110	98	367	122
47	兵庫屋	井上利兵衛	博多帯地卸	室町高辻上る			110	98		
48	山二	富岡音七	浜縮緬卸	六角室町西入		950	109	97	64	21

表 4-12　つづき

番号	屋号	姓名	職業	店舗所在	開業	1898 年	1899 年		1909/10 年	
						所得	営業税・円	売上・千円	営業税・円	売上・千円
49	塩屋	吉田重兵衛	西陣織物卸	室町三条下る	天保 12	1,793	105	94	240	80
50	角紅	伊藤忠兵衛	呉服太物卸	室町四条下る	明治 15	滋賀県	103	92	995	332
51		西川勘兵衛	西陣帯地卸	蛸薬師東洞院東入	明治 26		27	24	827	276
52		小泉新七	呉服卸	四条烏丸西入	明治 10		69	62	807	269
53	近江屋	市田文次郎	西陣織物帯地卸	堺町御池下る	文政 6	2,256	82	73	603	201
54		浅岡彦三郎	木綿太物卸	五条烏丸東入					602	201
55		平井仁兵衛	帯地卸	蛸薬師烏丸西入	明治 6	3,075	98	88	589	196
56	志保屋	吉田忠三郎	染呉服卸	室町錦小路下る	明治 8		74	66	555	185
57		清水半兵衛	西陣織物帯地卸	室町二条下る		1,072	74	66	545	182
参考	千切屋	西村吉右衛門	西陣織物卸	三条室町西入	弘治	3,717	72	64	475	158
		市田弥一郎	呉服卸	東洞院三条北	明治 11	東京府	39	35		

出典）ほぼ表 4-11 と同じ．ただし 1909/10 年営業税は『日本全国商工人名録』（第 4 版）による．
備考）掲出基準・推定方法は表 4-10 に準ずる．殆どが下京区であり，上京区は，番号 2，3，10，12，17，22，24，27，29，41，45，53，57．

は中部地方の織物集散問屋として各問屋とも伸びつつあったといえよう。

名古屋の織物問屋については、愛知県内での地位がさらに問題とされねばならない。一九一〇年当時の愛知県内有力問屋を表4－13に付記したが、各産地に数多くの有力問屋が存在し、中島郡奥町の白木⑱などは、取扱高で名古屋の滝兵②を凌いでいる[29]。これらの多くは、産地問屋であって、織物の集散を行う名古屋の問屋とは性格に違いがあるが、彼らが名古屋を経由せずに直接東京・大阪などと取引したことは[30]、集散地問屋としての名古屋織物問屋の活動に一定の限界を付するものであった点で注目されよう。

以上の検討により、集散地織物問屋の規模別構成とその動きが一応明らかになったと思われるが、最上層が売上金額一〇〇万円弱（一八九九年段階）という取引規模は、当時のわが国の商人資本の取引規模としてどの程度のものなのであろうか。この点を全国的に明らかにする用意はないが、一八九九・一九〇〇年当時の東京・横浜の個人「商工業」経営者に関する調査では、表4－14のごとき状態にあった。

繊維関係業者のうち織物卸売問屋については、A級に属する者は皆無である。A級には、鉱山業者の古河市兵衛、大倉組頭取の大倉喜八郎、横浜外商のジャーディン・マセソン商会、生糸売込商の茂木惣兵衛・渋沢作太郎、砂糖石油引取商の増田増蔵・安部幸兵衛らが並んでおり、東

表 4-13　名古屋とその周辺の主要織物問屋　（売上・取扱額は千円，その他は円）

番号	屋号	姓名	職業	店舗	開業	1898年	1899年		1909/10年	1910年
						所得	営業税	売上額	営業税	取扱額
1	八木屋	八木平兵衛	太物洋反物卸	鉄砲町	明治初	17,481	306	273	958	354
2	滝兵	滝兵右衛門	呉服太物卸	本町	宝暦1	38,875	300	264	1,745	1,150
3	糸重	祖父江重兵衛	呉服太物卸	本町	明治2	15,216	296	264	899	507
4	糸屋	後藤増平	洋反物呉服卸	鉄炮町		10,001	290	259	1,035	
5	滝定	滝定助	呉服太物卸	東万町	元治1	19,337	272	243	386	665
6	万屋	春日井丈右衛門	呉服太物卸	玉屋町	文政	16,745	232	207	1,245	802
7	大谷屋	谷健次郎	呉服太物洋反物卸	本町	明治9	3,275	219	196	710	368
8	中喜	三輪喜兵衛	呉服太物洋反物卸	東万町	明治5	3,875	162	145	856	
9		吹原九郎三郎	木綿綿糸太物卸	和泉町		6,071	160	143	753	
10	美濃屋	武山勘七	木綿太物卸	東万町		13,339	136	121	404	
11	板屋	服部与右衛門	絞木綿更紗ネル卸	下園町	弘化2	3,464	122	109	260	150
12	中島屋	吉田善平	呉服太物卸	本町		1,580	122	109		312
13	大和屋	尾関平兵衛	呉服太物卸	玉屋町		1,860	117	104	345	
14	笹小	中川小兵衛	呉服太物卸	鉄砲町			101	90		
15	名古屋	兼松虎之助	太物卸	下長者	明治28		19	17	452	300
16	税務署	伊藤喜七	太物卸	鉄砲町	明治23	412	73	65	513	280
17		（名）大竹商店	呉服太物卸小売	本町	明治4		24	21		275
18	一宮	白木海蔵	買継問屋	奥町	慶応2					1,170
19	税務署	角田鞆絵			明治5					748
20		筧喜三郎		起町	明治8					475
21		角田庄五郎		平和村	慶応1					387
22		田中善兵衛		黒田町	明治31					385
23		国島合名会社		起町	慶応1					330
24		樋田幸二郎		祖父江	明治38					285
25		川合孫九郎			明治28					284
26		鍋野久四郎		起町	文政1					255
27	津島	富永新吾	佐織縞綿布買次問屋	津島町			163	146		303
28	税務署	水野文二郎	佐織縞綿布買次問屋	津島町	明治9		86	77		218
29	半田	滝田幸次郎	木綿及綿糸卸商	常滑町	明治5		95	85		278
30	税務署	竹之内源助		岡田町	万治1					257
31		間瀬佐次平	清酒醸造業木綿問屋	亀崎町	明治17		103	92		248
32		大野木綿（株）		大野町	明治31					236
33		西浦木綿（資）		大野町	明治35					227

出典）表 4-11 と同様．開業年次と 1910 年取扱額は名古屋税務監督局『管内織物解説』による．

備考）掲出基準・売上推定法は表 4-10 に準ずる．1910 年取扱額 20 万円以上のもの（愛知県）を加えた．

京の繊維関係商人では綿花綿糸商の日比谷平左衛門一名が名前を連ねているだけである。そして、B級で薩摩治兵衛が貿易商高田慎蔵と、C級で前川太郎兵衛が貿易商森村市兵衛、生糸売込商若尾幾造・渡辺文七らとそれぞれ並ぶのであり、集散地織物問屋の最上層の規模は、政商大倉組や横浜内外商のそれにやや劣るものであったといわねばなるまい。もっとも、薩摩・前川の場合、横浜支店（洋糸織物引取）がいずれもE級にランク付けられているから、それを加えれば、取引規模はA級になるであろうし、大阪の伊藤忠兵衛も糸店・京店を加えれば推定売上金額は一二一万円に達する。しかし、それらも、三井物産の一八九九年取扱高七六二三万円[31]、原合名の一九〇〇年生糸売込高推定一三二四万円、茂木合名の同一一五三万円[32]には比すべくもない[33]。集散地織物問屋のかかる地位は、のちに所得額と資産額の点から改めて確認したい。

ところで、当時の集散地問屋の織物取引における決済方式は、問屋による違いが大きいとはいえ、概して現金仕入のうえ信用販売を行うか、信用で生産地の買次・問屋から仕入れたさいも、より長期の信用を販売先の小売商に与えており、集散地問屋は信用授与の一起点として重要な地位を占めていたといわれる[34]。生産者の資力が一般に乏しく、また、小売商の消費者への販売が貸売を本則としていた第一次世界大戦前の段階にあっては、問屋が「小売商の銀行[35]」としての役割を担うことが必然であったともいえよう。だが、かかる役割を担いうるためには、問屋はよほど豊富な自己資金をもつか、外部からの資金調達力をもたねばならない。繭・生糸や綿花・綿糸の場合と異なり、価格評価の困難な織物を担保に金融することを銀行が好まないという条件の下で、いかにして集散地問屋が必要資金を調達しえたかを採ることが、本章〔第一章　集散地の織物問屋と金融〕の中心論点をなすと

表 4-14　取引規模別の商人数

商い高等級	東京		横浜	
	計	うち繊維	計	うち内商
A	3	1	16	6
B	2	1	2	1
C	3	1	6	2
D	1	1	6	1
E	9	4	18	8
F	14	6	10	7
G	43	17	27	17
計	75	31	85	42

出典）東京興信所『商工信用録』（第 3 版，1900 年）.
備考）「繊維」とは繊維関係の問屋・小売商.

いえよう。この点については立ち入った個別経営分析が必要であるが、大阪の商業興信所の調査による一九〇一年当時の大阪・京都の主要織物問屋の主要資産（有価証券・不動産）・負債（無担保約束手形の割引）の状態がわかるので、検討の手掛りとするために、表4-15として掲げておく。

一九〇〇・一九〇一年恐慌の影響をどの程度考慮すべきかは今のところ明らかでないが、まず、大阪・京都の織物問屋が有価証券と不動産の所有に力を注いでいることは明白であろう。大阪の伊藤萬商店⑤は、全資産を不動産・有価証券・営業資金に三分する方針をとっていたといわれるが、事実、この当時の営業資金一五万円[36]に対して、有価証券一六万円弱と不動産五万円強を有しているのである。不動産形態での資産は経営の安定を最終的に確保する安全弁の意味をもったであろうし[37]、有価証券所有はそれを担保とする銀行借入を可能ならしめたものと思われる。不動産・有価証券・営業資金＝現金の三本建てで資産を構成する方針は、伊藤萬だけでなく、むしろ集散地問屋一般によって採用されていたと考えてよかろう[38]。本表にない営業資金の規模を参考までに例示すると、稲西合名は、一八八八年の稲西商社設立以来資本金二〇万円であるが、一八九八年には積立金が二〇万円に達しており[39]、東京の塚本合名は一八九八年当時資本金三〇万円と積立金七万六三二三円を有し、のち積立金が一九〇二年二〇万六六〇九円、一九〇九年五二万七五二三円、一九一二年六七万三二二円と激増したうえ、一九一三年に六〇万円へ増資している[40]。

このような資産を基礎に、集散地問屋の多くは銀行からの融資を仰いで経営の拡大につとめている。本表には無担保約束手形の割引残高のみが示されているが、ほとんどの問屋が販売先から受け取った無担保手形を銀行に持ち込んで割り引いていることが判明しよう。半数ほどの問屋は、そのうえ自ら無担保手形を振り出して銀行で割り引いてもらっている。ただ、後者については、大阪の有力問屋③〜⑮の自己振り出しの無担保手形割引尻がいずれも皆無であることが留意さるべきであろう。一九〇〇・一九〇一年恐慌に対処しての借入の自制や手形によらない無担保借入の存在を想定することもできるが、さきの伊藤萬が銀行からの無担保借入を決してしなかったといわれていることの方

表 4-15　織物問屋の資産・負債（1901 年）　　（円）

大阪					京都				
番号	公債株券	宅地家屋	約手振出	約手裏書	番号	公債株券	宅地家屋	約手振出	約手裏書
3	86,934	76,303	0	37,716	1	364,904	100,000	0	565
4	221,767	59,816	0	7,650	2	38,009	40,000	2,890	6,816
5	158,591	51,884	0	31,669	3	238,636	20,000	8,000	34,523
6	559,497	123,366	0	0	4	96,270	100,000	0	0
7	6,996	25,641	0	0	5	30,900	40,000	6,773	12,563
8	2,130	25,937	0	554	6	600	60,000	2,208	0
9	31,028	28,541	0	6,879	7	6,425	18,500	0	25,621
10	32,183	36,830	0	292	8	188,887	75,000	16,113	8,393
11	43,355	4,355	0	13,263	9	14,091	50,000	17,742	11,804
12	16,383	21,128	0	14,461	10	38,766	7,000	17,140	43,443
13	34,676	15,322	0	4,700	11	52,840	320,000	0	21,774
14	0	14,445	0	657	12	13,200	13,000	0	0
15	26,561	7,366	0	0	13	24,427	1,500	0	0
16	4,573	16,193	42,557	0	15	82,419	27,000	0	0
17	272	20,398	0	0	16	21,188	42,000	9,968	24,761
18	6,738	36,668	3,400	1,325	17	2,390	11,000	3,724	9,210
19	615	12,371	0	5,395	18	89,175	30,000	79,014	97,199
20	19,740	8,505	0	0	19	39,513	12,000	4,190	655
21	12,057	6,201	0	0	20	2,919	80,000	0	3,928
22	32,589	80,188	0	3,262	21	7,830	18,000	35,566	27,482
24	13,069	18,050	24,333	6,865	22	12,852	16,000	7,644	7,509
25	73,430	0	0	0	23	23,353	17,000	2,311	14,546
26	355,835	31,508	0	0	24	10,570	2,500	0	0
27	37,373	14,648	18,698	18,279	25	184,936	110,000	10,901	42,525
28	0	7,818	6,008	598	26	163,297	40,000	0	1,758
29	14,587	30,472	10,704	6,202	27	29,060	55,000	0	10,557
30	6,109	83,124	4,115	3,064	28	187,804	30,000	2,722	12,928
31	5,501	21,938	0	7,288	29	17,094	17,000	14,321	18,073
32	1,362	0	0	0	30	0	8,000	5,705	200
33	12,161	4,320	1,433	1,885	31	5,402	34,000	1,600	458
34	23,125	10,368	29,179	7,223	32	85,802	30,000	277	3,607
35	12,626	95,175	9,886	14,664	33	26,463	18,000	0	5,389
36	53,923	7,655	0	0	34	125,308	19,800	4,700	1,715
37	6,687	20,354	36,684	25,648	35	26,590	0	7,600	7,826
38	9,620	17,207	11,945	14,819	36	13,915	0	3,709	5,830

出典）　商業興信所『大阪・京都・神戸・名古屋商工業者資産録』（第 5 版，1902 年）．

備考）　番号は表 4-11，4-12 と同じ．ただし京都 13 は藤原忠之助，同 24 は稲垣貞次郎の分で代表させた．判明した上位各 35 店分を掲出．「公債株券」類には社債を含むが，合名・合資出資は含まない．「公債株券」類，市街「宅地家屋」とも 1901 年末の時価評価額である．無担保「約手振出」「約手割引」は「無担保約束手形割引尻金額」であり，「明治三十四年度中調査ノ回数ニ割当振出並ニ裏書金額ヲ各別ニ平均シタルモノ」（凡例）である．

表 4-16　四大都市の有力原料糸商　（単位は，売上推定が千円，その他は円）

所在	姓名	1899 年 営業税	1899 年 売上推定	1898 年 所得	所在	姓名	1899 年 営業税	1899 年 売上推定	1898 年 所得
東京	日比谷平左衛門	435	388	22,815	大阪	前川善三郎	797	712	
	柿沼谷蔵	424	379	18,165		伊藤忠兵衛	600	536	
	平沼八太郎	423	378	29,315		八木与三郎	447	399	1,722
	中村徳太郎	360	321	2,581		平野平兵衛	418	373	26,878
	岩田友右衛門	294	263	1,000		中村惣兵衛	396	354	8,761
	斎藤弁之助	269	240	12,930		橋本又次郎	323	288	2,457
	鶴岡助次郎	206	184	27,187		松居吉蔵	303	271	1,233
京都	中井源左衛門	320	286			岩田保太郎	280	250	2,316
	山田茂助	289	258	4,999		岩田惣三郎	279	249	8,968
	大橋宗助	218	195	2,640		不破栄次郎	206	184	
	田中兵七	177	158	2,138	名古屋	伊藤次郎左衛門	496	443	46,344
	山田長左衛門	166	148			近藤友右衛門	265	237	13,000

出典）　前掲『日本商工営業録』（第2版），『日本紳士録』（第5版）．
備考）　営業税150円以上の卸売糸商のみ表示．京都は生糸，その他は綿糸商である．売上推定は営業税額を0.00112で除して算出した点，前掲諸表と同様である．

を重視しておきたい。この想定が正しいとすれば(41)、集散地問屋は、その規模を急速に拡大して有力問屋になるにつれて、資力が充実してゆき、銀行への依存度はむしろ低下するということになろう。例えば、前述した塚本合名の資本金・積立金をもってすれば、表4－10に記した規模の同店の織物取引は、他からの資金借入にあまり頼らなくても可能なのである。もっとも、これは問屋の発展テンポが、自己資金の充実テンポ以下であることの結果にすぎないから、かかる関係が成り立たない場合には、当然異なった事態が生ずることは言うまでもない。そこで、最後に、集散地織物問屋の資力が充実してゆく様子を検討しなければならないが、その前に、織物問屋と関係の深い原料糸商と小売商（とくに百貨店に発展する有力呉服商）の活動規模を最上層に限って一瞥しておこう。

表4－16は、有力原料糸商をさきの四大都市に限って示したものである。彼らは織物集散とは直接の関係はないが、織物生産地にとっては重要な役割を果たしている。綿糸商はさすがに大阪に集中しているが、東京にも有力なものがみられる。その取引規模は、有力織物問屋のそれに匹敵するといってよい。生糸商については、京都の分だけを示したが国内向け流通においてもやはり横浜が重要であったし（国内への積戻糸！）、また、福島・前橋・福井・金沢など主

要絹織物業地域ないしその近辺には、それぞれ有力な生糸商がいて活動していた。だが、ここでは彼らにまで触れる余裕がない。表4－17に、大阪・京都の主要原料糸商についての資産・負債構成を記しておいたので、さきの表4－15と対比されたい。

大阪の綿糸商については、大阪の織物問屋についてのさきの指摘とほぼ同様なことがいえよう。京都の生糸商については、生糸仲買や機業家から受け取った手形の割引を盛んに行っていることが注目される。

表4-17　主要原料糸商の資産・負債（1901年）　（円）

所在	姓名	公債株券	宅地家屋	手形振出	手形裏書
大阪	前川善三郎	261,838	57,812	0	0
	八木与三郎	25,651	36,984	1,621	2,089
	平野平兵衛	240,182	93,492	0	0
	中村惣兵衛	35,170	50,510	0	1,045
	岩田保太郎	39,057	7,938	33,388	29,822
	岩田惣三郎	80,390	22,873	0	16,423
	不破栄次郎	8,299	0	1,803	5,147
京都	中井源左衛門	913	8,000	857	34,567
	山田茂助	35,503	15,000	7,327	45,157
	大橋宗助	815	15,000	5,000	36,570
	田中兵七	78,430	6,000	4,616	34,152
	山田長左衛門	47,656	20,000	15,235	21,104

出典）表4-15と同じ.
備考）伊藤忠兵衛については，表4-15の大阪4をみよ.

小売商となると、全国あらゆる地域にわたって無数に散在しており、その実態を把握することは容易でない。そこで、明治末期以降百貨店化の途をたどる有力呉服店を中心に、その活動規模を例示しておこう（表4－18）。

小売商への課税率は卸売商へのそれと異なるので、本章注(21)に示したように営業税額を〇・〇〇三一三で除して売上高を推定してみたが、これによると最大の三井呉服店が計一一九万円強の売上高を示し、大丸呉服店の計六五万円弱、白木屋呉服店の四五万円強がそれに次いでいる。これらは小売商といっても有力卸売問屋に比肩しうる売上高を示しており、しかも古くから京都その他に仕入店を設置して、豊富な資力によって直接仕入を積極的に行っていたから、卸売問屋との関係において別格の地位にあったといえよう(42)。したがって、織物の生産のみでなく流通をも扱う本書では、それらを含めた小売商の分析が、本来ならば必要なの

表 4-18　有力呉服商の取引規模　（単位は売上が千円，その他は円）

所在	店名	店主名	創業	1899 年 営業税	1899 年 売上推定	1898 年 所得額
東京	三井	三井源右衛門	延宝 1	2,566	820	132,430
	白木屋	大村彦太郎	寛文 2	1,425	455	26,193
	大丸	下村正太郎	寛保 3	1,046	334	20,000
	松坂屋	伊藤次郎左衛門	宝永 4	360	115	後出
	松屋	古屋徳兵衛	明治 22	318	102	6,041
	伊勢丹	小菅丹治	明治 19	173	55	1,512
	高島屋	飯田新七	明治 26	26	8	後出
大阪	三井	三井源右衛門	元禄 1	1,163	372	前出
	十合	十合伊兵衛	天保 1	852	272	14,943
	大丸	下村清兵衛	享保 11	563	180	5,843
	小大丸	白井忠三郎	明和 1	454	145	16,658
	小橋屋	平井利兵衛		294	94	
京都	高島屋	飯田新七	天保 2	513	164	30,000
	井上大丸	井上七右衛門		319	102	4,237
名古屋	松坂屋	伊藤次郎左衛門	慶長 16	438	140	46,344
	大丸	下村正太郎	享保 13	414	132	前出

出典）前掲『日本商工営業録』（第 2 版），『日本紳士録』（第 5 版），百貨店新聞社『日本百貨店総覧』（1936 年）．
備考）売上金額は営業税額を 0.00313 で除して推定．下村正太郎の所得税は京都納入，十合伊兵衛のそれは重助・孝蔵分を合計．

であるが、小売商の分析は残念ながら全く果たせなかった。

以上、主要集散地の織物卸売問屋・原料糸商・織物小売商の上層部分について、主として活動規模の点から検討を行ってきたが、最後に彼らの資力を所得額と資産額の点から検討して結びとしたい。織物関係商人に関する前掲諸表には、一八九八年度の各商人の所得税納入の基礎となった所得額を判明する限り掲げておいたが、一万円以上の者についてまとめると、表 4－19 のカッコ内に表示のごとき人数になる。

三井呉服店主の三井源右衛門の一三万円台を別とすれば、瀬尾・伊藤の両名が四万円台、菊池・前川・辻・飯田・滝兵が三万円台で、三－四万円台が上限をなしていることがわかろう。東京・大阪の織物卸売問屋の最上層に並ぶ近江商人・伊勢商人の所得額を明らかにしえないが、彼らも三－四万円台の線を上回るものでないことは明らかである。京都においては辻・飯田の両名が最高所得者の地位を占め、以下織物関係商人が高額所得者中に占める地位はここでは伊藤・滝兵が最高所得者の地位を占めている。しかし、東京・大阪では四万円台をはるかにこえる高額所得者が多数存在しており、個々の織物関係商人の地位はあまり目立たないといわねばならない。

表 4-19　織物関係商人の所得の位置（1898 年）

所在	3 万円以上		2 万円以上		1 万円以上	計
東京	78 (3)	三井，菊池，前川	41 (5)	平沼，鶴岡，大村，杉村，日比谷	184 (7)	303 (15)
大阪	20 (1)	瀬尾	16 (2)	竹尾，平野	81 (4)	117 (7)
京都	2 (2)	辻，飯田	7 (4)	下村（忠），西川，上田，下村（正）	24 (7)	33 (13)
愛知	4 (2)	伊藤，滝兵	2 (0)		23 (7)	29 (9)
滋賀	1 (?)		7 (?)		11 (?)	19 (?)
三重	3 (?)		2 (?)		6 (?)	11 (?)
全国	162		123		576	861

出典）府県別統計は『日本帝国統計年鑑』（第 18 回）.
備考）括弧内は織物関係商人の数．典拠は表 4-10 以下の各表.

四万円以上の高額所得者の構成についてはここでは触れないが[43]、簡単にいえば、上からの資本主義化を第一線に立って推進していった実業家上層（貿易業者を含む）と旧藩主の転化した華族上層がその大多数を占めている。織物関係商人の最上層部分は所得の点では、彼らに次ぐ地位にあったのであり、強いて対比すれば、新潟県その他の千町歩地主を頂点とする大寄生地主層に匹敵する地位にあったといえるように思われる。織物関係商人は、かかる地位にあったとはいえ、その人数の多さにおいて他に類がなく、それゆえ全体としての所得額がきわめて巨額なものであったことは疑いないところであり、彼らの商人資本家としての「蓄積」にもとづく諸部門への投資は、寄生地主が収取した小作料の資本転化とともに、日本資本主義の展開に重要な役割を果したと考えられるが、その点を論ずることは本稿の課題をこえることになろう。

資産額の点から織物関係商人の位置づけを行いうるような正確な史料はほとんどないが、大雑把な見当をつけるために、一九一〇年当時の一推定を表４－20として掲げよう。

この表は推定の根拠が明らかでなく、また、伊藤萬助（大阪）、辻忠郎兵衛（京都）、森五郎兵衛（滋賀）、滝兵右衛門・滝定助（愛知）、川喜田久太夫（三重）など、当然載るべき者で欠落している者があるため、きわめて不十分なものであるが、およその見当をつける上では使用しても差し支えなかろう。本表から第一に判明することは、三井源右衛門（二〇〇〇万円、本表では八郎右衛門へ合算）を除く

表 4-20　100 万円以上の資産家一覧（1910 年）　（単位・万円）

資産額	人数	織物関係	備考			
最高	4		三井八郎右衛門	岩崎久弥	住友吉左衛門	安田善次郎
4000	4		本間光輝	渋沢栄一	鴻池善右衛門	林維源
3000	2		大倉喜八郎	藤田伝三郎		
2500	1		広岡久右衛門			
2000	6		阿部市郎兵衛	古河虎之助	小西新左衛門	平瀬亀之助
1500	6		前田利為	島津忠重	毛利元照	中井三郎兵衛
1000	10	1	伊藤次郎左衛門			
800	16	7	前川太郎兵衛	平沼専蔵	小津清左衛門	小林吟右衛門
			田中次郎左衛門	竹尾治右衛門	原善三郎	
700	5	1	下村正太郎			
600	4	3	外村宇兵衛	春日井丈右衛門	小泉新助	
500	23	2	稲垣貞次郎	茂木惣兵衛		
400	21	6	塚本定右衛門	薩摩治兵衛	杉村甚兵衛	西川幸兵衛
			大村彦兵衛	西村総左衛門		
300	63	8	西村与兵衛	日比谷平左衛門	西村重郎兵衛	長谷川治郎兵衛
			瀬尾喜兵衛	前川善三郎	西村治兵衛	上河トミ
200	45	6	建石三蔵	渡辺甚吉	岡崎治助	山口玄洞
			藤原忠兵衛	内貴清兵衛		
150	35	9	村越庄左衛門	武山勘七	荘保勝蔵	亀岡徳太郎
			下村清兵衛	伊藤忠兵衛	下村忠兵衛	外村与左衛門
			平野平兵衛			
100	84	10	町田徳之助	菊池長四郎	八木平兵衛	野村利兵衛
			戸田猶七	安盛善兵衛	山田長左衛門	飯田新七
			柏原孫左衛門	田中兵七		
計	329	51				

出典）実業力行会『無資奮闘成功家実歴』（1910 年）付録「大日本現時百万円以上資産家一覧」より作成．基礎となる調査がいかなるものかは不明．

備考）「最高」群は筆者の集計によるもので，三井 10 家 2 億 4500 万円，岩崎 2 家 1 億 4000 万円，住友家 8000 万円，安田 3 家 4800 万円である．

と、推定資産額一〇〇〇万円をこえる織物関係商人は皆無であり、その限りでは所得額を指標として行った彼らの地位評価が資産額を基準に測定した場合にもあてはまるということである。しかし、第二に重要なことは、一〇〇〇万円以下の層にはきわめて多数の織物関係商人がいることであり、前表でみたよりも彼らの地位は高いということである。これは、おそらく調査時点の差によるものではないであろう。このことは、彼ら織物関係商人とくにその有力者の営業活動は、自らの資産を基礎として行われる度合が他の商工業者と比較して大きいことを示しており、前述したように、有力問屋になるにつれて、銀行への実質的依存度[44]

がむしろ低下することを示唆している。本表の数値を絶対値としてそのまま信ずるわけにはいかないにせよ、前掲諸表の一九〇九・一九一〇年当時の年間推定売上金額と本表の資産額とを対比するときには、資金回転の遅さを考慮してもなお、有力問屋の銀行依存度は実質的にはあまり高くなかったものと推定せざるをえないであろう。もっとも、市田商店や河崎商店などのように、抜群の発展速度を示す場合は、事態は異なることは言うまでもない。

（1）〔例えば、林玲子「呉服方の動向」（財団法人近江商人郷土館・丁吟史研究会編『変革期の商人資本――近江商人丁吟の研究』吉川弘文館、一九八四年）一四九頁、白石孝『日本橋堀留東京織物問屋史考』（文真堂、一九九四年）七五頁、石井寛治「幕末開港と外圧への対応」（石井他編『日本経済史1　幕末維新期』東京大学出版会、二〇〇〇年）二九頁〕。

（2）〔追加分の典拠は、東京⑨小林吟右衛門の江戸出店天保二年が前掲『変革期の商人資本』二一頁、東京㉓白石甚兵衛の開業明治四年が白石孝前掲『日本橋堀留東京織物問屋史考』一三六頁、東京㉕（名）金子商店の設立明治三〇年が『商工貿易興信録』、東京㉖菊池長四郎の開業文化一一年が林玲子前掲「呉服方の動向」一四九頁、東京㉙大浜忠三郎の開業慶応初年が『横浜成功名誉鑑』、東京㊲鈴木与一の開店慶応二年が『商工貿易興信録』、東京㊳（資）山一商店の設立明治三一年が『商工貿易興信録』、東京㊼村越庄左衛門の開業元禄年間が中西利八編『全日本業界人物大成』乾巻（一九三二年）、東京㊿大森喜右衛門支店の開業明治五年が『秩父織物変遷史』三四八頁、東京65西川甚五郎江戸出店の元和元年が末永国紀『近代近江商人経営史論』三七頁、東京75（資）小野里商店の開業天保七年が『群馬県史』資料編一五、東京76中小路清次郎の開店明治三九年が『商工貿易興信録』、東京85中村合名の設立明治二五年が『商工貿易興信録』、東京90村田茂七の開店明治三一年が『商工貿易興信録』、大阪②竹村弥兵衛の開業元治元年が石井寛治前掲「幕末開港と外圧への対応」二九頁、大阪⑨河崎助太郎の開店明治二五年が『商工貿易興信録』、大阪⑫西尾宗七の開店明治二〇年が『商工貿易興信録』、大阪㉕山中利右衛門の開業万延元年が末永国紀前掲書一六九頁、大阪㉖川喜田久太夫の開業天保九年が茂木陽一「川喜田家歴史資料目録」解題、大阪㉜根津ツネの開店明治一二年が『商工貿易興信録』、大阪㊳佐藤辰三郎の開店維新前が『商工貿易興信録』、大阪59薩摩治兵衛の開店明治三七年が『商工貿易興信録』、大阪72馬場藤七の開店明治二〇年が『商工貿易興信録』、大阪80中谷庄兵衛の開店明治二九年が『商工貿易興信録』、京都⑫外村与左衛門の「京都へ出商内」開始文化期が上村雅洋『近江商人の経営史』三五三頁、名

古屋①八木平兵衛の開業明治初年が手島益雄『続名古屋百人物評論』（一九一五年）七三頁、である」。
（3）「東京及び大阪は我国織物界に於ける二大中央集散地にして、各生産地の織物は殆んど総て此の二大市場に集中し、更に各需要地に分配せらる。近年名古屋も亦一の中心市場たらむとする傾向を帯び来れり」（農商務省工務局編『織物及莫大小に関する調査』工政局出版部、一九二五年、「綿織物業の一般観察」一一－一二頁）。なお、具体的には『滝兵の歩み』（滝兵株式会社、一九六一年）六六－六七頁参照。
（4）内訳は、京都駅（発送三五七〇トン・到着一二八五トン）、宮津駅（発送一一三〇トン・到着九五五トン）、須津駅（発送六四八トン）、岩滝駅（発送三〇三トン）、二条駅（到着一一〇七トン）である。
（5）明治期における桐生産絹織物の出荷では利根川水運が重要な役割を果たしているごとくである。一八八八年の両毛鉄道開通までは、水運八割、陸運二割であり、水運の三割が東京行、七割が関西行であった。両毛鉄道開通後、水運は徐々に減少し、東武鉄道が一九〇七年に足利町へ、一九一三年に桐生町（新桐生駅）へそれぞれつながってからは、水運はほとんど衰滅した（鉄道院『本邦鉄道の社会及経済に及ぼせる影響』中巻、一九一六年、九九一頁以下）。
（6）本節では、輸出織物の分析は捨象する。
（7）第一一回『東京市統計年表』（一九一二年）による。
（8）河本保三・三浦新七・安藤兼三郎『両毛地方機織業調査報告書』（高等商業学校、一九〇一年）七二－七三頁より算出。
（9）鉄道院前掲書、中巻、九九七頁以下より算出。
（10）前掲『両毛地方機織業調査報告書』二二二頁、および、金子源三郎『桐生織物調査報告書』（一九一〇年、一橋大学図書館所蔵）による。
（11）田村信生・浅井義暆『尾濃機業取調報告書』（高等商業学校、一九一〇年）五〇頁。
（12）同上書、八二頁。
（13）名古屋税務監督局『管内織物解説』（一九一〇年）三六二頁。
（14）例えば、米沢織物は、古来東京を第一の仕向先としていたが、一八九九年に奥羽本線福島・米沢間が開業してからは、大部分が京阪地方へ供給されるようになり、紀州綿ネルも、一九〇〇年に関西鉄道線が通じてから、関東への直接販売が激増したようである（鉄道院前掲書、中巻）。
（15）西日本の綿織物産地には、例えば備後地方のように、「永年ノ慣習ニ依リ」、大阪からある程度自立した集散を行なうところもあった（商工省商務局『商取引組織及系統ニ関スル調査（内地向綿織物）』一九三〇年、五三頁）。

(16) 前掲『織物及莫大小に関する調査』四八頁（埼玉）、七三‐七四頁（遠州浜松）、九四頁（知多）、一三六頁（尾西）、一五一頁（中河内）、一六八頁（美濃笠松）参照。

(17) 同右書、二四〇‐二四一頁（八王子→九州）、および、前掲『商取引組織及系統ニ関スル調査』三〇頁。

(18)『現代の問屋』（商店雑誌社、一九一七年）参照。

(19) 同右。

(20) その後税率は、一九〇四年四月から①一万分の八半（小売二〇半）、②千分の六八、③一人一円七〇銭へ、一九〇五年一月から①一万分の一二半（小売三七半）、②千分の一〇〇、③一人二円五〇銭へ、一九一一年一月から①一万分の一二（小売三六）、②千分の九〇、③一人二円へと改訂され、大正四年に再改訂される（『明治大正財政詳覧』による）。

(21)〔旧稿で用いた推定方式は、一八九九年については営業税額を〇・〇〇〇五五で除し、一九〇九年・一九一〇年については同じく〇・〇〇一二五で除して、売上金額を算出するというものであったが、その根拠は二店の具体的事例にすぎなかった。しかし、その後、大蔵省主税局が遺した営業税の課税標準に関する統計データが見つかったので、本稿では、その全国平均値を用いることにした。すなわち、一八九九年度『第二六回主税局年報書』記載の「営業税・物品販売業之部」の①全国売上金額（卸売）一〇億〇六六四万四二五〇円、（小売）四億七〇三八万八一九六円への課税額（卸売）五〇万三三二二円、同（小売）六三万〇五八二円、②建物賃貸価格一九〇五万八八三二円への課税額七六万二三五三円を売上金額に比例すると仮定して推定課税額（卸売）五一万九九二五円、同（小売）二四万二四二八円、③従業者五四万六六三二人への課税額五四万六六三二円を、『商業統計表』（一九五二年、一九六〇年）記載の卸売従業者一人当たり販売額が小売りのそれの一一・二倍、七・七倍であることから一八九九年当時も平均九倍と見なし、課税額（卸売）一〇万五〇一〇円、同（小売）四四万一六二二円と推定する。①②③の課税額集計値（卸売）一一二万八二五七円は売上金額の〇・〇〇一一二倍、同（小売）一三一万四六三一円は〇・〇〇三一三倍となるので、これを基準に個々の営業税額から売上金額を推定する。見られるように、旧稿は②建物賃貸価格の比重を過小評価していたため、売上金額の推定が過大となってしまったので、ここで訂正する。一九〇九年についても、同年度『第三六回主税局統計年報書』の数値をもとに、注(20)に記した一九〇五年改訂の税率にもとづき、全く同様の推定を行い、課税額推定値（卸売）五五〇万九九〇二円は売上金額の〇・〇〇三〇〇倍、同（小売）五七五万六四六四円は売上金額の〇・〇〇七一九倍となるので、それを基準に個々の営業税額から売上金額を推定する〕。

(22) この問屋街の歴史的形成過程については、北島正元編著『江戸商業と伊勢店』(吉川弘文館、一九六二年)、および、林玲子『江戸問屋仲間の研究』(御茶の水書房、一九六七年) 参照。『中央区史』上・下巻 (一九五八年)、野口孝一『日本橋－東京の経済史』(日経新書32、一九六六年) も参考になる。
(23) 正確な開業年次不明の㉘は呉服太物扱いにつきここでは弘化期より前の開業と見なした。
(24) この問屋街については、何よりも宮本又次氏の周知の一連の業績が参照されるべきである。
(25) 一九〇一年には、山口八三五円、竹村七七五円、伊藤忠二店七三八円、稲西六四六円、伊藤萬四三四円となる (『日本商工営業録』第三版)。
(26) 宮本又次氏は、「近江商人の大阪開店がわりあい新しいのは、近江商人が行商を主に行なっていたからである。しかし、幕末になって交通が発達し、地方の呉服店主が直接大阪に来て仕入れをするようになったので、行商による儲けが少なくなった。こうした結果彼らは大阪に店を構えざるをえないようになったのである」(『大阪商人太平記・明治中期篇』創文社、一九六一年、二〇五頁) と述べておられる。しかし、この点は東京についても基本的には同様だったと思われる。
(27) この点については、さしあたり本庄栄治郎『西陣研究』(一九一四年) を参照。詳しくは本書第二章〔山口和雄・杉山和雄「西陣織物業と金融」〕を参照されたい。
(28) 『滝兵の歩み』(滝兵株式会社、一九六一年) 六六－六七頁。
(29) 白木海蔵については、石川清之「産業資本確立期における織物業の展開と寄生地主制」(『土地制度史学』五三号、一九七一年一〇月) 参照。
(30) 具体的には竹之内源助商店㉚に関する本書第五章〔第二節、村上はつ「知多綿織物業と金融」〕の分析を参照。
(31) 第一物産株式会社『三井物産会社小史』(一九五一年) 一五九頁。
(32) 両店の売込個数 (石井寛治『日本蚕糸業史分析』東京大学出版会、一九七二年、一六四頁) に、同年輸出糸単価一斤当り九円六四四七 (原合名『横浜生糸貿易概況』) を乗じて算出。
(33) なお、桐生の買次商書上文左衛門商店の取扱高もまた、東京・大阪の集散地問屋のそれを上回る事実も興味深い。この点については第三章第二節一の分析〔林玲子「書上商店」〕を参照。
(34) この点は、次節〔＝第二節　集散地問屋の経営と金融〕において具体的に検討されるべき論点でもある。
(35) 佐藤泰雅「問屋の位置及び其の使命」(『現代の問屋』商店雑誌社、一九一七年)。

(36)『伊藤萬五十年史』(株式会社伊藤萬商店、一九三三年) 一七、三三頁。
(37) このことは、本表の基礎となった調査に併記されている不動産抵当借入金が、きわめてわずかの織物問屋にしか記されていないことから明らかである。〔なお、物品販売業者の課税標準のなかに注(21)で論じたように建物賃貸価格があり、しかも、売上金額に匹敵する課税額であることは、彼らの「市街宅地家屋」への投資の大きさを反映していると言えよう〕。
(38) 問屋による違いがあることはもちろんである。例えば東京の前川太郎兵衛については、巨額の現金と国債をもっていたが、土地所有は少なかったといわれている(神田彦三郎『商傑前川太郎兵衛翁』共盟閣、一九三六年)。
(39)『日本全国商工人名録』(第二版) による。商業興信所『明治三一年改正、日本全国諸会社役員録』(第六回) にも同様の記載がある。もっとも、『第八回大阪市統計書』では一九〇七年当時の同社資本金二〇万円、積立金三万一〇〇〇円とあり、同書第一〇回 (一九一〇年) では資本金二〇万円、積立金三万七〇〇〇円、固定財産見積七万二〇〇〇円とされている。両データの関連は目下不明である。
(40) 一九九八年『東京府統計書』、『第二回東京市統計年表』(一九〇二年)、一九〇九年および一九一三年『京都市統計書』による。
(41) ただし、京都についてはやや事態が異なるので留保しておく。
(42) この点は各店社史その他に詳しい。
(43) 石井寛治「成立期日本帝国主義の一断面」(『歴史学研究』三八三号、一九七二年四月) である程度の分析を行ったので、必要ならば参照されたい〔石井寛治『近代日本金融史序説』(東京大学出版会、一九九九年) に、第一二章「資産家層の形成と資本輸出」として加筆のうえ収録〕。
(44)「実質的」というのは、例えば有価証券担保で金融を受ける場合は、無担保で金融を受ける場合に比較すれば依存度が低いと評価すべきだという意味である。

第五章　商業会議所の性格と会員資格の格差

本章は、商品流通史研究会編『近代日本商品流通史資料⑥商業会議所報告2』（日本経済評論社、一九七九年）に執筆した解題「商業会議所報告」を採録した。執筆当時、一九一七（大正六）年に日本工業倶楽部ができるまで日本を代表する資本家団体であった東京商業会議所と各地商業会議所の活動の研究はほとんどなかった(1)。とくに会議所を商人の団体と見る誤解が一般的だったので、解題ではその点を批判した。最近、会頭の渋沢栄一(2)や中野武営(3)に関する研究が大きく進展したが、商業会議所の分析は特定政策とのかかわりでなされるにとどまり、国策全体へのブルジョアジーのスタンスを商業会議所の分析を通じて明らかにする作業は不十分である(4)。会議所メンバーに関する解題は今でも役立つと思われるので、表題を変え、節を設けて注記を補充し、本文はそのまま採録した。

一　商業会議所メンバーは商人だけなのか

一八九〇（明治二三）年制定の商業会議所条例にもとづいて設立されるようになって以降、一九一七（大正六）年に日本工業倶楽部が設立される頃までの間、各地商業会議所とその全国連合会は、ブルジョアジーの全国的結集体の代表として多彩な活動を展開したが、そこに結集したブルジョアジーの性格については、これまで十分な検討が加えられたとはいえない。第一に問題となるのは、永田正臣『経済団体発展史』が、これを「商業資本の利益代表機関(5)」と規定して以来、商業会議所を「主として商業ブルジョアジーの階級的結集度を示すもの(6)」として理解する傾向が強いことである。のちに永田正臣氏が著した『明治期経済団体の研究』おいては、一八九五（明治二八）年の条例改正で「商事会社のみでなく、製造業、運輸交通業などを含む法人企業も会議所に参加する機会を与えられることになった(7)」と記されているが、かかる評価もなお疑問があるとしなければならない。

一八九〇（明治二三）年制定の商業会議所条例は、会員の選挙権・被選挙権について、つぎのように定めていた。

第一条　此条例ニ商業者ト称スルハ商法第四条ニ掲ケタル商取引ノ各部類ニ属スル商人及作業人ヲ謂フ
第五条　会議所設立地ノ商業者ニシテ所得税ヲ納ムル者ハ会員ノ選挙権ヲ有ス
第六条　会議所設立地ニ於テ所得税ヲ納ムル商業者ニシテ年齢三十歳以上ノ男子及商事会社ハ会員ノ被選挙権ヲ有ス　商事会社ヲ代表スヘキ者ハ法律上其会社ノ代理権ヲ有スル者一員ニ限ル
第七条　第五条及第六条ノ規定中会員ノ選挙権及被選挙権ニ関スル財産上ノ資格ニ付テハ農商務大臣ハ地方ノ情況ニ依リ省令ヲ以テ特ニ其所得税ノ等級ヲ定メ又ハ他ノ国税ヲ加フルコトヲ得

この第一条にいう「商業者」＝「商人及作業人」の範囲を、商法第四条によってみると、「産物ノ交換販売ヲ目的トスル取引」を筆頭に一一項目に及ぶ「商取引」が掲げられており、その中には、「製造工業及ヒ手職業ニ係ル作業及ヒ取引」「人及物ノ運送ニ係ル作業及ヒ取引」「銀行営業ニ係ル作業及ヒ取引」「取引所ノ取引」などが含まれている。すなわち、条例は、所得税を納める個人に対しては、製造工業に従事する者も含めて選挙権を与えることを当初から定めていたのである。その際、「商事会社ノ役員」は一個人として選挙権を有するか否かが問題とされたが、商工局長は東京商業会議所設立発起人からの問合せに対し、一八九〇（明治二三）年一一月一八日付で、つぎの通り回答した(8)。

合名会社及合資会社ニ在テハ其の社員、株式会社ニ在テハ其ノ取締役ハ各々商人トシテ商業会議所条例第五条及第六条ノ会員ノ選挙権並被選挙権ヲ有ス、但商法実施以前ニ在テハ商業会議所条例ノ範囲内ニアル各商事会社ノ役員ニシテ、商法ニ規定スル合名会社及合資会社ノ社員若クハ株式会社ノ取締役ニ該当スル業務ヲ執ルモノハ亦各々商人トス。

もっとも、「商事会社ノ役員」でありさえすれば、必ず選挙権と被選挙権が与えられたわけではない。その役員が所得税を納入していることが必要条件の一つであり、東京市の場合は、一八九〇年農商務省令第一七号（同年一〇月三一日）により第四等以上の所得税（所得一〇〇〇円以上）を納入することが条件とされた(9)。

これに対して、「商事会社」（第六条）それ自体は、選挙権をもたず、被選挙権のみを有するとされたのであるが、ここでいう「商事会社」とは、永田前掲書が強調するように、製造業・運輸業を排除するものだったのであろうか。そうではない。東京商業会議所設立発起人が、一八九一年三月一一日付で、陸奥農商務大臣あてに、被選挙権人名簿には「商法第四条ニ該当スル営業ヲ為ス商事会社ニ限リ之ヲ掲載スベキ義ト相心得可然哉」と伺書を差し出したのに対して、翌日付で「掲載スヘキ商事会社部類ノ件ハ伺之通」という指令書が下付されているのであり、「商事会社」には、製造業・運輸業ともに含まれていたのである(10)。当時の東京商業会議所の被選挙人名簿を見ることはできないが、四日市商業会議所の一八九三年六月現在の被選挙人名簿には、関西鉄道会社社長白石直治や三重紡績会社技師斎藤恒三と並んで、運輸業関西鉄道会社や綿糸紡績業三重紡績会社が名を連ねている(11)。

このように、当時勃興しつつあった会社形態の産業資本（製造工業・運輸業など）は、その役員が選挙権・被選挙権

表 5-1　東京商業会議所会員（1892 年）

第一国立銀行頭取	⊙渋沢　栄一	材木商	小松　正一
三井物産会社長	○益田　孝	株式取引所仲買	小布施新三郎
日本土木会社長	大倉　喜八郎	石川島造船所委員	梅浦　精一
日本製帽会社取締役	益田　克徳	油商	伊井　吉之助
第三十二国立銀行取締役	山中　隣之助	株式取引所仲買	加藤　忠蔵
東京米商会所頭取	米倉　一平※	西洋小間物商	辻　久米吉
株式取引所副頭取	中野　武営※	秀英舎長	佐久間　貞一
東京諸機械製造会社取締役	中村　道太	東海銀行取締役	堀江　半兵衛
米商	○奥　三郎兵衛	薪炭商	鈴木　亮蔵
鰹節商	籾山　半三郎	牛肉商	鈴木　源蔵
酒商	中沢　彦吉	菓子商	藤田　武次郎
太物商	菊池　長四郎	売薬商	高木　與兵衛
煙草商	田中佐治兵衛	砂糖商	方波見平兵衛
書籍商	小林　義則	菓子商	大住喜右衛門
材木商	数江三右衛門	日本セメント会社長	橋本辰三郎※
株式取引所仲買	徳江　孝平	砂糖商	高島　勘六
銅鉄商	森岡平右衛門	牛肉商	木村　荘平
日本薬品会社専務取締役	守田重兵衛※	株式取引所肝煎	中島　行孝
薬種商	松本　伊兵衛	荒物商	半田　善八
株式取引所肝煎	太田　実	第百十二国立銀行取締役	北村　栄一郎
桜田麦酒会社長	金沢三右衛門	廻漕業	野中　萬助
書籍商	辻　敬之	売薬商	安井　孝輔
米商	村田　雷蔵	時計商	服部　金太郎
薬種商	柴田　藤兵衛	石材商	青木　庄太郎
西洋小間物商	藤田　藤一郎	酒商	説田　彦助

出典）白崎五郎七・白崎敬之助編『日本全国商工人名録』（1892 年 4 月刊）.
備考 1）※印は当選した「商事会社」の代表者としての資格.
備考 2）⊙印は会頭，○は副会頭の意.
備考 3）1891 年 5 月選挙の当選者．93 年 2 月に半数改選（『渋沢栄一伝記資料』第 19 巻）.

をもち、さらに会社自体が被選挙権をもつという二重のルートを通じて、商業会議所会員＝議員となる道を与えられていたのであって、商業会議所条例が制度上＝組織上、そうした利害を排除していたと考えることは当をえない[12]。そして、実際に選出された初期の会議所会員の中には、産業企業の利害を代表する者が少なからず含まれていたのである。一八九二年当時の東京・大阪・京都の会議所会員名を示すと、表5－1、表5－2、表5－3のごとくである。各種商人が高い比重を占めているとはいえ、製造業・運輸業・銀行業・取引所などの関係者もまた名を連ねていることがわかろう。しかも、これらの表における職業は一つに限定されているため、大阪の場合でいえば、第百三十国立銀行頭取・大阪紡績会社

表 5-2　大阪商業会議所会員（1892 年）

古着商	前川　彦十郎	紙商	岡本　音七
呉服商	○田村　太兵衛	材木商	北村　政治郎
足袋商	亀岡　徳太郎	堂島米商会所	玉手　弘通※
売薬商	浮田　桂造	五十八銀行頭取	大三輪長兵衛
紙商	○門田　利助	砂糖商	岩崎　利兵衛
船舶業	広海　二三郎	金物商	福嶋　藤七
木綿及洋服商	中西　庄三郎	塩乾物鰹節商	古座　政七郎
書籍商	松村　九兵衛	舶来品商	品川　衛夫
和鉄商	近藤　喜禄	新古仏壇商	川井　萬助
売薬商	中井　一馬	砂糖商	水谷　茂兵衛
舶来物商	松本　重太郎	古物商	泉　由次郎
回漕業	今西　林三郎	薬種商	小野　市兵衛
肥物商	近藤　徳兵衛	時計金庫商	播本　孝良
薬種商	大井　ト新	米仲買商	田中　丑三
木綿商	大浦　弥兵衛	石炭油蝋燭商	大沢　大輔
肥物商	田中　市兵衛	木綿商	和田　保次郎
金物商	久保　盛明	砂糖商	寺村　富栄
米仲買醤油商	進藤　嘉一郎	七十九銀行取締	山口　幸七
小間物商	河合　利兵衛	塩商	塩川　兵七
大東セメント会社取締	野田　吉兵衛	大阪株式取引所	⊙磯野小右衛門※
呉服商	竹尾治右衛門	材木問屋	布井　弥助
材木商	藤井　平次郎	七十九銀行取締	古畑　寅造
煙草商	岡島　忠兵衛	建築請負	法橋　善作
舶来物商	土生　正泰	米穀仲買	五百井長平
大東セメント会社取締	外山　修造	酢商	鳴戸　嘉七

出典）表 5-1 に同じ．『大阪商工会議史』により補足．
備考）1891 年 3 月の選挙の当選者で，1893 年 3 月に半数改選へ．

頭取・阪堺鉄道会社社長の松本重太郎や第四十二国立銀行頭取の田中市兵衛、あるいは摂津紡績会社取締役竹尾治右衛門らは、いずれも単なる商人としてのみ登場しているのである(13)。

以上の検討から、商業会議所条例は最初から産業企業の利害をともかくも包摂しうるものとして運用され、現実の各地商業会議所の会員構成も産業企業の利害を反映しうるものであったことが明らかとなったであろう。各地商業会議所が一八九一年に職工条例に関する農商務大臣の諮問に答え、私設鉄道の政府買収を請願し、あるいは、一八九二年以降綿糸紡績業の発展を助けるべく綿糸輸出税と棉花輸入税の撤廃のために奔走したのも、会員構成上のかかる事実をぬきにしては充分理解することはできないといわなければならない。

しかしながら、このことは、商業会議所

表5-3　京都商業会議所会員（1892年）

関西貿易会社社長	⊙浜岡　光哲	京都倉庫会社副頭取	堀　五郎兵衛
京都電燈会社委員	○中村　栄助	西陣織物商	上田　勘兵衛
京都商工銀行取締役	○内貴　甚三郎	京都織物会社委員	中井三郎兵衛
薬物砂糖商	中野　忠八	書籍商	村上　勘兵衛
糸練業	富田　半兵衛	生糸商	岡本　治助
酒造業	鈴鹿　弁三郎	酒造商	堀野　久造
京都株式取引所	田中源太郎※	西陣織物商	中安　信三郎
材木商	江崎　権兵衛	関東織物商	山田　定七
西陣織物商	西村治兵衛	染呉服刺繡物商	西村総左衛門
呉服刺繡物商	飯田　新七	酒造商	簗山三郎兵衛
呉服商	直木　栄助	生糸商	荒川　宗助
京都製糸会社頭取	中村　忠兵衛	西陣織物商	川嶋　甚兵衛
砂糖商	白山　茂兵衛	造醤油商	山中　小兵衛
縮緬商	池垣　與兵衛	古着貸物商	木村　勝次郎
薬物商	飯田　勝兵衛	酒造商	木村　利三郎
生糸商	山田　茂助	米穀商	田中　弥一
生糸商	塩見清右衛門	糸物商	児島　定七
伏見倉庫会社取締	藤井惣左衛門	味噌商	粟辻三右衛門
第百十一国立銀行取締役	松永　恒久	染物商	林　長次郎
京都七條米商会所	広瀬　知之※	筆墨商	梶原　伊八

出典）表5-1に同じ．『京都商工会議所史』により補足．
備考）1891年4月選挙の当選者で，93年3月に半数改選へ．

条例そのものが欠陥のないものであったことを意味するのではない。むしろ逆に、解釈・運用上さまざまな疑問が提出されたことは、上述の経緯だけからも明らかであろう。一八九五年三月の条例改正は、そうした疑問を解消し、かつ若干の手直しを試みたものであった。改正の細部に立ち入る余裕はないが、「商業者」の範囲に商法第五条にある貸金業・委託売買などを含めるとともに、会社役員等が選挙・被選挙権者たりうることを明示し、さらに、従来被選挙権のみを有するがゆえに経費負担を免れていた商事会社に選挙権を与えて経費を負担せしめた点が注目に値しよう。

この場合、旧条例第六条の「商事会社」という表現が、改正条例第一条第二項において「合資会社及株式会社」という表現に改められた事実から、これまで排除されていた産業企業の参加開始を説くのが永田前掲書であるが、それが誤りであることはすでに述べた点からも明らかであろう。一八九四年七月の条例改正諮問会の議事録から明らかなごとく、諮問原案にあった「商事会社」規定に対し、そこへ含まれる合名会社を削除すべきだとの意見が出され（合名会社社員は個々人にすでに資格が与えられているため）、その結果「合資会社及株式会社」と修正されたのであって、「商事会社」の方が範囲が広いことが留意されねばならない。[14]

一九〇二（明治三五）年三月制定の商業会議所法は、以上に述べたような会議所構成員（選挙権者・被選挙権者）の性格を、より明確に表現したもの、とみることができよう。[15] 選出された議員についても、大阪商業会議所を例にとれば、それまで選出されたことのなかった製造業・運輸業関係の会社として、大阪アルカリ株式会社（一九〇三―一九一三）・福島紡績株式会社（一九〇五―一九一三）・大阪商船株式会社（一九〇三―〇五、一九〇七―一九二一）などが登場するようになっており、産業企業の進出は目覚ましいものがあった。[16] 商業会議所法の施行にさいして、各地商業会議所にとって重大な問題となったのは、新しく議員選挙権者の資格として営業税が登場したことに伴い、その最低限をいくらに定めるか、という問題であった。これは、商業会議所はいかなる階層のブルジョアジーを基盤としていたか、という第二の問題にかかわるものである。

二　各地商業会議所は、どの階層のブルジョアジーを代表していたのか

商業会議所がいかなる階層のブルジョアジーを代表していたのか、という問題について、資本家団体史の研究者からは、「日露戦後の独占形成期にはいると財閥ブルジョアジーを中心とする独占ブルジョアジーと商業会議所に結集する中小ブルジョアジーとの間には必ずしも利害の一致がみられなくなってきた。これまで東京商業会議所を中心として、商業会議所の活動は大ブルジョアジーの利害をも反映していたが、選挙権資格や議員構成などの点から、東京商業会議所ですら独占ブルジョアジーの意志をそのまま反映しなくなってきた。とりわけ営業税問題を中心とする廃税運動に商業会議所が積極的に取り組み、この運動が政治的争点の一つとなるまでに高まると、廃税を強く要求する

中小ブルジョアジーと独占ブルジョアジーとの間の対立は深まっていった[17]」という指摘がなされている。これに対して、一九一四年の廃税運動の綿密な分析を通じて、江口圭一氏は「廃税運動にたいする商業会議所の消極性」を明らかにされ、それは根本的にはその階級的地位に起因する、と指摘される。氏によれば、「商業会議所は各地域のブルジョアジーの上層によって組織され、支配され、もっぱらブルジョアジーの上層の利害を代表する機関であった[18]」のである。

商業会議所に関するかかる評価の違いは、商業会議所を独占ブルジョアジーとのかかわりから見るか、都市小ブルジョアジーとのかかわりから見るか、という視点の差に還元し尽くすわけにはゆかない問題をはらんでいるように思われる。何よりも、各地商業会議所の構成員（選挙権者・被選挙権者）に関する具体的検討の決定的な不足が指摘されなければなるまい。ここでは、一九〇二年の商業会議所法施行にさいして生じた選挙権者資格問題の検討を通じて、若干の照明をあててみよう[19]。

商業会議所の構成員としては、会員＝議員を選出する母体となった選挙権者（以下有権者と記す）を考えることが適当であろう。一八九五年の条例改正までの間は、被選挙権のみをもつ商事会社のようなケースがあったが、その数は東京商業会議所の場合でも一八九一年三月当時の有権者一二〇二人、うち被選挙権者（個人）九七〇人に対し、一一三社にすぎなかったからである[20]。いま、『日本帝国統計年鑑』記載の各地商業会議所有権者数を例示すると、表5－4の通りである。一八九一年当時一万人そこそこにすぎなかった全国有権者数は、会議所が次々と新設されるに伴い徐々に増加し、日清戦後は、個々の会議所の有権者数の急増に支えられてぐんぐん増加して一九〇一年には一〇年前の五倍近くにまで達している。なかには、大阪商業会議所のように、資格制限を所得税第五等から第四等へと引き上げられたため、一八九五年には一挙に四分の一へと激減しているところもあるが、同所の有権者数もその後再び増大しているのである。

表 5-4　各地商業会議所の有権者数

年末	東京	横浜	名古屋	京都	大阪	神戸	広島	大垣	全国	会議所数
1891	1,197		627	2,112	3,913	547	396		10,547	15
1892	1,226		557	2,005	3,940	508	398		10,563	18
1893	1,349		653	2,004	4,335	510	413	89	13,207	33
1894	1,458		743	2,007	4,286	577	433	73	14,265	35
1895	1,921	194	829	2,280	1,062	716	718	73	14,065	41
1896	2,226	231	876	2,433	1,286	708	776	83	16,600	46
1897	2,481	283	1,126	2,723	1,925	851	785	85	21,977	51
1898	2,698	344	1,678	3,191	1,867	850	972	95	25,494	53
1899	① 2,771	322	2,491	3,896	1,694	1,070	1,322	209	31,858	56
1900	3,143	367	3,634	6,487	2,093	1,066	1,378	194	40,706	56
1901	3,367	442	4,293	6,884	2,223	3,313	1,539	213	47,928	55
1902	2,304	490	5,736	6,591	3,262	3,292	765	235	47,969	54
1903	2,595	506	4,572	4,257	② 5,826	4,313	820	335	47,874	54
1904	2,857	541	4,957	4,759	6,470	4,088	1,008	362	50,492	53
1905	2,965	527	4,283	4,760	③ 6,488	5,006	1,494	361	53,313	52
1906	3,303	545	4,566	4,455	4,802	5,152	1,610	307	54,438	53
1907	3,273	1,086	4,106	3,972	3,124	4,598	1,333	255	51,129	55
1908	4,058	825	2,707	4,949	4,495	2,710	1,473	288	54,824	58
1909	4,356	871	2,793	5,352	4,681	2,744	1,449	281	62,023	60
1910	4,469	856	3,020	5,427	4,682	2,864	1,519	286	58,350	60
1911	4,000	846	3,020	4,744	4,124	2,422	1,319	229	52,387	60
1912	4,214	894	2,850	5,165	4,404	1,337	1,338	257	51,040	60
1913	4,356	894	3,194	5,310	4,536	1,430	1,308	267	51,665	60
1914	4,454	913	3,432	5,216	4,554	1,479	1,236	290	49,363	60
1915	3,429	661	3,426	3,814	3,511	1,100	801	295	42,038	60
1916	3,675	1,387	2,354	4,091	3,951	1,572	1,069	309	45,928	60

出典）『日本帝国統計年鑑』第 11 ～ 37 回.
備考）六大都市所在と，日清戦争前の創立で最大の広島と最小の大垣.
原資料で① 771，② 10,102，③ 11,245 とあるのは，前後の数値により訂正．合計も訂正.

この場合、京都商業会議所が一八九五年以降大阪に代わって最多数の有権者を擁するようになり、名古屋商業会議所も有権者を急増させて東京商業会議所のそれを凌駕していることが注目されよう。これは、すでに触れたごとく、有権者資格たる所得税が、東京・横浜は最初から、大阪は一八九五年から、それぞれ第四等以上と定められ、他地域の第五等以上（=所得税納入者全員）とは異なる扱いを受け、それに伴い、九五年改正で選挙権を与えられた諸会社も、東京・横浜・大阪は資本金一万円以上と、一般の三〇〇〇円を大きく上回っていたためであった。

　一九〇二年三月の商業会議所法制定に伴い、各地商業会議所は全国連合会を開いて新たな選挙権資格の基準について協議し、平田農商務大臣あての建議書を作成した。それは、「有権資格ヲ定ムルニハ地方ノ状況ニヨリ凡ソ三等ニ区別スルヲ適当トナス」と述べ、表5－5のような区分を提唱するものであった。

表5-5　有権者資格の提案

	営業税	所得税	資本額
①	5円以上	3円以上	5千円以上
②	10円以上	7円以上	5万円以上
③	15円以上	10円以上	10万円以上

この区分のあとには、「命令ノ定ムル制限ハ極メテ概数ニ止メ、定款ニヨリ其範囲ニテ取捨セラルヘキヲ望ム」と付記されており、膨張しつつある有権者数に上から枠をはめられることを強く警戒していたといってよい(21)。

だが、彼らの警戒した事態は現実となって現れた。同年六月二七日の農商務省令第一六号は、有権者の資格をつぎの表5－6のように定めるとしたからである。

この省令に対して真っ先に反発したのは、最大の有権者数を擁する京都商業会議所であった。同会議所の「現有権者数は所得税参円以上に依り有権者数六千六百三十八人であるが、この省令の制限の適用を受ける場合、有権者は忽ち千四百十一名に激減する結果となる(22)」ことを考えれば、当然の反応といえよう。京都商業会議所は、同様な事情にある大阪・神戸両会議所とともに、省令改正を農商務省に働きかけた。名古屋商業会議所も、静岡・四日市・浜松・大垣・岐阜・豊橋・岡崎・知多の各会議所とともに東海商業会議所連合会を開き、省令改正の請願を決定した(23)。これに対して、改正交渉への参加を求められた東京商業会議所は、「東京は新法の為に差支を生ずる如き事情なし」との理由で、参加を拒否し(24)、横浜商業会議所も、農商務省に対して、「関西連の反抗運動には断じて加盟せずと回答(25)」したため、省令第一六号をめぐって、六大都市商業会議所の態度は真っ二つに分裂することとなった。

農商務省が何故に全国連合会の意向を知りつつも、正面からそれを否定する省令を出したかを直接に示す材料はいまのところ見当たらないが、急増する有権者を基盤に強力な圧力団体へと成長しつつあった各地商業会議所の勢力を

表 5-6　有権者資格の農商務省構想

	営業税・鉱業税	取引所税	資本額・出資額	所得税
東京	40 円以上	1 万円以上	50 万円以上	30 円以上
大阪	30 円以上	1 万円以上	40 万円以上	20 円以上
横浜	30 円以上	1 万円以上	30 万円以上	20 円以上
京都・神戸・名古屋	20 円以上	3 千円以上	20 万円以上	15 円以上
その他	10 円以上	1 千円以上	10 万円以上	10 円以上

減殺する効果を同省令が客観的にもっていたことは間違いない。東京・横浜のように当初から有権者の資格を高目に制限していたところは別として、その他多くの商業会議所にとって、省令第一六号は、まさに農商務省による「会議所征伐」[26]の手段として映ったのも無理はなかった。

省令改正を求める運動は、同年九月には、全国商業会議所連合協議会を開催するまでになったが、東京商業会議所の参加を欠くため、迫力に乏しく、運動は挫折したかにみえた。[27]だが、問題なく省令を受容したはずの東京商業会議所も、選挙方式をめぐって内部の不満が表面化し、解散論まで唱えられる状況になったため、おりから帰朝した渋沢栄一会頭との接触を機会に、省令改正運動が再び盛り返し、ついに同年一二月、東京商業会議所を含めた全国商業会議所連合会が開催され、省令改正の陳情をあらためて行った。[28]その結果、農商務省もついに折れ、各地商業会議所の定款によって独自の有権者資格を定むることを認めたのである。東京・横浜以外の大多数の商業会議所は、農商務大臣の認可を得て、それぞれ独自の資格を定めたようである。以下、表５－７として若干の事例を掲げよう。

大阪・京都・名古屋・神戸各会議所では、最重要の営業税基準を省令第一六号のそれの半分に切り下げており、その他の商業会議所も多かれ少なかれ各種資格制限を緩和していることが判明しよう。こうして、表５－４でみたとおり、商業会議所法が制定されてからも、有権者数は減少することなく、一九〇九年に廃税運動への弾圧策として桂内閣により経費の強制徴収権を剝奪されるまでは増大傾向を保つのである。[29]

各商業会議所の有権者が、区域内商工業者全体のなかで、どのような階層的地位を占めたかを正確に示す史料は乏しい。表５－８は、有権者の圧倒的部分をなす営業税納入者の階層構成

表 5-7　各会議所決定の有権者資格

	営業税	取引所税	資本額	所得税
東京	40 円	1 万円	50 万円	30 円
横浜	30 円	1 万円	30 万円	20 円
大阪	15 円	1 千円	10 万円	15 円
京都	10 円	3 千円	10 万円	15 円
名古屋	10 円	1 千円	5 万円	5 円
神戸	10 円	3 千円	5 万円	7 円
宇都宮	7 円		5 万円	7 円
豊橋	7 円	5 百円	1 万円	3 円
岡崎	7 円	1 千円	1 万円	5 円
四日市	5 円		1 万円	3 円
高知	7 円		1 万円	3 円

出典）各会議所史ないし月報.
備考）何れかの最低価格をクリアするのが条件.

を示したものであり、府県単位である点に難点があるが、有権者の地位について大体の見当をつけるのには役立とう。本表で何よりも注目さるべきことは、東京・神奈川と大阪・京都・愛知・兵庫との間、ないし、その他の道県との間にみられる有権者の明確な階層性の差である。一九〇二年の省令第一六号は、その差を、東京・神奈川以外の下限を引き上げ、主として表のゴチック部分の商工業者を排除することによって縮小し、商工会議所を中層ないし下層のブルジョアジーから切り離そうと試みたのであるが、かかる試みは失敗に終わったのであった。そのことは、京浜両都市とその他の四大都市、および諸地方都市の各商業会議所の構成上の差異が解消されずに存続したことを意味しており、各商業会議所の活動内容の差異も、かかる構成上の差異とのかかわりを考慮して理解されなければならないのである。

各地商業会議所の活動は、このようなそれぞれの構成員のあり方の違いに規定されつつ、きわめて個性的であった。従来の商業会議所史研究がややもすると東京商業会議所をもって全体を代表させる傾向があった点は、今後改められる必要があろう。会議所活動の一環としての商品流通の実態調査についても、前巻ならびに本巻の収録資料が示すごとく、その多様性が指摘されねばならないのであって、その点は、資料として長所であるとともに短所でもあると言わねばならない。

しかしながら、全国的な統計が整備されるようになる明治末期までの時期については、府県統計書と並んで、各地商業会議所の調査が、とくに重要な資料として注目されるのであって、今後さまざまな形で利用されるようになるも

表 5-8　営業税納入者数と会議所有権者数（1903 年）

営業税納額	東京・神奈川	大阪・京都・愛知・兵庫	その他（30）	その他（11）	合計（47）
500 円以上	43	62	21	5	131
100 円以上	704	767	615	133	2,219
50 円以上	1,509	1,729	2,378	414	6,030
30 円以上	3,000	3,407	6,015	1,187	13,609
20 円以上	4,193	5,677	10,289	1,925	22,084
10 円以上	15,514	**21,969**	40,839	8,345	86,667
5 円以上	25,349	41,949	**93,515**	19,846	180,659
5 円未満	11,559	31,233	114,430	26,506	183,728
合計・A	61,871	106,793	268,102	58,361	495,127
有権者数・B	（3）　3,531	（8）　20,968	（42）　23,375	0	（53）　47,874
B／A（%）	5.7	19.6	8.7	0	9.7

出典）『主税局統計年報書』（1903），『日本帝国統計年鑑』（第 23 回）
備考）営業税は個人の分．その他の（　）は道県数．有権者数は地域内の会議所分の合計．
有権者数の前の（　）は会議所数．

のと思われる。なお、各地商業会議所と同じ区域を対象とした統計として、各都市の統計書に記載された――しばしばきわめて詳細な――商品流通関係統計があるが、今回の資料集では、そこまでは手を拡げることができなかったことを付記しておく。(30)

(1)〔以下で取り上げる永田正臣氏の研究の他には、山口和雄「明治十年代の資本家団体」（同『明治前期経済の分析』東京大学出版会、一九五六年、第七章）、三和良一「一八八〇年代の資本家団体――東京商工会の設立とその活動」（『青山経済論集』一六巻一号、一九六四年）、同「一八九〇年恐慌と資本家団体」（『青山経済論集』一六巻二号、一九六四年）、同「商法制定と東京商業会議所」（大塚久雄他編『資本主義の形成と発展』東京大学出版会、一九六八年）があり、三和氏の論文は、いずれも三和良一『日本近代の経済政策史的研究』（日本経済評論社、二〇〇二年）に収録されている。その他では、寺谷武明「造船奨励法の一考察――東京商業会議所の決議をめぐって」（大塚久雄他編前掲『資本主義の形成と発展』）、木村敏男「明治初期の大阪財界――商法会議所発起人の経済的性格の分析」（高橋幸八郎編『日本近代化の研究』上、東京大学出版会、一九七二年）がある程度で、研究成果は乏しかった〕。

(2)〔渋沢栄一については、一九八二年に開館した渋沢史料館とくに八九年に発足した渋沢研究会のメンバーを中心とする研究が進められている。最近の研究成果として、渋沢研究会編『公益の追求者・渋沢栄一』（山川出版社、一九九九年）、坂本慎一『渋沢栄一の経世済民思想』（日本経済評論社、二〇〇二年）、島田昌和『渋沢栄一の企業者活動の研究』（日本経済評論社、二〇〇七年）、平井雄一郎・高田知和編『記憶と記録のなかの渋沢栄一』（法政大学出版局、二〇一四年）などがある。西洋人研究者を交えた共同研究の成果としては、橘川武郎、パトリック・フリデンソン編『グローバル資本主義の中の渋沢栄一』（東洋経済新報社、二〇一四年）があり、中国人による研究としては日本語に翻訳されたものとして、周見『張謇と渋沢栄一』（原著二〇〇四年、訳書二〇一〇年、日本経済評論社）と同『渋沢栄一と近代中国』（原著二〇一五年、西川博史訳、二〇一六年、現代史料出版）をあげておこう」。

（3）〔中野武営については、資料上の制約が大きかったが、佐賀香織氏は『香川新報』などから関連資料を発掘し、「中野武営年譜稿（一）（二）」（『大東法政論集』七号・八号、一九九九年・二〇〇〇年）を発表した上で、中野の「実業立国論」に基づく活動の分析を進め、『国家形成と産業政策――中野武営の実業政策論』（志学社、二〇一五年）を著わした。この間、佐賀の仕事を参照しつつ、石井裕晶氏は、大著『中野武営と商業会議所』（ミュージアム図書、二〇〇四年）を公刊した」。

（4）〔日本の商業会議所に関する二〇世紀の研究史整理としては、松本貴典「工業化過程における中間組織の役割」（社会経済史学会編『社会経済史学の課題と展望』有斐閣、二〇〇二年）を参照されたい。基本国策にかかわる商業会議所の建議としては、例えば、日清戦後経営にさいしてロシアを仮想敵国とする大規模軍拡を行うことについて、東京商業会議所会頭の渋沢栄一は松方正義内閣に対して反対する建議を用意し、その建議を全国商業会議所連合会での決議として政府に圧力を掛けようとしたところ横浜商業会議所の高橋是清からの強い反対にあって挫折した（石井寛治『帝国主義日本の対外戦略』名古屋大学出版会、二〇一二年、第一章）。渋沢はまた、一九二一年末のワシントン軍縮会議にさいして大阪商業会議所が全国商業会議所連合会へ提出した軍縮賛成案が、政治問題を扱うべきでないとして事前に握り潰されそうになったとき、国際連盟協会会長としての講演において「政治に無干渉にして実業なし」と彼らの弱腰を痛烈に批判し、連合会をして軍縮賛成案を満場一致で可決させた（石井寛治『資本主義日本の歴史構造』東京大学出版会、二〇一五年、第七章）。しかし、最近の研究は、これらのブルジョアジーの動向を正面から立ち入って分析していない。この点では、松浦正孝『財界の政治経済史――井上準之助・郷誠之助・池田成彬の時代』（東京大学出版会、二〇〇二年）のように、昭和戦前期の「財界」の政治経済史的研究が進んでいるのに対して、明治・大正期の研究が遅れているように思われる。なお、本章は日本国内の商業会議所に対象を限定しているが、アジア諸国・諸地域における日本人経済団体に関する研究が進んでいることは、波形昭一編著『近代アジアの日本人経済団体』（同文館、一九九七年）を一読すれば明らかである」。

(5) 永田正臣『経済団体発展史』(小藤書店、一九五六年)四〇頁。
(6) 中村政則「日本資本主義確立期の国家権力」(歴史学研究会編『歴史における国家権力と人民闘争』一九七〇年)九三頁。
(7) 永田正臣『明治期経済団体の研究――日本資本主義の確立と商業会議所』(日刊労働通信社、一九六七年)三六八頁。
(8)『渋沢栄一伝記資料』第一九巻、五三六頁、『東京商工会議所八十五年史』上巻、五二八頁。
(9)『法令全書』による。その他の地域については、条例第七条にいう省令が出されていないので、わずかでも所得税を納めさえすれば(つまり第五等以上の所得税――所得三〇〇円を以上――を納入すれば)、条件を満たすものとされたようであるが、一八九五年農商務省令第二号(同年二月二八日)により大阪市の場合が第四等以上に変更されて選挙権者数の激減という事態(後述)を生んでおり、同年設立の横浜商業会議所に対しても第四等以上と定められた(省令第一〇号、一八九五年八月三〇日)。なお、北海道については、所得税法を適用できないため、一八九五年三月の条例改正で「他ノ税」の適用を認め、地方税三円以上納入が条件とされた(省令第七号、一八九五年七月一九日)。
(10)『渋沢栄一伝記資料』第一九巻、五五〇―五五一頁。
(11)『四日市商工会議所五十年史』二八―三二頁。
(12) この点、永田前掲書に依拠した石井寛治『日本経済史』(東京大学出版会、一九七六年)二〇六頁の叙述も誤りを犯している。同『日本経済史〔第二版〕』(東京大学出版会、一九九一年)二五五頁では訂正してある。
(13) ただし、当時、大阪紡績・摂津紡績などはいずれも市域外にあり、「商事会社」として大阪商業会議所会員の被選挙権をもつ資格はなかった。
(14)『渋沢栄一伝記資料』第二三巻、二二六―二二七頁。
(15) なお、第五巻解題で、会社の業務執行社員・取締役・理事長・理事にこのときはじめて選挙権が与えられたかのように記しているのは誤りで、新たな追加は支配人である。この点、日本商工会議所『商工会議所制度八十年史』(一九五八年)の叙述も不正確である。
(16)『大阪商工会議所史』七〇二頁以下。
(17) 竹内壮一「独占ブルジョアジー」(石井寛治ほか編『近代日本経済史を学ぶ』下巻、有斐閣、一九七七年)三〇―三二頁。
(18) 江口圭一『都市小ブルジョア運動史の研究』(未来社、一九七七年)一六〇―一六一頁〔江口氏は、大隈内閣を廃税運動で追い詰めかけたときに勃発した欧州大戦を理由に、中野武営が「軍国の実を貫徹」(同書二三一頁)すべく運動中止を決めた態度について、大ブルジョアジーの立場が露呈されたと見るのに対し、佐賀前掲書は、それは「国民的利益」の分析視点を欠くと批判するが（同書七頁）、そこでの中野は「実業立国」論者から「富国強兵」論者へ転落していたのではあるまいか」。

(19) 被選挙権者については、一八九五年の条例改正で、「三ケ年以上継続シテ会員ノ選挙権ヲ有スル」年齢三十歳以上の男子、とされたのが、一九〇二年の新法では、「二箇年以来議員ノ選挙権」をもつ年齢三十歳以上の男子と、わずかに変更された。

(20)『東京経済雑誌』一八九一年四月四日号。

(21)『渋沢栄一伝記資料』第二一巻、七五〇－七五一頁。

(22)『京都商工会議所史』二四五頁。

(23)『東洋経済新報』一九〇二年八月五日号。

(24)『東京経済雑誌』一九〇二年七月二六日号。

(25) 同上、一九〇二年七月一九日号。

(26)『渋沢栄一伝記資料』第二二巻、八五一頁。

(27)『東京経済雑誌』一九〇二年九月一三日・二〇日号。

(28)『東京経済雑誌』一九〇二年一一月一日・二二日号、『渋沢栄一伝記資料』第二二巻、八四四頁以下。

(29) その場合、一九〇六年末に、それまで算入していなかった非常特別税法による納税額（一九〇四年省令第七号）を、加算するとともに新しく設けられた基準額（一九〇六年省令第三四号）に対しても、多くの会議所は特別申請により引下げを行っているが、ここでは触れる余裕がない。江口前掲書一六一頁の推算が地域によっては現実とかなり食い違っている点は、表5－4の数値だけからもうかがえよう。

(30)〔最近、東京商工会議所は設立一三〇周年記念事業の一環として、同所所蔵資料のデジタル化を行いつつある。第Ⅰ期「東京商工会議所関係資料」（二〇一〇年）、第Ⅱ期「東アジア日本人商工会議所関係資料」（二〇一一年）は、すでに雄松堂によってＤＶＤ化され、近く丸善雄松堂によって、第Ⅲ期「国内各地商工会議所、日本商工会議所関連資料」として、東京商工会議所保有の各地商工会議所の月報類や商業会議所連合会・日本商工会議所の資料がＤＶＤ化される予定であり、研究者は各地会議所に日参しなくても、当該ＤＶＤを保有する大学図書館等でそれらの資料を利用できることになる。同資料の利用により、分裂気味の経済史・経営史・政治史研究の連携が進むことが期待される〕。

第六章　中央銀行の制度と機能
——フランスとの対比

本章は、二〇〇八年一月にフランス銀行において開催された国際シンポジウムで行った報告の原稿に手を入れたものであり、一八八二年に設立された日本銀行が、第一次世界大戦が始まる一九一四年まで、日本の産業革命をいかに支え、経済構造をどのように特徴づけたかを究明したものである(1)。そのさい比較の対象として、フランス銀行が一九世紀の後半以降全国に多数の支店を開設し、地方の中小ブルジョアジーに潤沢な金融を行った事実を念頭に置き、中央銀行は経済の発展と社会の安定という二つの課題を同時に達成する責任があることを主張した(2)。

一　日本銀行の制度的特徴

一八八二年の日本銀行条例は、同行の株主を日本人に限ると定めたが、その前には、株主に外国人がなることを認める提案もあった。イギリス公使パークスの助言に影響された大隈重信の提案がそれであるが、一八八一年に大隈が政府から失脚したため、その提案は姿を消した(3)。

実は、日本銀行の設立だけでなく、日本経済全体の近代化のために、外資を導入すべきか否かは、当時の大きな論争点であった。一八七三年以降の日本政府は、外資の導入を危険視して、政府も民間も外資には依存しない方針をとった。これに対して、日本政府のアドバイザーである外国人専門家は、当時の国際常識にそって、外資の導入を主張した。しかし、一八九九年に通商条約が改正されるまで、日本の裁判所は外国人に対する裁判権をもっていなかったので、日本政府は外国人の民間企業への投資を危険視した。また、多額の内国債を発行した政府自身も、外国債を発行すると返済できなくなる恐れがあると考えていた(4)。

こうして産業革命を自力で遂行するという異例の方針をとった日本政府は、日本銀行の金融活動に大いに期待した。政府は、資本金の半額を出資するとともに、総裁・副総裁の任命権を握り、細かい点に至るまで銀行の活動を指揮する制度を作った。しかし、日本銀行の設立に際して、政府は民間の銀行家の専門的知識を活用し、また総裁人事についても、しばしば経済界の人材を登用した。初代・第二代と大蔵省出身の総裁が続いたあと、一八八九年から一九〇三年までの三代にわたる日本銀行総裁、川田小一郎、岩崎弥之助、山本達雄は、いずれも三菱財閥の関係者であった。一八九〇年代の日本銀行の貸出は、民間銀行貸出に比較して一〇%以上の金額を保ち、ときには二〇%台に達した(5)。進行中の産業革命に対して、民間出身者の総裁が盛んな金融支援を行ったことは興味深い事実である。山本総裁に代わって大蔵官僚の松尾臣善が第六代総裁に任命されたのは、予想される日露戦争にさいして政府財政との協力関係を密接なものにするためであり、その後の日本銀行は「銀行の銀行」としての役割よりも「政府の銀行」としての役割に重点を置くようになった。

二　日本銀行の店舗政策

一八八二年一〇月に東京本店が開業し、同年一二月に大阪支店の営業が開始された。東京と大阪は、日本経済の二大中心地で、商工業や金融業が発展していたが、鉱山や繊維工場は各地方に散在していたため、それらの発展のためには、日本銀行の地方支店の設立が必要であった。そこで日本銀行は一八八六年に、［史料1］のように、貿易港の長崎・函館・新潟・神戸・横浜と西南・中部・東北地域の枢要都市としての赤間関（＝下関）・名古屋・仙台の合計八箇所に順次支店を設けたいと大蔵省に上申し許可された。

［史料1］日銀アーカイブズ史料３６７４（カタカナは平仮名に変更）

四月二十三日上申済（親展）〔朱筆〕

明治十九年四月十九日　文書局

総裁
理事
監事

支店増設之義　大蔵大臣へ上申書

当銀行事務之義追々拡張、国庫金取扱事務兌換券発行事務コルレスポンデンス事務等著しく増加致し、其関係全国に及ぼし候に付、各地の情況を斟酌し其緩急に於て一層注意を加へ候義緊要と被存候。然るに当銀行支店の義は、未た大阪府下に一箇所被置有之候のみにて其他は悉皆各地国立私立の銀行に代理為取扱候処、地方の商況金融の消長等確視仕候には、右のみにては当本店への通信向等兎角隔靴の嘆を免ぬかれず懸念不尠候間、追々枢要の地に支店を設け国庫金事務を始め諸取扱向をして円滑ならしめ併せて兌換券流通の道を便にし、且つ金融の疎通を謀り金利の権衡を得せしめる様仕度、就ては長崎県下長崎、北海道庁下函館、新潟県下新潟、兵庫県下神戸、神奈川県下横浜、山口県下赤間関、愛知県下名古屋、宮城県下仙台の八ヶ所は差向枢要の地と認め候に付、右八ヶ所へ漸次に支店設立の都合に取斗申度候。尤役員分配方の都合等も御座候に付右八ヶ所へ一時に被置候義には無之一年間一二箇所つつ漸を遂ひ経験を経て開設可致見込に御座候。右支店設立の上は近傍の国庫金取扱代理店を包含して区域を定め区域内各店の代理事務を監督し及ひ金融の消長を視察せしめ候様可致、而して其営業事務に至ては勉めて（規模を狭小にして――原文を削除）着実を旨とし収益と諸入費を償ふに足るを以て目的と為し、猥りに業務の程度を超へて弊害を来たすの恐れ無き様十分検束を施し可申目途に御座候。（右は定款第六十五条に拠り銀行総会に於て決議仕候間－原文に加筆）、此際右支店設立之義御許可被下度同第二条に拠り此段請願仕候也。

明治十九年四月二十三日　　総裁

大蔵大臣宛

（以下省略、六月二十三日　松方蔵相許可）

しかし、一九一四年までにそのうち設置されたのは、西部支店（＝下関支店）・名古屋支店・函館支店・新潟支店の四支店だけで、その他の小樽・京都・福島・広島・金沢・松本の六支店と合わせて、大阪以外の地方支店は一〇店、そのうち手形割引を行う地方支店は八店にすぎなかった。

しかも、それら地方支店の活動規模は、小規模だった。表6－1に示したように、内国割引手形の総額は、東京本店が五〇％前後、大阪支店が三〇％前後を占め続け、地方支店は数を増しながらも二〇％前後の水準にとどまっていたのである。しかし、地方支店の設置は、地方金利の引き下げには大いに貢献したため、例えば、名古屋商業会議所は、繰り返し支店の開設を求める要望を行い、一八九七年に日本銀行の三番目の支店が名古屋市に開設され、その頃から名古屋地方の経済が急速に発展した。

日本銀行の支店開設の姿勢はきわめて慎重であった。そのことは、一八九三年一月に、大蔵省に提出した支店開設に伴う損益についての［史料2］のような試算に示されている。

表 6-1　日本銀行による手形割引の店舗別比重 (%)

5年平均	合計(百万円)	東京本店	大阪支店	地方支店	地方支店数
1890-1894	62	49.9	49.7	0.4	1
1895-1899	237	49.4	32.1	18.5	3, 5, 6
1900-1904	295	47.0	25.6	26.7	6
1905-1909	313	56.0	21.6	22.4	6,8
1910-1914	356	52.2	27.4	20.4	8
1915-1919	805	49.1	29.2	21.7	10, 12, 13
1920-1924	2,682	53.5	28.3	18.2	13,14

出典）各年度「日本銀行営業報告」（『日本金融史資料』10, 11 巻）.

［史料２］日銀アーカイブズ史料３６７４（カタカナは平仮名に変更）

明治二十六年一月十六日　大蔵省の問に答へたる者

北海道仙台馬関等の如き要所へ日本銀行支店を設置するときは其運用資及諸経費は大同小異なりとす　而して其一ヶ所分の調査計算を掲くれは左の如し

支店組織に付損益概算

一金　百万円　資本金

外

金　百五拾万円　融通金として本店より借高極度額

金　五拾万円　兌換券引換元銀資本金より預高（全く遊金に属する者）

合計

金　参百万円

内

金　五拾万円　第一準備金　是は平常支店に備置き、営業部の準備とす

金　五拾万円　第二準備金　是は平常支店に備置かす、要求により随時本店より融通するものとす

金　五拾万円　兌換券引換元　是は兌換券交換申込に対し備へ置く銀貨にして全く遊金に属し殖利をなす能はさる者

金　百五拾万円　運用金　平常の貸出金と見込む

此利息年六分と見込、其金額左の如し

金　九万円　　利益金　　　百五拾万円に対する年利六分の割合
　諸経費概算は左の如し
　金　壱万三七一六円　　　　給料（五拾名として）
　金　七六七四円六〇銭　　　営業費（大坂支店基準　人数割）
　金　八九八円二〇銭　　　　旅費並営繕費（同）
　金　二九九四円四五銭四厘　諸税（大坂市に負担の半分）
　金　一万円　　　　　　　　正貨運搬費一切（三〇〇哩以上）
合計金　三万五二八三円八五銭四厘　損失金
差引金　五万四七一六円一四銭六厘　純益金
　　右純益金を資本金百万円、融通金百万円、及兌換券引換元銀貨五拾万円、合計金弐百五拾万円に対比するときは、年利弐分一厘八毛八強に当る割合なり
一金　弐百五拾万円　　運用金総額
　此利息金　拾五万円　　年六分の見積高
　　内
　金　五万四七一六円一四銭六　　純益金
　金　九万五二八三円八五銭四　　純損失金

若此の他、地方に出張所を設置し国庫金の取扱のみを為すこととすれは、其の経費は此の如く大ならすと雖も、金融上に於て利害の関係なきを以て別に今日の急務とするに足らす。若諸般の営業をなすこととすれば、如何程其の規模を縮むるも前表所掲額の半額以上を要すべし。

支店設置の損失の額は、前表の如く少きにあらさるも、其の数自から限あり。殊に恐るへきは営業上より蒙るへき損失の測られさること是なり。蓋各地方には公債株券等本行の抵当となるへきもの甚稀にして銀行の抵当とな

るへきものは重に地面なりとす。然るに本行は条例の制裁ありて之を抵当として貸出を為すは許ささる所なれは、専ら商業手形の割引若くは商品を担保としたる約束手形を割引するの事務を拡張せさる可からず。而して手形割引の事たる本邦現時の状況の如き信用薄弱なる場合に於いては頗危険の事たるを免かれす。況や土地不案内にして其の地商人の財産も始より之を知るに由なきに於てをや。故に支店設立後数年の間は必意外の損失を蒙るの覚悟なかるへからす。其の事実は経済上尤経験ある第一国立及三井銀行の如きも、各地支店にて失敗を重ね、現に既設の支店出張所を引上るか如きを以て之を証すへし。故に支店設置上最恐るへきは予算上の損失にあらすして不経験の為蒙るへき意外の損失にありとす

すなわち、日本銀行支店を設置した場合には、その資金を本店で運用した場合の約三分の一の利益率しかなく、とくに地方での営業から蒙るかもしれない不測の損失についての警戒が必要だと指摘していた。そのような慎重な態度に立つ限り、日本銀行が地方支店を積極的に増設することは容易でないであろう。

では、地方支店を増設する代わりに、東京本店などにおいて地方銀行の割り引いた手形を積極的に再割引したかというと、そうではなかった。例えば、関東地方の有力織物業地足利の足利銀行では、織物商が支払いのために振り出した小額の無担保約束手形の割引を盛んに行い一八九九年に日本銀行本店に向かってその再割引を依頼したところ、日本銀行は、［史料3］のように地方銀行からの無担保手形の再割引は問題があるとして、簡単には応じなかった。

［史料3］足利銀行史料（1971／3／5調査）

明治三十二年十二月十五日

営第三百七号

拝啓　地方銀行ニ対する割引取引之儀ノ御問合相成了承仕候。右ハ保証品付にして東京市内ニ支払場所を指定したる手形に候得ば御取引可致候得共、地方銀行ニ向て無担保再割引取引ハ多少差支候廉も有之候間、此段御承知可被下候。別紙保証品価格表御送付申上候間御入手相成度候。又壱円紙幣幷ニ小銀貨御入用の趣承知致候。

右御回答申上候也。

日本銀行
営業局第一課　印

株式会社
足利銀行御中

日本銀行が、このように地方支店の開設に消極的だったひとつの理由は、同行が中央銀行として産業発展に尽くすという公共機関的性格をもつとともに、株式会社としての営利機関的性格をもっていたためであろう。もっとも、日本銀行の配当率は、例えば、一九〇〇年代には年率一二％を維持しており、民間普通銀行の平均七・五％[6]を大幅に上回っていた。

このような日本銀行の店舗政策の保守性に対しては批判が多く出された。例えば、『東洋経済新報』一八九九年四月五日号は、「日本銀行はこの際奮て支店を増設すべし」という社説を掲げ、ドイツ帝国銀行が二百有余の支店を有し、フランス銀行も九十有余の支店を設けて盛んに地方金融の発展に貢献しているのに対し、日本銀行の支店が少ないのは、「中央銀行としては一大欠陥」だと厳しく批判した。

なお、日本銀行は個人との取引を否定していなかったが、実際には、一九〇三年になっても年間貸出額の九七％が銀行相手の取引であり、個人・会社相手の取引は一％にも満たない額であった。したがって、諸産業への融資もほとんどが銀行を介する間接的なものであった。

三　日本銀行の商業金融と産業金融

次に、日本銀行の金融活動を、当時の主要産業部門への貸出業務に絞って検討しよう。

綿糸紡績業

一八八三年から、大阪・東京を中心として株式会社形態の紡績会社が次々と設立され、一八九七年には、綿糸輸入量を輸出量が上回り、日本紡績業は国内市場を基本的に回復した。一八九七年当時の紡績会社は七四社、払込資本金は合計三六四一万円、設備規模は合計七九万錘で、最大の鐘淵紡績は二五〇万円、八万錘であった。日本紡績業の発展の特徴は、最初から少数の大規模紡績が発展し、巨大紡績が育ったことである。一九一三年に四七万錘をもつ鐘淵紡績は、世界第四位の規模であった(7)。そうした紡績資本の急速な発展については、日本銀行の金融が大きな意味をもった。紡績会社が綿花購入の際に振り出す約束手形のほとんどは、東京や大阪の大銀行で割引された上、日本銀行東京本店や大阪支店で再割引された。この点は、三井銀行東京本店(8)や、岡山県の倉敷紡績大阪出張所(9)の史料によって実証されている。

三井銀行の池田成彬は、「その時分の銀行商売というのは、日銀から金を借りて鞘取りすることでした。だから手形を取引する時には、先ず以ってその手形が日本銀行に通るか通らないかということを先に考える。通りそうもないものなら何の彼のと言って返してしまう(10)」と述べているが、紡績会社の手形のほとんどは、日本銀行で問題なく再割引される優良な商業手形であった。

表 6-2　第十九銀行の製糸金融手形の再割引先（1906 年 7 月 20 日）　（千円）

振出／再割先	日本銀行	正金銀行	都市銀行	地方銀行	合計	引受先問屋
銀行重役	△77　0	0	△350　0	△710　0	△1,137　0	
片倉組	120	100	△60　210	0	△60　430	小野・茂木・原
尾沢組	40	14	△30　119	14	△30　187	小野
林国蔵	38	10	124	0	172	小野
小口組	25	0	75	0	100	茂木
その他 25 製糸	0	△130	△135　60	△110　0	△375　60	茂木
合計	△77　223	△130　124	△575　588	△820　14	△1,602　949	

出典）「明治三十九年夏期手形再割引表」（八十二銀行所蔵）.
注）△は約束手形，無印は問屋引受為替手形．都市銀行は三菱・三井・第一・十五・住友.

生糸製糸業

生糸は最大の輸出品として、フランスやアメリカ合衆国に送られ、日本からの輸出量は、一九〇九年までにイタリア・中国を抜いて世界一になった。製糸業は農村工業として無数の零細企業によって担われていたが、その中から、一九一一年には、長野県諏訪の片倉組、山十組、小口組のように、フランス、イタリア、中国にも見られない三〇〇〇釜以上の世界最大規模の巨大企業がいくつも出現した[11]。そうした急速な発展に対しては、日本銀行の金融が大きな役割を果たしたが、生糸価格は変動が激しく、製糸経営はきわめて不安定であったため、都市の大銀行や日本銀行は直接には融資しなかった。製糸家への金融のリスクを負ったのは、輸出港横浜にあって製糸家の生糸を貿易商社に売り込む生糸問屋であった。横浜の生糸問屋は生糸の一手販売権と引換えに製糸家に対して年々多額の前貸金融を行い、その資金は横浜と東京の銀行が提供した。都市大銀行と日本銀行は、横浜の生糸問屋が引き受けた為替手形などを地方銀行が割り引いたものを再割引した。地方銀行でもっとも盛んに製糸金融を行った長野県の第十九銀行の一九〇六年七月二〇日現在の手形再割引は表6－2のとおりであった。

これによると、再割引先が日本銀行となっている製糸家は、のちに片倉製糸として統合される片倉組・尾沢組・林国蔵の三者と、小口組だけで、その他の二五製糸家は、再割引利率が低い日本銀行の対象からは外されていた。そのため片倉組などが年七％から八％なのに対し、その他の二五製糸家は年八％から一〇％という高さだった。このように、製糸業の場合、地方銀行を介して日本銀行との有利な取引関係に入ることのできたのは、ほんの一握りの有力製糸家に限定されていたのである。

一九一四年には日本銀行松本支店が開設され、京都支店や名古屋支店でも製糸金融を行うようになるが、それらの取引先のほとんどは地方銀行であって、直接に日本銀行と取引できた製糸家は、片倉組や郡是製糸をはじめとする有力製糸だけであった(12)。

鉄道・海運業

一八九七年三月末の私設鉄道会社二六社の払込資本は合計八七九五万円、最大の日本鉄道の資本金は三一一八万円で鐘淵紡績の一二・五倍であった。また、最大の海運会社日本郵船の払込資本金は一八七〇万円であった。

一八七二年の最初の鉄道は日本政府が敷設したが、一八八九年から一九〇六年までは、私設鉄道が営業キロ数で官設鉄道より優位に立っていた。問題は、一八九九年まで外国人が株主になることが禁止された条件の下で、どのようにして多額の株式を国内から募集できたかである。日本鉄道や九州鉄道の場合は、鉄道沿線の県知事が、地域の資産家を勧誘して半ば強制的に株主にさせた事例もあったが(13)、単なる政治的強制力だけで資金が生まれるはずはない。実際には、民間銀行が鉄道株や海運株を担保にして株主に資金を貸し付けた。一八九三年から一九〇〇年代にかけて民間銀行の貸出の四〇％前後が株式担保であった(14)。

重要なことは、日本銀行が民間銀行のもつ株式担保の手形を再割引したことである。これは、日本銀行条例に真っ向から違反する行為であったが、一八九〇年恐慌で株価が低落し破綻しかけた大阪の諸銀行からの要請に応えて、川田総裁は、とくに指定した鉄道会社と海運会社の株式を担保とする手形の再割引を大々的に実行し、恐慌が収束してからも、そうした特別措置が恒常化された。今、一八九五年末における手形割引の担保株式の店舗別種類を示すと表

表 6-3　日本銀行の株式担保手形割引（1895 年末）　（単位：株）

担保	東京本店	大阪支店	京都出張所	西部支店	合計・A	発行株・B	A／B(%)
日本郵船	13,549	5,046	301	60	18,956	176,000	10.8
大阪商船		38,985			38,985	100,000	39.0
日本鉄道	8,648	9,201	410		18,259	600,000	3.0
山陽鉄道	2,988	40,030	350		43,368	260,000	16.7
九州鉄道	11,440	21,287	100	315	33,142	220,000	15.1
関西鉄道	3,500	9,572	1,505		14,577	130,000	11.2
北炭鉄道	46,069	2,905			48,974	130,000	37.7
その他 6 社	7,722	19,305			27,027	143,600	18.8
合計	93,916	146,331	2,666	375	243,288	1,759,600	13.8

出典）「半季報告材料書類（明治 28 年下期）」（日本銀行アーカイブズ 5423）.
注）その他 6 社は，大阪・甲武・両毛・阪堺・讃岐諸鉄道と東京海上保険.

6－3のようになる。

　これによれば、個別名を掲げた二大海運会社と五大鉄道会社の株式が圧倒的比重を占め、日本銀行大阪支店が東京本店よりも多くの株式を担保として受け取り、京都出張所や西部支店での株式担保金融の規模はきわめて小さいことがわかる。例えば九州鉄道については、創立時の一八八七年には九州地方の株主数が九九％、その所有株数が七八％と圧倒的比重を占めていたが[15]、その後東京・大阪の株主が増え、一八九五年末には株主の四一％、株式数の六四％が両都市へ集中しており[16]、そのための資金調達に、日本銀行東京本店と大阪支店が関与していたことがうかがえる。

　こうした日本銀行の株式担保金融は、その後、一八九七年から一九〇一年にかけて、東京と大阪の地位が入れ替わり、その他の店舗の比重が若干高まった。しかし、東京・大阪の合計は全体の八四％と依然として圧倒的比重を占め、日本銀行の融資が、とくに東京・大阪の財閥などの有力株主層の地位を強化したことがわかる[17]。

四　横浜正金銀行への低利融資

　産業革命期の日本経済は貿易への依存度を高めつつ発展した。国民総生産に対する輸出入金額の比率は、一八九〇年代の一八％から、一九一〇年代には三一％へと高まった。日本政府は、貿易の振興のために、一八八〇年に半官半民の横浜正金銀行を設立した。一九一一年は日本が関税自主権を完全に回復した年であるが、この年の横浜正金銀行は日本の対外貿易金融の四五％を扱い、香港上海銀行、チャータード銀行を抜いて、もっとも大きな比重を占めた[18]。そうした横浜正金銀行の活動に支えられて、日本商社による貿易品取扱比率も推定五三％に達した[19]。

正金銀行の弱点は、国内預金の金利水準が高すぎ、それに依存したのでは、外国銀行との競争ができないことであった。同行総支配人の説明によれば、外国為替からの利益は年五・五％なので、年五％の金利を支払う国内預金は利用できず、為替業務には政府が一八八九年以降、日本銀行に命じて供給させた年二％の低利資金が決定的に重要な役割を果たした[20]。

しかしながら、横浜正金銀行の金融サービスは、日本の貿易業者すべてにとって、満足のいくものではなかった。中小の日本人貿易業者は、同銀行のサービスが悪く、日本商人よりも外国商人にサービスすることが多いとして、政府は競争相手となる銀行をもうひとつ作って日本商人へのサービス向上を図れという要求を繰り返した。一八九六年に有力ブルジョアジーを集めた農商工高等会議の席で、金子堅太郎農商務次官は、もうひとつ貿易金融機関を作ってはどうかと提案したが、正金銀行側は、自分たちはただ信用の厚薄によって区別しており内外人による差別はしていないと反論した。三井物産の益田孝もそれを支持し、東京商業会議所会頭の渋沢栄一は新銀行設立要求をまとめたが自分個人はそうした要求に反対だと述べた。その結果、正金銀行が日本銀行からの低利資金の供給枠を拡張してもらって活動を強化した[21]。だが、その内容は依然として中小貿易商人にとって不満足なものであった。一九一〇年の大蔵省『外国為替機関ニ関スル調査』も、正金銀行が「競争上ヨリ生スル刺激」を欠いているために営業方針がとかく消極的で、「大取引ノミヲ選択シ小商人ノ取引ハ之ヲ歓迎セザルノ事情アリ」と批判している[22]。

おわりに

以上述べたように、日本銀行は、日本におけるアジア最初の産業革命を金融面から強力に推進した。同行の活動は紡績会社の手形の再割引のような商業金融だけでなく、株式担保手形の再割引のような産業金融まで、多岐にわたり、さらに、横浜正金銀行に対して特別に低利の融資を行った。

しかし、日本銀行の活動は東京本店と大阪支店に集中し、地方支店の開設はなかなか進まなかった。しかも、設置された地方支店が行う地方企業への金融は消極的で、最有力企業を除くと、日本銀行支店の援助を受けることができなかった。横浜正金銀行の活動もまた、有力商社へのサービスが中心だった。

その結果、全体としての急速な経済成長の反面で、一握りの巨大企業と無数の零細企業の二極構成が打ち出され、中間にある中小企業と農民の不満は解消されるどころか、むしろ高まっていった。そうしたことが、両大戦間期の日本社会における民主主義の基盤の弱さを規定し、日本型のファシズムへの途を開く一因となったと言えよう。このことを端的に示すのは、日本銀行総裁のあと大蔵大臣を務めた井上準之助と高橋是清の両名が、それぞれ一九三二年と一九三六年に農民ないし軍人によって暗殺された事実である。

このように、日本銀行は、全体としての経済発展には大いに貢献しながらも、社会に安定をもたらす面では限界があった。それは、フランス銀行が、支店活動を通じて社会の安定に貢献しながらも、経済力と軍事力を発展させる面では限界があり、外部からの侵略によって国民が苦しむ一因となったことと対照的であった[23]。中央銀行は、経済の発展と社会の安定という簡単には両立し難い二つの課題を同時に達成する責任があるというのが、私がこの報告で申し上げたい歴史の教訓である。

（1）〔本章は、二〇〇八年一月八日に、フランス銀行において開催された日仏修好一五〇周年記念シンポジウム「フランス銀行と日本銀行、相互の考察」における報告の準備草稿をもとに改めて書き下ろしたものである。この報告に誘って下さった日本側の共同報告者、権上康男氏と矢後和彦氏、また、報告の機会を与えて下さった福井俊彦日本銀行総裁およびクリスチャン・ノワイエ、フランス銀行総裁に感謝する〕。

（2）フランス銀行の支店政策については、西村閑也「第一次大戦前フランスの地方銀行と中央銀行（1）（2）」（『経営史林』二九巻二・三号、一九九二年）、権上康男「フランス銀行と『信用の地方分権化』」（『エコノミア』五一巻四号、二〇〇一年）、同「中央銀行を統治したのは誰か（一八七〇－一九八〇年）」（『エコノミア』五五巻一号、二〇〇四年）を参照。

（3）以下、日本銀行の歴史については、とくに断りなき場合は、日本銀行百年史編纂委員会編『日本銀行百年史』第一巻、第二巻（日本銀行、一九八二、八三年）による。研究者による日本銀行史の研究は数多いが、ここでは、靎見誠良『日本信用機構の確立――日本銀行と金融市場』（有斐閣、一九九一年）、石井寛治編『日本銀行金融政策史』（東京大学出版会、二〇〇一年）、佐藤政則『日本銀行と高橋是清』（麗澤大学出版会、二〇一六年）のみを挙げておく。

（4）日本政府が御雇外国人の批判にもかかわらず外資排除の方針をとったことを初めて指摘したのは、石井寛治「外国人の経済構想」（中村政則・石井寛治・春日豊校注『日本近代思想大系8　経済構想』岩波書店、一九八八年、四九六－五一〇頁）である。外資排除の下での日本産業革命について詳しくは、石井寛治『帝国主義日本の対外戦略』（名古屋大学出版会、二〇一二年）第二章「外資排除による産業革命と日清戦争」を参照されたい。

（5）石井寛治『近代日本金融史序説』（東京大学出版会、一九九九年）一九九頁。

（6）『日本経済統計総観』（朝日新聞社、一九三〇年）五〇六頁の「普通銀行営業成績総括表」より算出。

（7）米川伸一「再論　紡績企業成長の国際比較」（『社会経済史学』四七巻五号、一九八二年）二五頁。

（8）杉山和雄「紡績会社の手形発行と市中銀行」（山口和雄編著『日本産業金融史研究　紡績金融篇』東京大学出版会、一九七〇年）一五四－一五六頁。

（9）石井寛治前掲『近代日本金融史序説』四二二－四四三頁。

（10）池田成彬『財界回顧』（世界の日本社、一九四九年）一一六頁。

（11）石井寛治前掲『近代日本金融史序説』四〇六頁。

（12）具体的には、松本支店と直接第取引できた製糸家は、諏訪郡の片倉組と尾沢組のほかは上伊那郡の武井覚太郎だけで、いずれものちに片倉製糸に統合されており、京都支店の直接取引先は郡是製糸に限られ、名古屋支店の直接取引先は三龍社と勝野商店というそれぞれ愛知県、岐阜県きっての有力製糸であった（『日本銀行沿革史』第二輯、第一巻）。

(13) 日本鉄道については、野田正穂『日本証券市場成立史』（有斐閣、一九八〇年）五〇－六三頁、九州鉄道については、中村尚史『日本鉄道業の形成』（日本経済評論社、一九九八年）二五五－三〇〇頁を参照。

(14) 銀行融資のうち株式担保金融の占める割合についての従来の推計値は、「割引手形」の株式担保比率を「貸付・貸越」のそれと同率と見なしたため、一八九六年の四二％から一九一五年の二二％へと半減するという著しい過小評価に陥っていた（石井寛治「戦前日本の株式投資とその資金源泉」日本銀行金融研究所『金融研究』二五巻一号、二〇〇六年三月、同『資本主義日本の歴史構造』東京大学出版会、二〇一五年、五四－五六頁）。

(15) 中村尚史前掲『日本鉄道業の形成』二五六頁。

(16) 「九州鉄道株式会社株主氏名表（明治二九年三月三一日調）」（老川慶喜・渡辺恵一編『明治期私鉄営業報告書集成・九州鉄道会社』日本経済評論社、二〇〇六年）。

(17) 武藤正明「株式担保の日本銀行手形割引制度の実情」（『証券研究』第六四号、一九八一年）。

(18) 一九一一－一三年当時のバランスシート貸方総額は、横浜正金銀行が三六七六万ポンド相当であり、香港上海銀行の三九五二万ポンドに肉薄し、チャータード銀行の二六五八万ポンド、インドシナ銀行の一三七一万ポンド相当を大きく上回っていた（西村閑也「アジアにおける英系国際銀行」『三田商学研究』四九巻六号、二〇〇七年）。

(19) 石井寛治前掲『近代日本金融史序説』二三七頁。

(20) 同右書、二五三頁。

(21) 『第一回農商工高等会議議事速記録』による。

(22) 加藤俊彦編『日本金融論の史的研究』（東京大学出版会、一九八三年）一〇三頁。

(23) フランス銀行との対比で、いまひとつ問題となるのは、ドイツのライヒスバンクが、フランス銀行以上に広汎な地方支店網をもち、そこで同行手形割引の八〇％台を扱いながら（工藤章「第一次大戦前のライヒスバンク」『金融経済』一四五号、一九七四年四月）、ワイマール末期になると、中間層をナチス党に奪われた（柳澤治『ナチス・ドイツと中間層』日本経済評論社、二〇一七年）のはなぜかということである。世界大恐慌と賠償負担の重圧下に置かれたライヒスバンクの活動（工藤章『二〇世紀ドイツ資本主義』東京大学出版会、一九九九年）、とりわけ地方業務が究明されなければならない。

第七章　昭和恐慌における階層別打撃

本章は、昭和恐慌が個人投資家に与えた打撃の大きさを、最近入手した昭和三(一九二八)年末現在の第一回「全国金満家大番付」(本書附録として収録)その他を利用して測定した試みであり、畏友植田欣次氏の創価大学退任の記念論文集(『創価経営論集』三九巻一・二・三合併号、二〇一五年三月)に寄稿したものである。従来の研究では各企業のトップクラスの大株主の資料を用いて、昭和恐慌前後に個人株主から法人株主への大転換が生じたとされたが、多数を占める中小・零細株主を無視した結果、昭和恐慌による個人投資家の没落が過大評価されてきたことを批判した。地域分析を欠く点で本書の一環としては問題もあるが、今後の研究の土台として収録した。

一　問題の所在

長幸男『昭和恐慌』(1)は、一九三二年二月に前蔵相井上準之助を暗殺した小沼正の「上申書」の一節を引用しつつ「テロリスト小沼の内面」を探ることから叙述をはじめていた。恐慌によって直撃された農村の社会運動に着目し、その挫折のなかにファシズム化への鍵を見出そうとしたのである。隅谷三喜男編『昭和恐慌』(2)も、同様な見方を記しつつ、都市を中心とした資本主義セクターは恐慌を通じていっそう強力に再生したというイメージを押し出しており、それが昭和恐慌の通説的理解となってきた(3)。

ところが、寺西重郎『戦前期日本の金融システム』(4)は、そうした通説を批判し、昭和恐慌は資本主義セクターに対しても大きな打撃を与えたという主張を押し出した。氏によれば、昭和恐慌期には中小地主や中小商工業者という旧中間層の没落が始まり、それに財閥解体と農地改革という戦後改革による富裕層の全面的没落が加わるといういわば二段階のかたちで個人投資家層が没落したことが、戦後の銀行仲介型の金融システムを成立させたというのである。本章は、従来の昭和恐慌研究が、恐慌の諸階層への打撃を重視しながら、その実態についてはエピソード風に語るにとどまっていたのを、寺西説の吟味を手がかりに少しでも乗り越え、恐慌を通じて日本資本主義の構造がどのような変化を遂げたかを究明しようとする試みである。

寺西氏は、東洋経済新報社編『株式会社年鑑』記載の大企業の上位株主各社一〇名が、一九二二年、一九三〇年、一九三六年にいかに変化したかを調べ、財閥家族と外国人と一般個人を合わせた個人株主の比重は一九二二年の二三・二二%から一九三〇年には二三・〇四%へと横這いで、一九三六年には一六・八六%へと急低下し、銀行や保険等の機関投資家や一般事業会社の比重が高まると主張した(5)。投資家分析の古典的業績である志村嘉一『日本資本市場分析』(6)も、主要企業の大株主上位一二名を分析した結果、一九一九年末の個人株主の所有株式の比重七四・四%が、一九三六年末に一六・二%へ激減し、法人事業会社や銀行・保険会社等の法人株主の所有株式が激増していたと主張した。しかし、これらの実証は、大多数を占める中小・零細株主を無視している点で、実証的には大きな欠陥があると言わねばならない。

二　個人株主と法人株主の比重の推移

表 7-1 南満州鉄道の株主構成（1932 年 6 月 1 日）

	法人株主			個人株主			合計
所有株式数	株主数	株式数	累計比	株主数	株式数	累計比	株式数
5,000 以上	65	1,301,829	82.3	26	279,172	17.7	1,581,001
1,000～4,999	150	335,664	65.9	310	569,906	34.1	905,570
500～999	96	62,967	59.0	524	334,247	41.0	397,214
100～499	242	54,038	45.9	5,005	880,480	54.1	934,518
1～100	220	7,371	40.0	19,960	574,326	60.0	581,697
合計	773	1,761,869	40.0	25,825	2,638,131	60.0	4,400,000

出典） 同社株主姓名表.
備考） この他に日本政府所有株 440 万株がある.

分析の限界を突破する方法の一つは、株主名簿による全株主の調査であろう。例えば、一九三二年当時の南満州鉄道株式会社の民間株主の個人・法人別所有構成を見ると表7－1のようになる。これによれば、五〇〇〇株以上の大株主においては法人株主の株主数と所有株式が圧倒的な比重を占めているが、五〇〇〇株未満の株主になると個人株主の人数・株式数が法人株主を圧倒し、累計株式数でも個人株主の比重がしだいに高まり、一〇〇株以上の階層まで下りると個人所有株が過半を占めるようになる。全体で見ると、個人株主が六〇％の株式を所有しており、法人株主よりも優位に立っているのである。

同様なことは、南満州鉄道（一九二八年六月）、日本郵船（一九三〇年一〇月）、東邦電力（一九二九年四月）、鐘淵紡績（一九三〇年一二月）の株主構成についても実証済みである(7)。このような事例の示すところでは、大株主だけでなく、中小・零細株主を考慮すると、全体としては個人株主が依然として優位に立っている。しかし、一九二〇年代以降個人株主の優位が失われたとする志村説に対して、寺西説は個人株主の没落は一九三〇年代としている。したがって、三〇年前後の特定の時期を中心とする少数の個別事例による分析だけでは、寺西説の当否を判定することはできない。

では、分析のための別の手がかりはないのであろうか。従来は、「株式の分布状況ないし所有構造に関する資料は、少なくとも戦前についてはまったく利用できない」(8)とされてきた。しかし、株式所有そのものの全体のデータではないが、配当

表7-2　個人投資家の配当の比重　（百万円）

年次	課税配当	個人配当・A	配当総額・B	A/B（%）
1925	307.4	512.3	712.4	71.2
1926	293.1	488.5	756.3	64.6
1927	314.6	524.3	756.0	69.4
1928	298.7	497.9	778.0	64.0
1929	315.7	526.1	794.8	66.2
1930	306.1	510.2	680.2	75.0
1931	240.1	400.2	540.9	74.0
1932	200.7	334.5	584.8	57.2
1933	207.1	345.2	673.7	51.2
1934	253.8	423.1	813.1	52.0
1935	279.6	466.0	928.5	50.2

出典）『主税局年報書』各年次.
備考）個人配当は課税配当÷0.6.

のうちいくらが個人株主に支払われたかを知りうる資料は存在する。第三種所得税の課税対象に一九二〇年の所得税改革のさいに配当所得の六〇%が加えられ、一九三七年の改革で八〇%が課税対象とされるので、そのデータからの逆算により、配当のうち個人株主にいくら支払われたかを知ることができるからである。

表7-2は、『主税局統計書』に基づいて配当のうち個人株主へ支払われた部分を推定したものである。もっとも、ここでの個人配当は所得税納入者への配当に限られているため、実際より低目に示されている可能性があるが、寺西氏の推定では一九二五年当時五〇万人台に達する株式保有者のほとんどは所得税を納めていたと考えられるので、誤差は少ないと見てよかろう。本表によれば、一九二五年当時は個人株主への配当が七〇%台を占めていたのが、その後比重が低下し、一九三二年以降は五〇%台になっている。ただし、一九三〇年と一九三一年には一時的に七〇%台に上昇しているが、その理由は必ずしも明らかでない[9]。いずれにせよ、個人株主の相対的地位は低下しているとはいえ、一九三五年段階においてもギリギリ五〇%ラインを維持しており、大株主の分析に頼って昭和恐慌期を通ずる個人投資家の大幅な後退・没落を論ずるのは慎重でなければならないことがわかろう。

三　階層別に見た打撃の深度（1）——個人所得税統計から

そこで、昭和恐慌前後における高額所得者の推移を税務統計から検討しよう。表7－3は、個人所得税納入者数の推移を示している。前述のように、一九二〇年の改革によって株式配当の六〇％が課税されたために納税者が増えた反面で、一九二六年に課税下限が八〇〇円から一二〇〇円に引き上げられたため、一九二五年に一九〇万人まで増えた納税者数が一九二八年には九五万人へと半減した。

表7-3　個人所得税納入者数と課税所得額の推移

所得額	1928年度	1930年度	1932年度	1933年度	1935年度
10万円以上	1,641	1,577	880	978	1,581
	100	**96**	**54**	**60**	**96**
5万円以上	3,475	3,258	1,916	2,455	3,124
	100	**94**	**55**	**71**	**90**
1万円以上	48,369	48,578	33,053	36,203	45,195
	100	**100**	**68**	**75**	**93**
5000円以上	85,914	87,693	65,240	70,886	86,059
	100	**102**	**76**	**83**	**100**
2000円以上	311,027	311,685	243,795	264,520	316,293
	100	**100**	**78**	**85**	**102**
2000円未満	496,262	486,134	388,050	421,798	489,352
	100	**98**	**78**	**85**	**99**
合計人数	947,288	939,515	732,934	796,840	942,184
	100	**101**	**77**	**84**	**99**
所得計(百万円)	2,310	2,266	1,665	1,824	2,263
	100	**98**	**72**	**79**	**98**

出典）『主税局統計年報書』各年度.
備考）第三種所得税は当時所得額1200円以上層に課税．ゴチック数値は1928年度を100とした場合の比率を示す.

恐慌の影響がもっとも大きいのは一九三二年で、一九二八年と比べて納税者総数が七七％、課税所得額合計も七二％まで減少している。しかし、一九三五年には人数・所得とも基準年である一九二八年の九九％、九八％まで回復しており、恐慌からの回復がきわめて速いことがうかがえる。

階層別に一九三二年にかけての落ち込み方を見ると、所得一〇万円以上の最上層の人数が一六四一人（一九二八年）から八八〇人（一九三二年）へとほぼ半減（五四％）し、次の所得五万円以上層の場合（五五％）と並んでもっとも鋭く落ち込み、それより下層になるにつれて落ち込み方が緩くなる。しかし、上層の方が恐慌による打撃が著しかったと即断することはできない。上層が一時的にランクを落として下層が膨らんでいる可能性があるからである。他方、一九三五年にかけての回復過程では、最上層が人数を減らしつつも金額ではもっとも急速に回復している。しかし、この場合も、階層間のメンバーの移動がわからないため、確定的なことは言えない。

四　階層別に見た打撃の深度（2）――金満家大番付から

そこで、個々のメンバーの階層間の移動がわかる資料が是非とも必要となってくる。ここでは、帝国興信所による調査にもとづいて雑誌『講談倶楽部』新年号が掲載した「全国金満家大番付」を検討しよう。従来、昭和五年の第二回「番付」と、昭和八年の第三回「番付」が、渋谷隆一編『大正昭和日本全国資産家地主資料集成』第一巻に収録されていた。[10]しかし、出発点をなす昭和三年の第一回「番付」が見つからなかったため、昭和恐慌を通ずる変化を追跡できなかった。今回入手した第一回「番付」を用い、まず昭和三年当時の推定資産額七〇万円以上の資産家三六五三人について、その職業別・金額別構成（人数、資産額合計）を示すと表7－4のようになる。[11]七〇万円以上の資産家三六五三人の資産総額約一一八億円のうち「六大財閥」に四一億円が集中し、一〇〇〇万円以上の最上層の資産家一五五人に資産総額の五四・六％が集中している。明治維新以来の所得分布の拡大傾向は一九三〇年代まで続くと推定されているが、[12]一九二八年段階の資産格差は有力資産家内部においてもかなり大きいことが判明しよう。

「六大財閥」は、三井（一一人、一五億二〇〇〇万円）、三菱（七人、一四億八〇〇〇万円）を筆頭に、安田（一〇人、六億四〇〇〇万円）、住友（一人、二億円）、大倉（一人、一億五〇〇〇万円）、古河（一人、一億三〇〇〇万円）と続いている。職業別分類（複数の場合は最初に記された職業を採用）で見ると、「大名華族」が人数は限られているが有力な資産家が多い。次いで、「地主貸家」が一〇〇〇人を超える最多の人数であり、資産総額も「六大財閥」に次ぐ。農村の地主（山林地主を含む）とともに、都市における貸地・貸家業者も多い。[13]「銀行金融」の中には、伝統的な貸金業者と近代的な銀行頭取・役員の双方があり、「商業運輸」の中にも個人商店と会社形態のものがあり、「商業運輸」関係者は人数・金額ともに、次の「鉱工業」を上回る。これらの資産家のうち地主貸家や個人卸商、中小工業者ら旧中間層はど

表7-4　資産家の職業と金額（人数と金額計）　　(1928年末，万円，人数)

	六大財閥	大名華族	地主貸家	銀行金融	商業運輸	鉱工業	その他	合計
1000万円以上	412,000 **31**	40,500 **18**	34,800 **22**	38,200 **20**	42,700 **24**	54,430 **27**	21,600 **13**	644,230 **155**
500万円以上		4,550 **8**	19,000 **33**	10,750 **19**	25,530 **43**	20,780 **34**	18,780 **32**	99,390 **169**
200万円以上		8,080 **29**	43,400 **162**	21,040 **76**	40,160 **150**	33,300 **121**	29,230 **112**	175,210 **650**
100万円以上		1,740 **15**	41,740 **334**	14,660 **120**	40,060 **321**	32,390 **260**	21,200 **168**	151,790 **1,218**
70万円以上		850 **11**	40,455 **534**	10,700 **142**	25,925 **343**	20,240 **270**	12,195 **161**	110,365 **1,461**
合計	412,000 **31**	55,720 **81**	179,395 **1,085**	95,350 **377**	174,375 **881**	161,140 **712**	103,005 **486**	1,180,985 **3,653**

出典）「全国金満家大番付」『講談倶楽部』昭和4年新年号付録.
備考）六大財閥は，三井，三菱，住友，安田，大倉，古河．ゴチックは人数.

の程度の打撃を蒙ったのであろうか。

以下、一九二八年当時の資産家三六五三人の資産の変化を追跡しよう。表7－5は、一九二八年当時の資産額を基準として分類した資産家が、一九三〇年を経由して一九三三年にかけて、A資産額を増加させたか、B変化させなかったか、それともC減少させたかを追跡したもので、DはCのうち七〇万円以下に転落し表から消滅した場合を示す。同表は上中下に分かれており、上欄は一九二八年から一九三三年までの五年間全体を通ずる変化、中欄は一九二八年から一九三〇年にかけての激しい恐慌期の変化、下欄は一九三〇年から一九三三年にかけての回復期の変化を示す。

まず全階層の資産の増減を見ると、後掲の表7－6に示したように、一九二八年の合計一一八億九八五万円（一〇〇・〇%、三六五三人、平均三二三万円）が、一九三〇年には合計一〇三億一九八五万円（八七・四%、二九三九人、平均三五一万円）へ減少するが、一九三三年には一〇四億三四八〇万円（八八・四%、二三七〇人、平均四四〇万円）へと、資産家数を三分の二に減らしながらも、金額合計ではわずかながら回復に転じている。ここでは、三〇年ないし三三年に新たに七〇万円以上の資産家として番付に登場した資産家の分析は捨象していることに注意されたい。

表7－5に戻って、個別資産家に即して見ると、資産の減少事例Cの

表 7-5　昭和恐慌期における個別資産家の資産増減

	増加・A	不変・B	減少・C	内消滅・D	合計	A%	B%	C%	D%
	1928 年～ 1933 年								
1000 万円以上	48	39	68	6	155	31.0	25.2	43.9	3.9
500 万円以上	36	30	103	26	169	21.3	17.8	60.9	15.4
200 万円以上	172	104	374	116	650	26.5	16.0	57.5	17.8
100 万円以上	278	218	722	353	1,218	22.8	17.9	59.3	29.0
70 万円以上	327	238	896	772	1,461	22.4	16.3	61.3	52.8
計	861	629	2,163	1,273	3,653	23.6	17.2	59.2	34.8
	1928 年～ 1930 年								
1000 万円以上	27	61	67	3	155	17.4	394	43.2	1.9
500 万円以上	20	55	94	13	169	11.8	32.5	55.6	7.7
200 万円以上	106	221	323	51	650	16.3	34.0	49.7	7.8
100 万円以上	195	409	614	151	1,218	16.0	33.6	50.4	12.4
70 万円以上	242	538	681	494	1,461	16.6	36.8	46.6	33.8
計	590	1,284	1,779	712	3,653	16.2	35.1	48.7	19.5
	1930 年～ 1933 年								
1000 万円以上	60	51	41	3	152	39.5	33.6	27.0	2.0
500 万円以上	44	51	61	12	156	28.2	32.7	39.1	7.7
200 万円以上	165	201	239	74	605	27.3	33.2	39.5	12.2
100 万円以上	274	380	437	225	1,091	25.1	34.8	40.1	20.6
70 万円以上	253	346	415	336	1,014	25.0	34.1	40.9	33.1
計	796	1,029	1,193	650	3,018	26.4	34.1	39.5	21.5

出典）『全国金満家大番付』各年次（『講談倶楽部』付録）.
備考）% は合計値に対するもの.

比率が、一九二八－三〇年の計四八・七％に対し、一九三〇－三三年には計三九・五％となり減少テンポに歯止めがかかっており、資産増加事例Aは一九二八－三〇年の計一六・二％が一九三〇－三三年には計二六・四％に増加している。恐慌の深刻化と景気回復への反転がうかがえる。恐慌時であるから減少傾向が強いのは当然で、一九二八－三三年の五年間の変化を上欄によって見ると、不変・Bが一七・二％、増加・Aが二三・六％、恐慌による打撃の強度を示す減少・Cが五九・二％であって、景気回復は一九三三年には始まったばかりだとわかる。

問題は階層別に見た資産の変化である。減少・Cの比率を上欄によって比較すると、一〇〇〇万円以上の最上層の四三・九％に対して、それ以外の各層ではほぼ六〇％前後で並んでいる。そこで、七〇万円未満に転落した「消滅・D」の比率を見ると、下層にいくほ

表7-6　昭和恐慌期の職業別個人資産家の資産増減　(単位，人，万円，%)

	六大財閥	大名華族	地主貸家	銀行金融	商業運輸	鉱工業	その他	合計
1928年人数	31	81	1,085	377	881	712	486	3,653
同資産額・①	412,000	55,720	179,395	95,350	174,375	161,140	103,005	1,180,985
同平均額	**13,290**	**688**	**165**	**253**	**198**	**226**	**212**	**323**
1930年人数	30	76	854	306	716	589	368	2,939
同資産額・②	352,700	57,090	152,430	88,800	158,220	140,585	82,160	1,031,985
同平均額	**11,757**	**751**	**178**	**290**	**221**	**239**	**223**	**351**
1933年人数	30	73	671	245	578	486	287	2,370
同資産額・③	388,000	61,610	133,360	77,120	158,050	147,190	78,150	1,043,480
同平均額	**12,933**	**844**	**199**	**315**	**273**	**303**	**272**	**440**
②／①× 100	85.6	102.5	85.0	93.1	90.7	87.2	79.8	87.4
③／①× 100	94.2	110.6	74.3	80.9	90.6	91.3	75.9	88.4

出典）「全国金満家大番付」(各年次『講談倶楽部』付録).
備考）ゴチックは平均資産額.

ど比率が高まっている。最上層の一五五人でこの間リストから脱落したのは合計八人であるが、原六郎家（一五〇〇万円）、益田孝家（一〇〇〇万円）は相続によるので、実際の消滅事例は、岩崎俊弥家（一億円）、藤田平太郎家（一〇〇〇万円）、若尾謹之助家（一〇〇〇万円）、範多龍太郎家（一五〇〇万円）、竹尾治右衛門家（一〇〇〇万円）、竹原友三郎家（一〇〇〇万円）のわずか六人にすぎず、最上層のメンバーの多くは、若干の資産減少を蒙りながら、ほとんど全てが没落を免れたといえよう(14)。

では、資産額による諸階層の恐慌への対応の違いは、資産家の活動内容とどのように関係しているのか。表7－6によって、一九二八年の七〇万円以上の資産家各群の資産額のその後の増減を比較すると、恐慌期を通じて却って増加し続けているのが「大名華族」である。彼らは一九二七年の金融恐慌で大打撃を蒙ったが、昭和恐慌での打撃は少ない(15)。

「六大財閥」の動向を全体として見ると、一九三〇年にかけては資産額が減少した点で、他の資産家と同様であるが、その後一九三三年にかけての回復は顕著である。三三年の資産額を二八年のそれと比較すると、住友が一五〇%、大倉が一三三%、古河が一一五%、三井が一〇七%と恐慌前の水準を上回る回復を見せ、三菱は七六%、安田は七四%と回復が遅れている(16)。

職業別にみてもっとも恐慌の打撃が顕著なのは、「地主貸家」と「銀

表7-7　階層別・職業別の1928-1933年の資産家の資産額推移（1928年＝100）

	六大財閥	大名華族	地主貸家	銀行金融	商業運輸	鉱工業	その他	合計
1000万円以上	94.2	111.4	103.7	95.0	123.5	104.4	91.9	98.6
500万円以上		142.9	72.8	47.9	77.7	84.2	75.9	77.5
200万円以上		86.6	71.2	84.3	93.5	96.1	77.0	84.3
100万円以上		121.3	75.5	77.8	80.3	83.3	71.4	78.6
70万円以上		105.9	51.9	61.0	60.8	68.5	52.6	58.4
平均	94.2	110.6	74.3	80.9	90.6	91.3	75.9	88.4

出典）表7-6に同じ.
備考）数値は1928年を100とした資産家群の1933年当時の資産額.

行金融」である。とくに「地主貸家」は一九二八年から三〇年へ、三〇年から三三年へと資産額がしだいに減少し、資産家リストからの脱落者が三八・二％と多い。「銀行金融」では、脱落者が三五・〇％と「地主貸家」に次いで多い。それに対して「商業運輸」と「鉱工業」に携わる資産家は、一九二八年から三三年にかけての没落者の比率がそれぞれ三四・四％、三一・七％とやや少な目であり、資産額の減少はそれぞれ九〇・六％、九一・三％へとわずかな減少にとどまり、「地主貸家」の資産額が七四・三％へ、「銀行金融」の資産額が八〇・九％へと大きく減少したのに比べて、明確な格差がある。

ただし、階層が下るにつれて、「銀行金融」と「商業運輸」の資産減少の度合いは接近してゆく。表7－7には一九三三年当時の各階層別・職業別資産額を一九二八年基準の比率で示した。五〇〇万円以上層では二〇％以上あった「商業運輸」と「銀行金融」の格差が、一〇〇－二〇〇万円層では二％台に縮まり、七〇－一〇〇万円層では「銀行金融」の資産減少率が「商業運輸」のそれをわずかながら上回るという逆転現象が起こっている。下層になるにつれて、「銀行金融」も「商業運輸」も旧中間層としての性格が強まりつつ、実態的にも接近していたのであろう。

「地主貸家」と「鉱工業」は、一〇〇〇万円以上層は別として、一〇〇〇万円未満層では、資産の減少程度において大きな格差があり、各階層における資産減少度に大きな開きがある。レントナーとしての地主と産業資本家としての鉱工業者とでは、恐慌時の打撃の受け方に違いがあるだけでなく、恐慌への対処の仕方においても大きな違いがあったと言えよう。

結　語

以上の検討は、より詳細な職業別分析や地域別分析[17]、あるいは一九三〇年および三三年の調査に新しく登場した資産家の内容分析などによって、さらに深められる必要があろう。ここでの検討は概括的なものにすぎないが、検討の結果、昭和恐慌が中小地主や中小商人といった旧中間層の上層部分を含む個人投資家層の没落の大きな画期となったことは明らかであるが、その没落の度合いは、志村嘉一氏や寺西重郎氏らによる従来の投資家分析が想定していたよりも軽微なものであったと一応結論することができよう。

(1)　長幸男『昭和恐慌――日本ファシズム前夜』(岩波新書、一九七三年)。
(2)　隅谷三喜男編『昭和恐慌――その歴史的意義と全体像』(有斐閣選書、一九七四年)。
(3)　石井寛治『資本主義日本の歴史構造』(東京大学出版会、二〇一五年)第八章。
(4)　寺西重郎『戦前期日本の金融システム』(岩波書店、二〇一一年)。
(5)　同上書、八〇一頁。
(6)　志村嘉一『日本資本市場分析』(東京大学出版会、一九六九年)。
(7)　満鉄は石井寛治『帝国主義日本の対外戦略』(名古屋大学出版会、二〇一二年)一九一頁、日本郵船と東邦電力は同「企業金融の展開」(『講座・日本経営史　組織と戦略の時代　一九一四～一九三七』ミネルヴァ書房、二〇一〇年)、鐘淵紡績は同「再考　戦前期日本の直接金融と間接金融」(日本銀行金融研究所『金融研究』三一巻一号、二〇一二年)参照。
(8)　志村前掲『日本資本市場分析』三八六頁。
(9)　配当率が低い場合に同一企業でも法人株主への配当を制限して個人株主を優遇するケースが見られたためかもしれない。満鉄の場合で見ると、一九三〇年と三一年の配当率が政府株四・三％、民間株八％であるのに対して、三一年はそれぞれ二％、六％となっており、もともと低い政府株への配当が一段と引き下げられている。

(10) 渋谷隆一編『大正昭和日本全国資産家地主資料集成』第一巻（柏書房、一九八五年）。

(11)「金満家」と見なされた資産額七〇万円以上の者たちは、一九二五年当時の投資家社会メンバー五〇万人台のうち中核部分とされる一五万人程度の個人投資家の一部にすぎず、旧中間層のなかでは最上層部分であろう。しかし、昭和恐慌期におけるその個人動向は、より下層の旧中間層の動向についてもそれなりの手がかりを与えてくれるものと思われる。

(12) 橘木俊詔『日本の経済格差——所得と資産から考える』（岩波新書、一九九八年）四八頁。

(13) 試みに東京と大阪における「貸地・貸家」業を大都市地主として抜き出すと、東京一四九人、大阪一一七人、合計二六六人であり、「地主貸家」業として集計した合計一〇八五人からそれらを差し引くと八一九人となって「商業運輸」業の八八一人を下回る。資産額では、大都市地主二六六人で合計五億二〇二〇万円となり、「地主貸家」全体から差し引くと一二億七三七五万円になって、「商業運輸」だけでなく「鉱工業」の合計をも下回る。農村地主と都市地主の恐慌への対応の違いも重要な問題であるがここでは扱う余裕がない。

(14) 岩崎家の岩崎俊弥（一八八〇－一九三〇、一億円→欠→欠）は、弥之助の次男で旭硝子の創業者であり、婿養子岩崎寿男（一九一四－二〇〇五）が跡を継ぐまで番付から欠落したものと思われる。その他の脱落者のうち、若尾謹之助、藤田平太郎、範多龍太郎については、石井前掲『資本主義日本の歴史構造』第八章の注(24)参照。北浜株式街の成功者として獲得した巨万の富を土地経営に注ぎ込んだ竹原友三郎（一八四九－一九一八）の跡を継いだ甥の二代友三郎がなぜ脱落したか、また、老舗の呉服太物商としての蓄積を紡績業界に投資した竹尾治右衛門が一九一五年に没した跡を継いだ長男がなぜ行き詰まったかは明らかでない。

(15) 伊牟田敏充「華族大資産家」（渋谷隆一ほか編『地方財閥の展開と銀行』（日本評論社、一九八九年）参照。

(16) 住友の推定資産額が二億円（一九二八年）から三億円（一九三〇、三三年）と増えるのは大雑把すぎるが、これらの年度に小倉正恆（総）理事のもとで合資会社・連系会社損益が一〇四四万円→一八〇万円→一九五二万円とダイナミックな減少・回復を示し、合資会社の有価証券（利回り）が、一億四六二八万円（三・〇五％）→一億五九一二万円（三・九四％）→一億六四九三万円（四・二〇％）と増加傾向にあること（山本一雄『住友本社経営史』上巻、京都大学学術出版会、二〇一〇年）を考えると、そう当てずっぽうの推定でもなさそうである。それに対して、戦時経済下で三井を抜く三菱の総力戦への関与の成果が上がるまでには時間がかかったようである。安田については、浅野系企業や製糸業界への融資が固定化して安田銀行・安田信託は不振をきわめており、結城豊太郎による改革への反発も加わって安田財閥の危機は深刻であったという（由井常彦編『安田財閥』日本経済新聞社、一九八六年）。

(17)　大資産家の地域別構成とその変化については、渋谷隆一氏が、一九〇一年（五〇万円以上人数）、一九一六年（同人数、資産額）、一九三三年（同人数、資産額）に関する若干の分析を試み、大都市地帯（六大都市所在府県と福岡県）への大資産家の資産額の集中度が、一九一六年（二六億円、全体の七五・六％）から一九三三年（九九億円、七六・九％）にかけて若干高まったと指摘している（渋谷隆一編『大正昭和日本全国資産家地主資料集成（全七巻）』I、柏書房、一九八五年、解題八－一〇頁）。しかし、昭和恐慌直前の一九二八年段階の集中度が不明のため、本章で所得税データ等を用いて考察したような恐慌による打撃の影響がいかなる地域的特徴をもっていたかは明らかでない。所得税の地域構成の変化については終章で若干指摘することとし、ここで本書に付録として収録した一九二八年末の七〇万円以上資産家データを用いて、同時点の六大都市所在府県の大資産家への資産集中度を算出すると、二〇八〇人（資産額九一億九一六五万円）が、大資産家全体の三六六九人（一一八億三一八〇万円）に対して、人数で五六・七％、資産額で七七・七％を占めている。渋谷前掲解説にある一九三三年についての同様の資産家数と資産額（ただし、七〇万円以上資産家、福岡県を除く）の二二三一人（六〇・五％）、九三億四八三〇万円（七七・八％）は、二八年の数値とほとんど違わないことがわかろう。このことは、大資産家に関する限り、恐慌の打撃からの回復が、大都市地帯も農村地帯も共通して著しいことを示唆するものであるが、いずれにせよ立ち入った分析が必要であろう。なお、本注で用いた一九二八年大資産家数三六六九人よりも本文で分析した三六五三人が少ないのは、後者は一九三〇年・一九三三年のデータと連結させた分析が可能な対象に絞ったためである。

第Ⅱ部　地域史から見た全体史

第八章　明治経済史再考
——多摩「シルクロード」の人々

本章は、二〇〇七年一一月一〇日（土）に、東京経済大学の同窓会である葵友会の多摩三支部合同講演会において行った講演記録（『東京経済大学会誌』二五八号、二〇〇八年三月）に若干加筆したものである（加筆部分は〔　〕で示した）。新選組の発祥の地であるとともに、土佐と並ぶ自由民権運動の中心地域であり、さらに外資によって日本最大規模の器械製糸場を生んだ多摩地域に経済史的考察を加えようと、演題を「維新経済史再考」としたが、実際の話の中心テーマは外資導入であったことから、本章では「維新経済史」を「明治経済史」と改めた。講演では、通説を批判して、多摩地域は攘夷思想の温床ではなく開明的精神が広がっていたことを強調したが、本章では外資導入の試みとそれへの反発のせめぎあいの場として多摩地域を把握し、外資導入が挫折した経緯についてやや立ち入って考察した。

一　多摩地域は攘夷思想の温床と言えるのか

本日は、葵友会支部の講演会にお招き下さり有難うございます。私は、今から一〇年ほど前に東京経済大学に参りましたため、その頃まで多摩学という新しい研究分野を開拓してこられた色川大吉先生とはちょうどすれ違いになっており、東京経済大学における多摩学研究会のお仕事を継承することはできませんでした。実は今回、多摩の人々の商業活動の歴史について話してほしいと言われましたときに、はたと困りました。大学では日本の流通史を担当しているのですが、多摩の流通史についてはほとんど知らなかったからです。

ただ、幕末の多摩地域からは新選組が生まれて京都を中心に華々しい活動をし、明治の自由民権運動では土佐とともに多摩が大きな拠点となったことについては関心があり、その背景としての経済発展には興味がありました。とくに、私は、大学院のころから近代日本の生糸産業の歴史を研究してきたものですから、生糸の生産と流通において多摩地域が重要な位置を占めていたことには関心がありました。幕末開港とともに横浜から大量の生糸が輸出され、多摩地域は生糸の産地として、また各地から横浜に送られる輸出生糸の通り道として、大きな役割を果たすようになったからです。

外国貿易の開始による経済社会の変動は、日本国内に攘夷運動を巻き起こし、外国への対抗を天皇を中心に行おうとする尊王攘夷運動が広がります。幕府の募集に応じて、多摩地域から集った浪士組、のちの新選組の人々も、最初は、そうした尊王攘夷運動のために働くのだという意気に燃えていました。思想史家の松浦玲氏によりますと、幕府が浪士を集めるときに使った「尽忠報国」の志が厚いものをという言葉は、「尊王攘夷」の志と同じ言葉として理解され、近藤勇も土方歳三も新選組のスローガンとして「尽忠報国」という言葉を愛用したそうです(1)。しかし、文久三(一八六三)年八月一八日に孝明天皇の意を受けて薩摩藩と会津藩が組んで起こしたクーデターによって、それまでもっとも過激で熱心な尊王攘夷派であった長州藩が肝心の天皇によって退けられてしまい、幕府も本気で攘夷を実行する気がなくなると、近藤たちの攘夷精神にも変化が見られるようになります。松浦さんは、攘夷のために働こうとしていた時期の新選組は思想集団としての性格をもっていたが、慶応年間になると、そうした思想集団としての性格を失い幕府のために働く鉄の規律をもつ武装集団になったという意味のことを述べています。多分そう言ってよいでしょう。ただ、松浦さんは、近藤らの出身地の多摩には「攘夷」論を受け入れる基盤があって、近藤も熱烈な「攘夷」

論者になったと断定していますけれども、その根拠ははっきりしません。指摘されているのは、多摩の少し北で同じ武蔵国の農民出身の渋沢栄一も一時熱烈な攘夷思想の持ち主であって、仲間と一緒に横浜に出かけて居留地に放火し、飛び出してくる外国人を片っ端から切り殺そうという過激な攘夷計画を立てたが、途中で無理だと気づいて中止したということだけです。したがって、近藤や土方が攘夷思想を放棄したという理由についても、攘夷は無理だということに気づいたというだけの説明になっており、もともとの彼らの攘夷思想がどの程度、生活経験に根ざしたものだったかという検討はなされていないのです。

そうだとしますと、多摩には、人々が攘夷思想を受け入れる基盤が本当にあったのか、多摩地域は攘夷思想の温床と言えるのか、という疑問が出てきます。なぜならば、多摩の人々の中には、開港直後から横浜に実際に出かけて外国商人と接触し、商取引をする人々がたくさんいたからです。渋沢の場合は、農業の傍ら藍玉の取引で利益をあげて攘夷のための武器を買い込んだのですが、藍玉は国内用の染料であって輸出品ではなく、渋沢が横浜に出かけた形跡はありません。その意味で、渋沢たちの念頭にある「横浜」とか「外国人」というのは、孝明天皇や攘夷派の武士たちが外国人を「禽獣」つまり「けだもの」と呼んだのと同様に全く観念的なものだったようです。実際に開港場の横浜へ出かけてみて、外国商人と会って商取引をしてみると、なんだ自分と同じ人間ではないかということがわかるのですが、武士や内陸の人々の多くはそうした経験がなかったのです。島崎藤村の有名な小説『夜明け前』には、開港の年の横浜に、中津川の商人萬屋安兵衛が生糸を馬の背に積んで、横浜まで出かけたときのことが記されています。主人公の青山半蔵の師匠である医者の宮川寛斎もそれに同行しました。萬屋と寛斎は英国人の「ケウスキイ」（＝ケズウィック、英壱番館のジャーディン・マセソン商会パートナー）に会って生糸売り込みの商談を試みたところ、藤村の文章によると「寛斎が近く行って見たその西洋人は、髪の毛色こそ違ひ、眸の色こそ違っているが、黒船の連想と共に起って来るやうな恐ろしいものでもない。幽霊でもなく、化物でもない。やはり血の気の通っている同じ人間の仲間だ」[2]ということでした。市場での商取引が成り立つためにはお互いが同じ人間だということが了解されなければならないし、商取引を通じてそうした対等な人間としての認識が強まってゆくのです。もちろん、そこには対立と緊張があり、対抗意識が働きますが、それは相手を抹殺する排外的なタイプの「攘夷」意識とは違うと言えましょう。

では、多摩の場合はどうだったのか。多摩の歴史について詳しい方々の新選組についての最近の議論を探して見ますと、二〇〇五年に佐藤文明氏が『未完の多摩共和国――新選組と民権の郷』という書物を出されています。著者は「本書は読み物であって、一定の史観に基いて書かれた学術的な歴史書ではない[3]」と記しておられますが、実によく調べて書かれていて感心しました。同書によると、多摩の商人たちは、開港された横浜への関心を一挙に高めており、幕府が欧米諸国と結んだ通商条約の写しが、多摩の各地の家々から発見されたそうです。多摩は、「クールに、かつ対等に外国人を受け入れようとしていた」と佐藤氏は記しており、「多摩人の多くは、開明派代官・江川太郎左衛門の影響もあって、攘夷急進思想を抱いてはいなかったし、そのような暴走を危険だ、と感じていた」というのです。そのひとりで同書の主人公ともいえる日野宿の問屋兼名主の佐藤彦五郎が、近藤勇らとも深いつながりがあり、とくに近藤の急進的な攘夷思想の転換に影響を与えた可能性があると述べています。これは推論にとどまるとはいえ、なかなか興味深い見方だと思います。最近ようやく新選組が本格的な学問研究の対象となり、近藤が多摩の佐藤たちに送った手紙が分析されて、近藤の政治思想が多摩の地域のリーダーに与えた影響が論ぜられるようになりましたが[4]、逆に近藤たちの政治思想が多摩地域の人々の思想というかエートスによってどのように規定されていたかは論じられていないからです。近藤や土方らがもともと多摩の農民であり、商人であったということが、彼らの攘夷思想が転換していく上で何らかの影響を与えていたとも言えるのではないでしょうか。武士の攘夷思想が観念的なものであるためにテロ行為に傾きやすく、しかも簡単には変化しないのに対して、農民や商人の攘夷思想は、外国人と直接・間接に接触する経験を通じて変容しうるものであり、健全な対抗心としてのナショナリズムの性格を帯びやすいと言えましょう。この点は、最近発見されたという佐藤彦五郎の日記などの新史料の分析によってさらに立ち入って解明される必要があります。今回は多摩の自由民権運動については触れる余裕がありませんが、農民たちが集会を開いて欧米の近代思想を学習し、独自な憲法草案を生み出すまでになった歴史的前提には、攘夷精神の高揚でなく、むしろ開明的精神の広がりがあったと見た方がよいのではないかと思います(5)。

二　多摩の「シルクロード」とは何だったのか

では、多摩と横浜を結ぶ「シルクロード」とはどのようなものだったのでしょうか。生糸の集散地八王子から横浜に通ずる道はいくつもありましたが、厚木へ向かう道から片倉でわかれて鑓水《やりみず》峠を越える道がもっとも短距離だったために、生糸商人がよく利用したとされています。一九五七(昭和三二)年にこの道こそが日本の輸出生糸を運んだ「絹の道」だということで、有志の方々の手によって高さ二メートルもの石碑が建てられました。一九九六(平成八)年には文化庁の「歴史の道百選」のひとつにも選ばれ、今では「絹の道資料館」も建てられ、観光名所となっています。私も一度見たいものだと思いながら、見る機会がなかったので、ここでお話する機会に見学しようと思って、訪ねてみました。

ＪＲ中央線の八王子駅南口から京王バスに乗ろうとしましたら、土曜日だったので本数が少なく、仕方なくタクシーに乗って絹の道の入口へと頼みましたら、ハイハイと国道一六号線を飛ばして、絹の道の南口に近い所まで行ってしまいました。私は、そこから横浜へ向かって生糸を運ぶのと逆方向に道を辿ることになったのですが、予想した以上に狭い山道で、生糸を馬に乗せて運ぶのは容易でない印象をもちました。北口まで行ってから逆戻りして南口へ戻り、近くの絹の道資料館を見学し、そのまま南の柚木街道でバスに乗って、ＪＲ横浜線の橋本駅へ出て帰宅しました。

表8-1　八王子での鑓水商人の生糸購入額（明治4年10月−5年9月）
（両.分.朱）

①	大塚惣兵衛	58,368.2.0	⑥	八木下仲右衛門	759.2.2
②	大塚五郎吉	21,519.0.0	⑦	大塚利兵衛	233.1.2
③	大塚紋十郎	15,064.2.0	⑧	加藤兵吉	100.1.0
④	八木下清之助	1,300.0.0	⑨	八木下勝五郎	60.2.0
⑤	大塚七兵衛	1,055.0.0		合計	98,460.3.0

出典）『八王子市史』下巻，1967年，984頁．

この「絹の道」は、各地の生糸商人が横浜に向けて通ったという単なる交通路ではなく、ここ鑓水地方にも有力な生糸商人が輩出して、あちこちの生糸産地から集荷した生糸を横浜へ運んだそうです。鑓水村には開港前から多くの生糸商人がいて、八王子織物業に必要な原料生糸を集める活動をしていました。幕末の天保一四（一八四三）年の幕府の調査によりますと、八王子周辺の農村三四箇所に四七人の生糸商人がいて、そのうち一八人が鑓水村に集中していたとのことです。

名主の大塚五郎吉は、その中でもっとも有力な生糸商人でした。大塚家には生糸取引関係の帳簿などの古文書が大量に残されており、八王子市史の編纂過程で、一橋大学の佐々木潤之介氏らが分析をされました。(6) それによりますと、五郎吉は、ただ生糸を買い集めて販売するだけでは利益がだんだんと少なくなったので、生糸の原料の繭を買ってきて農家に渡して生糸を挽かせ、挽き賃を払って生糸を引き取るやり方を採用するようになります。横浜が開港されますと、五郎吉はさっそく翌年には生糸を横浜へ運んで販売しています。八王子の生糸市場では、生糸の売り手から買い手に立場を変えて、横浜に次々と生糸を送ったのです。記録によれば、慶応三（一八六七）年には、横浜の生糸売込問屋原善三郎商店に一七回にわたって合計七三六貫（＝一個九貫として約八二個）の生糸を出荷しました。当時としてはかなりの量だったと言えましょう。この年、七〇歳を越えていた五郎吉の生糸商人としての活動は、息子が早く亡くなっていたため、仲間の生糸商人である大塚惣兵衛・宗平親子が跡を継ぎます。『八王子市史』下巻（一九六七年）によりますと、明治四（一八七一）年一〇月からの一年間に八王子の生糸市場での鑓水村の生糸商人による生糸購入額は、表8-1のとおりで、かなりの額に達しています。

表8-2　横浜生糸問屋への生糸入荷荷主の規模別構成（明治25年）

	100個～	200個～	500個～	1000個～	1000個以上内訳
上野国	5	7	2	5	交水社1735　昇立社1685　碓氷社1613　北甘楽社1236　三英社1116
武蔵国	20	3	2		
うち八王子	5	1			
信濃国	24	26	8	2	開明社2200　東行社1250
甲斐国	10	4	1		
岩代国	9	7	7		

出典）広瀬徳七郎『大日本製糸家名誉録』横浜亀徳堂，1893年．

トップの大塚惣兵衛が五万八三六八両で、第二位の大塚五郎吉の二万一五一九両を大きく抜いています。仮に一個＝九貫匁の仕入値を輸出単価の九〇％の五一〇円とすると、惣兵衛の扱いは一一四個、五郎吉の扱いは四二個となります。明らかに五郎吉の扱いは幕末よりも減少しており、代わって惣兵衛が鑓水村生糸商人の代表格になったことがわかります。しかし、その惣兵衛・宗平親子の活動も、一八八九（明治二二）年には宗平の死によって終わってしまいます。どうやら、鑓水商人の活動は一八七七（明治一〇）年前後がピークだったようです。八王子町の生糸商人の活動がピークを迎えるのもその頃のことでした。八王子町最大の生糸商人富田造酒之助は、一八七九（明治一二）年頃生糸を「海外に輸出すること一カ年千個以上を算せり」と言われたそうで、[7] これは先の鑓水商人を一桁上回る大変な取扱量でした。富田造酒之助は一八九一（明治二四）年の『全国商工人名録』には、所得額一〇〇〇円台という八王子町切っての大規模生糸商として掲載されていますが、この富田も一八九三（明治二六）年には「艱難の極に陥る」[8] と評されており、没落しています。

広瀬徳七郎『大日本製糸家名誉録』記載の、一八九二（明治二五）年度の横浜入荷統計から、主要生糸産地の荷主を見ると、表8－2のとおりです。

この表に示されている八王子町の生糸荷主六名は、①相馬利喜三、二七七個、②守屋喜右衛門、一九九個、③北村理三郎、一七八個、④萩原彦七、一〇九個、⑤新井伊兵衛、一〇四個、⑥毛利徳兵衛、一〇〇個であって、富田の名前はありません。最大の相馬が二七七個ですから、かつての八王子最大の生糸商富田造酒之助が、明治一二年に一〇〇

○個以上の生糸を出荷したというのが、如何に巨大な出荷量だったかがわかりましょう。

この統計によれば、一八九二(明治二五)年当時の全国最大の荷主は、信濃国諏訪郡の器械製糸家片倉兼太郎たちの共同結社開明社であり、信濃では須坂の器械製糸家の結社東行社が続いています。一〇〇〇個以上の荷主が多いのは上野国で、座繰製糸を営む小規模製糸家の共同出荷結社である交水社、碓氷社、北甘楽社などが並んでいます。座繰生糸を出荷する商人で、ずば抜けた規模を誇っているのが下村善太郎の昇立社です。下村は、明治初年には甲州の若尾逸平と並ぶ地方生糸荷主の両大関と言われた有力商人で、若尾逸平が銀行業に転換し、弟の若尾幾造が横浜生糸売込問屋になった後も、下村は地方生糸の取扱を続けていました。下村の強みは、専属の早飛脚を雇っていて横浜の生糸市況が上向きに転じそうな気配を見せると、その飛脚が他の生糸商人より一日早く情報を前橋の下村にだけ伝えたことにあると言われています。しかし、そうした下村の優位性は、一八七七(明治一〇)年に電信が東京から前橋まで通ずるようになると失われます。そこで下村は、昇立社という賃挽きの会社を作り、原料繭を買ってきて座繰生産者に配り、挽き賃を払って生糸にさせるようになりました。鑓水村の大塚五郎吉が開港前にやっていたのと同じことを大々的に展開したわけで、そうやって生産面を取り込むことによって大規模荷主として活躍し続けたのです。その頃から単純な地方生糸商人の活躍の場がなくなるのは、横浜と生糸産地の間に電信が開通して、価格差がなくなったことと、器械製糸家や座繰製糸家が集って共同結社を作り、商人に頼らずに横浜へ直接出荷するようになったためです。八王子の生糸商の富田造酒之助や鑓水村の大塚惣兵衛らが相次いで没落したのは、そうした電信という情報革命に対して有効な対応策を打ち出せなかったためだろうと思います。

以上、多摩の「シルクロード」を盛んに利用した八王子地域の生糸商人にどのような人々がいたかを見てきました。しかし、「シルクロード」は、たんに八王子地域の生糸商人が利用しただけではありません。生糸産地である甲州・信州・上州からの生糸もまた、八王子まで運ばれたあと、もっとも横浜へ短距離で行けるこの「浜街道」＝「シルクロード」を使ったに違いないとされ、だからこそ、横浜への日本全体の「シルクロード」として評価されてきたのです。確かに、甲州や信州とくに南信州からの輸出生糸の多くは、甲州街道を通って八王子へ着いたあと、江戸や東京に行かずに、いわば裏道であり近道であるこの「浜街道」を通ったものと思われます。例えば、下村と並び称される有力生糸商人若尾逸平の伝記[9]によりますと、逸平・幾造兄弟は、甲府から八王子を通って横浜に向かったとありますので、たぶん、この「浜街道」を往復していたのでしょう。

しかし、最近の研究では、横浜に向けての輸出生糸の最大の供給地は、幕末期には、甲州や信州でなく、上州や奥州であり、そこからの生糸はむしろ利根川と江戸川の水運を利用して運ばれたのではないかと指摘されています。東京大学文学部におられた高村直助氏の論文「水上のシルクロード」[10]によれば、表8-3に示したように、幕末の輸出生糸の三分の二を占めた奥州・上州の生糸は、利根川と江戸川を通って横浜へ運ばれており、八王子を通る生糸も幕末には江戸問屋の荷物改めを受ける必要から、その多くはいったん江戸に運ばれ、そこから海路横浜に向かったようです。

表 8-3　横浜への生糸出荷量（元治元年 6 月調）

奥州・羽州	4,500 駄
上州	2,000 駄
甲州	500 駄
武州八王子辺	500 駄
信州	1,000 駄
濃州ほか	1,200 駄
合計	9,700 駄

出典）高村直助「水上のシルクロード」（注 10）.
備考）1 駄＝4 個＝36 貫目.

そうだとすると、八王子から、わが「シルクロード」を経由して生糸が大量に送られたのは、江戸の生糸問屋の改めが廃止される慶応二（一八六六）年五月から明治に入ってからのことであり、輸送量は信州や甲州で器械製糸業が発達する明治一〇年代にかけてさらに増加したということでしょう。しかし、一八八九（明治二二）年に八王子と新宿を結ぶ甲武鉄道が開通すると、生糸輸送も〔その一部が〕鉄道によって担われるようになりますから、八王子と横浜を結ぶ「シルクロード」の活動が盛んだったのは、主として明治一〇年代までの明治前期のことだったと見て間違いないでしょう。いずれにせよ、多摩の人々が幕末開港とともに横浜に積極的に乗り出して、外国商人との直接の交流を行ったことは確かな事実であり、そうした多摩地域は攘夷思想の温床とはほど遠い地域であったと思われます。むしろ外国の開明的思想を積極的に取り込むことによって自由民権運動の一大拠点へと進みつつあった地域だと見るべきでしょう。

なお、甲武鉄道を敷設する計画と並んで、八王子から川崎へ向かう武蔵鉄道の計画が横浜の生糸売込問屋原善三郎らと八王子の商人らによって出願されていましたが、東京中心の市場圏の構築を優先する政府は、甲武鉄道の方を認可しました[11]（さらに、横浜商業会議所からも一九〇〇年以降、別途横浜八王子間鉄道敷設の建議がなされましたが、これも認められませんでした[12]）。武蔵鉄道は繰り返しての出願の末、横浜鉄道として認可され、一九〇八（明治四一）年にようやく開通しますが、貨物輸送は少なく、一九一七（大正六）年に国有化されます（甲武鉄道は一九〇六年国有化）。「絹の道」に代えて「絹の鉄道」を敷設するという横浜商人の夢は実らなかったと言わねばなりません。

三　外資に頼った萩原器械製糸場の発展と挫折

ところで、地方生糸商人としての活動の条件が厳しくなることを乗り越える方法がもうひとつありました。それは、生糸商が小生産者を賃引きとして組織するのでなく、器械製糸場をみずから設立し経営する方法です。八王子市中野上町（もと南多摩郡小宮村西中野）にあった萩原彦七の器械製糸場はその典型例でした。政府が一八九三（明治二六）年度に調査した『全国製糸工場調査表』によりますと、当時の萩原製糸所は、表8－4のように、三四〇釜（＝繰糸女工三四〇人）という、きわめて大規模な設備をもつ日本最大の器械製糸場で、その製糸量も四万斤近くに達し、第二位の片倉組二製糸場合計の三万斤を大きく上回っていました。

この設備は有名な富岡製糸場の三二四釜をわずかながら上回っていますし、信州にも甲州にも当時これほど大きい

表 8-4　1893 年における大規模製糸家

順位	製糸場名	釜数	製造量（斤）	1 釜当たり	所在
1	萩原製糸所	340	39,700	117	東京府南多摩郡
2	片倉兼太郎	160	15,750	98	長野県諏訪郡
	片倉製糸場	168	14,963	89	長野県東筑摩郡
3	（資）松城館	325	22,236	68	長野県埴科郡
4	富岡製糸場	324	29,000	90	群馬県北甘楽郡
5	信勝社	300	16,875	56	岐阜県恵那郡
6	牧　新七	300	11,788	39	長野県上高井郡
7	小口善重	292	21,350	73	長野県諏訪郡
8	矢島栄助	254	14,344	56	山梨県甲府市
9	旭　館	250	11,000	44	宮城県本吉郡

出典）『第一次全国製糸工場調査表』（1895 年）より作成.
備考）器械製糸 250 釜以上の製糸家．製糸結社は除いた.

製糸場はひとつもありませんでした。三四〇釜から生産された生糸三万九七〇〇斤を一斤＝一六〇匁、一個＝九貫匁で換算しますと、七〇六個になります。先の表８－２のもとになった『大日本製糸家名誉録』によれば、萩原彦七の前年度＝一八九二年度の横浜問屋への出荷量は一〇九個にすぎませんから、それをはるかに上回っています。もっとも、『大日本製糸家名誉録』に掲載された一八九二年度の記録には、一〇九個という出荷量と並んで、萩原製糸場の「一ケ年出来高　二萬斤」とも記されており、一斤＝一六〇匁としますと、三五六個となりますから、「出荷高」は、「出来高」＝製造量の三分の一弱にしかなりません。萩原製糸場の生糸は品質が良かったですから、国内機業地に送られることはなく、全て輸出向けに横浜に送られたことは間違いないでしょう。とすると、これらのギャップは、どこから生じたのか。ここに萩原製糸のもつ独自な性格を解く手がかりがあると私は考えています。それは、萩原製糸の生糸の大部分は、横浜の生糸売込問屋の手を経ないで、直接に外国商館に持ち込まれたことを示しているのです。『大日本製糸家名誉録』の出荷データは横浜問屋への入荷記録によっていますから、問屋の手を経ない部分は記録されていません。一八七七（明治一〇）年に三二釜の設備をもつ三二人繰りの規模から出発した萩原製糸が、わずか一五年の間に一〇倍以上の規模に拡張し、日本一の大規模製糸場になった背後には、私は、横浜の外国商館による強力な資金援助があったものと推定しています。

　この外国商館による資金援助のことは、従来の歴史研究では、正面から評価されたことはほとんどありませんでした。[13]一九六七年に刊行された分厚い

『八王子市史』には、萩原製糸場と外国商館との直接取引のことは、全然触れられていません。その後一九七九年に出版された、村上直・沼謙吉『わが町の歴史・八王子』や、一九九八年に出版された、樋口豊治『市民のための八王子の歴史』を見ますと、萩原製糸場が一八八〇年に一〇〇人繰りに拡大したときにフランス人シャモナールを招いて技術指導を受けたことは記していますが、外国商館から資金援助を受けたとは書いていません。唯一、一九七六年に朝日新聞東京本社社会部が編纂した前掲『多摩の百年』下巻だけが、萩原製糸場が明治「十二年ヨリ外商ノ信用ヲ受ケ為ニ横浜在留ノ『ロドビック』商会ト特約ヲナシ取引」したという『大日本製糸家名誉録』の叙述を引用して、資金融通も受けた可能性があると記しています。実は、これは同書を執筆していた朝日新聞社の記者から問い合わせを受けた私が述べた意見でして、そのことは同書に明記されています。『ロドビック』商会というのは、横浜の一六六番館のH・ルドウイッヒ商会のことで、シャモナールはそこで働いていたのです（一八八〇年『横浜商人録』）。そして、同商会は、山梨県の名取製糸場に対して、資金援助をしていたことが、明らかにされていますし、長野県の高遠の盛進社に対しても前貸金融を行ったことが指摘されています(14)。

名取製糸場を経営した名取雅樹は、山梨中央銀行の頭取を務めた名取忠彦家の分家であり、甲府の名取忠彦家には、一九六二年当時、次のような証文が残されていました。

受取之証

一金　弐千ドル也

右正ニ受取候事

明治十三年十二月四日

受取人　名取雅樹　印

立会人　彦部金太郎　印

アシュ、リュドビク商会御中

このほかにも、同商会からの借用証文がありましたから、この融資は間違いない事実です[15]。したがって、同商会は、八王子の萩原製糸場に対しても、技術援助と資金援助を行い、良質な生糸を作らせて直接買い取ったものと思われるのです。ただし、この『ロドビック』商会は、大規模に生糸商売をやっていたのが、一八八四－八五年に失敗して突然閉館します。当時横浜生糸問屋小野商店の番頭だった人が「又モビックリ、ロドウィック」と駄洒落を読んだそうです[16]。明治一〇年代の日本では外国貿易商人の圧力に対抗する商権回復運動が盛んで、外国商人の手を経ないで日本商人の力でリヨンやニューヨークに生糸を輸出する試みがみられましたので、萩原製糸や名取製糸を取り込んだ『ロドビック』商会の動きは、それと真っ向から対立する動きとして人々を驚かせたようです。それは、ある意味で当時の政府の方針であった外資排除の路線に外れた動きでしたから、名取製糸場のごときは、県内の蚕糸業関係者から取引を拒否され、名取雅樹は一八八四年には製糸場経営を諦めて京都に移住せざるをえなかったそうです。その『ロドビック』商会が突然潰れたので小野商店の番頭は「又モビックリ」と詠んだのでしょう。

当時の器械製糸場は、横浜の生糸売込問屋から前貸金融を受けて、原料繭を購入し、その一部を抵当にして地方銀行からさらに融資を受けるのが普通でした。長野県諏訪の片倉組などは、数人の仲間と組んで横浜の小野商店などから多額の融資を受けて繭を購入していたのです。横浜問屋を経由しないで外国商館と直接に取引する萩原製糸の場合は、多額の繭購入資金を自己資金で賄うことはおそらく不可能でしたから、問屋からでなく外国商館から資金を借りていたはずです。したがって、資金借り入れ先の『ロドウィック』商会が潰れてしまったあと、萩原製糸としては、新たな借り入れ先を探さねばなりませんでした。片倉組のように横浜問屋から借りる方法もあったと思われますが、彼らと対抗しつつ外国商館と直結してきた萩原製糸としては、そうしたことは問屋の軍門に下るようで避けたいと考えたのでしょう。新しい取引先として、一八八六(明治一九)年から選んだのが新＝甲九十番館と呼ばれる生糸輸出の最有力商社シーベル・ブレンワルド商会でした。このことは、しばしば引用した『大日本製糸家名誉録』だけでなく、前掲『三多摩郡人物評』の「萩原彦七君」の項に

「君明治十九年神奈川県下〔当時の多摩地方は神奈川県所属で、二六年四月に東京府へ移管〕蚕糸業郡部製糸取締頭取となる。仝年横浜居留地甲九十番館主アベナ氏と特約し、直輸出をなす。想ふに八王子地方にて横浜売込商の手を経ず海外に直輸出をなすは君一人なるべし」(一一頁)

と明記されています。この書物の萩原彦七の項には、彦七の生い立ちや製糸場の拡大の様子などがよく書かれているので、いろいろな本の種本となっているようですが、「特約」の中身については書いてないので、果たして資金融通があったかどうかにはどの本も触れていません。しかし、新＝甲九十番館についてもまた、いくつかの製糸家ないしその結社に対して前貸金融を行っていた事実は明らかにされています。山梨県甲府の草薙社という器械製糸家の結社は、一九〇三(明治三六)年から一九一〇年にかけて甲九十番館と出荷生糸の一手販売契約を結び、同商館から資金融通を受けたことが当時の『山梨日日新聞』などにも指摘されており、同社社長の郷佐七家には、それに関する記録が残されていましたが、引用は省略します。(17) そうした事例から見て、萩原製糸場が一八八六年以降、日本最大規模の製糸工場としてますます巨大化しえた背景には、最大の生糸輸出商館であった甲九十番館からの強力な資金提供があったことは、ほぼ間違いないことと思います。

もっとも、私は萩原製糸場に対して外国商館が融資を行ったことを記した文書を証拠として提示したわけではあり

ませんから、石井の主張はあくまでも推定にとどまるのではないかというご批判が出ることと思います。それは、その通りです。今後、そうした仮説を実証できるかどうかという見方で研究が進められれば、新しい史料が発見される可能性があるでしょう。しかし、現在ある史料の中にも、そうした外資導入をある程度までうかがわせる記述があるように思います。先にも引用した『三多摩郡人物評』の「萩原彦七」にある奇妙な記述がそれです。「萩原彦七」の項目の冒頭で著者は、あるイギリスの歴史家が、ナポレオンの評価はイギリスでは「食人鬼」等々最悪なのに対して、フランスでは国家に「平和幸福」を与えたとして最高の評価を与えているが、毀誉褒貶がこうなるのはナポレオンがまさに未曾有の「豪傑」だからだと述べ、それに続いて、「君〔彦七〕が八王子地方に於て毀誉褒貶の間に彷徨しつつあるの一豪傑たることを疑はず。「大人は大敵を有す」これ君が一個の巨人たるを証するものなり」と、八王子での萩原彦七の社会的評価が真っ二つに割れていることを述べているのです。しかし、なぜ真っ二つに割れているのかについては著者は黙して語りません。誠に奇妙な人物評だと言えましょう。

それに続いて、彦七の生い立ちが記されており、その部分がしばしば引用されるので、ご存知の方も多いと思いますが、彦七は嘉永三（一八五〇）年に相模国愛甲郡依知村の農家の三男に生まれ、一二歳のときに厚木町の古着商の雇人となり、一八歳のとき高座郡当麻村の糸繭商に雇われて、一八七二（明治五）年二三歳のときに八王子の糸繭商萩原家の養子になって活躍します。そして神奈川県令野村靖が一八七六（明治九）年に八王子で四十数人の糸繭商を集めて、器械製糸場を作れと勧めたのに唯一人応じて、翌一八七七（明治一〇）年に三二人繰りの器械製糸場を設立します。長野県諏訪の豪農で、のちに世界最大規模の製糸家となる片倉兼太郎が三二人繰りの製糸場を設立したのが一八七八（明治一一）年ですから、二人はほとんど同時に同規模でスタートを切ったことになりましょう。『人物評』では、萩原について「当時君祖先の遺産あるにあらず又た他人の補助あるにあらず」と述べており、資金不足のままスタートしたことがうかがえます。それが、一八八〇年六月の天皇の巡幸にさいして、政府高官が同製糸場を訪れて賞状を下付したときの記録には、「工女百人ヲ使役シ日々三貫目ノ糸ヲ製スベシ。建設費一万円。営業費八年ニ一万六千円ヲ要スト云フ」[18]とありますので、このときには、すでに外国商館から資金援助を受け始めていたと思われます。「萩原彦七」の項目の執筆者は、最後に、彦七は「八王子町民は悉く死せり」と述べていると指摘し、「無資本にて此の単独なる大事業を遂成したる君が眼中より我が八王子町民を観察し来らんには実に我が八王子町民は死し居れる如くならん」と、彦七の言に賛意を表しているのですが、一体何のことだか、今となってはよくわからないかもしれません。私は、ここに当時の日本社会における人々の外資導入に対する批判的・警戒的ムードと、そうした消極的姿勢に対する萩原彦七の反撥とが示されているのだと理解します[19]。

四　外資排除路線を突き破った多摩製糸業――結びに代えて

『三多摩郡人物評』が刊行された一八九三(明治二六)年は、あの日清戦争が始まる年の前年に当たります。当時、日本の国会で議員たちが政府を批判していた問題は、それまでのような国内の民力休養＝減税問題とは異なり、条約改正を中心とした外交問題でした。条約改正交渉が進む中で、改正が実現したときには、外国人が日本の裁判を受けるようになることと引換えに、居留地が撤廃されて内地に入りこむようになり、内地で日本人と雑居して経済活動を営むことができるようになりますが、内地雑居はまずいから禁止して欲しいという議論が沸騰したのです。その背後には、禁止されているはずの外資の国内侵入が密かにかなり進んでおり、その威力は大変なものなので、もしも外資導入が全面解禁されると日本経済は外国人に完全に乗っ取られるかもしれないし、中国からは資本でなく安い労働力が流入して労働市場を混乱させるかもしれないという予測がありました[20]。そうした議論が伊藤内閣の軟弱外交を批判しつつ、日清戦争への道を掃き清めたのですが、それはひとまず置くとして、萩原彦七が外資を導入していたことは、かかる雰囲気の下では、大っぴらにすることが憚れる事柄だったのであり、萩原のそうした行動についての八王子の人々の評価は真っ二つに割れていたのです。『人物評』が歯に物が挟まったような奇妙な批評をしているのは、おそらくそのような社会的・政治的雰囲気の所産でしょう。

〔一八九四年一月に八王子町の萩原本店＝製糸場は、横浜市弁天通四丁目に「蚕糸仲買商」萩原支店を開設し、生糸売込問屋としての活動を始めます(21)。これは、萩原が外資導入への批判に対処して、自ら横浜へ進出すると同時に、甲九十番館に対して少しでも自立性を確保しようとする試みだったと見ることができましょう。しかし、萩原支店の売込業務は、表8－5に示したように、萩原本店＝製糸場からの送荷を甲九十番館に引き渡す仕事が中心で(22)、最初のうちは他の座繰荷主などの生糸を扱う仕事や、萩原からの送荷をほかの売込問屋に預ける仕事はあまりなく、九八年頃からそうした仕事が増えますが、そのときは肝心の萩原製糸場からの出荷糸の扱いが減少しているのです〕。

表8-5　萩原本店・商店と横浜支店の取扱生糸

荷主→問屋	萩原→萩原	他荷主→萩原	合計→萩原	萩原→他問屋
1894年	62 (2)	4 (4)	66 (6)	4 (4)
1895年	76 (25)	22 (20)	98 (45)	0 (0)
1896年	0 (0)	1 (0)	1 (0)	20 (16)
1897年	63 (0)	26 (18)	89 (18)	16 (13)
1898年	20 (0)	2 (0)	22 (0)	21 (17)
1899年	48 (12)	0 (0)	48 (2)	54 (30)
1900年	13 (0)	0 (0)	13 (0)	96 (66)
1901年	0 (0)	0 (0)	0 (0)	16 (2)

出典）『中外商業新報』7，8月各号．
備考）単位＝個＝9貫目．（　）はうち座繰生糸．

一八九九（明治三二）年七月には、いよいよ日本政府と国民の悲願であった条約改正が実現して、居留地が廃止され、外資導入が自由化されます。しかし、ロシアとの戦争の危険が迫るかにみえる日本のカントリーリスクが高いこともあって、外資は、警戒論者が心配したほどには入ってきませんでした。そうした中で萩原製糸場は、経営不振に陥り、横浜への生糸出荷が減少した末に、一九〇一（明治三四）年一二月、片倉組によって買収されてしまいます。一九〇〇年当時の萩原製糸場は五八八釜にまで拡大していますが、この当時は長野県諏訪郡の合資岡谷製糸会社（七九四釜）や同郡の片倉組三全社（七八五釜）をはじめ七〇〇釜台の製糸場がいくつも現れていますから、萩原はもはやトップではなくなっています(23)。片倉組は三製糸場合計で、一三三一釜というスケールです。

萩原製糸の破綻の原因はあまりわかっていませんが、製糸場だけでなく織物工場や養蚕伝習所あるいは横浜支店を作り、公共のための萩原橋の建設に資金を投入したことが、本業である製糸経営の資金不足を生んだ可能性がありま す［製糸経営で気になるのは、女工一人当たり年間繰糸量が、片倉組のそれを上回っていた一八九三年の一一七斤をピークに、九五年六五斤、九六年四九斤、九七年五二斤、一九〇〇年五〇斤と半分以下の水準を低迷するようになっただけでなく、空釜を含む一釜当たり繰糸量はさらに著しく低下することです。これは原料繭の購入が資金面での制約もあってスムーズに行われなくなったためかと思われます(24)。資金提供者であった頼みの外国商館は、萩原製糸場が不振に陥っただけでなく、多角経営に走る萩原彦七へのコントロールが効かなくなったと見るや、資金供給を制限し、それが生産性を一層低下させたとも考えられるのです(25)。この点で注目されるのは、結束を強めた売込問屋の動きに押される形で、外国商館が折角の内地雑居の機会を活かさずに、むしろ後退気味の姿勢をとったと報じられていることです。一九〇一年一一月の『中外商業新報』の次の記事がそれです(26)。

近年横浜生糸市場に於ける内商の進退は漸次改善の跡を示し来りたるが、商館も亦横浜に於ける競争よりも寧ろ欧米の需要地若くは集散地たる紐育、里昂に於ける競争に熱中するに至り、横浜には其道の敏腕を要せずと為し、廿年来在留したる経験家は悉く欧米に引揚らるる傾向を生ぜり。現に百六十八番のヴイバンチ氏、百九十八番オットライメースのステレール氏、甲九十番シーベルウオルフ商会のアベック氏の如き敏腕の聞へある人々は紐育に於て得意先に奔走する事となり、既に彼地に赴き居れるもありといふ。

一九〇〇年に甲九十番館はシーベル・ウオルフ商会と改称するとともに、実務担当者として一八八六年に前述のように萩原彦七との直接取引と前貸金融を開始したアベックがニューヨークへ行くと噂されているのです。いずれにせよ、この甲九十番館の組織と方針の変更が、萩原との関係を同商館側が解消する有力な契機となったことは事実でしょう(27)］。

こうして、政府の外資排除路線を突き破った萩原製糸場の活動は、ひとつの刮目すべきエピソードに終わったと言わねばなりません。日本の産業革命は、基本的には、外資を排除したままの自力建設という国際的には異例の形で進展したのであり、その結果、少数の大資本家と無数の零細資本家・生産者からなり、ブルジョア・デモクラシーの担い手たるべき中小資本家層の力量が弱いというアンバランスな構成を打ち出すことになりました。[28]製糸業についていえば、外国商館からの資金導入は、ごく一部のケースにとどまり、製糸金融の主流は横浜売込問屋からの前貸金融を軸とするものとなったのです。

以上、多摩の地域は、幕末から横浜との経済的つながりが強かったために、外国人との交流が盛んであって、攘夷精神とはもともと関係が浅かったのであり、むしろ欧米諸国との関係を積極的に深める開明的な精神が他の地域よりも強かったのです。そのことが、新選組の攘夷運動の転換や器械製糸場への外資導入あるいは自由民権運動の展開にも大きな関係があったのではないか、というのが私のとりあえずの結論です[29]〔もっとも、外資導入はすでに見たとおり、萩原彦七のような突出した事例を生むにとどまり、それへの反発・警戒が強かった点では、多摩地域もまた例外ではなかったというべきでしょう〕。

二一世紀に入った最近の日本は、外国との経済的・政治的つながりが強まりながらも、精神的には依然として鎖国状態だと言われることが多いようですが、そうした今日の日本にとって、幕末維新期の多摩の事例は、日本にもさまざまな可能性がありえたし、今後もありうることを示唆しているように思います。[30]

（1）松浦玲『新選組』（岩波新書、二〇〇三年）六頁。
（2）島崎藤村『夜明け前』（新潮社、一九三六年、新潮文庫、一九五五年）第一部（上）一五八頁。
（3）佐藤文明『未完の多摩共和国――新選組と民権の郷』（凱風社、二〇〇五年）三四七頁。

（4）　宮地正人『歴史のなかの新選組』（岩波書店、二〇〇四年）、鶴巻孝雄「新選組情報を読む」（町田市立自由民権資料館編『豪農たちの見た新選組――多摩に芽生えた政治意識』町田市教育委員会、民権ブックス一八号、二〇〇五年）。

（5）〔多摩地域にも言及した自由民権運動の古典的研究としては、色川大吉『自由民権』（岩波新書、一九八一年）がある。その後、国民国家論の影響を受けつつ、民権運動家を民衆とは別個の存在としてとりあげ、政府とともに国民国家形成を目指して運動していたと位置づける研究として、牧原憲夫『民権と憲法――シリーズ日本近現代史②』（岩波新書、二〇〇六年）などが現れた。自由民権運動の研究史を論ずるのは、ここでの課題外であるが、明治国家も国民国家の一種である点で近代国家だとする最近の研究動向については、そのような希釈され薄められた「近代」理解によっては、かえって「近代」の核心部分を批判できないだろうということだけを指摘しておく〕。

（6）　朝日新聞東京本社社会部『多摩の百年下――絹の道』（朝日新聞社、一九七六年）五〇頁、佐々木潤之介『幕末社会論』（塙書房、一九六九年）。

（7）　前掲『多摩の百年下――絹の道』六七頁。

（8）　深井斧三郎『三多摩郡人物評』（一八九三年）二三頁。

（9）　内藤文治良『若尾逸平』（一九一四年）三五三―三五四頁。

（10）　高村直助「水上のシルクロード」（吉田伸之・高村直助編『商人と流通』山川出版社、一九九二年）〔なお、沼謙吉「日本の「絹の道」――そのルートの検証」『多摩のあゆみ』七〇号、一九九三年二月（のち、同『武相近代史論集――八王子・津久井を中心に』揺藍社、二〇一三年、へ収録）は、一八八六年に金沢の河合辰太郎が蚕糸業地域を視察した記録『炎詹録』などを用いて甲武鉄道開通前の「シルクロード」の実態を究明している〕。

（11）〔老川慶喜『明治期地方鉄道史研究』（日本経済評論社、一九八三年）第Ⅱ章参照〕。

（12）〔横浜商業会議所が一九〇〇年一二月に続いて翌年一二月にも「横浜八王子鉄道建議案」を政府に提出したことについて、『東京朝日新聞』一九〇一年一二月一二日号は次のように「建議案」の中身を報じている。「本会議所は曩に横浜八王子間鉄道敷設の急務なるを認め意見を具して建議する處あり。政府亦其経営に意あるも猶未だ其実行を見るに至らざるは頗る遺憾の極と云ふべし。八王子は横浜を去ること僅々十一里甲武両国の貨物集散地として両所間の運輸交通極めて頻繁なるのみならず、殊に貨物は生糸絹織物を始め重なる輸出品多きを占め商機往々寸刻を争ふものあるに拘はらず、今尚ほ八王子街道と称する狭隘迂曲の道路に依り馬背或は荷車を使用し一回の往復に二日を要し旅客は遠く迂路を採らざる可からざるの現状なるを以て其不利不便誠に甚しく延いて地方生産の発達を阻害し貿易の進運を妨ぐること亦実に尠なからざるなり。依て本会議所は重て横浜八王子間の鉄道建設を政府事業として速に着手せられんことを切望に堪へざるなり」。これによれば、一九〇〇年代初頭においても、わが「シルクロード」は健在で、「馬車或は荷車を使用し」た輸出向け生糸・絹織物の輸送が行われていたことになる」。

(13)〔古くは、隅谷三喜男『日本賃労働史論』(東京大学出版会、一九五五年、『隅谷三喜男著作集』第一巻、岩波書店、二〇〇三年、一三〇－一三一頁)が、高橋信貞『蚕糸業道中記』(一八八七年)から、「有名なる工場の主も大方外人の支配を受け、其名は依然として存するも、其内幕を伺ひますれば、彼(外人)の支配の下に居て被傭稼ぎと一般なり」(二四一頁)という一文を引きつつ外国資本の製糸業支配を史実として論じていたが、引用された文章は、同書「第十二回　蚕糸業の未来」で高橋が描いた未来のありうべきフィクションにすぎず、萩原製糸場のような一部の現実を反映するとはいえ、全体としては史実とは大きくかけ離れていた。なお、最新の研究成果として、二〇一六年三月刊の『新八王子市史』通史編5・近現代(上)を見ると、序章で一八八〇年の天皇の地方巡幸に関連して萩原製糸場のことが一言触れられているとはいえ、第一章、第二章では、同製糸場を中心とする八王子製糸業のことはまったく言及されていない」。

(14)　有泉貞夫『やまなし明治の墓標』(甲斐新書、一九七九年)、海野福寿『明治の貿易』(塙書房、一九六七年)。

(15)　石井寛治「山梨県の製糸金融」(山口和雄編著『日本産業金融史研究　製糸金融篇』東京大学出版会、一九六六年)三八八－三八九頁。

(16)　藤本実也『開港と生絲貿易』(中巻)三三一五頁。

(17)　前掲『日本産業金融史研究　製糸金融篇』四六六頁。

(18)　前掲『多摩の百年下――絹の道』六五頁。

(19)〔外資導入に対する政府や民間の態度は揺れ動いており、一八九〇年代後半の状況についてはさらなる実証が必要である。ここでは、講演以降に気がついた、①一八九四年に政府が萩原に緑綬褒章を与えた事実と、②萩原製糸所での女工相手の一八九八年の講話で内地雑居が問題視されていた事実、および、③一八九七年になると、政府が従来禁止してきたはずの外国人の内地通商が堂々と新聞報道されるに至った事実、を指摘しておく。①の表彰文は次の通りである。「夙ニ志ヲ蚕業ニ勵シ明治九年始メテ機械製糸場ヲ創設シ刻苦勤勉能ク困難ニ耐ヘ嘗テ製糸家ノ折閲相踵クニ當リ屹然維持シ同業者ヲ安倚セシメ又糸ハ織造養蚕ノ二業ト相俟ツモノタルヲ覚リ織物工場ヲ建築シ意匠経営率先海外ノ輸出ヲ図リ養蚕伝習所ヲ設ケ生徒ヲ養成シ或ハ繰糸ノ方法ヲ解説頒布シテ地方物産ノ振興ヲ勉メ其他公益ノタメ費ス所尠カラス洵ニ実業ニ勵精シ衆民ノ模範トス仍テ明治十四年十二月七日勅定ノ緑綬褒章ヲ賜ヒ其善行ヲ表彰ス　明治二十七年八月十六日」（『明治褒章録』上巻、浪華書院、一八九七年）。ここでは、萩原の外資依存については不問としており、政府の外資排除方針も厳格さを欠いているようである。②の講話は、女工に向かって本多周山なる人物が行ったもので、「明三十二年七月からは我国に内地雑居と云ふ事が行はれます。其暁には亜米利加人なり露西亜人なり多くの異国人が続々入り込む様になります。尤も今日までにても既に少なからぬ異国人が来て居りますけれども、色々厳しき規則がありますから横浜とか神戸とか云ふ居留地の外は容易に住居さへも許されませぬ。然るに明年からは此町はおろか如何なる處でも勝手に住居が出来て色々の仕事をも自由に」（山田義勇編『千歳のかがみ』来住野朝三、一八九八年）と述べて、警戒が必要だと述べている。ここからは、外資を導入する当事者ですら外資の圧力に対する警戒心をもっていることがうかがえる。③は『中外商業新報』一八九七年七月八日号の記事「横浜居留地三番館員の奥州派遣」のことで、「横浜居留地三番館にては、例年の如く本年も折返糸買収の為、館員を奥州地方に派遣したる由」と報じている。外商による製糸業への投資については、武州・甲州・信州の器械製糸場への投資を本章で指摘したが、そのほかに座繰製糸地帯の奥州へも幕末同様に産地買付の形で外商が侵入していたことが明らかになった。残りの有力座繰地帯の上州への外資侵入の試みは明治初年に繰り返し試みられ、前橋藩や日本政府によって阻止されたが、全く途絶えたのか否か。桐生の輸出羽二重については横浜外商による直接買付がなされたが（『横浜市史』第四巻上、三六三頁）、上州の輸出生糸についても同様な買付の有無を確認すべきであろう〕。

(20)　詳しくは、石井寛治『日本の産業革命——日清・日露戦争から考える』（朝日新聞社、一九九七年、〔講談社学術文庫、二〇一二年〕）、第一章を見よ〔さらに詳しくは、石井寛治『帝国主義日本の対外戦略』（名古屋大学出版会、二〇一二年）第二章を見よ〕。

(21)　〔前掲『明治褒章録』一四五頁、鈴木喜八・関伊太郎編『日本全国商工人名録』（一八九八年）にノ十一〕。

(22)　〔このことは、『中外商業新報』九五年七月の「生糸売込手合」に萩原支店からは決まって甲九十番館に持ち込まれ、相場は「送荷」とあって、甲九十番が輸出先で販売したさいに決まる形であることからうかがえる。そうした直輸出商社の場合と共通する決済方式は外商による資金前貸しの存在を裏付けるものであろう。表8−5は毎年七・八月のみのデータを示したが、横浜市場では年間ではこの四−五倍の入荷がみられるので、萩原製糸場の場合は産出糸の大部分が横浜支店を介して甲九十番館へ送り込まれたものと思われる。なお、一八九四・九五年の『中外商業新報』「生糸入荷」欄の荷主としては、「萩原本店」

＝萩原製糸場のほかに「萩原商店」という荷主が登場する。これは、八王子町小門町に萩原彦七が「生糸商」（前掲『日本全国商工人名録』い甲ノ三百十八）を営んでいたために、座繰糸などを集荷して横浜に送っていたことを示すものであり、萩原製糸場の産額に混入している可能性もある」。

(23) 農商務省農務局編『第三次全国製糸工場調査表』（明治三三年調査）による。

(24) 〔一九〇〇年は同上書、一八九五、九六、九七年は、前掲『明治褒章録』「萩原製糸所製糸三ヶ年間略表」から算出。念のために、根拠となる数値を掲げておくと、一八九三年（生糸三九、七〇〇斤、三四〇釜）、九五年（二四、七五〇斤、女工三八〇人）、九六年（一九、二五〇斤、五六八釜、三九〇人）、九七年（一九、八〇〇斤、三八〇人）、一九〇〇年（一六、八七五斤、五八八釜、三三八人）であり、九六年以降は空釜が多いことがうかがえる。萩原がしだいに資金難に陥っていったと思われる間接的証拠として、「彦七の事業欲の行きつく先は、銀行の設立であり、横浜に銀行を出そうとしたのですが、結局は実現しませんでした」という関係者の証言がある（前掲『多摩の百年下――絹の道』七九頁）。実際には、一八九八年当時の萩原は、同年東京市日本橋区に設立された株式会社京浜銀行（資本金三〇万円、払込七万五千円、専務取締役岡部廣）の取締役に就任したが（『日本現今人名辞典』一九〇〇年）、一九〇〇年には役員を辞している（『日本全国諸会社役員録』一八九九年・一九〇〇年）。また、一八九六年設立の内外土木合資会社（資本金一〇万円、業務担当社員大井憲太郎ほか）の最大出資者（二万円）であったが（前掲『日本現今人名辞典』）、これは萩原橋の建設と関係するものかもしれない。いずれにせよ経営の多角化を志向していたことは間違いない〕。

(25) 〔この問題については、荷主の取り合いで外国商館と競合関係にある生糸売込問屋の動向が影響した可能性がある。一八九四年二月二四日の『中外商業新報』に報じられた前日の「横浜生糸問屋団結の大集会」において、彼らは「外は外商の侮りを受けず、親和を破らず。売込を拡張」しようと決議したが、同年五月から八月にかけてドイツ系有力生糸外商百九十八番館オットー・ライメース商会の生糸方ストレーラーの専横な取引に対し、一致団結して取引拒否を行い屈服させた（海野福寿「「商権回復」運動の展開」『横浜市史』第四巻下、一九六八年、四七七－四八一頁）。そのさい同館の強硬な態度の背後には、「此際更らに本国より巨萬の資を仰ぎ横浜問屋を排して直接地方の各製糸家と結び一層盛大な事業を営むべしと云ふものあり」と噂されたという（『中外商業新報』七月二四日号）。一八八八年に売込問屋が始めた生糸出荷前の荷主への前貸金融がこの九四年を画期に、信州諏訪では一釜当たり四〇円から六〇円へ、全国合計でも二〇〇万円前後から三〇〇万円台へと急増した（前掲『日本産業金融史研究・製糸金融篇』四八頁、石井寛治『近代日本金融史序説』東京大学出版会、一九九九年、四一一頁）のは、日本銀行と横浜正金銀行の資金供与に支えられて荷主を外商に奪われぬよう強力な前貸金融を行ったのであり、そのことが、萩原製糸への外商の前貸や原料繭購入の動向にも影響した可能性があると思われるのである」。

(26)〔「生糸貿易と横浜商館」（『中外商業新報』一九〇一年一一月一五日）〕。

(27)〔藤本実也『開港と生糸貿易』中巻（一九三九年、覆刻版一九八七年）では、アベックはその後も日本にいたことになっており、その点は、立脇和夫編『幕末明治在日外国人・機関名鑑』（各年次）からも確認できる。しかし、そうだとしても、甲九十番館でのアベックが、昔と異なり外商への自立性を強めつつある萩原への融資の継続を新館主に対して主張しえなくなったことは間違いなかろう〕。

(28)〔「中小資本家層の力量が弱い」というのは、数が少ないという意味ではなく、質的安定性の欠如と政治的力量の脆弱さを意味している。石井寛治『資本主義日本の歴史構造』（東京大学出版会、二〇一五年）第五章での同様な指摘に対して、柳沢遊氏は同書への書評（『歴史学研究』九四七号、二〇一六年八月）において、近代日本では中間層が分厚いので理解できないと批判されたが、それは私が野呂栄太郎説に倣って中間層の質的弱さを問題にしていたのを、量的少なさを主張したと誤解された上での批判だと思う〕。

(29)　従来の研究、とくに思想史研究は、かつて横行した経済と直結する把握方法（丸山眞男氏の言葉を借りれば「基底体制還元主義」）への反動から、逆に経済状況をまったく無視した観念的な把握に陥ってしまっているのではないか、というのが、私の批判である。

(30)〔ただし、「精神的」「鎖国状態」については、いまや逆の無自覚的な「対米従属」状況を含めて捉え直すことが必要である。この問題については、石井寛治前掲『資本主義日本の歴史構造』第一五章を参照されたい〕。

第九章　日本近代史上の上方《かみがた》経済
――その役割の再評価

本章は、二〇〇八年七月五日（土）に、大阪商業大学比較地域史研究所において行った公開講演記録（同研究所紀要『地域と社会』第一二号、二〇〇九年）に若干加筆したものである（加筆部分は〔　〕で示した）。幕末維新期における大坂経済の再評価と満州事変に至る過程での在華紡の平和路線の再評価が本講演のポイントであるが、講演以降さらなる再評価の必要を感じた点を加筆した。すなわち、幕末の三井大坂両替店を中心とする大坂手形市場が活発で三井家の資本蓄積も予想外に活発だったことと、在華紡にかかわる大阪財界が盛んに軍縮運動を行い陸軍と厳しく対立していたことである。

はじめに

本日は、比較地域史研究所の講演会でお話をする機会を与えられ、大変光栄に存じます。私は、東京で育ち、ずっと東京の大学に勤めてきましたので、関西の経済について、実感をもって語る資格はあまりございません。しかし、日本経済の歴史を研究しておりますと、上方と言いますか関西についても調べなくては日本経済全体がわからないことがたくさんありますので、機会を見ては関西に参りまして史料を見ておりました。近世＝江戸時代においては、大坂は文字通り「天下の台所」として、日本経済の頂点の位置を占めており、京・大坂を中心とする「上方経済」は、江戸を中心とする関東の経済を圧倒していました。しかし、現代においては、京都と大阪を中心とする「関西経済」の位置は相対的に下がっており、東京を中心とする「関東経済」というか「首都圏経済」に大きく引き離されています。工場からの出荷額統計を見ると、二〇〇五年現在、三重県を除く近畿六府県は四六兆円で、三重・愛知・静岡の東海三県の六七兆円、東京を中心とする関東七府県の八四兆円にかなり劣っているのです(1)。もっとも、最近は、東海地域の伸びに若干陰りが見え始めたのに対して、関西経済が家電その他の工場建設などで足腰が強まりつつあることが指摘されております(2)。ここでは、江戸時代にはきわめて高い地位にあった上方経済＝関西経済が、明治維新からアジア太平洋戦争の敗戦までの近代史のいつ、どのようにして関東経済に追い抜かれたのか、そこにどのような問題があったかを考えてみたいと思います。もちろん、地域社会のあり方を問題にする場合、ここで経済の観点から述べるような、先進－後進とか、生産力水準の高低といった尺度が全てだとは決して言えません。それぞれの地域社会の個性が大切ですし、多様なあり方こそが求められなければならないでしょう。ここでの分析は、経済に限定されているため、そうした多様性の問題には触れられないことをお断りしておきます。

一　近代日本の地域経済の変遷

近世初めの時代の上方が経済的に高い地位にあったけれども、幕末になるにつれて、その地位が相対的に下がってきたことはよく指摘されます。近世日本は二百数十年も続きましたので、その間に地域経済のあり方が変わるのも当然でしょう。京都＝西陣の絹織物技術が関東の桐生に伝わった例や紀州＝和歌山県から関東の銚子に醤油作りの技術が伝わった例が示すように、上方の高い生産力が遅れた東日本にも伝わり、江戸の周辺の関東地方にも関東地回り経済圏と呼ばれるような商品経済が発展し、上方に代わって江戸に消費物資を提供するようになりました(3)。幕末の日本

表 9-1　府県別工産物比率（1874= 明治 7 年）

地域	北海道・東北	関東	北陸・東山・東海	近畿	中四国	九州
70%—						
65—				大阪		
60—				京都		
55—				兵庫		
50—		東京				
45—	若松	栃木				
40—	置賜　磐前	埼玉	相川			
35—	水沢	熊谷	新潟　敦賀　筑摩		名東	宮崎　鹿児島
			静岡　岐阜			
30—	福島		新川　石川　山梨	豊岡　飾磨	北条　小田	小倉
			浜松　愛知	堺　奈良	広島　愛媛	
25—	宮城　山形	新治　神奈川	長野　三重	滋賀	島根　浜田	三潴　大分
		足柄			岡山　山口	白川
					高知	
20—	秋田	茨城	渡会	和歌山	鳥取	佐賀　長崎
15—	青森　岩手	千葉				
10—	酒田					福岡
5—						
0—	北海道					

出典）石井寛治「国内市場の形成と展開」（山口和雄・石井寛治編『近代日本の商品流通』東京大学出版会，1986 年）17 頁より作成．
注）相川県の数値は原史料にもとづき訂正した．

経済は、諸藩の大名や領民の努力によって全国各地において経済発展が見られた時代でして、今の言葉で言えば、日本史上では珍しい「地方の時代」であったと評価できましょう。

　その点を的確に示す全国統計は近世には作成されませんでしたので、一八七四(明治七)年になってから作成された府県物産表のデータを手がかりにするしかありません。表9－1は、その調査データを集計して生産物全体に占める工産物の比率を府県別に示したものです。

　経済の近代化が工業部門を中心に行われたことを考えますと、工産物の比率は経済近代化の指標として使うことができましょう。もっとも、明治初年の段階では、工業といっても資本主義的な工場などはきわめてわずかで、生産の仕方は大部分が伝統的な家内工業の形をとっていたことに留意しなければなりません。また、最近では、松本貴典編『生産と流通の近代像——一〇〇年前の日本』[4]のように、府県統計書を利用して、生産部門だけでなく商業サービス部門を含めた包括的

表 9-2　工産物比率の変化

地域内比率	北海道	東北	関東	北陸	東山	東海	近畿	中国	四国	九州	沖縄	全国
1874＝明治 7	4.4	29.9	34.3	34.9	34.3	32.1	44.8	28.3	32.7	25.7		33.7
1924＝大正 13	32.5	30.7	65.8	48.9	60.7	70.1	82.5	47.7	46.1	38.9	23.5	59.4
対全国比率												
1874＝明治 7	0.1	8.2	17.4	9.6	6.9	8.5	24.5	10.1	6.8	7.9		100.0
1924＝大正 13	2.2	3.8	20.9	5.0	6.8	13.2	31.5	5.5	3.3	7.7	0.1	100.0

出典）表 9-1 と同じ.
注）相川県の数値は原史料により訂正．1924 年の東山は長野・山梨・岐阜，東海は静岡・愛知・三重.

な地域経済の発展を明らかにする研究も現れていますが、同書は一九〇五年以降のみを対象としており、近世経済史との関連が問題にされていないため、ここでは、まず、生産物統計に依拠し、モノの角度から考えてみることにします。

表9－1によりますと、工産物比率がもっとも高い府県は、近畿地域の大阪・京都・兵庫の三府県であり、五五％から七〇％の間に並んでいます。これら三府県を含む近畿地域は、全体としての工産物比率が、表9－2に示しましたように四四・八％という高さで、全国的に見て、他地域を大きく引き離して最高水準にありました。また、同表下段には、全国の工産物価格に占める各地域の工産物価格の比率を記しましたが、近畿地方は、全国の二四・五％を占めて、やはり全国最大の比率であることがわかります。つまり、大阪・京都を中心とした近畿地域は、明治初年においても近世同様に「天下の台所」に相応しい工業地域であったのです。これら近畿地域の三府県に次ぐ高さにあるのが、関東地域の東京府であり、五〇％台の比率にあります。関東地域には栃木・埼玉・熊谷という織物生産を行う三県もあるため、全体としては表9－2に示したように三四・三％という高さになります。これは、近世を通じて形成された関東地廻り経済圏の存在を示すものと言えましょう。

ただし、こうした関東地域の比率の高さは、近畿地域のように全国水準を大きく上回るのではなく、全国平均水準の三三・七％を若干上回る程度にすぎないことに注意する必要があります。表9－2の数値を眺めますと、近畿地域以外では、北海道を除く各地域とも二五％から三五％の間に位置していることがわかります。個別の府県の数値を表9－1によって見ましても、二〇％台と三〇％台にほとんどが集中しており、比率の分散よりも集中に特色があると言えましょう。例えば、後に典型的な農業地域と見なされる東北地域も、平均の工産物比率は二九・九％という全国水準と大差ない水準であり、地域の中には今の福島県に属する若松県（四七・〇％）や磐前県（四二・一％）、今の山形県に属する置賜県（四〇・四％）、宮城県と岩手県に属する水沢県（三九・三％）のように全国水準を上回る工産物比率を有する諸県があったことが注目されます。どうしてそのような数値が生じたかについては、いろいろな説明が必要ですが、基本的には近世幕藩体制というのは、経済的には幕府の天領・旗本領のほかは二百数十の藩に分かれており、それぞれ城下町を中心とする藩経済圏は、自立した経済を営むべく努めていたことが原因として指摘できるでしょう。

ここで注目したいのは、そうした地域別の工産物比率の集中した状態が、その後、どのように分化したのかということです。表9－2には、一九二四（大正一三）年の地域別工産物比率を示してありますので、それによると、沖縄の二〇％台は別として、三〇％台が北海道・東北・九州、四〇％台が北陸・中国・四国、五〇％台がなくて、六〇％台が関東・東山、七〇％台が東海、八〇％台が近畿という具合に、全国平均の五九・四％を中心に上下に大きくばらついています。全国水準が大きく上がったため、東北地域のように絶対的には一八七四年とほとんど変わらない地域も、工産物の対全国比率は半減して三・八％となってしまい、もはや工業地域ではなくて農業地域という位置に置かれることになりました。近畿は全国の三一・五％を生産する最大の工業地帯となっていまして、一〇・九％の関東とともに全国工産物の半分以上を占めるようになっています。言い換えますと、工業地域近畿と農業地域東北を両極とする地域経済の分化は、今検討した半世紀の過程を経て生み出されたのであって、決して近世社会からあったわけではないのです。もっとも、そうした半世紀という過程のどのあたりで、地域経済の分化が生まれたのかという点を突き詰める作業は残されています。典拠とした一九八六年の私の論文では、鉱工業の中心をなした繊維産業の発展ぶりから見て、第一次世界大戦の前の産業革命の過程を経て、分化が基本的に達成されたという推定をしておきました。(5)

表 9-3　地域別の鉱工業賃労働者数（括弧内は対全国比率）　（千人）

地域／年次	1886	1900	1909	1919	1929	1939	1966	2005
北海道	1	18	27	72	62	128	362	194
東北	13	37	78	125	102	191	514	672
関東	20	81	221	398	384	1,089	3,716	2,250
北陸	3	29	70	88	105	251	603	528
東山	22	54	94	131	184	173	556	520
東海	5	48	115	209	249	519	1,587	1,508
近畿	21	105	234	476	508	986	2,425	1,393
中国	5	47	74	134	131	271	743	555
四国	1	20	40	67	82	125	334	240
九州・沖縄	12	88	202	399	304	509	817	689
全国	102	527	1,155	2,099	2,112	4,242	11,657	8,549
（関東）	19.7	15.2	19.2	19.0	18.2	25.7	31.9	26.3
（近畿）	20.4	19.9	20.3	22.7	24.1	23.3	20.8	16.3

出典）石井寛治「地域経済の変化」（佐伯尚美・小宮隆太郎編『日本の土地問題』東京大学出版会，1972 年），矢野恒太記念会編『データでみる県勢』（2007 年）．
注）2005 年は工業従業員数．

以上、生産物というモノの角度から、近代日本の地域経済の変遷ぶりを大雑把に見てきました。工業地域としての近畿と関東の地位が、産業革命の過程でぐんぐん高まっていったことを論じたのですが、そこでは、近畿地域が関東地域を一貫して引き離しているという事実もまた確認できたように思います。では、そうした近畿優位の鉱工業生産の地域分布が、いつ、最初に述べたような関東優位の分布に変わったのでしょうか。

この点は、生産額統計から時系列的に追うこともできますが、ここでは、ものづくりに従事するヒトの角度から、地域性の長期的変化を検討してみます。表９－３は、鉱工業における資本主義的な生産の規模を賃労働者数によって示したものです。

この表には工業だけでなく鉱山業の労働者も入っている点が、前の二表と違います。戦前の九州や北海道にかなり多数の労働者がいるのは、炭鉱で働く人々が多いためです。しかし、それを加えても関東と近畿がほぼ一貫してもっとも多数の賃労働者を擁していることには変わりがありません。ただ、細かく見ると、日本の産業革命が本格的にスタートする一八八六（明治一九）年には一番多くの賃労働者が働いていたのは、関東でも近畿でもなく東山地域でした。これは、それ以前の一〇年間に多数の器械製糸工場が、長野・山梨・岐阜三県に続々と誕生したためでした。関東と近畿の間には、最初のうちは生産額について見たほどの大きな違いはありません。表の下段に記したように、いずれも二〇％前後の対全国シェアーをもちながら、近畿の方がやや上回っていたのですが、一九二九年から一九三九年の間に順位が逆転します。逆転をもたらしたのは、東京・神奈川を中心に発展した重化学工業の労働者数（一九三九年、七三万五九二七人）が、大阪・兵庫などのそれ（同年、五一万五八三四人）を抜いたためでした。日本経済が繊維工業中心から重化学工業中心へと転換するにつれて、関東が近畿を上回り、その差は戦時中から戦後にかけて、傾向としては、ますます拡大し、高度成長以降になると近畿は東海にも追い抜かれることになります。

このように、鉱工業の生産物価格や賃労働者数から見ると、明治初年の一八七〇年代から昭和初年の一九三〇年代に至るまでは、近畿地域が関東地域その他を上回って、日本経済の発展を先導していたように見えます。しかし、前述の松本貴典編著によると、一九〇五年当時の県民所得合計は、全国五七億七五一〇万円（一〇〇％）のうち、関東地域が一五億五五〇〇万円（二七％）であって、東海地域の五億三一五〇万円（九％）、近畿地域の一〇億八九七〇万円（一九％）の両者を合わせたぐらいの金額だと推定されています。(6)この違いは、基本的には鉱工業以外の経済活動、とくに第三次産業の活動が関東地域において盛んであったことによるものです。例えば、普通・貯蓄銀行の払込資本金額で比較すると、一九〇一年末現在、関東が全国合計の三四％、近畿が一九％、東海が一一％であって、関東は近畿・東海を合わせたよりも多額です。(7)

そうした点を視野に入れて考えると、近代の近畿地域は、ものづくりという視点からは、繊維産業中心の軽工業段階には関東地域を上回っていましたが、商業や金融といった第三次産業の活動を含めた経済活動全体の視点から考えると、軽工業段階においても関東地域に次ぐ位置にあったと言わなければなりません。ただし、銀行活動という点から見た場合にも、大阪を中心とする近畿地域が、全国第二の高い地位を占めていたことは、日本経済のもつ地域構造が、単純な東京一極集中ではなく、東京を第一中心とし、大阪を第二中心とするいわば楕円形の集中構造を長いこともっていたことを示しております。この特徴は、ヨーロッパ諸国のロンドン・パリ・ベルリン一極集中との違いとして注目しておきたいと思います。ごく最近は東海（二〇〇四年度県内総生産五八兆円）がさらにもうひとつの中心になりつつあるように見えますが、関東地域（同一八七兆円）や近畿地域（同八〇兆円）に比べると、両地域に並ぶ中心とするにはやや低い位置にあると言えましょう。しかし、この趨勢が続けば、近畿と東海は関東に続く二つの副次的な中心ということになるかもしれません。ここに、現在の近畿地域のもつ微妙な位置づけがあります。(8)

以下、近代日本経済における近畿地域の位置づけについて、まず近世社会とのつながりを考え、次いで世界市場における競争関係の下で、大阪が「東洋のマンチェスター」と呼ばれた事情について考えたいと思います。

二　近世の上方経済から近代の綿工業センターへ

幕末の日本経済が独立を維持しながら、近代的工業化への道を歩むことができたのはなぜかという問いは、戦前以来の長い論争の歴史をもっています。最初の答えは、欧米列強の圧倒的な生産力に直面して、近世日本の民間経済力では到底太刀打ちできなかったため、明治維新後の政府は自ら欧米技術を移植して工場や鉱山を設立し、のちにそれらを民間に払い下げることによって近代的工業化を達成したというもので、山田盛太郎氏の『日本資本主義分析』(9)がそのような見解を精緻な形で提示しました。しかし、こうした議論に対しては、山田氏に近い立場にある服部之総氏から、そのように政府が技術移転を図ろうとしてもそれを受け止める基盤がなければ無理であるという疑問が提示され、服部氏自ら、幕末開港直前の時期の日本経済は機械制大工業にいま一歩という段階、言い換えれば資本制部門では手工業工場（マニュファクチュア）が支配的な段階に達していたという仮説を提起し、そこまでは行っていなかったとする土屋喬雄氏との間で、マニュファクチュア論争が繰り広げられました[10]。第二次世界大戦後、服部仮説を実証しようとして先進地帯である近畿地域や東海地域についての実証研究が盛んに行われ、大阪周辺や名古屋周辺の農村織物業ではマニュファクチュアがいくつも検出されましたが、だからと言って、服部説が実証されるところまでは行きませんでした。それ以上に問題だったのは、幕末に存在した織物マニュファクチュアがその後順調に発展せず、むしろ問屋に支配された家内工業へと後戻りする場合が多かったことです。幕末の民間経済発展の最先端をいくら詳しく実証しても、それが明治以降の近代的工業化に直接つながらないとすれば、やはり政府が主導した近代化路線が重要だったのではないかという議論が復活します。芝原拓自『日本近代化の世界史的位置[11]』がその代表作と言えましょう。

しかし、実際の日本の産業革命の中心となった綿糸紡績業の担い手を調べてみると、それは政府の直接の資金援助を受けなかった人々だったことがわかります。彼らは、大阪や東京など大都市の綿業関係の商人を中心として株式会社制度を使って民間資金を集め、大規模な紡績会社を設立したのです。その場合の綿糸の販売先は、国内の綿織物業産地でした。そこでは、マニュファクチュアでなく家内工業に後退した形で織物生産が行われていましたが、ともかく外国綿布の圧力に潰されずに綿織物業が存続していたことが、紡績会社にとっては綿糸市場が手近なところにあるという意味で大変重要なことだったのです。では、どのようにして綿織物業が存続できたのかという問題については、そもそも太い綿糸で織られた国産綿布は細い綿糸で織られた輸入綿布とは品質が違うので用途も違うため市場で競争することはなく、輸入品の圧力など実際には存在しなかったという見解も唱えられました。この見解は確かに重要な問題点を指摘しており、それが当てはまる場合もありますが、実は国産綿布にもいろいろな品質があって、輸入綿布と真正面から競争しなければならないものも多かったことが明らかにされています。その場合に、輸入品と競争しながら生き残ったのは、織物産地の綿糸商人が開港場の横浜や神戸に出掛けて安い値段の輸入綿糸を購入し、産地へ持ち帰って利用させ、輸入綿布よりも安く綿布を製造できた、そのような産地だったこともわかってきました[12]。綿糸商人がいる産地というのは、綿糸が商品として流通する先進的な産地に限られますから、外圧を受け止める基盤は、先進的な産地においてこそ準備されていたと考えられます。

この点で、注目されるのは、芝原拓自前掲書において、幕末維新期の日本と中国の輸入品を比較して、日本では綿布の輸入額を綿糸の輸入額が追い越し、やがて綿布輸入額が減少に向かうのに対して、中国ではそうした事実がなく、綿布の輸入がつねに綿糸輸入を上回っていたという事実が明らかにされていることです。中国においては、揚子江流域の先進的な織物産地の同業組合＝商人ギルドが輸入綿糸の利用を禁止したために、綿糸商人がいたにもかかわらず、〔先進地ではなかなか〕輸入綿糸の利用は進みませんでした(13)。日本では商人ギルドにあたる株仲間は、幕末の天保改革のさいに解散させられており、実質的には取引の自由が認められていたため、大阪や名古屋の周辺地域の元気の良い綿糸商人が開港場に飛んで行って、安くて綺麗な綿糸を買ってくることができたのです。このように見てくると、先進織物業地域では、開港を契機に、マニュファクチュアから家内工業へと生産形態では逆戻りしながらも、自由な取引を認められた綿糸商人が活動するという進んだ流通形態によって外国綿布に対抗し存続できたと言えましょう。つまり、近世の経済発展は、進んだ生産形態ではないが、進んだ流通形態によって、近代の経済発展につながっているのです。

やがて、輸入綿糸や輸入綿布を扱っていた商人を中心として、国産の機械制綿糸を作ろうという動きが出てきます。この場合も、最初は薩摩藩や明治政府が機械制紡績所を設立しますが、いずれも経営的には規模が小さすぎたことと適切な技術者がいなかったことのために失敗しており、民間の大規模紡績である大阪紡績会社が成功することが刺激となって続々と民間紡績会社が誕生したことはよく指摘されるとおりです。大阪紡績については東京の渋沢栄一が中心となって設立したとされ、大阪というのは単なる工場の所在地と思われがちですが、それは間違いです。初代頭取が大阪の藤田伝三郎、二代頭取がやはり大阪の松本重太郎であることは、渋沢の主導性を強調することと矛盾しているのです。それにもかかわらず、渋沢の主導性は、大阪紡績についてもっとも詳しい研究である高村直助『日本紡績業史序説』[14]以来、通説的位置を占めてきており、渋沢が技術に詳しい経営主体が必要だと考えて、ロンドン大学で経済学を学んでいた山辺丈夫に早くから連絡して紡績技術を習得させたことや、大名華族の資金の動員を行ったことが指摘されてきました。それは事実なのですが、資金集めという面では、そうした渋沢の紡績会社設立計画とほぼ並行して、大阪の松本重太郎や藤田伝三郎らによる紡績会社設立計画が進んでおり、両者が合体して実際の大阪紡績が設立されたことが見落とされてはなりません。[15]一八八三年六月末の最初の株主名簿によれば、大阪の株主が五六人で合計九五人の過半を占めていますが、中小株主が多いため株数では全体の三一％です。[16]このことは大阪財界のリーダー松本重太郎の株主勧誘活動を抜きにしては理解できないでしょう。松本は、輸入反物を扱い、第百三十国立銀行を設立して、その頭取としてのちに「西の渋沢」と評されるような多面的な事業活動を展開する人物ですが、日露戦争のときに挫折して財界から引退したために、その活動実態はあまり明らかにされておらず、評価は高くありません。それとは対照的に、渋沢については、全六八巻という個人の伝記史料としては世界最大と言われる記録が刊行されているだけに、大阪紡績の設立についても渋沢の活動だけがクローズアップされてきたのです。私は、松本の活動に興味をもって、その足跡を辿り、一九九八年に「百三十銀行と松本重太郎」[17]という論文を書きました。それが契機となって、松本重太郎を対象とした城山三郎氏の歴史小説『気張る男』[18]も誕生しました。このような史料の残存状況に影響されて、明治前期の大阪商人は東京商人に比較して「守旧的」だという偏ったイメージが広がっていったのです。

綿糸紡績会社が続々と設立され、盛んに活動した結果、一八九七(明治三〇)年には、日本からの綿糸輸出量が輸入量を上回りました。差し引きすると、日本の綿糸紡績会社は、国内市場を輸入糸の支配から奪回したことになります。日本紡績業がここで確立したとされる所以です。このときの紡績会社は全国で六三社、払込資本金は二七〇六万円でしたが、そのうち大阪府所在のものが一六社、九六六万円(三六％)、それを含めて近畿地域は三一社、一四四六万円

（五三％）、関東地域が東京三社、三八五万円（一四％）東海地域が七社、三三九万円（一三％）という分布状況で、大阪を中心とする近畿地域が全国の過半を占め、圧倒的優位を誇っていました。株主の多くが綿業関係者を中心とする大都市商人であることも指摘されています[19]。

実際には、商人だけでなく、旧両替商の中からも紡績会社に投資するものもいました。大阪紡績の最初の株主の中にも、鉱山業と両替商を兼ねていた住友吉左衛門（五〇株）、幕末に唐物商から両替商に転換し第百四十八国立銀行を設立した山口吉郎兵衛（三〇株）、両替商「西村屋」で、大阪最初の私立銀行である川上銀行を設立した川上利助（一五株）、鴻池善右衛門に次ぐ有力両替商「千艸屋」で、第三十二国立銀行を設立した平瀬亀之助（一〇株）らが加わっています。もっとも彼らは、松本や藤田らとともに経営陣に参加したわけではありません。それに対して、のちの三大紡績のひとつである大日本紡績会社の源流をなした尼崎紡績の場合は、旧両替商が株主として参加したことの意義がとくに大きかったと言われています。すなわち、一八八九年に尼崎の資産家と旧桜井藩四万石の関係者によって同社の設立が計画されたときに、地元勢だけでは資金面で限界があるために大阪の有力者を加えることになり、木原忠兵衛（四〇〇株）、福本元之助（同上）、広岡信五郎（同上）といった錚々たる旧両替商が最大の株主となり、一八九〇年恐慌にもかかわらず、株式の払い込みは順調に進んだだけでなく、木原銀行（木原忠兵衛が頭取）や逸身銀行（福本元之助が取締役）による資金援助もあったそうです。そして、初代社長には、鴻池善右衛門家と並ぶ大阪最大の両替商加島屋広岡久右衛門家の一族である広岡信五郎が就任し、二代目は木原忠兵衛、三代目は福本元之助と、いずれも大阪の両替商系銀行の関係者が就任したのです[20]。

このように、紡績会社の設立に際しては、近世以来の商人や両替商が資金面で重要な役割を果たしたのですが、彼らはどのようにして近世以来の蓄積を維持・拡大し、紡績業への投資をすることができたのでしょうか。従来の近世史研究では、大阪や江戸といった大都市の特権商人や両替商の地位は、幕末になると次第に低下してゆき、開港と維新による流通機構の混乱の中で、その多くが没落したという理解が強かったように思います。しかし、私は、幕末の開港がそれまでの流通機構に与えた影響は、決して破壊的なものだけでなく、むしろ旧来の機構と担い手を存続させる面もあったことが、重要視されなければならないと思います。貿易は、開港場に設けられた居留地において外国商人と日本商人が取引する形で行われました。いわゆる居留地貿易です。居留地においては外国商人は犯罪を犯しても日本の裁判所によって裁かれることなく、自国の領事の行う裁判によって裁かれることになっており、その意味では大きな特権をもっていましたが、彼らは居留地の枠を乗り越えて内地に入り込み、そこで商取引を行うことは禁止されていました。禁止を潜り抜けようとして、日本人を手先として密かに生糸産地などに送り込む試みもありましたが、手先が預かった資金を使い込んだ場合には、自分で乗り込んでゆくことも、日本の裁判に訴えることもできなかったため、結局そうした試みは影を潜めました。こうして、日本内地はアジア諸国では唯一外国商人の入り込めないブラックボックスと化し、貿易関係の日本商人が活躍する絶好の空間となったのです。

ブラジルなどラテンアメリカについての研究によれば、外国商人は国内深く入り込んで国内流通過程からも多額の利益をあげ、その大半を本国に持ち去ったために、民族資本の蓄積は限定されたそうです[21]。中国の場合も事態は同様で、イギリスのジャーディン・マセソン商会の場合は、買弁商人を使って内地まで入り込んで多額の利益をあげており、表9－4のパートナー、ロバート・ジャーディンの場合は、その利益の半ばを本国に送金したことが実証されており、その資金で土地を購入して地主となり、政界に進出する足場にしたようです[22]。

幕末維新期の日本では、生糸商人のように農村から現れた新興商人が活躍し、その中から横浜に定着したものが生糸売込商となったことが強調されてきましたが、生糸売込問屋にも三井組や小野組のように旧特権商人がありますし、輸入品を大量に扱う引取商については、あまり研究が進んでいませんが、むしろ江戸や大坂の旧特権商人が多かったようです。そして、彼ら引取商が横浜で外国商人から現金で輸入品を引き取ることを可能にしていたのが、上方と江

表 9-4　R・ジャーディンへの利益配分とその用途（メキシコドル）

年度	配当	利子	合計	年度末出資	推定本国送金
1874	5,000	169,383	174,383	2,942,684	△ 36,153
75	12,600	182,470	195,070	2,969,478	168,276
76	16,563	179,508	196,071	2,643,543	522,006
77	10,097	168,950	179,047	2,890,901	△ 68,311
78	7,200	174,884	＊1,182,084	＊3,637,008	435,977
79	37,500	218,250	255,750	3,864,538	28,220
1880	25,400	232,583	257,983	4,122,269	252
81	37,500	222,805	260,305	3,828,014	554,560
82	0	231,684	231,684	4,081,124	△ 21,426
83	0	248,608	248,608	4,431,941	△ 102,209
84	0	267,774	267,774	4,573,413	126,302
合計	151,860	2,296,899	3,448,759	1,841,265	1,607,494

出典）石井摩耶子『近代中国とイギリス資本』東京大学出版会，1998 年.
注 1）推定本国送金＝前年度末出資＋配当＋利子－年度末出資.
注 2）1873 年度末の出資額は 2,732,148 ドル.
注 3）1878 年＊は，マセソン商会からの 100 万ドルを含む.
注 4）年度末出資の合計欄はこの 11 年間の差し引き増加額.

戸＝東京を結ぶ両替商の為替ネットワークだったのです。表9－5は、そうした金融活動を盛んに行っていた近江の丁子屋小林吟右衛門家（丁吟）の一八七五（明治八）年当時の為替取組みの具体的な姿を示したものです。

丁吟東京店が為替手形を買い取っている相手（左上欄）は横浜の輸入品引取商たちです。東京店では買い取った手形を西京店に送り、輸入品の送り先の上方の問屋から期限のきた手形の代金を取り立てます。その間、東京店は引取商に信用を与えることになりますが、それは、上方問屋が期限がくれば商品が売れてなくても必ず手形代金を払うことを信用しているからです。西京店は、そうやって取り立てた金を使って大阪両替商（右上欄）から東京向けの手形を買い取り、東京店に送って取り立てています。別に、東京店では東京・横浜の茶問屋（左下欄）から山城茶の売上代金を預かって送金為替を取り組み、西京店も呉服問屋その他（右下欄）の関東向け送金為替を取り組んでいます。重要なことは、最初に述べたように、東京店が引取商に信用を与えることによって、彼らの現金での引き取り活動を支えていることで、そうした信用供与は、三都の商人と両替商の蓄積が為替ネットワークを介して横浜に向けて動員されることによって可能になったと言えましょう。そのことによって外国商人は無理に条約の禁止規定を破って内地に入り込む必要がなくなったとすれば、貿易関係の取引においては、幕末にかけて凋落しつつあったと言われてきた旧特権商人や両替商が、外国商人の侵入を防ぐという民族的役割を担いつつ復活したということができます。

私は、『近代日本とイギリス資本』(23)において、外国貿易を通ずる「外圧」への幕末維新期の日本経済のこうした対応を「権力的対応」と「民衆的対応」のちょうど中間にある「商人的対応」の成功として評価しましたが、そののち一九九〇年代に谷本前掲書（一九九八年）が、貿易商人だけでなく織物産地の綿糸商のような地方商人の対応も重要だと論じ、私も、『経済発展と両替商金融』(24)において、近世最高の資産家である三都の両替商の役割も商人的対応の重要な一環だったことを主張しました。その理由は、ここで述べたような為替ネットワークの活動が、結果的に外国商人の国内侵入を阻止することになった点にあります。

表9-5　丁吟東西店の為替取組み（1875＝明治8年）

東京店の貸金（逆為替）		西京店の貸金（逆為替）	
越前屋惣兵衛	182,050	川田彦三郎	233,715
薩摩治兵衛	113,226	今村嘉兵衛	22,000
木村源七	74,250	金川善兵衛	15,200
武田長兵衛	60,000	逸身佐一郎	14,500
大浜忠三郎	53,700	溝畑条助	11,000
蒲田卯兵衛	27,520	今村善太郎	10,500
中村吉兵衛	24,000	井上重太郎	9,500
その他	558,292	その他	723,619
合計	1,093,038	合計	1,040,034
東京店の入金（順為替）		西京店の入金（順為替）	
長井利兵衛	70,900	万屋甚兵衛	46,600
第一国立銀行	27,000	中村善助	25,500
中条瀬兵衛	17,800	小泉新兵衛	19,200
松居定兵衛	15,800	中井源左衛門	12,626
安田善次郎	15,077	大原直次郎	5,500
関屋正三郎	13,523	中村善七	4,000
小西九郎兵衛	3,300	山添直次郎	3,800
その他	212,845	その他	147,622
合計	376,245	合計	264,848

出典）石井寛治『経済発展と両替商金融』有斐閣，2007年．
注）金額の単位は円．

両替商と言いますと、普通は、銀行のように預金を使って安く貸し出す近代的金融機関と異なり、自己資金を高い金利で貸し出す高利貸資本の一種だと考えるでしょう。しかし、実際の幕末大阪の両替商の活動を取引先の商人との関係に絞って帳簿によって具体的に検討しますと、預金を預かった取引先商人に限って「振り手形」（＝小切手）の振り出しを認めていますので、預金は当然預かっています。大阪の商人は両替商宛の手形をどんどん振り出して支払いに宛てており、両替商は今日の当座預金・小切手支払いと同じ機能を果たしており、両替商同士の取引も盛んで、その限りではもうほとんど今日の銀行に近い姿を示し始めていたことがわかってきました。

そこで、どうしてこれまで両替商について古臭いイメージが広がっていたのかを考えてみますと、ひとつには、多くの研究が依拠してきた『両替商沿革史』[25]に載った両替商関係者の回顧談の間違いが指摘できます。その回顧談は、幕末の大坂などには数多くの両替商がいたが、一八六八年の旧暦五月に銀目廃止がなされ、全て金による計算に一本化された際に、そうした新政策について行けずに次々と倒産したという話で、どの研究者もその回顧談の信憑性を疑うことなくそのまま引用していたのです。ところが、一八六八年当時の両替商の記録や書状を読むと、連続倒産が起こったのは五月でなく一月であり、そのきっかけは京都から大坂に進駐した官軍兵士が幕府や会津藩などの資金を預かっていた両替商のところに押しかけて、それらの預かり金を戦利品として分捕ったためであることが判明しました。一月一二日付けの三井大坂両替店の書状によれば、約一万五〇〇〇両の幕府公金を薩摩藩兵士に差し出し、領収書を求めたところ拒否されたそうです[26]。三井の場合は、資金の余裕があったために潰れませんでしたが、炭屋安兵衛らは資金ショートを起こして倒産しました。つまり、大坂両替商の倒産は、明治政府の近代化政策について行けなかった古い体質のためではなく、遅れた薩摩・長州からやってきた官軍が高度に発展した大阪の信用経済を暴力的に破壊したためだったのです。両替商の関係者が、三五年前のこのショッキングな事件を忘れているはずはありません。問題を銀目廃止にすり替えたのは、かつての官軍兵士が明治政府の実力者になっているために、彼らの分捕り行為を批判するような事実を述べることをためらったとしか考えられません。そうした作為的な言説に無批判に乗っかって歴史家が両替商を古臭いものとして論じてきたことの責任は重いと言えましょう。

もうひとつは、思い出話でなく、両替商の作成した膨大な帳簿を分析してきた実証研究の対象の偏りでしょう。大阪の両替商の頂点に位置したのは、言うまでもなく鴻池善右衛門家ですが、同家については大阪大学の宮本又次先生のグループが詳細な分析を行っており、その成果は安岡重明『財閥形成史の研究』[27]など数冊の研究書として結実しました。この研究それ自体は確実な史料分析にもとづいており、文句の付けようは全くありません。しかし、鴻池善右衛門家は一八世紀に入る頃から町人を相手とする金融活動をほとんどやめてしまい、大名貸専業に転換してしまうのであって、同家の経営分析からは、幕藩体制を崩壊させていく経済発展との関係を読み取ることは困難なのです。大名は資金不足ですから、鴻池に送金のために一時的に預金することはあっても長期的に預金をすることはありません。そこからは、両替商というのは自己資金のみによるという古臭い高利貸資本のイメージしか湧いてこないのです。

〔さらに、三井文庫編『三井事業史』本編第一巻[28]や日本経営史研究所編『三井両替店』[29]が、幕末大坂において三井両替店が手形取引のセンター的役割を演じていたことを無視して、「手形方」の項目を欠いた「勘定目録」の数値のみに頼って同店の民間金融の行き詰まりを論じていたことの誤りが指摘されなければなりません。それは、近世の手形裏書が不渡りの場合にも責任を負わなくて済んだために、手形取引は貸付一般とは別個の世界の出来事と見なされたためでしょう。「手形帳」によれば、一八六六(慶応二)年末の大坂両替店は、七軒の両替商との手形のやり取りの結果、差し引きで銀六六六三貫の手形資産を擁していましたが、これは「勘定目録」記載の「延為替」貸付八三四九貫との比較では八〇％に相当する額です[30]。手形取引が金融の近代化の指標とも言うべき活動であることを考えますと、従来の三井研究は、そうした近代に向けての先端部分を見落としたまま両替商を古い体質のものとして扱い、その活動の低迷を説いていたことになりましょう。〕

表9－6は、一八六四(元治元)年当時の幕府御用金をたくさん引き受けた大阪両替商のその後を記したものです。銀一二〇〇貫＝金二万両を納めた鴻池善右衛門を筆頭に一〇〇〇貫以上のトップクラスの七軒は、いずれも明治維新の変革を何とか潜り抜けており、中には銀行を設立しているものもありますが、彼らはいずれも町人貸から大名貸専門へと上昇転化していました。幕末の段階に町人相手の金融活動を活発に行いつつ、大名貸しにも手を広げていたのが御用金八〇〇貫以下のクラスですが、もっとも活発に町人貸をやっており、両替商番付で大関とされていた炭屋安兵衛ら八〇〇貫クラスの七軒は、鴻池庄兵衛を除き揃って倒産しています。しかし、その下のクラスで明治維新を

表 9-6　大坂の主要両替商のその後

1864 年御用	57 年番付	屋号・名前	1868 年募債	1888 年資産	1916 年資産	同年職業
銀貫 1,200		鴻池善右衛門	（両）22,650	（万円）300	（万円）1,500	銀行
1,200		加嶋屋作兵衛	18,489			
1,200		加島屋久右衛門	19,638	60	500	銀行
1,100		米屋平右衛門	15,950	60	200	地主
1,100		辰巳屋久左衛門	5,900	60	1,000	地主
1,000	小結	米屋喜兵衛	20,930	40		
1,000		千草屋宗十郎	12,320	70	70	銀行
800	大関	炭屋安兵衛	250			
800	関脇	炭屋彦五郎	300			
800	大関	鴻池庄兵衛	16,020	30		
800		鴻池善五郎	3,700			
800		鴻池市兵衛	6,600			
800		平野屋五兵衛	10,250			
800		嶋屋市之助	4,975			
400	小結	米屋伊太郎	9,700	30		
400		三井両替店・本店	20,000	300	2 億円以上	財閥
350	関脇	加嶋屋作次郎	350			
300	前頭	銭屋忠兵衛・忠三郎	3,500	30	200	貸家
210	前頭	銭屋佐兵衛・佐一郎	3,800	60		
100 献上		住友吉次郎	2,000	200	7,000	財閥
100		布屋吉郎兵衛	3,500	60	1,000	銀行

出典）石井寛治前掲『経済発展と両替商金融』.

潜り抜けた両替商がいたことも事実で、彼らの活動が、多くの銀行が設立されるまでの明治ゼロ年代の日本経済を支えていくことになります。

以上、綿織物業を存続させ、綿糸紡績会社を設立する上で、商人・両替商の活動が、重要な役割を果たしたことを論じました。大阪を中心とする近畿地域は、そうした近世以来の高度な発展を土台に、近代的工業化の先頭を切ることになったと言えましょう。ただし、近代的銀行の発展は、国立銀行・私立銀行のいずれにおいても東京を中心とする関東地域が先頭を走っており、多くの両替商の蓄積をもつ大阪や京都の発展は必ずしも顕著ではありません。武田晴人「産業構造と金融構造」[31]は、東京と大阪の資金の需給バランスが違っており、「紡績業の発展の成果が大阪の預金市場を急成長させ、大阪本店銀行の資金力を高める一九〇〇年恐慌前後まで、東京本店銀行からの資金が支店を通して供給された」ことに注意すべきだと指摘しています。しかし、一九〇〇年以降においても、東京金融市場の規模が大阪のそれをかなり上回っていることはすでに指摘した通りです。

このように、大阪を中心とする近世上方経済の先進性は、近代における産業革命の推進に際して大きな役割を果たしましたが、銀行業の活動を含む資本形成全体をみると、東京の役割が大きかったと言えましょう。かつては、古島敏雄氏が地主制研究の立場から、「明治政権それ自体の背骨に畿内の先進性が政商となる大前期資本と寄生地主的土地所有という形で貫いているのではないか」という一種の地主権力論を提起されたことがありました[32]。この仮説は実証できないまま、畿内の先進性の位置づけそのものが曖昧なまま放置されてきたのがその後半世紀の研究史ではないでしょうか。改めて別の角度、すなわち商人・両替商の活動から畿内の先進性の意義と限界を確認する必要があるように思います。

三　「東洋のマンチェスター」としての「大大阪」

さて、近代日本綿業は、大規模紡績会社を中心として、産地の織物業も巻き込んで大きく発展し、世界市場に乗り出して行きました。最初は綿糸の輸出、次いで綿布の輸出が増えて、第一次世界大戦以降は、表9－7に明らかなようにイギリスを抜いて世界最大の綿布輸出国になり、とくにイギリスに対しては大きな衝撃を与えました（一九三三年凌駕）。

大阪は日本綿業の中心地としてイギリス綿業の中心地マンチェスターと比較され、「東洋のマンチェスター」と呼ばれました。大阪大学の阿部武司氏によれば、日清戦争前後から、そうした言い方がされるようになったそうです[33]。さらに、最近刊行された橋爪節也編著『大大阪イメージ』は、昭和のはじめ、一九二八年に出たある書物には、「これまで東洋のマンチェスターだといはれて大工業都市の仲間入をした様によろこんでゐた大阪人は今やマンチェスタ

表9-7　各国の綿布輸出量の推移　（100万ヤード）

年平均	1882-84	1910-13	1926-28	1936-38
英国	4,410	6,650	3,940	1,720
欧州	770	1,900	2,320	1,490
米国	150	400	540	250
印度	50	90	170	200
日本		200	1,390	2,510
その他		260	190	290
合計	5,380	9,500	8,550	6,460

出典）村山高『世界綿業発展史』1961年，279頁．

ーをもって西洋の大阪だといふべきであるとさへ言ってをる」と記されていることを紹介し、「これほどまでに当時の大阪は傲慢といえるほどの自信と誇りを抱いていた」[34]と評価しています。

実際、一九二〇年代の日本綿業は、イギリス綿業の停滞をよそに成長を続けていました。日本に滞在するイギリスの外交官は、早くから日本綿業の労働生産性の上昇に気づいて、それへの対応の必要を説いていましたが、マンチェスター商業会議所のメンバーはなかなかそれを認めず、日本政府が継続的に補助金を与えているという誤った理解に立っており、日本が強力な競争相手であることを認めようとしませんでした。しかし、表9－8に示したように一九二〇年代を通じて、日本綿業の生産性がますます向上しますと、ついにイギリスでも日本の綿工業がイギリスよりも競争力があることを認めるようになりました。そしてイギリスの多くの経済評論家は、イギリスは日本の競争力が弱い高番手の細糸を使った製品に転換せよと主張するようになったそうです。[35]そうだとすると、大阪人が本家のマンチェスターの経済力を上回ったと自負したのも当然だったと言えましょう。

当時の織物業の合理化を推進したもののひとつは、一九二六年に完成した豊田式の自動織機の発明に代表される先端的な紡織技術の開発でした。この自動織機の発明は、かつては天才的な技術者豊田佐吉によるものとされていましたが、最近の研究[36]によりますと、佐吉の長男で東京帝国大学工学部出身の技術者豊田喜一郎の貢献が決定的であり、特許権者は佐吉でなく喜一郎でした。このとき、イギリスのプラット社から受け取った特許料一〇〇万円がトヨタ自動車の設立資金になったことは有名な事実であり、戦前の経済発展の中に戦後経済の発展の条件が育ちつつあったことを示しています。豊田佐吉の活動は東海地域をフィールドとするものでしたが、機械工業の発展は近畿地域においても顕著に見られたことは言うまでもありません。大阪中心の関西地域とマンチェスター中心のランカシャー地域の比較をした阿部武司氏は、関西には機械工業の発展があったため、繊維産業の解体がランカシャーのような広い地域経済の衰退を齎さずにすんだと指摘しています(37)。

日本綿業の発展は、大阪とその周辺の関西経済の著しい発展という形をとっただけでなく、神戸と大阪の貿易活動を発展させました。表9－9に示したように、貿易港の中では最初横浜が断然トップの位置を占めていましたが、それは輸出の太宗である生糸の生産が東日本に集中し、横浜港を通じてアメリカとフランスへ輸出されたためでした。ところが綿糸紡績業が発展し始めると、アジア諸国からの綿花の輸入と綿糸布の輸出が、神戸港と大阪港を通じて発展し、両者を合わせると一九〇〇年代には横浜の貿易額を抜くようになります。

一九〇三(明治三六)年に横浜市長になった市原盛宏は、就任演説で、一〇年前までは横浜の半分以下の規模であった神戸の貿易額が「今や我横浜を凌駕せんとするの情勢を呈し来れり(38)」と危機感を露わにして、港湾設備の拡充と工業化の必要を力説しましたが、両者の差は開く一方でした。これは、近代日本の貿易構造が欧米中心からアジア中心へと転換していったことと符合しています。もっとも、第二次世界大戦後の冷戦対抗の下では、中国との貿易は衰え、そのことが、関東地域の地位を高める一因になります。

アジア諸国との関係は、東日本よりも西日本の方が地理的に見て近いためにもともとつながりが強いのですが、綿工業が近代日本のリーディングインダストリーだ

表9-8　日本綿業の生産性向上

区分	1920年	1929年	1931年
紡績運転錘数（1000錘）	3,373	5,711	5,837
使用女子労働者数（1000人）	118	125	98
一人一月綿糸生産量（梱）	1.25	1.85	2.17
一万錘当たり女子労働者数（人）	352	219	169
綿布運転台数（1000台）	45	68	64
使用女子労働者数（1000人）	41	34	23
一人一月綿布生産量（千ヤード）	1.62	3.80	5.61
100台当たり女子労働者数（人）	91	50	36

出典）村山高前掲書497頁.

表 9-9　主要港の輸出入額の推移　（百万円）

年次／港	横浜	神戸＋大阪	神戸	大阪
1880	45	14	13	1
1890	73	52	49	3
1900	206	209	207	2
1910	379	429	353	76
1920	1,372	2,305	1,647	658
1928	1,357	2,217	1,510	707

出典）『日本経済統計総観』朝日新聞社，1930 年．

った戦前には、西日本とくに関西地域とアジアの隣国との深い関係が生まれました。しかし、その関係は必ずしもスムーズだったとは言えません。日本製の綿糸布の最大の輸出先は中国でしたが、第一次世界大戦に連合国側に立って参戦した中国は、関税自主権の一部を回復し、綿糸輸入関税を引き上げました。そこで日本の大紡績資本は、上海その他に大挙して直接投資を行い、いわゆる在華紡を設立しました。「世界綿業史上このように集団的且つ大規模に紡績資本の対外進出が行われた例はない」[39]と評価されていますが、そのとおりでしょう。日本と中国に先立って発展したインド紡績業も設立主体はイギリス人ではなくインド人だったのです。関税の壁を乗り越えるための直接投資という国際経済学の教科書通りの在華紡は、好成績をあげましたが、一九三一（昭和六）年の満州事変を画期に激化した日貨ボイコットの嵐に巻き込まれていき、業績が悪化します。もっとも、ボイコット運動は在華紡に圧迫されたことに対抗するために中国人の民族紡によって起こされたわけではありませんし、紡績工場での労使対立が直ちにボイコット運動を引き起こしたわけでもなく、上海工部局という外国人居留地＝租界の行政機関による争議労働者への発砲ということがあって、初めてボイコットが起こったのです。ボイコット運動の最大の理由は、労使対立を含む経済プロパーの理由よりも、中国東北部＝満州における日本の特殊権益としての旅順・大連の返還要求や、満州事変への抵抗、あるいは、租界警察や駐留軍隊による暴力的弾圧への抵抗という政治的理由にありました。したがって、日本が中国との経済関係の発展を重視するならば、『東洋経済新報』主筆の石橋湛山が主張していたように領土支配を含む満蒙の特殊権益を返還する途もあったし、中国との不平等条約を改定して租界自体を廃止する途もありえたはずです。私は、大阪を最大の拠点とする在華紡の関係者も、自己の経済的利害を重視して中国との友好関係を維持しようとするならば、石橋のような対等の経済関係を樹立する主張を支持することがもっとも合理的だったと思います。しかし、実際には、日華実業協会に結集する在華紡関係者は、残念なことに、そうした途を選ばずに、日貨ボイコットの原因である満蒙特殊権益については〔ほとんど〕批判することなく、労使対立の激化にさいしては租界警察と駐留軍隊の暴力的弾圧に依存したのでした。一九二五年の在華紡の大争議を分析した中村隆英氏は、そうした在華紡の態度を「無意識なるがゆえに楽天的な帝国主義」と呼んでいます。つまり、「客観的にみれば、在華紡には陸戦隊の銃剣の保証があり、また租界という特殊地帯があった。これら既定の条件が相手にどれ程苛酷なものであるかを考えず、公正な競争をいとなみうる、と考えたところに、在華紡の性格があった」[40]と述べています。その意味では、在華紡という直接投資は、現代の直接投資と違い、投資の受入国が不平等条約に縛られ、外国軍隊の駐留を認めさせられている悪条件のもとでの投資であったのです。そうした条件を当然のことと見なしている在華紡の関係者に、石橋の満蒙放棄論の支持を求めるのはそもそも無理な注文だと言わなければなりますまい。

もっとも、日中間の戦争は、在華紡のある上海から起こったのでなく、一九三一年九月一八日に満州事変の形で始まりました。このことは、日本の軍部と政府が、南満州鉄道の開発しつつある地下資源の確保と重化学工業の発展を、経済面での最重要課題と考え、在華紡に示される軽工業の発展という課題を副次的なものと見なしたことを意味しています。満州事変は、前述のように激しい日貨ボイコットを生むので、日本の綿工業関係者にとって大変困った事態だったのですが、日華実業協会は、事件直後の九月二五日にいち早く「排日行為および排日思想を根絶せよ」という声明を発表して事変を支持しました[41]。その後、一〇月二日の『東洋経済新報』での「満蒙問題座談会」において、ジャーナリストの長谷川如是閑は、日本ブルジョアジーは、定見がなく、「重工業主義（満州・北支）に徹底しようか、今日の軽工業主義（中支・南支を維持する）を守ろうか、何方にしようか自分で解らないのです」と述べ、そうしたブルジョアジーが外務省をして迷わしめている、と鋭く指摘していますが、それは、満鉄を基礎に中国領土支配という戦争路線を突っ走るか、それとも、在華紡を基礎に平和的な貿易・投資路線を拡大するか、どっちなのだという問いかけでした。〔講演を行った時点では、筆者はまだ紡績ブルジョアジーの関東軍批判について調べておらず、彼らの多くが一九三一年一〇月下旬までは関東軍の戦闘拡大に対しては根強い批判を抱いていたこと、大阪自由通商協会の代表者平生釟三郎らによって一九三一年三月に結成された大阪軍縮促進会には紡績ブルジョアジーも加わっていたことを知りませんでした。石井寛治『帝国主義日本の対外戦略』(42)第七章「満州事変への日本ブルジョアジーの対応」では、大阪財界とくに紡績ブルジョアジーの中には、飯尾一二のように関東軍の行動を時代錯誤として厳しく批判するものがいたが、喜多又蔵のような軍部支持の強硬論者が全体の意見を導いたこと、平生釟三郎もまた、大阪第四師団参謀長後宮淳大佐らの働きかけもあって「自由通商主義」から「領土拡張主義」へと態度を転換したことを明らかにしました。(43)〕

日本政府と軍部が、結局、前者の戦争路線を選択したことは、在華紡の経済的利害が、日本経済全体の中ではもはや支配的な利害でなく、満鉄を突破口に地下資源を確保することによって近代軍事力の基礎たる重化学工業を建設するということが支配的な利害となったことを意味していました。この点は、少しあとの一九三三―三四年に、インドへの綿布輸出を巡る対立を打開するために開かれた日印会商の交渉の場において、日本政府もイギリス政府も、それぞれの国の綿工業資本の利害を押さえ込む形で妥結に持ち込んだことからもわかります。この会商を分析した籠谷直人氏は、イギリス政府はインドに綿布を輸出するマンチェスターの綿工業利害よりもインドに投資するロンドンの金融関係者の利害を支配的なものとして重視したのに対して、日本政府は満州国の承認問題に対するイギリス政府の協力を得ようとして、日本綿工業関係者の主張を押さえ込んだことを指摘しています。(44)貴重な指摘ですが、満州国になぜそこまでこだわったのかという問題を、経済利害にまで掘り下げて分析することはなされていません。満鉄の活動と財閥などの活動がどう結びついて日本の対外政策を規定する支配的利害となっていたかを究明することが必要と思われます。今日のお話は、在華紡止まりで、満鉄には言及できませんでしたが、そうした在華紡ないし綿工業利害の位置づけのうちに、戦前の日本経済総体に占める関西経済の位置づけもまた示されているように思います。

おわりに

かつての日本経済史の研究は、近世における民衆レベルでの下からの自生的経済発展を追跡して、それなりの成果をあげましたが、小生産者の自生的発展は、農業においても工業においても挫折して寄生地主や問屋商人の支配に帰結したことがわかったために、自生的発展の延長線上に明治の資本主義的発展を論ずることができませんでした。そのため、政府主導の上からの資本主義化を評価して、寄生地主が大前期的資本＝政商とともに政治・経済において支配的位置を占めるとされました。それに対して、私は、民衆レベルと政府レベルの中間に位置する商人・両替商の動きに注目し、彼らが外国資本の内地進入を阻止しながら蓄積した資金をやがて産業投資に振り向けたという商人レベルにおける対応を強調してきました。そのことは、近世において最高の商人的・両替商的蓄積を成し遂げた先進地上方＝関西経済が、近代の産業革命においてもっとも重要な役割を演じたことを予想させるものです。事実、綿工業の発展は大阪を中心とする関西地域においてもっとも顕著であり、軽工業段階の関東地域は、金融・サービス業の発展によって辛うじて全体としての優位性を保っており、ものづくりの面での関東地域の関西地域に対する優位性は、昭和期の重化学工業段階に入って初めて出現しました。

戦前期の関西地域を中心とする綿工業は、中国へ在華紡投資を行うとともに、世界市場においてイギリス綿工業と激しく競争し、それを凌駕しましたが、日本政府〔と軍部〕の対中国政策は、在華紡の利害よりも、満鉄を介する東北部＝満州支配の方向を重視し、在華紡は自らの活動基盤を掘り崩す満州事変を〔最終的には〕支持しました。そこに上方＝関西地域のブルジョアジーがもつ政府・軍部からの自立性の限界があったと言わねばなりません。こうした歴史のプラス面とマイナス面をきちんと振り返ることから、今後の関西経済のあるべき姿も展望されてくるはずだ、というのが、今回のお話のとりあえずの結論であります(45)。

（1）　矢野恒太記念会編『データでみる県勢』二〇〇八年版。〔二〇〇五年の全国合計出荷額二九八兆円に対する関西経済の比率一六％はその後変わっていない。すなわち、二〇一四年の関西出荷額は四八兆円（対全国出荷三〇七兆円の一六％と横ばい）、東海は七一兆円（同二三％と微増）、関東は八一兆円（同二六％と微減）である（同編『データでみる県勢』二〇一七年版）。問題は、この間、東京が工場出荷額において二五％も減少し、大阪が一％増加したにもかかわらず、県内総生産レベルで見ると、後述するように関東が関西をしだいに大きく引き離していることである〕。

（2）　河合弘一「元気な名古屋の秘密」（東京大学『経友』二〇〇八年六月）。

（3）　〔江戸地廻経済圏は、津田秀夫『封建経済政策の展開と市場構造』（御茶の水書房、一九六一年）によって提起され、林玲子『江戸問屋仲間の研究』（御茶の水書房、一九六七年）などによって深められた。この研究史を整理した白川部達夫『江戸地廻り経済と地域市場』（吉川弘文館、二〇〇一年）によれば、一九九〇年代にかけての研究史の高揚には、近代史の側からの「商人的対応論」の提起（石井寛治「維新変革の基礎過程――対外的契機と「編成替」」『歴史学研究』一九八六年度歴史学研究会大会報告、五六〇号、『展望日本歴史17　近世から近代へ』東京堂出版、二〇〇五年、所収）が一つの契機となったという〕。

（4）　松本貴典編『生産と流通の近代像――一〇〇年前の日本』（日本評論社、二〇〇四年）。

（5）　前述の松本貴典編著では、一九〇五年段階では、まだ繊維産業などの工業発展が不十分であって、県民所得は農業や商業による経済発展によって規定される部分が大きいという評価になっているが、それは、一九二〇年および一九三五年との対比で論じているのであって、近世からの変化を見ようとする私の議論とは残念ながらすれ違っている。

（6）　松本貴典編前掲『生産と流通の近代像――一〇〇年前の日本』六六頁、表1-表3より集計、一九二〇年、一九三五年の推計もほぼ同様。

（7）　後藤新一『日本の金融統計』（東洋経済新報社、一九七〇年）。

（8）　〔二〇一四年度の県内総生産データによると、関東地域が一九四兆円と若干増加したのに対し、近畿地域は七二兆円と大幅に減少し、東海地域が五九兆円とやや持ち直した結果、近畿と東海が関東に続く二つの副次的な中心となる方向が進んだと言えよう（矢野恒太記念会編『データでみる県勢』二〇一七年版）」。

（9）山田盛太郎『日本資本主義分析』（岩波書店、一九三四年）。

（10）マニュファクチュア論争については、当事者である服部之総氏と土屋喬雄氏の論文（『服部之総全集4　維新史の方法』福村出版、一九七三年、土屋喬雄『日本資本主義史論集』黄土社、一九四七年）を読むことが必要であるが、服部氏のマニュファクチュア論が講座派の内部批判として提起された事情については、服部氏による講演「マニュファクチュア論争についての所感」（『全集21　アジア的生産様式』所収）が参照されるべきである。

（11）芝原拓自『日本近代化の世界史的位置』（岩波書店、一九八一年）。

（12）谷本雅之『日本における在来的経済発展と織物業』（名古屋大学出版会、一九九八年）。

（13）小山正明『明清社会経済史研究』（東京大学出版会、一九九二年）附篇一「清末中国における外国綿製品の流入」参照。森時彦『中国近代綿業史の研究』（京都大学学術出版会、二〇〇一年）はこうしたギルド規制の効果は一時的なものにすぎなかったとして評価しないが、先進機業地の対応の遅れは日本との比較上は重要な相違ではないかと思われる。

（14）高村直助『日本紡績業史序説』上下巻（塙書房、一九七一年）。

（15）石井寛治前掲「維新変革の基礎過程」。

（16）高村直助前掲『日本紡績業史序説』上巻、六七頁。

（17）石井寛治「百三十銀行と松本重太郎」（東京大学『経済学論集』六三巻四号、のち、同『近代日本金融史序説』東京大学出版会、一九九九年、へ収録）。

（18）城山三郎『気張る男』（文芸春秋、二〇〇〇年）。

（19）山口和雄編著『日本産業金融史研究　紡績金融篇』（東京大学出版会、一九七〇年）、二八‐二九頁、八七頁ほか。

（20）高村直助「尼崎紡績会社」（前掲『日本産業金融史研究　紡績金融篇』所収）。〔なお、尼崎紡績第三代社長福本元之助については、出身の両替商逸身家に関する詳細な共同研究の成果が、逸身喜一郎・吉田伸之編『両替商　銭屋佐兵衛』（東京大学出版会、二〇一四年）として刊行された。そこでは、幕末維新期の逸身家について、商人金融中心の佐一郎店の活動が、安定的な大名貸を中心とした佐兵衛店を上回る利益を生み、銀行への転換を一面で支えたという興味深い事実が明らかにされている〕。

(21) 毛利健三『自由貿易帝国主義』(東京大学出版会、一九七八年)。
(22) 石井摩耶子『近代中国とイギリス資本』(東京大学出版会、一九九八年)。
(23) 石井寛治『近代日本とイギリス資本』(東京大学出版会、一九八四年)。
(24) 石井寛治『経済発展と両替商金融』(有斐閣、二〇〇七年)。
(25) 吉岡源七『両替商沿革史』(大阪両替商組合、一九〇三年、黒羽兵治郎編『大阪商業史料集成』三輯、大阪商科大学経済研究所、一九三七年、所収)。
(26) 石井寛治前掲『経済発展と両替商金融』八五頁。
(27) 安岡重明『財閥形成史の研究』(ミネルヴァ書房、一九七〇年)。
(28) 三井文庫編『三井事業史』本編第一巻(三井文庫、一九八〇年)。
(29) 日本経営史研究所編『三井両替店』(三井銀行、一九八三年)。
(30) 石井寛治前掲『経済発展と両替商金融』五七－五八頁。
(31) 武田晴人「産業構造と金融構造」(歴史学研究会・日本史研究会編『日本史講座8　近代の成立』東京大学出版会、二〇〇五年)。
(32) 一九五四年三月土地制度史学会月例研究会報告「畿内農業における商品生産と寄生地主制」(古島敏雄)『ブレティン・土地制度史学』2(一九五四年一〇月)。
(33) 阿部武司『近代大阪経済史』(大阪大学出版会、二〇〇六年)六二頁。(同書は、大阪が東洋のマンチェスターとも言うべき綿工業都市として発展した事実を、それを支えた企業家の活動に即して描き切った好著であり、かつて宮本又次氏が著した『大阪商人太平記』シリーズに対比しうる大阪系ブルジョアジーに関する歴史書である。あえて望蜀の嘆を述べれば、大阪系の有力紡績業者が隣の中国へ大挙して押し寄せて在華紡を経営したという、マンチェスターの紡績業者が思いもよらなかったユニークな行動をとったことへの言及が欲しかった。それは、民間企業としての自立を誇りとする大阪系ブルジョアジーが、日本政府・軍部と否応なしに関係してくる局面でもあったからである)。
(34) 橋爪節也編著『大大阪イメージ』(創元社、二〇〇七年)二八九頁。
(35) J・シャーキー「一九二〇年代における英国の対日経済認識」(杉山伸也、ジャネット・ハンター編『日英交流史1600-2000　4　経済』東京大学出版会、二〇〇一年)。

(36)　由井常彦・和田一夫『豊田喜一郎伝』(二〇〇一年)。
(37)　[沢井実『近代大阪の産業発展――集積と多様性が育んだもの』(有斐閣、二〇一三年)は、アジア太平洋戦争期に大阪の機械工業が東京に対して遅れをとった要因として、その中小工業的性格の強さと、軍需との結びつきの弱さを指摘している]。
(38)　横浜市編『横浜市史』第四巻下(一九六八年)九〇-九五頁。
(39)　村山高『世界綿業発展史』(青泉社、一九六一年)五一〇頁。
(40)　中村隆英『戦前期日本経済成長の分析』(岩波書店、一九七一年)三三一頁。
(41)　森武麿『日本の歴史20　アジア・太平洋戦争』(集英社、一九九三年)二七頁。
(42)　石井寛治『帝国主義日本の対外戦略』(名古屋大学出版会、二〇一二年)。
(43)　[平生の態度転換が軍部の圧力による外発的なものだったのか、それとも平生のそれまでの思想の中に転換の萌芽があったのかは大きな問題点である。『平生釟三郎日記』第一二巻(甲南学園、二〇一五年)によれば、一九三一年一〇月一五日に井上準之助蔵相と会見したさいには、「軍人ガ上官ノ命ニ服セズ政治ヲ自己ノ手ニ取ルニ至リテハ真ニ憂フベキ事ニシテ、我々ハ軍人ハ我々ヲ守護シ呉ルルモノト考ヘ居リタルニ、今ヤ軍人ニ対シテ自己ヲ守護セザルベカラザルニ至リテハ之ハ満州事件ノ比ニアラザル大国難トイハザルベカラズ。余ハ本春来陸軍首脳ノ人々ガ軍縮論ニ反対シテ乱リニ軍人ヲ煽動シタル結果ガ爰処ニ至リタルモノニシテ、所謂薬ガ利キ過ギタルモノトイハザルベカラズ。実ニ寒心ノ至ナリ」と厳しい軍部批判を述べていた平生が、同年一二月一七日には、「自由通商ガ実行不可能ナレバ、我国ハ生キンガタメ、勢満蒙ノ地ニ出陣セザルベカラズ」と一変して満州事変を支持するようになったのは、内面的にも領土侵略を認める考えがあったからではないかと思われる。しかし、この点は、さらに詳細な検討が必要であろう]。
(44)　籠谷直人『アジア国際通商秩序と近代日本』(名古屋大学出版会、二〇〇〇年)。
(45)　[『日本経済新聞』二〇一七年三月一三日号の「関西経済特集」の中で、日本総合研究所の広瀬茂夫理事は「関西経済の現状」について、「家電に続く、次のリーディング産業、骨太な産業が見えなくなっています。パネルやバッテリーなどのものづくり企業は厳しい国際競争にさらされ、価格競争力のある韓国や中国の企業に勝てなくなりました」と述べており、本章注(2)によって記した二〇〇八年の講演当時の家電の将来展望は今や失われたようである。しかし、広瀬氏は同時に、危機感の中で関西各地の大学や企業の生命科学研究を基礎とする「健康や長寿の分野」で世界に貢献する芽が育ちつつあると指摘する。『週刊ダイヤモンド』二〇一七年五月二〇日号も「特集　関西流企業の逆襲」を組み、京都・大阪・神戸など関西各地で伝統文化を生かした革新の試みが盛り上がっていることを伝えている。上方＝関西地域のブルジョアジーと民衆が、対米従属の現政府に追従する関東地域ブルジョアジーとは異なる合理性をもった独自路線を貫くことこそが、日本と世界の進路を正す上でも必要とされているといえよう」。

第一〇章　再考・維新経済史
――四国松山から

本章は、二〇一一年五月二八日（土）に松山大学において開催された日本学士院公開講演のための原稿に加筆修正したものである。演題は、「再考・維新経済史――国家・商人・民衆」と、ペリー来航のショックへの「権力的対応」と「民衆的対応」の検討に終始してきた通説的理解に対して、両「対応」の中間に位置する「商人的対応」を強調するものであったが、そうした「対応」を四国松山に即して論じ、日露戦争にまで論及した講演内容に合わせて、本章では「再考・維新経済史――四国松山から」と改題した。

一　攘夷論と開国論の対立を超える道

今日は、近代日本の出発点となった明治維新変革の意味を、経済史の側からご一緒に考え直してみたいと思います。明治維新の政治変革の性格を考えるときに、幕府を倒して新しい権力を作った人々が、日本のあり方について、どういう考えをもっていたのかが問題になります。なぜかと言いますと、彼らの多くは、尊王攘夷論といって、天皇を頂点にいただいて日本人が結束して外国人に対抗し、場合によっては彼らを日本から追い出す考え方に立って幕府を倒したはずなのに、明治政府は一転して開国論を主張し、文明開化の路線を走り始めたからです。一体彼らの本音は攘夷論だったのかそれとも開国論だったのか。この問題は繰り返し論ぜられ、最近では磔川全次氏が、「攘夷を標榜しながら、結果的に開国・欧化に舵を切った」「明治維新のネジレ」を問題にし、明治維新がそうした「いかがわしいネジレ」をもっていたために七十数年後の一九四一（昭和一六）年に改めて欧米相手の「攘夷」を実行する太平洋戦争に突入したと論じています。(1)攘夷から開国へ、そして再び攘夷へというのは現象としてはその通りですが、実際の中身はそう簡単ではなく、攘夷論と開国論の関係はもっと複雑です。この講演ではまず攘夷論と開国論の複雑な関係を解明することを通じて、明治維新とは何だったのかを改めて考えたいと思います。

私は、二〇年ほど前に、ある雑誌で『日本史七つの謎』という連続座談会があったとき、「薩長はなぜ徳川幕府を倒せたか」というテーマで幕末維新期の専門の歴史家と議論しました。(2)そのとき、私が、攘夷論というのは明治維新を推進する上で重要な役割を果たしたと述べましたら、それはおかしい、攘夷論は破壊的役割しか果たしていないと反論され、どうも攘夷というのは歴史家の間では評判が悪いことを知りました。しかし、私は、攘夷思想を抜きにしては、幕末の政治的大変動がなぜ起こったかを理解することは不可能だと思います。

明治維新当時の人々は、攘夷運動をどのように見ていたのでしょうか。根っからの開国派である洋学者の福沢諭吉は『福翁自伝』（原著一八九九年、角川文庫、一九五三年）の中で、洋学者と見ると外国かぶれの悪い人間と見なして殺そうとする攘夷論者とくに刀を差した武家の攘夷論者の恐ろしさを繰り返し述べています。文久三年五月一〇日という、幕府が朝廷に対して約束した攘夷期限の日に、長州藩が下関海峡を通ったアメリカ商船を砲撃し、その後フランスとオランダの軍艦も砲撃した有名な事件がありますが、その一か月後、福沢の蘭学の先生であった大坂適塾の緒方洪庵が江戸で亡くなります。その通夜のときの適塾の先輩大村益次郎のことを、福沢は次のように記しています（『自伝』一五五－一五六頁）。大村益次郎という人は、長州藩の村医者の家に生まれ、大坂に出て適塾へ入ったところ、メキメキと頭角を顕わして塾頭という剣術道場で言えば師範代になった人物で、オランダ語の医学書だけでなく近代兵学＝軍事学の書物もどんどん翻訳し、長州藩の軍隊を、近代的装備をもつ日本最強の軍隊に鍛え上げた天才的人物です。

座敷から玄関から台所までいっぱい人が詰って、私は夜半玄関の敷台のところに腰をかけていたら、その時に村田蔵六（後に大村益次郎）が私の隣に来ていたから、「オイ村田君＝君はいつ長州から帰って来たか」「この間帰った」「ドウダエ馬関ではたいへんなことをやったじゃないか。何をするのか気狂いどもが、あきれ返った話じゃないか」というと、村田が眼に角を立て、「なんだと、やったらどうだ」「どうだって、この世の中に攘夷なんてまるで気違いの沙汰じゃないか」「気違いとはなんだ、けしからんことをいうな。長州ではチャント国是がきまってある。あんなやっぱらにわがままされてたまるものか。ことにオランダのやつがなんだ、小さいくせに横風な面している。これを打攘うのは当然だ。モウ防長の士民はことごとく死に尽しても許しはせぬ、どこまでもやるのだ」というそのけんまくは以前の村田ではない。……これがその時の事実談で、今でも不審が晴れぬ。

洋学者で開国論の福沢には、大村の攘夷論が全く理解できなかったようですが、大村の頭の中には、外国人に支配されるのは嫌だという攘夷論と、外国の優れた機械や武器、制度を手に入れようとする開国論が共存していました。もっとも、『福翁自伝』で述べるように、福沢が政治にかかわらないノンポリだったというのは嘘で、慶応二年七月に福沢は「長州再征に関する建白書」を幕府に差し出し、外国の兵力を借りてでも長州を叩き潰せと論じています。この戦いでは、適塾の先輩の大村が長州の軍事指導者として采配を振るって幕府軍を散々に打ち破っているのに対して、福沢は負け戦の幕府に対してフランスの軍事力を借りてでも長州を征服せよと建白しているのです。もしもフランスの軍事介入が実現していれば、イギリスも黙っていないでしょうから、英仏両国が軍事介入した内乱になり、日本の独立が失われた可能性があります。幕府はフランスの援助を受ける見返りとして蝦夷地（北海道）の開発権をフランスに与える方針でしたから、仮に薩長を潰せたとしても、幕府に率いられた日本は独立を失い、フランスに従属した可能性があります。当時の福沢には、長州人大村が死んでも守ろうとしていた独立の精神は、全くと言ってよいくらい欠けていたのです(3)。

攘夷という言葉はいろいろな意味を込めて使われますが、共通するのは外国人への恐怖の感情と抵抗の精神です。抵抗の方法は、無差別テロや武力を用いた大規模な抵抗から、非暴力での抵抗までさまざまですが、一番大事なことは、外国に抵抗しつつ独立を守ろうとする姿勢がその根底にあることです。そうした姿勢が、独立を維持できるような政治権力を求める変革のエネルギーになったのです。福沢のような開国論者に欠けていたのは、列強の外圧の危険性へのリアルな認識と国内改革のエネルギーでした。そうした政治的な対立とは無関係の立場に立って、外国人との付き合い方を先に学んだのは貿易商人でした。開港場での商品取引のためには、相手の外国人が自分たちと同じ人間であることを認めなければならないからです。島崎藤村は、小説『夜明け前』の中で、美濃国中津川の商人が開港後間もない横浜へ行ったときのことを、同行した医者の寛斎の眼で次のように記しています(4)。

寛斎は安兵衛〔生糸商人―引用者〕等と連れ立って、一人の西洋人を見に行った。二十戸ばかりの異人屋敷、最初の居留地とは名ばかりのやうな隔離した一区域が神奈川台の上にある。そこに住む英国人で、ケウスキイ〔Keswick、英一番館のパートナー〕といふ男は、横浜の海岸通りに新しい商館でも建てられるまで神奈川に仮居住するといふ貿易商であった。……安兵衛等の持って行って見せた生糸の見本は、ひどくケウスキイを驚かした。これほど立派な品なら何程でも買はうと言ふらしいが、先方の言ふことは燕のやうに早口で、こまかいことまでは通弁にもよく分らない。……寛斎が近く行って見たその西洋人は、髪の毛色こそ違ひ、眸の色こそ違ってゐるが、黒船の連想と共に起って来るやうな恐ろしいものでもない。幽霊でもなく、化物でもない。やはり血の気の通ってゐる同じ人間の仲間だ。

こうしたマーケットにおける日常的な商取引を通じて、外国人も自分と同じ人間だということがわかってくるのです。と同時に、彼らが取引相手として恐るべき実力の持ち主であり、警戒を要する存在であることもわかってきます。友好関係と同時に緊張関係も生まれてくるのです。それが、国民的レベルでのナショナリズムの基礎だと言えましょう。

貿易商人と異なり、外国人を一度も見たことのないまま、禽獣つまりけだものと同じものだとして排除せよと命じたのが孝明天皇であり、そうした天皇を頂点にいただき外国人を追い出そうとしたのが大多数の公家や武士でした。尊王攘夷の武士たちは、外国人との日常的な接触がないまま、攘夷精神に凝り固まり、なかなかそれから脱却できなかったのです。今日風に言えば、貿易現場の日常的な状況を無視したまま、中央の責任者が時代錯誤の危険な方針を出し続けたということです。

そのような武士の中で、例外的に、攘夷の精神をもちながら開国に向けての路線を提唱した代表的人物が幕臣の勝海舟であり、その門人となった土佐藩の郷士坂本龍馬でした。勝海舟は、若い頃は蘭学を学び、江戸に蘭学塾を開いていたときにペリーの黒船が来航し、それに対する優れた対応策を幕閣に提出したのが、頭角を顕わす契機となったのです。勝の提言は、西洋式軍艦を備えて防衛に当たる必要があるとし、そのための費用は交易の利益をもって充てるべきだとしていますから、いわば「攘夷のための開国」策を唱えたといってよいでしょう。そして、勝は、長崎の海軍伝習所でオランダ人教官から訓練を受け、万延元(一八六〇)年には、日米修好通商条約の批准のための幕府使節に付いて、軍艦咸臨丸で太平洋を横断し、アメリカ社会を直接見聞する機会をもち、「士農工商の差別」がないことに驚いています。(5)

坂本龍馬は、もともと友人の武市瑞山たちと同様に、土佐藩の激しい尊王攘夷派に属していましたが、どうやって攘夷をするかで悩んでいたときに、幕府軍艦奉行並の勝海舟に会い、単純な攘夷でなく相手の欧米諸国に対抗するために開国して彼らの長所を吸収するという「攘夷のための開国」路線を教えられたのです。龍馬は、姉への手紙によれば、「此頃は天下無二の軍学者勝麟太郎という大先生に門人となり、ことの外かはいがられ候て、先〔まず〕きゃくぶん〔客分〕のようなものになり申候」という状態になって、海舟による日本海軍の建設を手伝い、やがて薩長同盟の道を切り開きました(6)。

明治維新をもたらしたさまざまな思想のうちで、攘夷論は独立を維持する役割を担い、開国論は近代化を推進する役割を担っていました。いずれも大事なものなのですが、問題は、双方を両立させる議論がなかなか成立せず、政治的な派閥の対立となり、その挙句、両者が殺し合いを繰り返したことでしょう。

そこで、私が注目したいのは、海舟が、幕府の開国路線は、実は外国に圧迫されたために致し方なく採用しているだけで、本音では攘夷なのですが、幕府は外国に対抗することのできる中央権力としての強さを備えておらず、いまや徳川家を守るだけがやっとという私的な権力に転落したと見なしていたことです。海舟は、第一次長州戦争の際の元治元年九月の薩摩藩の西郷隆盛との会談で、もう幕府は中央権力として見込みがないから、有力な諸藩の連合政権でゆけと論じます。そのことが西郷の長州温存策を生み、のちの薩長同盟への道を残し、倒幕を可能にしたのです。ここには、開国はあくまでも独立の維持という大目的を目指すべきだという海舟の固い信念が見て取れます。

また、もう一つ注目したいのは、攘夷路線の急先鋒と見られていた長州藩と薩摩藩の指導者が、いずれも欧米諸国に対抗するには、相手の実情をよく知らなければならないと考えて、幕府による海外渡航の禁止命令（解除は慶応二年四月）をかいくぐって秘かに藩士をイギリスへ密航させたことです。彼らが、どんな思いで外国へ行こうとしたかは、伊藤俊輔（のちの博文）が、横浜を旅立つときに詠んだ「ますらおの恥を忍びて行く旅は、すめら御国のためとこそ知れ」という歌に示されています。彼らにとっては攘夷の相手の国へのこのこ出かけるのはとんでもない恥ずかしいことでしたが、これも日本国家のためなのだと自分に言い聞かせて何とか納得しようとしていたのです。こうして、開国論と攘夷論の抽象的対立は、「攘夷のための開国」という一段高い次元で統一されていきました。しかし、その統一のなかにも大きな問題がはらまれていました。

明治政府の政策には、「攘夷」精神の名残が根強く存在しており、のちに見るように、近代的工業化をするのに、国際的な常識では先進国からの資本輸入に依存するのですが、明治政府はそうした資本輸入を排除し、自力で近代化を図ったのです。それはまあ良いのですが、問題はむしろ「開国」による近代化のモデルを欧米列強に求めたところ、それらが帝国主義としての支配を広げつつあったことです。そして、日本が自分も帝国主義として近隣アジア諸国への支配を広げようとすると、今度は日本が相手の独立を押しつぶす役目を果たすことになるのです。

二　「商人的対応」による投資資金の蓄積

「攘夷のための開国」という政治路線に照応する最初の対外経済活動は、自由貿易の実行でしたが、それは横浜や長崎などの開港場の居留地で行い、外国商人が国内に乗り込んで商売することは認めないという「居留地貿易」でした。もしも、幕末の通商条約交渉にさいして幕府が外国商人の国内通商権を認めていたら、外国商人は国内市場を支配し、そこから上がる利益の多くを海外に持ち去ったでしょう。そこで、開国するのだけれども強大な外国商人の活動は居留地内に閉じ込めるかたちで国内に入り込むのを防ぎ、日本経済の独立性を守るという方式が採用されたのです。それは「攘夷のための開国」の経済的なあり方と言えましょう。

ここで、「商人的対応(7)」という耳慣れない用語について一言説明しておきます。これは、外国からの自由貿易の要求に誰がどう「対応」し、のちに近代的工業化のために投資したかについて、「対応」の主体が国家なのか民衆なのか、それともその中間の商人なのかを区別するさいの用語です。国家権力が前面に立つのが「権力的対応」だとすれば、農民や職人たちの小生産者が対応するのが「民衆的対応」であり、商人が対応するのが「商人的対応」です。幕末の居留地貿易では、日本商人が国内での貿易品の流通を担当することによって、もっとも多くの利益を蓄積し、明治期の産業革命では、商人が工業化のための資金をもっとも多く提供しますが、それは、「商人的対応」が成功したことを意味します。

隣の中国の場合は、アヘン戦争に敗れた結果、一八四二年の南京条約によって自由貿易を認めさせられましたが、このときは、外国商人が上海をはじめとする開港場の枠を超えて国内で通商活動をすることは認められませんでした。ところが、一八五六年の英仏軍との戦いに中国が敗れた結果、一八五八年に結ばれた天津条約では、外国商人の国内旅行権が認められました。その結果、それまで中国商人が獲得していた利益が外国商人によって奪われ、国外に持ち去られるようになりました。イギリス商社ジャーディン・マセソン商会文書の研究によると、同商会の最大のパートナーであるロバート・ジャーディンが一八七四年からの一一年間に入手した利益配当三四五万メキシコ・ドルのうち、半分近い一六一万ドルをイギリス本国に送っていました(8)。

外国商人が、国内に侵入すれば、発展途上国の商人はひとたまりもなく圧倒されてしまいます。そのことが、ラテンアメリカ諸国の経済の低開発状況を生み出したことは、さまざまな研究が指摘しています。一九世紀ブラジルのコーヒー経済については、ブラジル人の仲買人が、生産者のプランターを上回る利益を獲得するようになったことに気付いた外国人輸出商は、直属の買付人をコーヒー産地に送り込み、中間の商業利潤を悉く奪い去ったそうです。その結果、ブラジルでは製造工業が発展せず、綿製品の供給はイギリスからの輸入に頼るようになりました(9)。

アフリカ諸国の場合については、西アフリカでヤシの実から取るパーム油の取引を巡って、ヨーロッパ商人と現地商人が激しく対立していました。そして、ニジェール川流域最大の商人で権力者でもあるジャジャ王は、一八八四年一二月のイギリスとの条約では、イギリス商人が内陸部で商館を建設して通商を行う権利を否定していました。ところが、翌八五年の二月にベルリンで、イギリスとフランスのアフリカでの対立が調整されたさいに、ニジェール川流域のすべてにおける完全な航行と通商の自由がイギリスに認められたのです。この一方的な結論を根拠に、イギリス領事は、一八八七年、軍艦の威圧のもとで、自由貿易を妨害したとしてジャジャ王を逮捕し、流刑に処しました。(10) このように、流通過程から獲得される利益を巡っては激しいせめぎ合いがあり、アフリカでは、帝国主義的な領土支配を引き起こす原因になったのです。

その点に関するかぎり、アメリカとの通商条約の交渉にあたった徳川幕府の役人の客観的役割を私は高く評価したいと思います。アメリカ総領事ハリスとの交渉で、幕府側は、関税を日本側が決めるという関税自主権やアメリカ人への裁判権といった主権の一部をあっさりと放棄しましたが、アメリカ人の国内旅行の権利を否定する点では大いに頑張り、強硬な姿勢でハリスを押し切ったのです。このことは日本商人の国内での活動領域を権力的に保証したものとして重大な意味をもつことになります。

しかし、そうした「権力的対応」が実際に成功するためには、開港場に外国商人とまともに渡り合える資金力のある日本商人が集まり、輸出入商品がスムーズに取引されなければなりません。外国商人は、特定の日本商人を手先にして、条約の禁止をくぐって秘かに輸出品産地に送り込み、大量の生糸や製茶を買い占めました。例えば、イギリス商社ジャーディン・マセソン商会横浜支店は、一八六〇年から日本人商人高須屋清兵衛に多額の資金を預け、秘かに東北地方の生糸産地に送り込みました。同商会はこの産地買付によって最初は大きな利益をあげたのですが、数年経つと資金をもって産地へ入り込んだ高須屋がなかなか生糸を送ってこなくなりました。こうなると外国商人としてはお手上げです。同社は多額の損失を被って、一八六五年には産地買付を断念します。このあと産地買付はほとんど跡を絶ち、外国商人の生糸仕入は横浜に集まるようになった有力な日本人生糸商との間で行われるようになりました[11]。

貿易品の取引単位は一回でしばしば一千両を超え、時には数千両に達しましたが、外国商人の国内への進入が認められなかったために現金での決済が原則でした。そうなると、輸入品の取引ごとに千両箱をいくつも開港場に持ってくることのできる有力商人が登場しなければ、輸入貿易はスムーズに行われません。そこで、多額の現金を調達できる大都市の旧特権商人や両替商への期待が大きくなりました。

ジャーディン・マセソン商会から輸入品を引き取った日本商人を調べたところ、その大部分は江戸の商人で、しだいに京大坂の上方商人も参加してくることがわかりました[12]。貿易にかかわった日本商人の中から、大きな利益を得て、急速に活動規模を拡大するものが現れました。試みに、一八九九年当時の東京・大阪の有力繊維問屋のリストを作ってみますと表10－1のようになります。

東京では、江戸時代初期の一七世紀に創業した⑥田中、⑨長井、⑩森などの老舗商人を、①薩摩以下の新興商人が完全に追い越していますが、彼らのほとんどは金巾・洋反物・綿糸といった輸入品を扱ってきていました。また、大阪では、老舗商人の①稲西に、②竹村以下の新興商人が追いつく直前ですが、彼ら新興商人もまた全員が輸入品の扱いによって急成長した人々でした。この表だけを見ていると、江戸時代以来の商人は国産の呉服（絹織物）や太物（綿織物）を扱い、輸入品を扱う商人は開港前後からまったく新しく登場したように見えますが、実際には新興商人の活動は、表示した店舗開業の年よりもかなり前から始められ、商業経験を積んで、それなりの資本を蓄積して開港場に現れたのです[13]。

もっとも、だからと言って、横浜に出てきた日本商人全員が、千両箱をいくつも抱えてきたわけではありません。彼らが十分な現金を持参できなかった場合にも、多額の品物を引き取ることができた理由としては、彼らを支えた両替商の役割が重要です。明治一〇年代に銀行がたくさんできるまでの間は、両替商が銀行と似たような融資を商人に

表 10-1　東京・大阪の繊維問屋各ベストテン（1899 年）

	東京問屋名	取扱品	開業年	営業税	大阪問屋名	取扱品	開業年	営業税
1	薩摩治兵衛	金巾綿糸	1867	（円）996	稲西合名会社	呉服木綿	1819	（円）835
2	前川太郎兵衛	金巾綿糸	1860	764	竹村弥兵衛	金巾綿糸	1864	800
3	杉村甚兵衛	洋反物	1847	578	前川善三郎	綿糸	1873	797
4	塚本合名会社	呉服木綿	1872	491	山口玄洞	洋反物	1885	737
5	日比谷平左衛門	綿糸	1878	435	伊藤忠兵衛	呉服羅紗	1872	649
6	田中次郎左衛門	木綿	1645	431	伊藤忠兵衛	綿糸	1893	600
7	柿沼谷蔵	綿糸	1866	424	八木与三郎	綿糸	1893	447
8	平沼八太郎	綿糸	1865	423	平野平兵衛	綿糸	1857	418
9	長井九郎左衛門	木綿	1696	408	伊藤萬助	洋反物	1883	402
10	森　セツ	呉服木綿	1690	364	中村惣兵衛	綿糸	1865	396

出典）石井寛治「幕末の貿易と外資への対応」（石井ほか編『日本経済史 1　幕末維新期』東京大学出版会，2000 年）．開業は店舗開設の年次であり，その前の行商の時期は含まない．

対して行っていたのです。例えば、明治八年に近江商人小林家の東京店が、両替商として、輸入品を横浜から関西に送る商人に融資した金額は一〇〇万円を越えており、のちの大銀行並みでした。融資先には、当時横浜最大の綿糸布引取商だった中村惣兵衛（表10−1、大阪⑩）、東京の薩摩治兵衛（同−東京①）、前川太郎兵衛（同−東京②）などの名前がズラリと並んでいます[14]。

これまでの歴史学では、大都市の旧特権商人は、幕末には在地の非特権商人の発展に押されて勢力を失いつつあったと言われてきましたが、幕末の開港は、彼らに新たな活動の場を与え、その蓄積を支える結果を生みましたし、商人資本と関係の深い両替商についても、維新変革で完全に没落したという理解は誤りです。いま紹介した近江商人小林家は、比較的新しく両替商を兼ねるようになった例ですが、江戸時代を通じて両替商の活動が盛んであった大坂両替商の上層部分がどれくらい、明治以降も存続したかを見てみましょう。

表10−2で、一八五七年番付というのは、商人相手の金融活動の規模を相撲番付の形で示したものです。一八六四年の御用金は第二次長州戦争に際しての幕府からの御用金の請け高、一八六八年の募債は、明治政府による会計基立金三〇〇万両の募集に応じた金額です。最上位の者たちは、一八五七年の番付にあまり入っていませんが、彼らは巨大化するにつれて大名貸に専門化し、手間のかかる商人相手の金融はやめてしまったのです。

表 10-2　大坂の有力両替商のその後

氏名	1857 年番付	1864 年御用金	1868 年幕債	1888 年資産
鴻池善右衛門		銀 1,200 貫	金 22,650 両	300 万円
加嶋屋作兵衛		1,200 貫	18,489 両	
加島屋久右衛門		1,200 貫	19,638 両	60 万円
米屋平右衛門		1,100 貫	15,950 両	60 万円
辰巳屋久左衛門		1,100 貫	5,900 両	60 万円
米屋喜兵衛	小結	1,000 貫	20,930 両	40 万円
千艸屋宗十郎		1,000 貫	12,320 両	70 万円
炭屋安兵衛	大関	800 貫	250 両	
炭屋彦五郎	関脇	800 貫	300 両	
鴻池庄兵衛	大関	800 貫	16,020 両	30 万円
鴻池善五郎		800 貫	3,700 両	
鴻池市兵衛		800 貫	6,600 両	
平野屋五兵衛		800 貫	10,250 両	
嶋屋市之助		800 貫	4,975 両	

出典）　石井寛治『経済発展と両替商金融』有斐閣，2007 年，240 頁．

同表によれば、一八六四年の御用金一〇〇〇貫目以上の最上位七人はほとんどが明治中期まで存続しているのに対して、それに続く上位七人は鴻池庄兵衛を除くとすべて没落しています。明治維新期における両替商の没落説は、この御用金八〇〇貫クラスに当てはまるのであって、最上位の両替商には当てはまらず、鴻池善右衛門、加島屋久右衛門、千艸屋宗十郎などは、それぞれ単独で銀行を設立しているのです。

御用金八〇〇貫クラスの両替商は、商人相手にもっとも盛んな活動をしていたために、炭屋安兵衛などが慶応四年正月に閉店したことは大きな影響をほかの両替商にも与え、連鎖的な倒産を引き起こしました。つまり、鳥羽伏見の戦いで勝った官軍が大坂へ侵入したときに、幕府側に協力して資金を預かっていた両替商から、その資金を戦利品として没収したために、資金ショートを起こした両替商がまず閉店したのです。炭屋安兵衛は会津藩の御用を勤めていたために、薩摩藩兵による「分捕り」の対象になりました。この表にない三井大坂両替店も幕府御用を担当していましたから、当然「分捕り」対象になりましたが、同店では幕府関係資金は別勘定としていたため一万五〇〇〇両ばかりの大金を奪われたにもかかわらずビクともしなかったそうです。いずれにせよ、多くの両替商が破綻しましたが、生き残った者もかなりおり、明治一〇年代に国立銀行などが設立されるまでの金融活動を担うと同時に、自ら銀行を設立する両替商も多く、現在の三大メガバンクの源流を探っていくと、どれも両替商にいきつきます。[15]

大阪大学名誉教授の宮本又郎氏は、江戸時代の有力資産家がどれくらい、明治時代に生き延びたかについて、「長者番付」などを利用した大量観察を行いました。その結果、幕末維新期に急成長した新興商人の多くは明治中期までに没落しており、むしろ江戸時代の伝統的商家で生き延びている者の方が目立つという注目すべき評価をされています。[16] 宮本氏は、なぜそうなったかについては説明していませんが、私の考えでは、幕末の開港は伝統的流通機構に乗っていた商人が息を吹き返すチャンスでもあり、維新変革は従来の両替商の活動を必ずしも否定しなかったのです。では、そのような商人・両替商レベルでの近世・近代の連続性は、明治に入ってからの経済の近代化に対して、どのような意味をもったのでしょうか。

三　商人による産業投資と対外投資

日本経済の近代化を推進した民間のブルジョアジーは、どのような社会階層から現れたのでしょうか。旧武士階級の士族か、それとも商人、地主、農民かといった問題を論じた東京大学の土屋喬雄氏は、「明治実業家の出身身分別考察」を試み、純粋の商人は調査した五一人のうち横浜の高島嘉右衛門一人にすぎないと指摘し、「新日本の実業界をきずき上げるには、旧幕時代の商人は、與るところもっとも少く、與るところもっとも多かったのは、武士であった」[17]と論じました。

その一〇年後に、ドイツ生まれのヨハネス・ヒルシュマイア氏が、明治前期の代表的実業家五〇人の出自を調べたところ、士族二三人、農民一四人、商人一三人だったと論じました。ところが、ヒルシュマイア氏の結論は土屋氏と全く違い、全人口のうち、士族が七%、富農が三%、商人が五%であることを考えると、「各階級からの出身が驚くほど均等である」ことが注目されるべきで、「出身階級は企業者を形成する場合の決定的に重要な要因ではなかった」というのです[18]。私は、後進国日本の場合は、近代的企業家が生まれるためにはどの出身階層であっても意識の上で文字通り命がけの飛躍が必要だったと考えますので、出身階層は決定的な意味をもたなかったというヒルシュマイア説に賛成です。

しかし、ブルジョアジーという場合、企業を計画し経営する企業家を意味する場合だけでなく、企業経営に必要な資金を提供する資産家を意味する場合もあります。後進国では、近代企業を起こすために必要な投資額が多いので、資金の乏しい企業家は、その調達に苦労しました。そこで広く見られたのは、第一に、資金の豊富な先進国からお金を借りることであり、第二に政府が税金を使って近代企業を起こすことでした。しかし、日本の場合、それらの方法は限られており、株式制度を利用して商人を中心とした資産家から資金を集めるという第三の方法がもっとも重要だったように思われます。

第一の外国からの借金ですが、「攘夷のための開国」路線に立つ明治政府の指導者たちは、外国からの資本輸入を警戒し、政府も民間もできるだけ借りないようにしました。明治初年には政府がロンドンで公債を二回発行しましたが、一八九七年までに返し終わっています。民間の外資輸入も政府は許可せず、一八九九年に条約が改正されて日本が外国人への裁判権を回復してから、初めて許可したのです。こうした日本政府の態度について、政府顧問の外国の専門家たちは、異口同音に批判をしました。しかし、政府はガンとして聞き入れませんでした。彼らは、先進国が、帝国主義支配を広げつつあったことを敏感にキャッチしていたのです。そこには、日本の独立を危うくする外圧への抵抗という一種の「攘夷」精神が息づいていたと言えましょう。

第二の政府自らが近代企業を起こすという「権力的対応」の方法は、確かにある程度採用され、それらの企業の払い下げを受けたものが財閥になりました。しかし、政府の力には限界があり、民間の力を引き出してこそ産業革命が起こるのです。中国の場合を見ると中国政府も近代企業を作って経営したのですが、民間の企業創設を抑えたために産業革命への途を塞いでしまいました。日本政府が、民間の力の重要さに気付いたのは、条約改正の準備のために岩倉具視や大久保利通ら政府首脳からなる岩倉使節団のメンバーが、一八七二年にイギリス各地を回っていたさいに、世界の工場イギリスを支えていたのは政府でなく地方の民間ブルジョアジーであることを発見したときでした。使節団の記録には、アームストロング砲を製作する会社を訪ねたときに現れた社長のアームストロング氏について、七〇歳近い老人で、「容貌愚なるか如し」とあります。これは、中国の古典に、「君子は盛徳、容貌愚なるが如し」とあるのを引用した表現で、立派な君子＝紳士だという意味です。

こうして、日本政府は、商人や農民の蓄積した資金を動員して民間企業を起こすという第三の方法の実行に努めたのです。しかし、先進国のように小生産者が何十年もかかって徐々に経営を拡大するという「民衆的対応」をのんびりやっている時間はありませんし、先進国の発達した機械技術を日本の小生産者が受け入れることは資金面でのギャップが大きすぎて不可能でした。そこで、株式会社制度を使って資産家から多額の資金を集めようとしました。紡績会社についての研究(19)によると、株主の中心は綿糸布商をはじめとする商人でした。

ここでは、鉄道会社と銀行について、商人が株主の中心であることを確認したいと思います。というのは、紡績業は確かに産業革命の中核となった産業ですが、投下された資金の規模は、鉄道業や銀行業の方がずっと多いからです。一九〇〇年当時、綿紡績七九社の払込資本は三四〇〇万円でしたが、私設鉄道四一社のそれは五倍の一億八一〇〇万円、普通銀行一八〇二行のそれは七倍の二億三九〇〇万円に達するのです。

表10－3は、日本鉄道、北海道炭鉱鉄道とともに五大私鉄をなす、関西鉄道、山陽鉄道、九州鉄道の株主の地域分布を所有株数で示したものです。株主数は、合計一万五〇〇〇人近くに達します。東京府、大阪府、京都府の株主の圧倒的部分が商人を中心とした商工業者であることに着目し、それら三府の株式の比率を見ますと、いずれの鉄道会

表 10-3　関西・山陽・九州鉄道株式の分布（1901年9月30日）

	関西鉄道	山陽鉄道	九州鉄道	合計
東京	59,325	140,115	363,858	563,298
大阪	176,801	106,606	161,425	444,832
京都	18,244	12,742	20,635	51,621
小計・A	254,370	259,463	545,918	1,059,751
合計・B	424,000	480,000	951,000	1,855,000
A／B（%）	60.0	54.1	57.4	57.1
（株主数）	4,845	3,939	5,996	14,780

出典）各社営業報告.
備考）単位はその地域の株主の所有株数.

社でも過半を占めており、平均して五七％であることがわかります。三府以外の地域の株主は地主が多い可能性がありますが、地方都市の商工業者による投資もかなりありますので、全体として株主の大半が商人を中心とした商工業者であることは間違いないでしょう。

つぎに、銀行業の株主構成を見たいのですが、官庁統計に記されている国立銀行の株主に普通銀行への投資額を付記した表10－4を見ましょう。国立銀行の株主で華族の比重が高いのは、華族の金禄公債を集めて、資本金一七八二万円という大規模な第十五国立銀行が設立されたためで、旧藩の家臣団が設立した国立銀行に大名が参加したケースは例外的でした。

士族の比重がそれに次いで高いのですが、士族抜きで設立された商人株主中心の国立銀行も、東京・大阪・京都・横浜などにはいくつもありました。しかも、年次を追って士族株主の比重が低下し、平民とくに商人の比重が高まっています。さらに注目されるのは一番右の欄に書いた普通銀行という国立銀行のような銀行券の発行特権をもたない銀行の資本金額が増えて、一八九五年末には国立銀行の資本金を上回っていることです。これらの普通銀行は、平民とくに両替商を含む「商業者」によるものです。したがって、国立銀行と普通銀行を合わせますと、一八九五年当時の銀行資本金のほぼ三分の二が、旧両替商を含む「商業者」によって提供されていたことになります。

以上、明治中期には、紡績・鉄道・銀行などが商人を主たる株主として設立され、産業革命が進んだことを明らかにしました。外資に頼らずに自力で産業革命を行うことができたのは、江戸時代から蓄積されてきた商人の資金を、

表 10-4　国立銀行と普通銀行の払込資本金　（千円）

	国立銀行					普通銀行
	華族	士族	平民	（うち商業）	合計	合計
1880. 6 末	18,572	13,418	10,121	6,252	42,111	6,280
1885. 12 末	18,656	10,290	15,510	10,668	44,456	18,759
1890. 12 末	19,125	10,464	18,302	9,932	47,891	18,977
1895. 12 末	18,088	10,134	20,704	10,891	48,926	49,807

出典）後藤新一『日本の金融統計』東洋経済新報社，1970 年.

株式会社制度を利用して産業に集中投下したためだったのです[20]。

その結果、明治末期には、世界でもトップクラスの巨大経営が出現しました。紡績会社の最大手の鐘淵紡績会社の設備規模は、一九一三年当時、世界屈指の規模でしたし、生糸を作る製糸業最大手の片倉組の設備規模は世界の断然トップでした[21]。

わずか二、三〇年間で世界的な大企業を生み出した超スピードの産業革命、それが日本産業革命の大きな特徴でした。しかし、その反面で、発展から取り残された底辺の部分もあり、全体としての所得格差は拡大を続けることになります。世界的な傾向としては、産業革命の過程で経済格差が拡大し、その後の経済の成熟に伴ってしだいに格差が縮まるのですが、日本経済は成長のスピードが早かっただけでなく、産業革命終了後の一九三〇年代まで格差が拡大し続けました[22]。国内の不平等が拡大しますと、社会的不満がたまってゆき、政府が対外侵略で不満を解消しようとして帝国主義支配を押し広げるようになりがちなのです。

ここでは、産業革命の過程で、まだ国内での投資需要が増大しつつあった日清戦争期という早い時期に、朝鮮に資本輸出をして鉄道を敷く計画が立てられ、実現したことを指摘しておきたいと思います。これは、近代化モデルを欧米列強に求めた日本が、資本輸出を通じて帝国主義化しようとしたことを象徴する出来事だからです。この日清戦争に対しては、勝海舟が朝鮮を独立させるためと称しながら、実際には朝鮮の独立を損なうものであるとして反対したのに対して、福沢諭吉はもろ手を挙げて賛成しました。「攘夷のための開国」を唱えた海舟は、朝鮮の独立を奪う戦いに反対したのに対して、「開国」路線一本槍の福沢は、日本が欧米並みの帝国主義へ成長することを支持したのです。勝と福沢、この二人の日清戦争

表 10-5　京釜鉄道会社株式の地域分布　（所得・円）

	株主数	株式数	所得／1株	同・株数1位	同・株数2位	同・株数3位
東北	3,134	52,351	229	宮城　244	岩手　157	福島　247
関東	4,563	111,399	476	**東京**　489	神奈川　387	千葉　288
中部	5,619	81,026	332	**静岡**　138	**愛知**　355	新潟　456
近畿	5,965	75,147	493	**三重**　164	滋賀　163	大阪　1,099
中国	3,114	33,191	433	岡山　361	兵庫　775	広島　501
四国	3,378	36,524	196	**愛媛**　165	香川　215	徳島　209
九州	2,464	33,013	542	佐賀　156	長崎　333	福岡　808
その他	631	13,033	0			
合計	28,868	435,684	399	東京　489	静岡　138	三重　164

出典）「京釜鉄道株式会社株主名簿」明治36年2月1日現在.
備考）北海道は東北に含めた. その他は台湾, 韓国, 清国, 露国, 米国.
所得／1株は, 明治31年度所得税納入者の所得額を, 京釜鉄道株数で割る.

への正反対の評価のもとは、幕末の独立を求める攘夷論とのかかわり方の違いにあるように思われます。勝が、独立の大事さを骨身に沁みて感じた経験をもち、その経験をいま朝鮮の人々が感じているに違いないと想像力を働かせたのに対し、福沢は、『学問のすゝめ』で「一国の独立」を論じたとはいえ、朝鮮の人々の独立の思いの強さを十分想像することができなかったのだと思います。

さて、日清戦後の一九〇〇年に渋沢栄一ら財界人がソウル・プサン間の京釜鉄道の発起人総会を開いて株式募集（二五〇〇万円）を開始したのですが、折からの不況と重なって募集は難航し、とくに東京や大阪の投資家層は消極的でした。しかし、政府はロシアとの戦争での軍事輸送という目的があり、渋沢らは朝鮮貿易を有利に行うための運賃コストの引き下げという経済目的があり、何としても京釜鉄道を作りたいと思いました。そこで、政府は年六%の配当を保証し、渋沢らは広く全国をまわって勧誘に努めた結果、ようやく予定の株式が集まったのです。表10－5は、一九〇三年現在の株主の地域分布で、株式数での上位五府県の名前をゴチックで示してあります。全国各地域にわたって四万人近い株主が広く分散しています。

注目したいのは、その右側の欄の数値です。これは、一八九八年度に所得税を納入した二〇万人近い人々の所得金額が、株式投資の潜在的能力を示すと考えて、京釜鉄道一株当たりの所得金額の計算をしたものです。と言いますのは、一九〇一年当時の調査では、株式投資をしている階層は、所得税を納入している所得三〇〇円以上層の大体三分の一でした[23]。ですから所得税の課税所得額が投資の源泉と言えるのです。金額が少ない地域の方が、その投資能力からみて頑張って京釜鉄道の株をたくさん購入しており、金額が多い地域はあまり協力しなかったことになります。地方別では、東京（四八九円）を含む関東地方と大阪（一〇九九円）を含む近畿地方などが京釜鉄道投資に消極的で、四国地方や東北地方が積極的であることがわかります。四国地方ではとくに愛媛県が投資能力からみてもきわめて積極的に応募しており、投資額で全国第五位にランクされていることが注目されましょう。

表 10-6　所得税納入者の人数と所得額

	所得税納入者数			納入者の所得金額（千円）		
	1888 年	1898 年	増加率	1888 年	1898 年	増加率
徳島県	1,392	1,992	143	912	1,418	156
香川県	1,232	2,163	176	739	1,851	250
愛媛県	1,421	2,903	204	845	2,421	286
高知県	829	2,120	256	510	1,485	291
四国計	4,874	9,178	188	3,006	7,175	239
全国合計	129,086	195,292	151	80,861	168,480	208

出典）『日本帝国統計年鑑』より作成.

どうして、愛媛県の投資家が朝鮮への鉄道投資に積極的だったのかは、投資の勧誘の仕方や、四国内部での鉄道投資の機会の乏しさなどが関係していると思われますが、詳しいことはわかりません。ただ、表10－6に示したように、一八八八年から一八九八年にかけて、四国地域とくに愛媛県の所得税の納入者数と所得金額が全国平均を上回る勢いで伸びていることは、投資の勧誘に応じて積極的な投資を実行しうるだけの資金の蓄積が進みつつあったことを示唆しています。これは、日本の産業革命が、大都市だけで起こったのではなく、広く農村地帯を巻き込んで展開したためと言えましょう[24]。

四　愛媛県における近代的工業化——綿ネル業と製糸業

そこで、最後に、愛媛県における近代的工業化の進展ぶりを、「商人的対応」論の観点から一瞥して結びとしましょう。明治前期の政府による殖産興業政策は、愛媛ではあまり成果をあげなかったことが松山大学の岩橋勝氏によって指摘されており[25]、そのとおりだと思いますので、時期を少し広くとり、明治中後期にかけての、今治町の綿ネル業と大洲町の製糸業の場合を検討したいと思います。

今治の綿ネル業史については、神立春樹氏らによる研究[26]があります。それによれば、明治後期の今治綿ネル業は、農村部に散在する手織機を使用した「分工場」を、今治の綿ネル業者が支配する形をとっていました。そのうち、阿部合名会社のみが一九〇〇（明治三三）年にいち早く力織機を導入し、「分工場」を廃止しましたが、その他の業者は、一九〇七（明治四〇）年以降にようやく力織機の導入に踏み切りました。これらの「分工場」は農村の機業家が設立したもので、今治の綿ネル業者から原料糸の供給を受けて指定の綿布を織っていました。力織機の導入を行ったのは今治の綿ネル業者の方ですから、問題は彼らの前身が商人か生産者かということになります。阿部合名会社の社員阿部平助は、一八九〇（明治二三）年に綿ネル製織を始めた当時[27]、今治町で醤油醸造業を営んでいました[28]。また、一八八六（明治一九）年に和歌山から紀州綿ネルの技術を導入した矢野七三郎の事業を、彼が八九年に不慮の死を遂げたあと引き継いだ柳瀬義明家は、綿糸商で回漕業も営む「今治屈指の大商人[29]」でした。それらに続く「今治の中小の綿ネル業者の多くは今治町の商工業者[30]」で、その蓄積が綿ネル業に転用されたというのが、神立氏の評価です。今治綿ネル業を主導したのは、商業や醸造業を営んでいた人々でした。

愛媛県の製糸業については、私は四〇年ほど前に『日本蚕糸業史分析[31]』という本を書いたときから注目していました。私の研究は、長野県諏訪に代表される農民出身の製糸家の作った生糸はアメリカで織物の横糸にしか使えない「普通糸」が中心だったのに対して、縦糸に使える「優等糸」を作る製糸家が、山形・信州・関西にある程度おり、しだいに増加したという、製糸経営の二類型説を唱えました。一九一二年のニューヨーク市場での格付表によって、日本生糸のうち最も優れたものを見ると、表10－7のようになります。最優等格（Special Grand Extra）の四製糸家の一つに河野製糸（愛媛）がリストアップされ、次の特別飛切上格（Extra Extra A）の一二製糸家には、郡是製糸（京

表 10-7　ニューヨーク市場の日本生糸格付表（1912 年）

最優等格（Special Grand Extra）				
	佐野製糸（宮城）	室山製糸（三重）	山陰製糸（鳥取）	河野製糸（愛媛）
特別飛切上格（Extra Extra A）				
	長谷川製糸（山形） 冨岡製糸（群馬） 程野製糸（愛媛）	両羽製糸（山形） 郡是製糸（京都） 伊予製糸（愛媛）	多勢製糸（山形） 渡会製糸（三重） 白滝製糸（愛媛）	多勢金上製糸（山形） 米子製糸（鳥取） 熊本製糸（熊本）

出典）　石井寛治『日本蚕糸業史分析』（東京大学出版会，1972 年）73 頁，注(2).

都）、冨岡製糸（群馬）などとともに、愛媛県の程野製糸、伊予製糸、白滝製糸が並んでいます。つまり、愛媛県は、関西エキストラ格生糸の産地の重要な一角を占める「優等糸」の特産地だったのです。

問題は、彼らが長野県のような農民出身なのか、それとも商人出身なのかということですが、河野製糸の河野家は大洲町での一七世紀以来の有力呉服商でした。そして武士相手の呉服業の前途が暗いと見た河野喜太郎は、一八八七（明治二〇）年に次男駒次郎を山梨県の勧業製糸場に送って製糸経営を習得させ、一八九〇年に製糸場を開設しました(32)。また、程野製糸の程野宗兵衛家も、全国一の木蝋産地喜多郡大洲町で「晒生蝋製造卸商」を営んでおり、最初は河野と共同で製糸経営に乗り出し、二年後に分離独立しました。宗兵衛の兄茂三郎は大洲商業銀行頭取を務めています(33)。

こうした愛媛県の製糸家の具体的な姿としては、やや時期があとになりますが、一九一五（大正四）年に生糸商から製糸業に転換した宇和島町の高畠亀太郎について、日記をもとにした興味深い伝記が松山大学の川東竫弘氏によって書かれており、高畠製糸場が年々技術革新を行いつつ「優等糸」を生産している様子がよくうかがえます(34)。

以上、明治中後期になると、愛媛県でも綿織物業や製糸業を中心に、商人の資金が続々と産業に向かって投資され、地域経済が発展したことを述べました。そうした発展があったからこそ、京釜鉄道会社への投資が全国的にもトップレベルの成績をあげたのでしょう(35)。

日露戦争では、松山第二十二連隊が乃木将軍の率いる第三軍へ編入され、旅順攻撃で多大の犠牲を生みますし、秋山兄弟の活躍や、ロシア軍捕虜の収容所の開設など、愛媛県の人々は、この戦争にとりわけ深い関係をもつことになりますが、日本が朝鮮に鉄道敷設などを通じて、簡単には引き上げられない利権を固定させたことがロシアとの交渉を決裂させ、日露戦争の伏線になったことを考えると、経済面で愛媛県の人々は戦争の開始とも深くかかわっていたのです。

以上、明治維新から始まって、日露戦争まで話が進んできてしまいました。攘夷か開国かで争っていた幕末の人々は、「攘夷のための開国」が可能な新しい中央権力を作り出し、居留地貿易によって日本商人は確実に利益を獲得しました。ところが、明治政府は近代化のモデルを欧米列強に求めたため、モデルが帝国主義化すると、日本もまた大急ぎで産業革命を行いつつ、早々と帝国主義への途を歩んだのです(36)。

帝国主義支配は相手国の独立を否定することですから、今度は日本が朝鮮や中国から攘夷される側になります。日清戦争についての勝海舟と福沢諭吉の評価の違いは、攘夷をどうするかで苦しんできた日本が、相手の独立を踏みにじって攘夷される側に変わってもよいのかという点にありました。そして、帝国主義化した日本は、朝鮮への鉄道敷設という近代帝国主義固有の方法を実行した結果、ロシア帝国と戦う途を選ぶことになったのです。

これをもって私の講演を終わります。ご清聴ありがとうございました。

（1）礫川全次『攘夷と憂国――近代化のネジレと捏造された維新史』（批評社、二〇一〇年）。
（2）松本清張ほか『日本史七つの謎』（講談社文庫、一九九二年）一六四－一六七頁。
（3）遠山茂樹『福沢諭吉』（東京大学出版会、一九七〇年）は、この建白について、当時の福沢は日本の独立が危うくされることへの危険を感じておらず、欧米強国の動向についての評価がきわめて甘かったと指摘しています（二一四－二二一頁）。
（4）島崎藤村『夜明け前』（原著一九二九－三五年、新潮文庫、一九五三年）第一部（上）一五三、一五八－九頁。
（5）石井孝『勝海舟』（吉川弘文館、一九四七年）一八頁。松浦玲氏の大著『勝海舟』（筑摩書房、二〇一〇年）は、このときに海舟は、「行政を独占している世襲の武家階級は存在しない」こと、「生業を持った農工商の市民が選ばれて行政のトップに立つことができる」点で、社会の仕組みが日本と根本的に違うことを知ったと述べています（一五五－一五六頁）。

（6）岩下哲典ほか編『龍馬の世界認識』（藤原書店、二〇一〇年）五五頁。

（7）石井寛治「維新変革の基礎過程――対外的契機と「編成替」」（『歴史学研究』五六〇号、一九八六年一〇月、『展望日本歴史17　近世から近代へ』東京堂出版、二〇〇五年、所収）。

（8）石井摩耶子『近代中国とイギリス資本』（東京大学出版会、一九九八年）。ただし、一八七八年にはロンドンの関係会社マセソン商会のジェームズ・マセソンの死去に伴う遺産相続として一〇〇万ドルが送られ、受け取ったロバート・ジャーディンは、ジャーディン・マセソン商会出資に繰り込んだから、それを除くと本国送金一六一万ドルは香港での再投資額八四万ドルの二倍近くとなり、入手した利益のほぼ三分の二を本国へ送金したことになります（同書、五八－五九頁）。

（9）毛利健三『自由貿易帝国主義』（東京大学出版会、一九七八年）二七〇－二九一頁。

（10）竹内幸雄『イギリス自由貿易帝国主義』（新評論、一九九〇年）七三－九八頁。竹内氏によれば、こうしたイギリスの活動は、資本輸出とは無関係な商業活動であるとされますが、ジャジャ王の支配領域へのイギリス商人の侵入は、「商館建設」が問題とされるように流通過程への資本輸出による支配で、それをベルリン会議という列強の共同謀議によって実現した「複合的支配秩序」の形成の画期（帝国主義世界体制への移行の画期）と見るべきではないかと思われます。この点については、石井寛治『帝国主義日本の対外戦略』（名古屋大学出版会、二〇一二年）五三頁参照。

（11）『横浜市史』第二巻（横浜市、一九五九年）七一二－七一五頁。製茶輸出についても横浜最大の製茶売込問屋大谷嘉兵衛商店が、横浜最大の製茶取扱商館一七八番（スミス・ベーカー商会）のために製茶産地で買付を行っていた事実がありますが、当初商館の「番頭」であった大谷は、その後同商館のパートナーに昇格しているので、中国の買弁のような活動は限られた時期のことであったように思われます（石井寛治『資本主義日本の歴史構造』東京大学出版会、二〇一五年、三五－三八頁）。

（12）石井寛治『近代日本とイギリス資本』（東京大学出版会、一九八四年）二二六－二三二頁。

（13）例えば、東京②の前川太郎兵衛家は、この年、本支店三店を合わせると営業税一八一二円で全国最大手ですが、前川太郎兵衛（一八二九－一九一〇）は、近江商人の不破家に天保一一（一八四〇）年から安政五（一八五八）年まで二〇年近く仕えた経験を基礎に江戸へ出て独立、万延元（一八六〇）年に店舗を持ち、輸入品を扱うようになりました。また、薩摩治兵衛①と杉村甚兵衛③は、ともに近江商人小林吟右衛門の江戸店で長いこと働いた上で、それぞれ独立したのです。大阪の伊藤忠兵衛⑤⑥（一八四二－一九〇三）はこのとき三店舗をもち、営業税合計一三五二円は前川に次ぐ全国第二位ですが、彼も最初の店舗を明治五（一八七二）年に開設する前に、開港直前の安政五（一八五八）年から足掛け一五年にわたって行商をしていました。大阪の竹村弥兵衛②の養父藤兵衛（一八三一－一九〇七）は、元治元（一八六四）年の禁門の変で家財を焼失した機会に水産物商人から洋反物商人に転身した人物ですから、横浜との取引の前に京商人としての長い活動期間があったわけです。

(14)　石井寛治『経済発展と両替商金融』（有斐閣、二〇〇七年）二一四頁。

(15)　三井家と住友家に発する三井住友銀行がよい例ですが、みずほ銀行も、前身のひとつである富士銀行がもとは安田善次郎の設立した安田銀行ですし、前身のひとつである第一銀行も三井家と両替商小野家の出資によって設立されました。三菱東京UFJ銀行も、UFJ銀行の歴史を辿ると大坂最大の両替商鴻池家にまで遡りますし、三菱銀行自体もアジア太平洋戦争中に、旧水戸藩御用達川崎家による川崎銀行の大きな流れを吸収しているのです。

(16)　宮本又郎『日本企業経営史研究』（有斐閣、二〇一〇年）三一八－三二〇頁。

(17)　土屋喬雄『日本資本主義の経営史的研究』（みすず書房、一九五四年）一八二頁。土屋氏は、実業界の指導者渋沢栄一、五代友厚、中野武営はいずれも武士出身、三井財閥の基礎を築いた大番頭の三野村利左衛門、益田孝、中上川彦次郎、団琢磨、池田成彬、あるいは三菱財閥の創始者岩崎弥太郎、幹部の石川七財、川田小一郎、近藤廉平、豊川良平、荘田平五郎も、みな武士ないし準武士（郷士など）であり、さらに、明治前期に活躍した二七人の代表的実業家の出自も武士と豪農がそれぞれ一〇人、醸造業三人、医師三人で、純粋の商人は調査した五一人のうち横浜の高島嘉右衛門一人にすぎないと指摘しました。

(18)　J・ヒルシュマイア『日本における企業者精神の生成』（東洋経済新報社、一九六五年）二一九頁。ヒルシュマイア氏が選んだ商人出自一三人のうち、高島嘉右衛門以外で土屋氏のリストと重複していたのは、大倉喜八郎（土屋説では農）、若尾逸平（同、農）、古河市兵衛（同、醸酒業）、川崎正蔵（同、郷士）、藤田傳三郎（同、酒造業）の五人です。このうち、大倉家は商家であり、若尾は葉煙草の行商、古河は豆腐の行商、川崎は木綿の行商で生計を維持していたと言われています。

(19)　山口和雄編著『日本産業金融史研究　紡績金融篇』（東京大学出版会、一九七〇年）九二頁。

(20)　ここでは銀行預金の形での資金の集中については省略しましたが、株式投資には向かない小規模な資金を集中する上では銀行の果たした役割は大きく、多額の株式投資も銀行の株式担保金融によってはじめて可能になったのです。株式投資などの直接金融と銀行を介する間接金融のいずれが重要だったのかを巡る論争に関しては、石井寛治「企業金融の形成」（『講座・日本経営史2　産業革命と企業経営』ミネルヴァ書房、二〇一〇年）を参照してください。

(21)　片倉組を作った片倉兼太郎は、長野県諏訪郡の豪農ですが、製糸家としての急成長の過程では、横浜生糸売込問屋から多額の前貸金融を与えられた点で、「商人的対応」と緊密に結びついた発展コースを辿ったと言えましょう。
(22) 南亮進『日本の経済発展〔第三版〕』(東洋経済新報社、二〇〇二年)二七七頁。
(23) 石井寛治『近代日本金融史序説』(東京大学出版会、一九九九年)五〇九頁。
(24) 京釜鉄道の株主構成は、東京・大阪の比重が高くないことから見て、地方農村の地主による投資がかなり多い可能性があり、今後の実証のポイントの一つとなるでしょう。ただし、愛媛県は一八八三／四年から一九〇八年にかけての小作地率の伸びが全国でただ一つマイナスであることも留意しなければなりません(安良城盛昭「地主制の展開」『岩波講座日本歴史16近代3』岩波書店、一九六二年)七四‐七五頁)。
(25) 岩橋勝「近代移行期伊予経済と庶民生活」(『近代愛媛の開化』愛媛県文化振興財団、一九八六年)。
(26) 神立春樹・葛西大和『綿工業都市の成立』(古今書院、一九七七年)。
(27) 『愛媛県史』近代上(一九八六年)六五一頁。
(28) 白崎五郎七・白崎敬之助編『日本全国商工人名録』(同発行所、一八九二年)。
(29) 神立春樹・葛西大和前掲書八五頁。
(30) 同上書、一一三頁。
(31) 石井寛治『日本蚕糸業史分析』(東京大学出版会、一九七二年)。
(32) 村上是哉『伊予蚕業沿革史』(伊予蚕業沿革史刊行会、一九二六年)。
(33) 茂三郎は、「事業家トシテ財産家トシテ地方錚々タルノ中ニ数ラレ大ニ尊敬ヲ受ケツツアリ」(奥村次郎編『愛媛県紳士月旦』一八九七年)と高く評価され、程野製糸は、明治三五年に宇和島にも製糸場を増設し、宗兵衛の次男直次郎が経営した(『伊予蚕業沿革史』一四二頁、『愛媛県人物名鑑』海南新聞社、一九二四年)。
(34) 川東竫弘『高畠亀太郎伝』(ミネルヴァ書房、二〇〇四年)。
(35) しかし、地域経済が発展したといっても、前述したように鉄道の発展は愛媛県を含む四国全体がきわめて遅れていました。明治末の鉄道国有化にさいして、香川県下の讃岐鉄道(山陽鉄道に吸収済)と徳島県下の徳島鉄道が国有化されたのに対して、愛媛県下では国有化された鉄道はありませんでした。夏目漱石が小説『坊ちゃん』で「マッチ箱のような汽車だ」と呼んだ松山の伊予鉄道は軽便鉄道にすぎなかったのです。国鉄予讃線が松山に届くのが一九二七年、宇和島に達するのが一九四一年のことでした。四国四県の県庁所在地が高松を起点に鉄道でつながったのは一九三五年のことだったのです。それゆえ、渋沢らが京釜鉄道の株主を募集した明治期の愛媛県の資産家にとって、日本政府が配当保証をした対外鉄道投資は願ってもない投資のチャンスと映ったのではないかと思います。

（36）　日本政府と違って、帝国主義大国と異なる「小国主義」ないし「小日本主義」の路線を主張した者がいたことも忘れるべきではないでしょう。自由民権期の植木枝盛・中江兆民、大正デモクラシー期の三浦銕太郎・石橋湛山らがその代表ですが、彼らの主張の支持者は少数派にとどまりました（田中彰『小国主義――日本の近代を読みなおす』岩波新書、一九九九年）。また、軍国主義路線を批判したブルジョアジーとして、日清戦後経営期の東京商業会議所会頭渋沢栄一、一九二〇年代の大阪自由通商協会・大阪軍縮促進会の幹部平生釟三郎らの名前が浮かびますが、彼らは必ずしもその主張を貫くことができませんでした（石井寛治『帝国主義日本の対外戦略』名古屋大学出版会、二〇一二年）。

終章　結語と展望

本書『資本主義日本の地域構造』は、拙著『帝国主義日本の対外戦略』（名古屋大学出版会、二〇一二年）、および、『資本主義日本の歴史構造』（東京大学出版会、二〇一五年）に続く私の七〇歳代のいわば「遺言書」の三冊目である。前二冊が書き下ろしであったのと異なり、既発表論文を集めた論文集であるため、大きな表題の割には触れられなかった問題があまりに多いが、前二冊を含めた日本近現代史の全体像にかかわる問題については筆者の現段階での見通しを、ここで簡単に述べておくことにしたい。

まず取り上げなければならないのは、『帝国主義日本の対外戦略』への書評のなかで武田晴人氏が、同書の対象としたブルジョアジーがアジア大陸への資本輸出を行った紡績ブルジョアジーなどに限られ、財閥のような支配的ブルジョアジー（傍点筆者、以下同）への言及がほとんどないことを問題として指摘された点である(1)。もっともな指摘であるが、実際に満州事変に向かってゆく大陸での動きを追いかけてみると、財閥の姿が登場することはきわめて少ないのである(2)。彼らの資本蓄積が昭和恐慌を挟んで国内の経済格差を拡大し、それが関東軍の暴走への支持者を増やしたという通説はいくらでも述べることができるが、それだけでは三菱財閥の総帥岩崎小弥太が戦後「三菱は国家社会に対する不信行為は未だ嘗て為した覚えはなく、また軍部官僚と結んで戦争を挑発したこともない(3)」と語ったことを批判できないであろう。同様なことは、韓国併合を事実上決定づけた日露戦争の原因となった韓国内の鉄道投資についても、三井や三菱などの一流財閥は消極的であり、二流財閥を率いる渋沢栄一が政府の支援を受けつつ全国の地主・

商人の資金を動員したことは周知のとおりである。[4] 国内投資で「独占的」な地位を確保した支配的資本よりも、国内活動の余地を狭められるか限界に達したと考えた投資家の方が対外投資に向かいがちだというのは何も日本に限ったことではない。イギリスのアジア進出・投資のなかでスコットランド人のそれが如何に多いかを想起すれば了解できよう。[5] そういう状況のもとでは、支配的資本の役割は対外戦争の開始への動きを国内でどう受け止めるかという過程で初めて大きな意味をもつことになるように思う。

『資本主義日本の地域構造』を論じた本書についても、第Ⅱ部で取り上げたのは地方経済と上方経済であって、肝心の財閥資本が集中している東京経済の分析が欠落していることに批判が集中することは目に見えている。第Ⅰ部では随所に「関東」「南関東」「東京」「京浜」が登場するので、当面はそれで我慢していただくしかないが、地域経済の主体としてのブルジョアジーを論ずるさいに、江戸時代の上方商人と江戸商人の対比を前提とした、紡績資本に代表される大阪系ブルジョアジーと財閥資本に代表される東京系ブルジョアジーの対比は興味深い論点になるように思われる。もちろん紡績企業は東京にもあるし、大阪に本拠をもつ住友財閥があることは無視すべきでなく、この対比はあくまで大雑把なものにすぎない。しかし、国内経済が軽工業中心から重化学工業中心へと変化することと、大陸直接投資が在華紡と満鉄という二方向に向かって展開されることを考えると、両者の違いはもう少し大きな問題につながるのではないか、と思われる。簡単に言えば、財閥中心の東京系資本は対外的には満鉄投資との利害関係が強く、紡績中心の大阪系資本は対外的には在華紡投資と直結しているのであり、第一次世界大戦を画期に機械化部隊を先端とする総力戦体制の構築が課題となるにつれて、日本政府としては、東京系資本を主力として重化学工業化を本国・植民地・満州一体の形で拡大強化せんとする志向が強まるのではないかということである。

一九二八年当時の満鉄株主に三井・三菱は入っていないが、[6] 民間株式の四五・〇％は関東地方在住の株主三四〇四人（株主総数の一六・二％）が所有しており、株主総会は大連本社でなく東京で開かれるのを常とした。元三井物産常務取締役の山本条太郎満鉄社長は、衆議院議員を兼務していたこともあって大連よりも東京にいることが多く、政府との交渉のためにも東京での生活は不可欠であった(7)。そして、山本の唱えた満鉄経営における鉄鋼・石油・硫安製造の三大計画は、総力戦のための重化学工業化の遅れた本国経済を補完するためのものであり、支配的資本として重化学工業の推進を政府から期待される財閥にとっても願ってもない計画であった。そこに、満州事変の拡大を東京系ブルジョアジーが支持する客観的理由があったのではないかと思われるのである。この点はなお確認を要する仮説にすぎないが、東京系資本の多くが、大阪系資本と較べて政府との依存・協力関係が強いことは間違いない。ただし、満州への盛んな資本投下を行った大倉組の場合には、前掲『帝国主義日本の対外戦略』でも指摘したように、満鉄とは異なり、中国人との合弁方式を採用した点で、満鉄路線とは若干違っていたことが留意されるべきであろう。

こうした東京系資本に対して、紡績資本を中心とする大阪系資本が政府に対する自立性の高さを自任していたことはしばしば指摘されており、本書第九章に収録した「上方経済」に関する論考でも論じたところである。問題は、一九二〇年代には平生釟三郎を中心に紡績資本家を含めて自由通商協会に結束して幣原外交路線を支えた大阪系ブルジョアジーがなぜ満州事変の拡大を批判し続けることができなかったかということであり、三〇年代に詳しい研究者にとっては、拙著『帝国主義日本の対外戦略』が二〇年代の在華紡を中心とする関係者の平和路線を強調したこと自体が驚きをもって受け止められた(8)。この問題を、平生をはじめとする大阪系ブルジョアジーの世界認識とアジア認識の変容の点からさらに幅広く掘り下げる作業は今後の課題としなければならない(9)。

東京と大阪を二大中心とする日本経済の地域構造については、産業革命期において六大都市所在府県以外の地方経済を巻き込んだ発展が見られたのに対して、昭和恐慌期には六大都市以外の地方経済がとりわけ甚だしい打撃を受けるとともに景気回復過程では重化学工業化の進展に取り残されていったことが注目されよう。この問題は第二章「地域経済の変化」で指摘し、第一〇章「再考・維新経済史」でも部分的に触れたが、第七章「昭和恐慌における階層別打撃」が地域分析にまで立ち入らなかったために十分な説明ができなかった。そこで、試みに個人総合所得税の課税所得金額の地域別データを①東京・横浜・名古屋・京都・大阪・神戸の六大都市所在府県と②その他の農村地域に分けて、全国合計値に占める②農村地域の比率を調べると、産業革命期には五〇・九％（一八八七年）から五六・四％（一八九八年）へと上昇傾向にあり、昭和恐慌直前の一九二八年には四八・六％とやや低下するとはいえ、農村地域の課税所得金額はなお全国の半ば近くを占めていることがわかる。ところが、昭和恐慌の最中の一九三三年にかけては課税所得の絶対額が一九二八年＝一〇〇％に較べて①大都市地域が八六％、②農村地域が七二％へと減少した結果、全国合計値に占める②農村地域の比率は四四・〇％へと激しく低下する。そして、重化学工業を中心に①大都市地域では経済が回復して恐慌前の所得水準を上回る一九三五年に至っても、②農村地域の課税所得は恐慌前の水準に達せず、全国課税所得に占める比率は四二・四％にまで低落するのである[(10)]。こうした昭和恐慌の打撃が各地域の個々の資産家にどのように加わったかは、附録として収録した「昭和初期の大資産家名簿」などを用いてさらに立ち入って分析することが可能であり必要であることは言うまでもない。

大都市地域と農村地域の経済水準の変化は、東京系ブルジョアジーと大阪系ブルジョアジーを先頭に近隣アジア諸国に向かって進める資本投下に対する地方資産家の関係をも大きく規定することになろう。本書第一〇章では、日清戦後の朝鮮・京釜鉄道への株式投資にさいして、地方地主・商人の積極的協力が、過剰資本輸出を行うだけの資本蓄積をもたない時期の資本輸出を可能にし、日本の近代帝国主義化を支えたことを明らかにした。類似の事態は、日露戦後の南満州鉄道への株式投資にさいしてもある程度見られ、民間大株主が東京府と大阪府に集中しつつも、中小・零細株主が広く諸地域に分布しており、満鉄資本の「国民的」性格を示すものとされた。そのことが、昭和恐慌期における満鉄経営の「危機」意識を全国的に拡散させることにつながったと言えよう。もっとも、こうした危機意識の拡散という事態が具体的にどのように展開したかは今後の分析に委ねられている。

次に、前掲『帝国主義日本の対外戦略』において日本ブルジョアジーのエートスを論ずるさいに、近世の石門心学が近代日本でも一定の役割を果たしているという仮説を述べたことに対しては、実証不足だとする批判が相次いだ[11]。実証不足の批判は甘受するしかないが、仮説的問題提起をするために最低限必要な根拠は不十分ながら示したつもりである。研究史においても、住友財閥の総帥となる小倉正恒が石門心学に傾倒し、自ら社団法人石門心学会会長に就任するまでになることは、つとに瀬岡誠氏によって指摘されてきたが[12]、私が石門心学の近代日本への存続について強調したのは、大倉財閥を築き上げた大倉喜八郎が青年期に心学関連の書物を読み漁ってノートを作っていた事実を知ったことが契機であった[13]。幕末から明治にかけて育った経済人が心学に興味をもつ必然性は、彼らの多くが必須の教養として学んだ儒学が、商業をはじめとする経済活動の価値を蔑視したため、そうした教えを内在的に乗り越えるためには石田梅岩の心学の教えを学ぶことが是非とも必要だったことにあるのではないかと思う。

もちろん、石門心学の教えは、自らの経済活動の価値を少なくとも政治活動の価値と対等だとする自信を経済人に与える役割をもつにとどまり、近代世界における日本人ブルジョアジーの対外活動や対外意識のあり方までを積極的に指示するものではない。そうした世界観については、近代世界市場に日本経済が政府主導の形で参入する際に生ずる強力なナショナリズムによって説明すべきだという批判は一見もっともな意見といえよう[14]。しかし、日本史学として解明しなければならないのは、後進国一般に見られるナショナリズムが日本でも見られたという指摘にとどまらず、それがどのような特質をもったナショナリズムであったかということでなければならない。拙著『資本主義日本の歴史構造』では、戦前日本の天皇制支配下のナショナリズムが、加藤弘之がドイツから導入した「社会ダーウィニズム」によって彩られた攻撃的ナショナリズムであり、産業革命期以降の帝国主義的侵略を正当化する役割を果たしたことを主張した[15]。そこでは、疑似宗教としての天皇制イデオロギーは、基礎としての神道が特定の普遍的内容の教義をもたず、「神体」への礼拝を求める儀式宗教であるため、それぞれの時代ごとに仏教や儒教といった宗教的・哲学的教義を日本的に変容させつつ採用してきたこと、明治期以降は攻撃的ナショナリズムを支える格好のイデオロギーとして「社会ダーウィニズム」と密着したことを指摘した。

思想史研究者の多くは、検討に値する優れた思想家に関心を集中し、思想としての質が劣っていながら社会的・政治的に大きな影響を与えた「社会ダーウィニズム」のような思想についてはあまり問題としてこなかった。もちろん、天皇制国家の精神構造を論じた石田雄『明治政治思想史研究』や思想史の全体像への目配りが効いた鹿野政直『資本主義形成期の秩序意識』・井上清『日本帝国主義の形成』[16]などでは、加藤弘之の「社会進化論」の影響についての言及がなされていたが、その後の研究は一向に深化していない。最近になって宮地正人『国民国家と天皇制』[17]がようやく出現したので、前掲拙著は同書に依拠して論ずることができたが、加藤流の「社会進化論」が如何にして日本国内に浸透したかはほとんどわからなかった。

しかしながら、帝国主義の「経済学」とともにその「政治学」を論じたホブソンによれば、イギリスではカール・ピアソンらが民族の進歩のためには他民族との闘争に勝利しなければならず、それは「人類についての生物学的見解である」と論じ、地球は最高の「社会的能率」を有する人種によって開発されることが望ましいと主張しており、ホブソンは、そうした信念こそが帝国主義の主なる道徳的支柱だと厳しく批判したことが想起されなければならない。帝国主義のイデオロギー研究に際してはこうした「社会進化論」の影響が不可欠の研究課題であると言えよう[18]。帝国主義については、いわゆる自由主義段階においてもすでに同様な政策がみられることを強調する「自由貿易帝国主義」論が提唱されるようになったが、帝国主義段階に入るやイデオロギー面では「自由」の価値を巡る論争を押し潰しつつ、国家間競争を強調する「社会進化論」が登場して他民族支配を正当化したことが注目されねばなるまい。そうした一九世紀末以降のイデオロギー状況は、二〇世紀末以降、「平等」の価値を巡る論争を押し潰す形で登場した「新自由主義論」の盛況と対比しうる状況としても立ち入った歴史分析が要請されているように思われる。

加藤弘之の主張は、帝国大学総長・帝国学士院長という加藤の社会的地位の高さのゆえに教育界に絶大な影響を与えただけでなく、当時の有力総合雑誌『太陽』に加藤自ら毎号のように論説を寄稿し、同誌には加藤説に賛同する政治家や経済人も次々と執筆しており、社会進化論が広く上層社会にも浸透したことがうかがえる。この点の立ち入った実証はなお今後の課題であるが、例えば、一九〇〇年六月の同誌臨時増刊「十九世紀」に寄稿した前首相大隈重信伯爵は、

十九世紀の終を告げ、二十世紀の新舞台に幕を開かんとするに臨み、世界人類の生存競争は、将来如何に其の勢力を消長すべきを案ずるに、之を過去の事跡に徴するの外なし、……弱肉強食は優勝劣敗の人間社会に於ける常態にして何れの時にも免かる能はず、此の生存競争あるが為に、各人間の智識を進め、列国間の地位をも高くし、延て人類の幸福を増進するも、之が為に野蛮国は漸やく文明国人の為に侵略せられて、世界は少数強国の併する所と為らんとする傾向あり。……今後、世界の列強国が新たに勢を伸ばさんとする競争場は、主として支那に集中せんとす。[19]（傍点引用者）

と、義和団鎮圧のための列強の中国出兵を睨みつつ、新世紀の行方を「社会ダーウィニズム」の観点から展望した。

また、大阪商船社長中橋徳五郎は、ブルジョアジーの立場から一九〇三年七月の同誌に「満韓拓殖策」を寄稿し、

列国と衡行して、よく一等国たるの地位を保持し得ずんば、優等国は忽ち変じて劣等国となり、列国と共に全世界に増殖繁栄すべき人種は萎靡衰退して遂に列国の局面に参加するを得ざるに至らん。二十世紀の邦国は、宜しく此の如くなるべからず。……二十世紀の終に及ばゞ、一等国たるべき人種の居住する各国は、各一億以上の人

口をば其領土若くは略ぼ接近したる領土に繁殖せしむることとなるべし。……我日本人種の繁栄増殖すべき地域は、近く一衣帯水を隔てる隣境に之あり。韓国の如き、遼東、満州の如き、是れ最も我人種の増殖に適するの地域也。(20)（傍点引用者）

と、「社会ダーウィズム」のいう人種間生存競争の論理を援用して、日本国のアジア大陸への膨張戦略を正当化した。大都市のブルジョアジーの世界観を究明するためには、当時流行の社会進化論がどのような影響を与えたかがポイントの一つとなるであろう。(21)

地方都市や農村部のブルジョアジーのエートス・世界観についての研究も必要であるが、実証的な研究はようやく始まったところである。中小企業地帯とされる愛知県において、小栗三郎家のような全国屈指の肥料商が現れ、アジア太平洋戦争のあとではトヨタ自動車のような世界的な巨大企業が発展できたのは、歴史的には、同地の中小企業が大資本との対決コースでなく、大資本を利用する非対決型の発展コースを採用する可能性が、徐々に狭まりつつも残されていたためではないかということを前述したが、(22)彼らがそうした途――それは簡単に歩める途ではなく、生活全体を目的に向かって合理的・禁欲的に組織することが必要――を選ぶ際に、支えとなった宗教信仰がどのようなものだったのかが問題となろう。

序章でも触れた知多半島半田の小栗三郎家については、伊藤敏雄・二谷智子両氏によって仏教信仰の篤さが明らかにされたが、(23)とりわけ重要なのは浄土真宗大谷派との結びつきではないかと思われる。親鸞を開祖とする浄土真宗の教えは、その後の権力との激しい対決を経て大きく変化し、近世においては、三宝（仏法僧）の恩、衆生の恩のほかに、国王の恩、父母の恩を加えた四恩の大切さを唱えるように変わったが、徹底した殺生戒（堕胎・間引きの禁忌による人口増加）と「大取するより小取せよ」という、一攫千金を狙う「虚妄の商」よりも着実な小利を求めよと説く親鸞の教えは、近世・近代にまで貫かれていた[24]。小栗三郎家は、真宗以外の諸宗派とのつながりも多いが、明治期一杯は殺生戒にもとづく放生会（魚などを川に放つ会）への支出がもっとも多い寄付行為であること[25]、一九一〇年には東本願寺大谷派管長大谷光演が同家に滞在して教えを説いていることを考えると[26]、真宗との結びつきがとりわけ強かったように思われる。そして、同家の非対決型発展コースの選択の際に、右に見た「小取」で行くべきだという真宗独自の地道な職業倫理が働いていたことは、ほぼ間違いないように思われる[27]。

近代日本の地域経済が資本制的な形で発展する可能性は、大石嘉一郎氏が位置づけたように松方デフレを画期とする豪農的発展の挫折によって構造的に狭められただけでなく、その後の東京・大阪を頂点とする大都市所在府県での大資本への集中の進展とともに段階的にも狭められていった[28]。だが、知多半島半田の小栗三郎家に関する最近の共同研究の成果を踏まえて本書が主張したいことは、そうした構造的・段階的変容[29]にもかかわらず、地域経済の中小資本が大規模化する可能性自体は持続的に存在し、中村尚史氏が力説したような地方的発展の事実が限界をもちながらも広く認められたということである。挫折と発展という一見相矛盾するこのような現象を統一的に把握するためには、経済史的な全体構造の分析にとどまらずに、与えられた構造的制約の中で、その制約を突破する個々のブルジョアジーの主体的活動についての経営史的な分析を、彼らの蓄積行動を支えるエートスにまで立ち入って行う必要があるように思われる。さらに言えば、そうしたブルジョアジーによる労使関係が日本的経営をどのようにして形成し変容しつつあるかという検討が必要であるが、本書では全く触れることができなかった。そのようにして、もともと一体をなしていた経済史研究と経営史研究が新たな形で再結合されることによってこそ、近代日本の独特な経済発展のダイナミズムを学問的に把握することができるであろう。

（1）武田晴人・書評、石井寛治『帝国主義日本の対外戦略』（『歴史評論』七六一号、二〇一三年）。

（2）もちろん、坂本雅子『財閥と帝国主義——三井物産と中国』（ミネルヴァ書房、二〇〇三年）のように三井財閥の中国とのかかわりを詳細に検討した研究もあるが、中国政府への証券投資を問題としており、在華紡や満鉄のような直接投資とは次元が異なっている。

（3）岩崎家伝記刊行会編『岩崎小弥太伝』（東京大学出版会、一九五七年、一九七九年）三五三頁、石井里枝「三菱財閥四代目社長・岩崎小弥太」（井奥成彦編著『時代を超えた経営者たち』日本経済評論社、二〇一七年）。

（4）この問題は、石井寛治「成立期日本帝国主義の一断面——資金蓄積と資本輸出」（『歴史学研究』三八三号、一九七二年四月、のち、拙著『近代日本金融史序説』東京大学出版会、一九九九年、第一二章として収録）において論じたことがある。渋沢栄一は東京商業会議所の会頭であり活動の拠点は東京であったが、活動の範囲は全国的であり、その性格規定は簡単ではない。拙著『帝国主義日本の対外戦略』では日清戦後経営における政府の大軍拡路線を批判しながら、容れられないとわかるや京釜鉄道建設では政府に協力した渋沢の変身ぶりを批判したが、続く拙著『資本主義日本の歴史構造』ではワシントン軍縮に向けて商業会議所メンバーを大動員した軍縮活動を評価した。政府との距離が近い東京にいながら、権力への自立性を保とうとした点は、ユニークな存在だと言えよう。最近は、日本型経営の原型を構築したものとしての渋沢への評価が高まっており国際的研究の対象ともなっている。その代表例として橘川武郎、パトリック・フリデンソン編著『グローバル資本主義の中の渋沢栄一』（東洋経済新報社、二〇一四年）があげられよう。同書は現代のカネ重視の金融資本主義化の流れに抗するヒト重視の資本主義観と重なり合うものとして渋沢の合本主義における人材育成を評価するが、そこで評価されている人材は経営者のことであり、労働者の問題は欠落したままであり、また、合本主義における「私利と公益の一致」というさいの渋沢のいう「公益」と日本国家の「国益」との緊張関係の有無に関する分析も欠落している。渋沢は中国の歴史学界でも注目されており、周見氏の労作『渋沢栄一と近代中国』（二〇一五年、西川博史訳、現代史料出版、二〇一六年）は、渋沢が対中拡張路線で主張した非軍事的な「王道主義」も侵略目的の点では日本政府の「覇道主義」と一致すると見る。周氏が渋沢を三井財閥と一体となって対中拡張路線の急先鋒を務めたとする見方は、満鉄と在華紡を重視する拙著『帝国主義日本の対外戦略』と異なるが、渋沢が自己の主張を政府・軍部に対して貫き通さなかったと見る点では、拙著のいう「政治的資本主義」の主張と一致しており、周氏は近く拙著を中国語に翻訳・出版して下さる予定である。

（5）その代表例としてのジャーディン・マセソン商会については、石井寛治『近代日本とイギリス資本』（東京大学出版会、一九八四年）、石井摩耶子『近代中国とイギリス資本』（東京大学出版会、一九九八年）を見よ。スコットランドからの移民全体については、北政巳『近代スコットランド移民史研究』（御茶の水書房、一九九八年）が詳しい。

(6) 南満州鉄道株式会社「株主姓名表」（一九二八年六月一日現在）（東京大学経済学図書館蔵）より算出。近畿地方在住の株主は二二三一人（株主総数の一〇・六%）であったが、民間株式の二〇・四%を所有していたにすぎない。

(7) 二年一ヵ月の社長在任期間中、山本条太郎が大連を中心とする大陸に赴いたのは六回合計で一六七日とわずか二二%の期間にすぎない（山本丈太郎伝記編纂編纂会『山本丈太郎伝記』一九四二年、巻末年譜）。

(8) この点については、松浦正孝・書評、石井寛治『帝国主義日本の対外戦略』（『史学雑誌』一二二編九号、二〇一三年）の指摘から教えられるところ大であった。

(9) この点では、キーパーソンである平生釟三郎の研究が重要であるが、目下刊行中の甲南学園平生釟三郎日記編集委員会による『平生釟三郎日記』全一八巻（二〇一七年一二月までに第一六巻まで刊行）は利用価値の高い貴重な史料である。前掲拙著『帝国主義日本の対外戦略』（二〇一二年）の執筆時には、満州事変勃発時を含む同日記第一二巻（二〇一五年）は未刊行のため利用できなかったが、滝口剛「自由通商運動と満州事変」（『阪大法学』六四巻三・四号、二〇一四年）は、原史料を参照しつつ、平生が、世界列国が自由通商主義を捨てるならば日本は領土拡張によって対応せざるをえないという主張に転換する経緯を跡付けた。そこでは、大阪第四師団との会談よりも世論の硬化が重視されているが、軍部のメディア工作を含めての一層立ち入った検討が必要と思われる。

(10) 以上の所得税統計は、『帝国統計年鑑』（明治期）、および、『主税局統計年報書』（昭和期）から算出。

(11) 安秉直・書評、石井寛治『帝国主義日本の対外戦略』（『歴史と経済』二二一号、二〇一三年）、春日豊・書評、同上書（『経営史学』四九巻三号、二〇一四年）、木村健二・書評、同上書（『社会経済史学』八二巻二号、二〇一六年）。

(12) 瀬岡誠『近代住友の経営理念——企業者的アプローチ』（有斐閣、一九九八年）一五二―一五六頁。

(13) 石井寛治「『心学先哲叢集』の史料的価値」（東京経済大学史料委員会編『大倉喜八郎撰・心学先哲叢集』東京経済大学、二〇一〇年）。そこでは、大倉が青年期に学んだ心学関連のテキストを六〇年以上経った一九二一年の社員への訓示の中で引用していることなどをあげて、青年期の勉学が晩年に至るまで役立っていることを明らかにしている。

(14) 前掲春日豊・書評、七〇―七一頁。

(15) もっとも、ダーウイン学説の影響を受けながらも生存競争による自然淘汰を個人間の自由競争による社会の進化と理解するイギリスの社会学者ハーバート・スペンサーの社会進化論は、イギリスからアメリカに向けて広まり、明治期の日本にも自由主義思想として影響を与えたが、加藤弘之の持ち込んだドイツ流の社会進化論は、個人間競争よりも国家間競争を重視するものであり、自由主義を抑圧する機能を果たした。

（16）石田雄『明治政治思想史研究』（未来社、一九五四年）、鹿野政直『資本主義形成期の秩序意識』（筑摩書房、一九六九年）二五九－二九〇頁、井上清『日本帝国主義の形成』（岩波書店、一九六八年）一四九－一八〇頁。なお、田中浩『近代政治思想史』（講談社学術文庫、一九九五年）は、世界的な視野から「社会進化論」を扱い、「明治維新から大正年代末までの日本の西欧政治・社会思想の受容状況は、極言すれば、社会進化論の圧倒的影響下にあった」とした上で、今日では社会進化論という言葉は死語と化しているけれども、その思考方法そのものは、不平等を是正する運動を否定する保守的論理として機能する危険性を多分にもっていると指摘している。

（17）宮地正人『国民国家と天皇制』（有志舎、二〇一二年）。

（18）ホブスン著・矢内原忠雄訳『帝国主義論』下巻（岩波文庫、一九五二年）五四－一〇三頁。ドイツの歴史家ハンス－ウルリヒ・ヴェーラーは、その著『ドイツ帝国一八七一－一九一八年』（原著一九七三年、大野英二・肥前栄一訳、未来社、一九八三年）において、帝国主義イデオロギーとしての社会ダーウィニズムはナチズムにおいて頂点に達すると指摘した。

（19）大隈重信「去来両世紀に於る世界列国と日本との位地」（『太陽』六巻八号、臨時増刊「十九世紀」、一九〇〇年六月）。

（20）中橋徳五郎「満韓拓殖論」（『太陽』九巻八号、一九〇三年七月）。

（21）明治の文豪夏目漱石がロンドン留学中に進化論＝退化論の影響を強く受けたことは、『それから』（一九〇九年、岩波文庫一九八九年版、二八頁）の一文「代助は平岡のそれとは殆ど縁故のない自家特有の世界の中で、もうこれほどに進化――進化の裏面を見ると、何時でも退化であるのは、古今を通じて悲しむべき現象だが――していたのである。それを平岡は全く知らない。代助をもって、依然として旧態を改めざる三年前の初心と見ているらしい」を引用しつつ、佐倉統「日本の進化論」（『現代思想』総特集ダーウィン、二〇〇九年四月、三〇六頁）が指摘している。また、山路愛山のような有力評論家も、その『現代日本教会史論』の中で、自分も加藤弘之の『人権新説』（一八八一年）の愛読者であったとし、日露戦争を契機に帝国主義の「信者」となったのは社会進化論の影響であったことを明らかにしている。

（22）本書序章、および、石井寛治「近代における愛知県経済の歴史的位相」（『愛知県史のしおり』資料編31、近代八、流通・金融・交通、二〇一三年）参照。なお、名古屋を中心とする愛知県のブルジョアジーを、東京系ブルジョアジーや大阪系ブルジョアジーと対比して位置づける必要があろう。かつて、私は、地方銀行からの都市銀行の第一次分化（日清戦前・東京所在銀行）、第二次分化（日露戦前・大阪所在銀行）に続く一九一〇年前後における名古屋所在三大銀行（名古屋・愛知・明治）の第三次＝最終的分化を指摘し、東京・大阪金融圏と対比しうる名古屋金融圏の独自性を強調したが（拙著『近代日本金融史序説』東京大学出版会、一九九九年、二九九頁）、中西聡氏は、愛知県における企業勃興は、鉄道・紡績・銀行のうち、官営鉄道の早期開通と紡績会社の三重紡績への吸収合併のため、三大銀行下での家業の近代化＝会社化が進んだという注目すべき指摘を行った（中西聡「近代名古屋における会社設立と有力資産家――鈴木總兵衛家を中心として」『愛知県史研究』二一号、二〇一七年）。三重紡績への合同は、同社のもつ対中国綿布輸出ルートへの合流を目指すものだったが、その選択は、愛知県ブルジョアジー自身のアジア進出の可能性を遮断することにより東京・大阪と並ぶ対外発展コースからの脱落を意味したと言えよう。

(23)　伊藤敏雄「近代における店則・家憲と店員の活動」、二谷智子「家業の継承と地域社会への貢献」（ともに、中西聡・井奥成彦編著『近代日本の地方事業家』日本評論社、二〇一五年、所収）。なお、石井里枝氏は、同書の書評（『経営史学』五二巻一号、二〇一七年）において、同書の伊藤・二谷論文のような分析がなぜ必要かを問い、「むしろ議論に混乱をきたす要因ともなってしまった」という厳しい評価をしている。だが、私見によれば、それは両論文が宗教信仰の表れとしての寄付行為や社会貢献を説くにとどまり、信仰が同家の経済活動そのもののあり方を如何に規定したかを十分に論じ切れなかったためであり、注(27)の研究会での私の発言はその点を問題としたのであった。すなわち、構造的・段階的に発展の客観的条件が狭められる地方中小企業が、その逆境の中から発展するためには、特段の活動方法やエネルギーが必要であり、同家の場合はそれを浄土真宗などが提供したのではないかと述べたのである。こうしたエートス論的アプローチは、地方ブルジョアジーの分析にさいしてはとくに重要だと思うのであるが、どうであろうか。

(24)　有元正雄『真宗の宗教社会史』（吉川弘文館、一九九五年）。同書では、真宗を中下層農民に適合的な倫理と見なしているが、近江商人などとの結びつきを考えると、地方商人を含めてもう少し広く考えるべきであろう。精力的に近江商人研究を行った末永國紀氏は、『近江商人』（中公新書、二〇〇〇年）において、「近江商人は、浄土真宗をはじめ、浄土宗・天台宗・禅宗など仏門に帰依することが多かったが、神道や儒教も排除していない」（二〇六頁）と総括している。

(25)　中西聡・井奥成彦編著前掲『近代日本の地方事業家』一三七頁。

(26)　同上書、一八〇頁。

(27)　ここで記した小栗家と浄土真宗のつながりの深さは、二〇一六年一二月四日の企業家研究フォーラム冬季部会大会・経営史学会関東部会一二月例会におけるテーマ「地方事業家の経営展開と地域社会」の第一報告「商業醸造業兼営事業家の家業意識と地域志向性――小栗三郎家の事例」（伊藤敏雄）に対する質問として述べたものであり、伊藤氏は基本的に賛成であると言われた。伊藤氏は、その後、論文「萬三商店主、一〇代・一一代・一二代小栗三郎――仏教思想に基づく家系継承と地域貢献」（井奥成彦編著『時代を超えた経営者たち』日本経済評論社、二〇一七年、所収）を著わされたが、有元説などを批判的に継承しつつ、さらに論点を拡大・深化されることを期待したい。なお、親鸞のいう「大取」の典型は、政治権力との結合を利用した資本蓄積であり、近代日本では財閥資本がその代表例であるが、知多半島の小栗冨治郎家が植民地台湾の塩の専売特権を入手して全国大の活動を展開し地方財閥化を狙ったところ挫折に終わったこともその一例だと言えよう。

(28)　この点は、巨大財閥に較べて地方財閥が一九二〇年代の独占資本主義段階に入ると、巨大財閥の支配力に押されてしだいに発展が制約されるという事実（渋谷隆一・加藤隆・岡田和喜編『地方財閥の展開と銀行』日本評論社、一九八九年）においても明確に示されているが、同書自体はそうした発展段階論に立ちつつも明治後期から第一次世界大戦期にかけての地方大資産家が盛んに多角経営化して地方財閥となった動きをあまり評価していない点に問題を残している（石井寛治・同書書評『社会経済史学』五五巻五号、一九八九年参照）。

(29)　念のために「構造的」と「段階的」という区別を行った理由を繰り返しておくと、「構造的」とは、資本の「原始的蓄積」が激しく進行した松方デフレ期に自由民権運動が敗北するとともに豪農的発展が打撃を受け、政府＝政商主導の「上からの」資本主義化が展開するという特殊日本的な意味であり、「段階的」とはそうした形での産業革命期以降の発展過程で大資本への集中が進み、独占段階には中小資本の上昇が制限されるという資本主義一般に見られる傾向の意味である。そうした二重の意味での制約にもかかわらず中小経営の発展が見られるためには、大資本との対決を避けつつ、その力を利用するだけの強固な意志と努力が必要であり、それを支えるエートスの役割に注目する必要があるのである。

あとがき

本書の構想は、前著『資本主義日本の歴史構造』（東京大学出版会、二〇一五年二月）の刊行直後にまで遡る。前々著『帝国主義日本の対外戦略』（名古屋大学出版会、二〇一二年）が、それまでの日本帝国主義史研究が、経済と政治を分裂的に扱い、なぜ満州事変が起こり、国民がそれを阻止できなかったかを説明できなかったことを問題とし、政治経済史的アプローチに立ってブルジョアジーの反戦動向を論じたのに対し、前著は同じアプローチで戦前史から戦後史を扱い、現代日本の対米従属性を論ずる結果となった。

しかし、私の従来の研究は、日本産業革命を「上から」行われたものと理解したため、阿部武司・谷本雅之・中村尚史氏ら後輩諸氏の「下から」「地方から」産業革命を捉え直す新たな研究動向とはスレ違いがちであることが絶えず気になっていた。そこで、私も執筆者の一人であった大石嘉一郎編『日本産業革命の研究』（東京大学出版会、一九七五年）にまで立ち帰って検討したところ、本書の序章で述べたように、大石嘉一郎氏（一九二七－二〇〇六年）の方法的立場が、山田盛太郎『日本資本主義分析』（岩波書店、一九三四年）の水準に戻ってしまっており、服部之総氏の山田説批判を受け止めたそれまでの大石氏の豪農的発展論が欠落していること、総じて大石編著は「上からの資本主義化」の線で統一的に説明することに努力を集中し、繰り返し現れる「下からの資本主義化」の積極的位置づけがなされていないことに気づいた。

だが、「上から」の動きと「下から」の動きをいかに関連づけて説明するかは、そう簡単なことではない。のちの大石氏のように、豪農的発展の存在と松方デフレを通ずる挫折を認めるとしても、その後も出現する豪農的発展の事実をどう整合的に説明するかは容易なことではないのである。そうしたときに、私にとって重要なヒントを与えてくれたのが、愛知県半田市の肥料商小栗三郎家の共同研究（中西聡・井奥成彦編著『近代日本の地方事業家』日本経済評論社、二〇一五年一一月）であった。すなわち、中小規模経営が多い愛知県において資本制的発展を遂げる条件は、名古屋系・東京系の大資本と対決するのでなく、その力をむしろ利用する途（私の命名では「非対決型発展」）にあり、そうした条件を活かしきるためには店主・店員一体となった禁欲的エートス（同家の場合は浄土真宗の信心）が重要であることがわかったのである。豪農的発展の構造的挫折と地方的発展の個別的実現とをつなぐキーワードとしての「非対決型発展」とそれを支える禁欲的エートスこそ、挫折と発展の統一的説明となりうるのではないか、というのが私の現時点での仮説的問題提起である。

こうして二〇一五年九月に、地域経済構造とそれを支える経済主体に関する論文・講演を集めた第一次構想、同年一二月に第二次構想を練り、翌一六年正月に東京大学出版会の山本徹氏に出版についての伺いを立てたところ幸い受け止めてくださったので、本書が陽の目を見ることとなったのである。本書は前二書と異なり、既発表の論文・講演・資料集に過ぎないが、収録に際しては、旧論文に見られた誤りと限界を逐一訂正し、その後の研究の進展についても言及した。しかし、もともと多様性を特徴とする地域経済の実態に較べて、本書が扱いえた部分がわずかであることは否定しがたい。そこで、終章において、前著・前々著への批判に対する回答を兼ねて、地域史から見た全体史はどのようになるかについて、大都市経済圏と地方経済圏の対抗、および、満鉄・軍部とつながる東京系ブルジョアジーと在華紡の本拠である大阪系ブルジョアジーの対抗という仮説を提示してまとめに代えた。

本書の作成過程を顧みて、つくづく思うことは、経済史学界の先輩・後輩から受けた多大の恩恵である。前々著で先輩である大石氏の帝国主義論を批判したことに続き、本書では同じ大石氏の産業革命論を批判することになったが、これらの批判はそもそも大石説がなければ提起できなかったものであり、本書が学界共同の研究水準を一歩でも高めることができたとすれば、それは大石氏から受けた学恩の高さを証明するものにほかならない。また、その批判の手掛かりを与えてくれた一〇年にわたる中西・井奥氏らとの小栗家共同研究からは実に多くのことを教わった。経済史における新しい問題提起は、最低限の堅固な実証を基礎にすることによって初めて有効性を発揮するが、その意味では、優れた後輩たちとの共同研究は、私にとっては、先輩格の大石氏らとの共同研究に劣らず、きわめて有益であったことを記しておきたい。

このあと八〇歳台の私の研究生活がどうなるかは予測がつかないが、七〇歳台のように遺言書などと言って気負うのはやめて、迷惑の掛けっぱなしであった妻摩耶子と一緒に、のんびりと研究史の落穂拾いなどをして楽しみたいと思う。当方の勝手な注文を受け入れて本書の刊行を認めてくださった東京大学出版会、とくに編集担当の山本徹氏には、末筆ながら心からの謝意を表したい。

二〇一七年一二月二一日

この歳まで現役を維持できたことを神と人に感謝しつつ

石井寛治

著者略歴

1938 年　東京に生れる．

1960 年　東京大学経済学部卒業．

東京大学教授，東京経済大学教授を経て，

現　在　東京大学名誉教授，日本学士院会員，経済学博士．

主要著書

『日本蚕糸業史分析』（1972 年，東京大学出版会）

『近代日本とイギリス資本』（1984 年，東京大学出版会）

『大系日本の歴史 12　開国と維新』（1989 年，小学館／1993 年，小学館ライブラリー）

『日本経済史〔第 2 版〕』（1991 年，東京大学出版会）

『日本の産業革命』（1997 年，朝日選書／2012 年，講談社学術文庫）

『近代日本金融史序説』（1999 年，東京大学出版会）

『経済発展と両替商金融』（2007 年，有斐閣）

『帝国主義日本の対外戦略』（2012 年，名古屋大学出版会）

『資本主義日本の歴史構造』（2015 年，東京大学出版会）

資本主義日本の地域構造

2018 年 2 月 3 日　初　版

［検印廃止］

著　者　石井寛治《いしいかんじ》

発行所　一般財団法人　東京大学出版会

代表者　吉見俊哉

153-0041 東京都目黒区駒場 4-5-29

http://www.utp.or.jp/

電話 03-6407-1069　Fax 03-6407-1991

振替 00160-6-59964

印刷所　大日本法令印刷株式会社

製本所　牧製本印刷株式会社

ISBN 978-4-13-040282-8　Printed in Japan

索　引

か 行

さ　行

た 行

な　行

は　行

ま 行

や　行

ら　行

わ　行

図表一覧

附録　昭和初期の大資産家名簿

近代日本の資産家名簿については、渋谷隆一氏が1959年から資料収集を始め、1984年から1999年にかけて編集・刊行された全77巻に及ぶ浩瀚な大資料集がある。すなわち、渋谷隆一編『明治期　日本全国資産家地主資料集成』全5巻（柏書房、1984年）、同編『大正・昭和　日本全国資産家地主資料集成』全7巻（柏書房、1985年）、および、同編『都道府県別　資産家地主総覧』全65巻（日本図書センター、1988-99年）がそれであり、今や近代日本の資産家・地主の研究にとって不可欠の優れた資料集である。昭和戦前期の資産家の資産額に関する全国名簿としては、渋谷隆一編『大正昭和　日本全国資産家地主資料集成Ⅰ』（柏書房、1985年）に収録された帝国興信所調査「全国金満家大番附」（『講談倶楽部』1931年新年号附録）、同所調査「五十万円以上全国金満家大番附」（『講談倶楽部』1934年新年号附録）が代表的なものである。だが、これらは帝国興信所による第2回と第3回の調査結果であり、その前に第1回の同所調査「全国金満家大番附」が『講談倶楽部』1929年新年号附録として刊行されている。渋谷編の上記資料集には、この調査の存在は指摘されているものの、現物は収録されていない。内容的には1928年末の調査であり、1929年に始まるいわゆる昭和恐慌直前の資産家の構成がわかる資料であって、それを第2回、第3回の調査と突き合わせれば、昭和恐慌が個々の大資産家に与えた影響を把握することができる貴重な資料だと言ってよい。

今回たまたま古書店で同資料を入手できたので、ここに、第1回の帝国興信所調査「全国金満家大番附」を復刻して一般の利用に供したい。同資料は第2回、第3回の調査が冊子体の附録であるのと異なり、縦78センチメートル、横110センチメートルの大判の1枚の2つ折の用紙で、その両面に資産額、職業、姓名、住所が縦書きでぎっしりと書き込まれている。表側の左が第1頁で、そこには相撲番附を真似て東西＝左右に分けて、資産額順にそれぞれ横綱、大関、関脇、小結、前頭が並んでいる。第1頁の上半部右側には欄外として横綱

格と小結格の資産家2名が掲げられているが、彼らは資産額が東西の横綱、小結に準ずる者であり、左右対称のレイアウトを整えるために欄外としたのであろう。この資料紹介では、左右の対称をそのまま表示したが、スペースの関係上、縦書きを横書きに直し、億円も含めて万円単位で表示した。表側の右が第4頁、裏側の右が第2頁、左が第3頁であり、推定資産額ごとにほぼイロハ順に資産家が並んでいる。第2頁以降はすべて前頭であり、何枚目といった順位はないため、前頭の表記は省略した。〔固有名詞（人名）は旧字のままとしたが、職業・地名は原則として新字に改めた〕。

収録された資産家数について資産額によって大雑把な分類をすると、1000万円以上が155名、500万円以上1000万円未満が169名、200万円以上500万円未満が656名、100万円以上200万円未満が1,223名(注1)、70万円以上100万円未満が1,466名で、合計3,669名にのぼる多数の資産家がリストアップされている。

この復刻では、できるだけ原資料を忠実に示すことに課題を限定し、渋谷隆一氏が中心となって『地方金融史研究』14号（1983年）に掲載された「大正初期の大資産家名簿」や、同誌15号（1984年）に掲載された「明治中期の大資産家名簿」のような他の資料と突き合わせた検討は行わない。明らかに間違った表記（例えば500万円・綿布・岡崎治助・大阪は、岡橋治助の誤り）や、印刷不鮮明で判読できない人名（例えば70万円の電鉄役員・伊原　郎兵衞・東京）あるいは職業不明の者も、そのまま掲げ、第2回・第3回の調査や人事興信所編『人事興信録』第8版（1928年）などにより、〔　〕で補った(注2)。この資料紹介が契機となって、昭和恐慌期の大資産家の階層別・職業別・地域別構成の変化や、個々の資産家が恐慌に如何に対応したかという未解決の問題への立ち入った究明が多くの研究者によって進められることを期待したい(注3)。〔なお、この大資産家名簿は、もともと地方金融史研究会編『地方金融史研究』48号、2017年、に掲載したものであるが、より広範囲の読者に利用していただくために、本書附録として転載したものである〕。

（注1）　資産額100万円のリストの終わり近くに追加分と思われる95万円という資産家が7名だけ並んでいるが、その後に再び100万円の資産家18名が追加

分として並んでいるので、この95万円は事実上100万円と見なして集計した。

(注2)　本資料の第1頁下段には「舌代」として、「この番附作製にあたって、帝国興信所諸員の致された熱誠と努力とは實に驚くべきものであって、吾等はここに深甚の謝意を表するものであります。併し、何を云ふにも至難中の至難事とされ、殆んど他人の窺知を許さぬ富豪諸家の財産調べでありますので、或は多少の錯誤も無いとも限りませんがそれは宜しく御寛恕に預りたいと存じます。尚、校正も精々嚴密にしたつもりですが、若し何等かの誤植がありましたら、是亦お宥し願ひたいと存じます」と講談社としての挨拶が記されており、如何に調査が困難であったかがうかがえる。

(注3)　第1回、第2回、第3回の帝国興信所調査によって、昭和恐慌期における個々の資産家の資産額の増減を検討したものとして、拙稿「昭和恐慌期における階層別打撃」(『創価経営論集――植田欣次先生退職記念号』39巻1号、2015年、〔本書第7章として収録〕)があり、拙著『資本主義日本の歴史構造』(東京大学出版会、2015年)第8章でも簡単な言及を行ったが、いずれも概観にすぎず立ち入った分析はすべて今後の課題である。

全国金満家大番附　帝国興信所調査（講談倶楽部第19巻第1号附録）1929年1月　（単位・万円）　1頁

横綱			
50,000	三井合名男爵	三井八郎右衛門	東京
大関			
20,000	住友合資代表男爵	住友吉左衛門	兵庫
関脇			
16,000	安田銀行頭取	安田善次郎	東京
小結			
15,000	大倉組頭取男爵	大倉喜七郎	東京
前頭			
12,000	三井鉱山役員	三井高修	東京
10,000	会社役員	岩崎隆彌	東京
10,000	会社役員	岩崎輝彌	東京
10,000	三井合名監事男爵	三井壽太郎	東京
8,000	会社員	安田　新	東京
8,000	三井物産社長	三井守之助	東京
7,000	旧佐賀藩主侯爵	鍋島直映	東京
7,000	鴻池銀行頭取男爵	鴻池善右衛門	大阪
6,000	帝国海上保険社長	安田善五郎	東京
5,000	貸地貸家	堀越角次郎	東京
5,000	会社役員	安田彦太郎	東京
5,000	安田商事社長	安田善助	東京
5,000	〔三井合名社員〕	三井高袒	東京
4,000	大正海上保険役員	三井高光	東京
3,500	第三銀行会長	安田善兵衛	東京
3,000	農	本間光彌	山形
3,000	富士製紙社長	大川平三郎	東京
3,000	貝島鉱業社長	貝島榮四郎	福岡
3,000	旧高知藩主侯爵	山内豊景	東京
3,000	綿布金巾	前川太郎兵衛	東京
3,000	岸本汽船社長	岸本兼太郎	大阪
3,000	貸地貸家	峰島茂兵衛	東京
2,500	旧和歌山藩主侯爵	徳川頼貞	東京
2,500	川崎定徳合資代表	川崎八右衛門	東京
2,500	旧萩藩主公爵	毛利元昭	東京
2,000	地主	馬場正治	富山
2,000	金融	風間幸右衛門	山形
2,000	逓信大臣	久原房之助	東京
2,000	東京山口銀行頭取	山口誠太郎	東京
2,000	林業	北村又左衛門	奈良
2,000	大同生命社長	廣岡惠三	兵庫
1,500	元会社役員	原　六郎	東京
1,500	呉服	外村與左衛門	大阪
1,500	片倉製糸紡績社長	片倉兼太郎	東京
1,500	鉱業	高取九郎	唐津
1,500	旧平戸藩主伯爵	松浦　厚	東京
1,500	公爵	島津忠承	東京

横綱			
50,000	三菱銀行役員男爵	岩崎久彌	東京
43,000	三菱合資社長男爵	岩崎小彌太	東京
大関			
20,000	三井銀行社長	三井源右衛門	東京
関脇			
17,000	三井鉱山社長	三井元之助	東京
小結			
15,000	三菱合資社員	岩崎彦彌太	東京
15,000	三井信託代表男爵	三井高精	東京
前頭			
13,000	古河銀行頭取男爵	古河虎之助	東京
10,000	旭硝子社長	岩崎俊彌	東京
10,000	会社役員	岩崎恒彌	東京
10,000	鉱業地主貸金	中野忠太郎	新潟
8,000	会社役員	根津嘉一郎	東京
8,000	日本昼夜銀行頭取	安田善四郎	東京
7,000	時計店主	服部金太郎	東京
7,000	旧金沢藩主侯爵	前田利為	東京
6,000	〔故安田善雄妻〕	安田柳子	東京
6,000	土地売買貸地	三井辨藏	東京
5,000	山口銀行社長	山口吉郎兵衛	大阪
5,000	帝国海上保険役員	安田善衞	東京
5,000	三井鉱山役員	三井高達	東京
4,000	野村合名代表	野村徳七	大阪
3,500	松坂屋社長	伊藤次郎左衛門	名古屋
3,000	海運	板谷宮吉	小樽
3,000	博文館	大橋新太郎	東京
3,000	貸地貸家	和田久左衛門	大阪
3,000	酒造	辰馬吉左衛門	西宮
3,000	旧高松藩主伯爵	松平頼壽	東京
3,000	岸和田紡績社長	寺田甚與茂	岸和田
3,000	摂津貯蓄銀行頭取	岸本五兵衛	大阪
2,500	製革	新田長次郎	大阪
2,500	旧名古屋藩主侯爵	徳川義親	東京
2,500	野田醤油役員	茂木七郎右衛門	千葉
2,100	大阪三品取引所役員	福田政之助	大阪
2,000	西脇銀行社長地主	西脇濟三郎	新潟
2,000	貸地貸金	相馬哲平	函館
2,000	モスリン綿布	山口玄洞	大阪
2,000	地主	齋藤善右衛門	宮城
2,000	旧鹿児島藩主公爵	島津忠重	東京
1,500	兵庫農工銀行頭取	伊藤長次郎	兵庫
1,500	貿易	範多龍太郎	大阪
1,500	林業	岡橋清左衛門	奈良
1,500	鉱業	田中平八	東京
1,500	会社役員	安田次郎	東京
1,500	〔綿糸〕	近藤友右衛門	名古屋

1,500	第三銀行専務	望月軍四郎	東京
1,400	鉱業	麻生太吉	福岡
1,300	銅鉄金物	岡谷惣助	名古屋
1,200	百五銀行頭取木綿	川喜田久太夫	津
1,030	鉱業男爵	安川敬一郎	戸畑
1,000	伊藤萬商店社長	伊藤萬助	大阪
1,000	地主	市島徳厚	新潟
1,000	直輸入	岩井勝次郎	大阪
1,000	鉛管鉛板製造	泉　吉次郎	大阪
1,000	蚕糸貿易	原　富太郎	横浜
1,000	公爵	徳川家達	東京
1,000	第一合同銀行頭取	大原孫三郎	倉敷
1,000	若尾銀行頭取	若尾謹之助	東京
1,000	酒造	嘉納治郎右衛門	兵庫
1,000	日本毛織社長	川西清兵衛	神戸
1,000	地主	田部長右衛門	島根
1,000	地主	田巻堅太郎	新潟
1,000	鉱業	高取　盛	唐津
1,000	呉服問屋	竹尾治右衛門	大阪
1,000	塚本商店社長	塚本定右衛門	滋賀
1,000	林業地主	中野利三郎	奈良
1,000	鉱業	中江種造	大阪
1,000	地主	野崎丹斐太郎	岡山
1,000	林業鉱山	栗山藤作	奈良
1,000	染料	山田市治郎	大阪
1,000	大日本人造肥料役員	松岡修造	大阪
1,000	藤田銀行頭取男爵	藤田平太郎	大阪
1,000	伯爵	阿部正直	東京
1,000	旧広島藩主侯爵	浅野長勲	東京
1,000	漁業	秋野光廣	山形
1,000	地主貸金	齋藤彦太郎	新潟
1,000	伯爵	酒井忠克	東京
1,000	岸本商店社長	岸本吉左衛門	大阪
1,000	地主	白瀬春三	新潟
1,000	愛知銀行役員	闗戸守彦	名古屋
950	山本汽船商会代表	山本藤助	大阪
880	鉱業会社員	松本健次郎	戸畑
800	川崎第百銀行役員	原　邦造	東京
800	第一徴兵保険社長	太田清藏	東京
800	大日本人造肥料社長	田中榮八郎	東京
800	地主	九鬼隆輝	神戸
800	伯爵	松平直亮	東京
800	大株取引員	福田粂藏	大阪
800	四日市鉄道役員	小菅剱之助	四日市
800	薬種	鹽野吉兵衛	大阪
800	綿糸綿花	日比谷新次郎	東京
750	東京海上社長	各務鎌吉	東京
740	煙草元売捌	岡崎増太郎	岡山
700	中央鐵工所社長	伊藤傳七	三重
700	ヤマサ醤油醸造	濱口儀兵衛	千葉
700	山一商店社長	豊島半七	一宮
700	貸家	吉本五郎右衛門	大阪
700	酒造	辰馬悦藏	西宮
700	薬種業	武田長兵衛	大阪
700	林業	永田藤兵衛	奈良

1,500	浴布製造	諸戸精太	桑名
1,500	森村銀行頭取男爵	森村市左衛門	東京
1,300	林業	土井八郎兵衛	三重
1,300	海運鉱山海産物	廣海二三郎	大阪
1,100	瀧兵商店社長	瀧　信四郎	名古屋
1,000	伊藤忠商事社長	伊藤忠兵衛	大阪
1,000	呉服	市田彌枝	京都
1,000	金融	乾　新兵衛	神戸
1,000	尾州銀行頭取	岩田惣三郎	大阪
1,000	旧鳥取藩主侯爵	池田仲博	東京
1,000	旧熊本藩主侯爵	細川護立	東京
1,000	小倉石油役員	小倉常吉	東京
1,000	神戸岡崎銀行頭取	岡崎忠雄	神戸
1,000	渡邊殖産社長	渡邊甚吉	岐阜
1,000	酒造	嘉納治兵衛	兵庫
1,000	明治銀行役員	神野金之助	名古屋
1,000	日本捺染社長	田附政次郎	京都
1,000	侯爵	伊達宗彰	東京
1,000	関西土地社長	竹原友三郎	大阪
1,000	三井理事長男爵	團　琢磨	東京
1,000	太平洋海上社長	中村準策	神戸
1,000	内外綿役員	中野嘉三郎	大阪
1,000	日本海上社長	右近權左衛門	大阪
1,000	旧福岡藩主侯爵	黒田長成	東京
1,000	御召西陣織物	矢代仁兵衛	京都
1,000	大日本麦酒社長	馬越恭平	東京
1,000	益田農事社長男爵	益田　孝	東京
1,000	木曽川電力社長	福澤桃介	東京
1,000	尼ヶ崎造船所代表	尼ヶ崎伊三郎	大阪
1,000	浅野セメント社長	浅野總一郎	東京
1,000	地主、貴族院議員	齋藤喜十郎	新潟
1,000	米子銀行頭取地主	坂口平兵衛	米子
1,000	綿布会社役員	岸村徳平	岸和田
1,000	貸地貸家	芝川又四郎	兵庫
1,000	精米殖林土地開墾	諸戸清六	三重
1,000	地主	末正久左衛門	神戸
900	綿布	田中治郎左衛門	津
870	豊田紡績社長	豊田佐吉	名古屋
800	大寶農林代表	大寶　陣	名古屋
800	洋紙漆器	柏原孫左衛門	東京
800	朝鮮水電社長	野口　遵	広島
800	元会社役員	安田善三郎	東京
800	不動貯蓄銀行役員	牧野元次郎	東京
800	売薬製造	小西久兵衛	大阪
800	貸地貸家	清水榮藏	東京
800	目黒蒲田電鉄	澁澤秀雄	東京
800	貸家	瀬尾喜兵衛	大阪
750	田村駒商店社長	田村駒治郎	大阪
730	名古屋米穀取引所理事長	後藤安太郎	名古屋
700	農	石川長右衛門	山形
700	砂糖麦粉雑貨貸金	橋谷巳之吉	函館
700	大株取引員	小川平助	大阪
700	大阪合同紡績社長	谷口房藏	大阪
700	金融	竹中嘉藏	大阪
700	織物	瀧　定助	名古屋

700	大阪商船役員	阿部彦太郎	大阪
700	神戸弘業社長	澤野定七	神戸
700	三共専務	鹽原又策	東京
630	鉱業会社員	安川清三郎	戸畑
600	四日市銀行役員	小津清左衛門	三重
600	目黒蒲田電鉄役員	緒明圭造	東京
600	洋反物	春日井丈右衛門	名古屋
600	長崎高木銀行頭取	高木義貴	長崎
600	有価証券売買	黒川福三郎	大阪
600	台湾製糖専務	益田太郎	東京
600	食料品	國分勘兵衛	東京
600	地主	木村権右衛門	大阪
600	大株取引員	静　藤次郎	大阪
600	旧松山藩主伯爵	久松定謨	松山
600	土地経営	迫間房太郎	朝鮮
590	材木	鈴木摠兵衛	名古屋
560	日本蓄音器社長	白山善五郎	大阪
550	鉱山業男爵	内藤政道	宮崎
540	酢醸造	中埜又左衛門	愛知
530	堂島大薬房社長	鹽野義三郎	大阪
500	地主	伊藤文吉	新潟
500	工業薬品	稲畑勝太郎	大阪
500	片倉生命保険社長	今井五介	長野
500	旧徳島藩主侯爵	蜂須賀正韶	東京
500	南洋邦船社長	原田六郎	大阪
500	富山電気役員	蓮沼安太郎	富山
500	八幡銀行役員	西川庄六	滋賀
500	会社役員	西村重郎兵衛	大阪
500	旧水戸藩主侯爵	徳川圀順	東京
500	土木請負	飛島文吉	福井
500	製糸	小口善重	長野
500	新小袖関東呉服	大橋彌一郎	京都
500	東洋陶器社長	大倉和親	東京
500	帝国朝日銀行頭取	太田徳九郎	東京
500	貸地貸家	岡本貴一	名古屋
500	丸水渡邊商會社長	渡邊善十郎	東京
500	酒問屋	鹿島清平	東京
500	洋反物	河崎助太郎	大阪
500	米穀取引	龜田候吉	東京
500	三十四銀行役員	田中市藏	大阪
500	地主	田中喜四郎	広島
500	地主	田巻恒彦	新潟
500	貸地貸家	高橋康世	小樽
500	木綿貸地	建石いま	東京
500	会社社長	塚本與三次	京都
500	金融農業	中山曹一郎	静岡
500	花王石鹼	長瀬富郎	東京
500	酒、金融	野田三藏	西宮
500	銀行頭取	野村元五郎	兵庫
500	材木請負	桑原善吉	岐阜
500	銀行頭取	串田萬藏	東京
500	酒造	山邑太左衛門	兵庫
500	会社社長	山科禮藏	東京
500	地主	藤井與一右衛門	福山
500	株式取引	小布施新三郎	東京

700	絹綿糸	町田徳之助	東京
700	地主	澤田清兵衛	神戸
700	農	木村久兵衛	山形
700	野田醤油役員	茂木佐兵衛	千葉
600	旧岡山藩主侯爵	池田宣政	東京
600	加賀土地社長	加賀正太郎	大阪
600	野田醤油役員	高梨兵左衛門	千葉
600	村瀬銀行頭取	村瀬九郎右衛門	名古屋
600	講談社社長	野間清治	東京
600	大株取引員	山之内卯之助	大阪
600	鴻池銀行役員	藤田政輔	東京
600	侯爵	西郷従徳	東京
600	大株取引員	芝多大吉	大阪
600	澁澤同族社長	澁澤敬三	東京
600	森平汽船社長	森　平藏	大阪
600	味の素本舗	鈴木三郎助	東京
580	鉄道及機械製作	久保田権四郎	大阪
550	東京割引銀行頭取	小野耕一	東京
550	旧福井藩主侯爵	松平康荘	東京
540	鉱業会社役員	中野　昇	福岡
500	貸地貸家金融	五十嵐佐市	札幌
500	日本電氣会長	岩垂邦彦	東京
500	地主今井銀行頭取	今井フユ	新潟
500	貸地秋田銀行頭取	池田文一郎	秋田
500	材木	服部平兵衛	岡山
500	地主尾道鉄道専務	橋本龍市	尾道
500	兵庫倉庫社長	新田茂兵衛	神戸
500	麻布織物蚊帳	西川甚五郎	滋賀
500	貸家金融	豊田守左衛門	大阪
500	公爵	徳川慶光	東京
500	銅鉄	小川市太郎	東京
500	山陽銀行役員	大橋平右衛門	倉敷
500	松竹社長	大谷竹次郎	東京
500	大家商事社長	大家七平	大阪
500	綿布	岡崎〔橋〕治助	大阪
500	地主	渡邊與三郎	福岡
500	伯爵	加藤厚太郎	東京
500	内外綿役員	川邨利兵衛	大阪
500	地主	角田光五郎	東京
500	材木	田中伊三郎	京都
500	会社役員	田中一馬	京都
500	農、金融	田中善八	京都
500	伯爵	立花寛治	福岡
500	地主	武井尹人	神戸
500	中将湯	津村重舎	東京
500	商工大臣	中橋徳五郎	東京
500	絹織物	中島伊平	東京
500	石炭	宗像半之助	大阪
500	質、金融	野村久次	福岡
500	地主	國井伴之丞	新潟
500	銀行頭取	熊澤一衛	三重
500	龍紋氷室	山田啓之助	京都
500	子爵	山口十八	東京
500	会社社長	山本条太郎	東京
500	海運業	藤山要吉	小樽

500	製糸	越　壽三郎	東京
500	会社社長	寺田元之助	岸和田
500	呉服	阿部市郎兵衛	滋賀
500	会社重役	赤星鐵馬	東京
500	会社重役	浅野泰治郎	東京
500	海運	酒井正七	小樽
500	貸家	鹽見久吉	大阪
500	地主	白勢正衞	新潟
500	貸地貸家	廣瀬清兵衛	東京
500	洋反物	杉村甚兵衛	東京
480	銀行頭取	平沼久三郎	横浜
470	会社社長	清水榮次郎	大阪
450	会社代表	伊藤紀兵衛	桑名
450	綿織物	石川つな	東京
450	地主	奥藤研造	兵庫
450	貸地	鹿島千代	東京
450	銀行頭取	牛尾梅吉	姫路
450	貴金属	小林傳次郎	東京
450	地主	鹽田忠左衛門	香川
440	貸地貸家	和久新三郎	大阪
420	洋紙	伊藤常七	名古屋
420	蜂葡萄	近藤利兵衛	東京
410	製薬	浮田桂造	大阪
400	金融業	生島五郎兵衛	神戸
400	肥料	石居四郎平	滋賀
400	貸家	原　孫兵衛	大阪
400	証券売買	濱崎健吉	大阪
400	子爵	戸田康保	東京
400	男爵	徳川義恕	東京
400	会社重役	尾澤福太郎	長野
400	地主	大澤幸次郎	横浜
400	銀行役員	岡本善二	東京
400	酒造	加藤長三郎	山形
400	〔銀行故幾三郎妻〕	川崎　松	高知
400	貸地貸家	田中武兵衛	東京
400	会社役員	竹村清次郎	兵庫
400	呉服	内貴清兵衛	京都
400	質金融	中村彌兵衛	神戸
400	呉服卸	村田長兵衛	大阪
400	銀行頭取	上松泰造	岐阜
400	会社役員	九鬼健一郎	四日市
400	塩田地主	矢野通保	愛媛
400	土木建築	松本勝太郎	呉
400	酒造	升本喜兵衛	東京
400	会社役員	福本元之助	大阪
400	金融業	湖龜與三郎	大阪
400	会社役員	阿部市太郎	滋賀
400	銀行頭取	阪本仙次	奈良
400	地主	鹽田角治	香川
400	銅鉄	森岡兵右衛門	東京
400	酒造	鈴木忠右衛門	滋賀
390	鉱業	貝島太市	山口
380	漁業	中部幾次郎	下ノ関
370	ベニヤ板	泉岡宗助	大阪
370	金融業	田中吉太郎	大阪

500	銀行頭取	小島政五郎	神奈川
500	木材	越井醇三	大阪
500	貿易	安宅彌吉	大阪
500	農、漁業	青山嘉左衛門	山形
500	会社重役	穴水要七	東京
500	地主	坂　たね	名古屋
500	綿布	薩摩治兵衛	東京
500	興行	白井松次郎	大阪
500	子爵	澁澤榮一	東京
500	銀行役員	森村義行	東京
480	会社社長	喜多又藏	大阪
470	鉱業	伊藤傳右衛門	福岡
460	綿糸毛糸	遠山孝三	名古屋
450	酒造	伊澤平左衛門	仙台
450	銀行総理	林　熊徴	台湾
450	酒造	長部文治郎	兵庫
450	汽船社長	田村市郎	神戸
450	銀行役員	山中　勇	東京
450	地主	澤原俊雄	呉
450	会社役員	末延道成	東京
420	銀行役員	山田清三郎	名古屋
420	蚕糸貿易	若尾幾太郎	横浜
410	会社社長	菊池恭三	大阪
400	呉服雑貨	伊原木藻平	岡山
400	地主金融	生島五三郎	兵庫
400	醬油醸造	石橋彦三郎	彦根
400	海運貸家	林　竹三郎	大阪
400	綿、製糸	橋本萬右衛門	郡山
400	金融	東松松兵衛	名古屋
400	株式取引	近田三郎	東京
400	織田信託	織田昇次郎	東京
400	貸地貸家	岡田徳右衛門	名古屋
400	海産貸地	渡邊達雄	東京
400	地主	貝塚榮之助	桑名
400	米穀肥料	米田元吉郎	富山
400	鰹節	高津伊兵衛	東京
400	会社社長	堤　清六	東京
400	子爵	鍋島直庸	東京
400	工業薬品	長瀬傳三郎	京都
400	貸地貸家	靭　仲次郎	大阪
400	伯爵	上杉憲章	東京
400	会社社長	八代祐太郎	大阪
400	汽船社長	山下龜三郎	東京
400	証券売買	松本松藏	大阪
400	洋鉄	藤井卯兵衛	大阪
400	出版印刷	小林又七	東京
400	男爵	近藤滋彌	東京
400	会社社長	阿部房次郎	滋賀
400	貸家金融	木原忠兵衛	大阪
400	貸地貸家	平岩米吉	東京
400	化粧品	桃谷順一	大阪
390	土木建築	伊藤龜太郎	札幌
380	銀行頭取	渡邊福三郎	横浜
380	会社社長	藤原銀次郎	東京
370	染料	岡本善助	大阪

360	子爵	阿部正一	東京
350	会社社長	岩田米次郎	大阪
350	地主	西川武十郎	埼玉
350	子爵	本多忠昭	東京
350	子爵	太田資業	東京
350	農業	吉田四郎平	東京
350	貸地金融	高畠新吉	東京
350	織物貸地	村越庄左衛門	東京
350	メリヤス	山本發次郎	大阪
350	会社役員	松下外次郎	東京
350	会社社長	藤山雷太	東京
350	銀行役員	小池厚之助	東京
350	三菱重役	木村久壽彌太	東京
350	地主、農	宮本庄次郎	茨城
350	会社役員	茂木七左衛門	千葉
340	貸地貸家	安井治兵衛	東京
330	会社役員	伊藤萬治郎	大阪
330	貸地貸家	安川繁種	東京
320	貸地貸家	長谷川義市郎	大阪
320	貸地貸家	大庭經之輔	宮城
320	地主	永澤安之助	宮城
320	農	野田眞一	宮城
320	地主金融	江原俊夫	前橋
320	農	佐藤龜八郎	宮城
320	地主金融	佐藤源三郎	宮城
320	貸地倉庫	木村圓吉	小樽
320	写真機械	杉浦六右衛門	東京
310	貸地貸家	川端半兵衛	大阪
300	伯爵	井伊直忠	東京
300	会社社長	井上　周	大阪
300	農金融	伊藤治郎助	岩手
300	肥料雑穀	岩出惣兵衛	東京
300	会社役員	磯村豐太郎	東京
300	会社役員	磯野良吉	兵庫
300	銀行役員	池田成彬	東京
300	綿糸	長谷川次良治郎	三重
300	元銀行員	原田二郎	東京
300	地主	早川雄三郎	岐阜
300	伯爵	林　博太郎	東京
300	貸地	星野勘右衛門	新潟
300	貸地洋品	本間金之助	秋田
300	伯爵	徳川達孝	東京
300	百貨農具	小田良治	札幌
300	製糸	小口勝太郎	長野
300	農	大瀧三郎右衛門	山形
300	酒造	大倉恒吉	京都
300	貸地	大喜多三郎	香川
300	材木	加藤利八	静岡
300	貸地	加賀龜藏	東京
300	会社社長	川崎　肇	東京
300	会社代表	金澤仁兵衛	大阪
300	銀行頭取	米澤吉次郎	明石
300	会社社長	田島達策	東京
300	売薬	谷　新助	大阪
300	会社役員	高津久右衛門	大阪

370	地主	見田重次	名古屋
350	銀行頭取	市川文藏	山梨
350	地主	石谷貞彦	鳥取
350	地主金融	保坂潤治	新潟
350	会社役員	豊島久七	大阪
350	東郷鋼	河合佐兵衛	東京
350	鉱業	田中銀之助	東京
350	地主金融	名取忠愛	甲府
350	会社役員	九鬼徳三	四日市
350	金庫鉄扉	松山興兵衛	大阪
350	綿糸	不破榮次郎	大阪
350	織物貸家	福永良造	大阪
350	三品取引	小島逸平	大阪
350	貸地	三野村安太郎	東京
350	会社社長	平塚嘉右衛門	兵庫
350	化粧品	桃谷政次郎	和歌山
330	米穀肥料	高松定一	名古屋
330	貸家	龜岡徳太郎	大阪
330	貸地貸家	松崎文次	東京
320	地主	西野嘉右衛門	徳島
320	薬種	田邊五兵衛	大阪
320	金融貸地	氏家清吉	宮城
320	醸造	八木久兵衛	仙台
320	醸造	青沼彦治	宮城
320	酒造	佐藤敬次郎	宮城
320	醸造	佐々木重兵衛	仙台
320	地主金融	菊地辨藏	宮城
310	漁業	香椎源太郎	釜山
300	地主	五十嵐甚藏	新潟
300	銀行頭取	井狩彌左衛門	滋賀
300	伯爵	伊東巳代治	東京
300	会社役員	猪俣吉平	東京
300	綿糸染糸	岩崎治三郎	東京
300	明治屋	磯野長藏	東京
300	呉服	今井雄七	東京
300	貴金属	石原久之助	大阪
300	信託社長	原田金之祐	大津
300	農	白　寅基	京城
300	銀行役員	速水健次郎	三重
300	地主	一宮孝順	新潟
300	薬種	星野興兵衛	東京
300	貸地	道權權次	山口
300	貸地	小川長右衛門	秋田
300	鉄工造船	小野虎助	大阪
300	子爵	大河内正敏	東京
300	貸地貸家	大浦五郎兵衛	大阪
300	会社役員	大澤徳太郎	京都
300	銀行役員	岡本太右衛門	岐阜
300	地主	加藤やゑ	名古屋
300	地主	加計正文	広島
300	会社役員	片倉武雄	東京
300	伯爵	龜井茲常	東京
300	貸地	横井鑄三	名古屋
300	貸地貸家	田島吉兵衛	東京
300	会社役員	高田三郎	神戸

300	醸造	竹島源藏	大阪
300	〔酒造〕	竹内利右衞門	兵庫
300	貸地呉服	辻　兵吉	秋田
300	地主	根津啓吉	山梨
300	貸地呉服	那波三郎右衞門	秋田
300	元社長	内藤久寛	東京
300	化粧品	中村藤吉	浜松
300	鐘紡社長	武藤山治	兵庫
300	貿易	村上森造	兵庫
300	鉄工	梅鉢安太郎	堺
300	輸出入	野澤源次郎	東京
300	海運業	日下部久太郎	岐阜
300	金融	山中平三郎	京都
300	骨董	山中吉郎兵衞	大阪
300	染料	松浦房造	京都
300	会社社長	藤井善助	京都
300	棉花	藤田政次郎	大阪
300	羅紗	小泉新兵衞	大阪
300	酒造	小西新右衞門	兵庫
300	伯爵	後藤新平	東京
300	農	阿部徳三郎	山形
300	〔地主〕	有馬市太郎	神戸
300	会社役員	天木繁二郎	大阪
300	会社役員	秋岡義愛	大阪
300	株式取引	安藤竹次郎	名古屋
300	地主	佐藤光弘	新潟
300	銀行頭取	佐々木長治	愛媛
300	医学博士	佐々木政吉	東京
300	醸造	齋藤甚之助	札幌
300	〔伯爵〕	澤井忠良	鶴岡
300	公爵	三條公輝	東京
300	会社社長	湯浅七左衞門	京都
300	貸地	三野村倉二	東京
300	金融	品川源兵衞	神戸
300	会社社長	重宗たけ	東京
300	織物用達	廣瀬太次郎	東京
300	呉服	森　五郎兵衞	滋賀
300	子爵	毛利元秀	山口
300	呉服、茶	杉本新左衞門	京都
280	地主	天埜三郎	愛知
280	貸地	相馬市作	函館
280	貸地	長井利右衞門	東京
280	銀行頭取	寺田利吉	岸和田
270	メリヤス	佐々木八十八	大阪
270	子爵	土井利與	東京
270	大倉組	大倉粂馬	東京
270	三井信託	米山梅吉	東京
270	石炭醸造	松澤清次郎	愛知
260	海運業	増田久五郎	小樽
260	綿糸	小野善吉	岡山
260	地主	青木乙松	小樽
250	銀行家	井芹康也	熊本
250	銀行役員	石崎丈太郎	東京
250	会社社長	堀　啓次郎	大阪
250	貸地	小栗兆兵衞	東京
300	株式取引	玉塚榮次郎	東京
300	地主	武田　譲	香川
300	会社役員	瀧川英一	神戸
300	会社役員	辻林英一	大阪
300	貸地	奈良磐松	秋田
300	子爵	内藤頼輔	東京
300	薬種	中田清兵衞	富山
300	トタン板	中山悦治	大阪
300	肥料	村林榮助	東京
300	会社役員	植竹三右衞門	栃木
300	織物社長	野田吉兵衞	大阪
300	絣問屋	國武金太郎	久留米
300	会社役員	矢邊清兵衞	大阪
300	会社役員	山中傳四郎	四日市
300	貸地金融	松岡陸三	函館
300	絹綿布	藤井彦四郎	京都
300	薪炭	藤田和三郎	栃木
300	会社社長	藤田謙一	東京
300	貸地金融	小出喜七郎	新潟
300	会社社長	呉　啓藩	兵庫
300	男爵	郷　誠之助	東京
300	地主	相川文五郎	神奈川
300	金物	天野利三郎	大阪
300	呉服	浅古半兵衞	埼玉
300	貸地貸家	雨宮てる	東京
300	銅鉄	佐藤政五郎	横浜
300	農、金融	佐藤秀藏	岩手
300	地主	佐々木嘉太郎	青森
300	貸地貸家	最賀亮輔	東京
300	海運業	澤山精八郎	長崎
300	伯爵	酒井忠正	東京
300	殖林	木下伊平	和歌山
300	会社社長	三上豊夷	神戸
300	貸地貸家	宮本　央	東京
300	薬種	篠田祐八郎	岐阜
300	大丸社長	下村正太郎	京都
300	銀行役員	森村　勇	東京
300	貸地貸家	須藤恭平	東京
300	鉱業	鈴木驛次	大阪
280	金融	石田勝作	大阪
280	地金	吉田定七	大阪
280	金融肥料	中村源平	宇都宮
280	金物卸	小山彌一郎	大阪
280	土木建築	安藤徳之助	東京
270	銀行頭取	石館友作	函館
270	漁業金融	小熊幸一郎	函館
270	土木建築	鹿島精一	東京
270	貸地	相馬勝夫	東京
260	福助足袋	辻本豊三郎	大阪
260	酒類	伊東郁二	愛知
260	貸家	渡邊新右衞門	大阪
260	銀行頭取	浅田甚右衞門	東京
250	会社代表	稲本利右衞門	大阪
250	漁業	西出孫左衞門	石川
250	林業	土井忠兵衞	三重

250	銀行頭取	大森慶次郎	山梨
250	黒糖金融	若松吉二	鹿児島
250	陶器	加藤久次郎	岐阜
250	足袋毛織	川崎榮助	東京
250	貸家	覺道作右衛門	大阪
250	伯爵	伊達興宗	東京
250	金融	津和久右衛門	大阪
250	地主	鍋島桂一郎	長崎
250	味噌酒	中村與右衛門	名古屋
250	化粧品	中山太一	大阪
250	酒呉服	藏重久兵衛	山口
250	子爵	松平康春	東京
250	会社社長	松本眞平	埼玉
250	殖林	青山恒夫	静岡
250	男爵	佐藤達次郎	東京
250	製陶	佐治孝太郎	名古屋
250	地主	湯川公二	和歌山
250	地主	溝手保太郎	岡山
250	銀行頭取	宮本吉右衛門	和歌山
250	売薬	森　平兵衛	大阪
250	子爵	毛利元雄	山口
240	紙商	加藤彦兵衛	名古屋
240	地主	林　宇三郎	大分
240	貸地貸家	太田惣吉	東京
240	洋鉄	吉村泰一	大阪
240	回漕業	宇都宮文榮	東京
230	回漕業	朝田權四郎	横浜
230	皮革製鋲	吉比為之助	大阪
230	材木	喜多吉兵衛	東京
230	酒造	北村吉右衛門	大阪
230	商店専務	三露久兵衛	大阪
230	図書出版	三木佐助	大阪
230	蚕糸貿易	澁澤義一	横浜
230	銀行役員	森寺喜兵衛	四日市
230	鉱山業	鈴木仁十郎	大阪
220	漆問屋	水田長次郎	大阪
220	酒造	泉　仙介	兵庫
220	金物	西川孫兵衛	大阪
220	大林組社長	大林義雄	大阪
220	旅館	大村藤太郎	岡崎
250	酒造	大塚三郎兵衛	堺
250	会社役員	若尾璋八	東京
250	輸出入	加藤勝太郎	名古屋
250	貿易肥料	加瀬忠次郎	東京
250	会社役員	金納源十郎	東京
250	地主肥料	多木粂次郎	兵庫
250	醸造	高井作右衛門	滋賀
250	接骨医	名倉謙藏	東京
250	棉花	中西平兵衛	大阪
250	荒物乾物	中村茂八	東京
250	石油海運	臼井鹿太郎	高知
250	会社役員	矢島榮助	甲府
250	農、地主	松本島之助	福島
250	味噌醸造	福井治兵衛	西宮
250	〔元車輛工場〕	天野春一	東京
250	請負	佐藤助九郎	富山
250	地主	紀藤閑之助	山口
250	真珠養殖	御木本幸吉	鳥羽
250	地主	箕田長三郎	横浜
250	地主	森　伊惣次	長崎
250	酒造	盛田久右衛門	愛知
250	食料品	杉本鶴五郎	東京
240	呉服	竹田忠藏	大阪
240	茶道具	戸田彌七	大阪
240	会社役員	門　杢右衛門	岐阜
240	会社役員	武井覺太郎	東京
240	会社社長	後藤幸三	名古屋
240	貸地	齋藤　茂	東京
240	会社役員	志方勢七	大阪
230	医師	緒方祐將	大阪
230	地主貸家	芳賀茂元	八幡
230	株式仲買	大里兵藏	東京
230	男爵	川田龍吉	東京
230	石炭	神田兼太郎	東京
230	貸家	田中喜兵衛	大阪
230	酒食料品	高橋門兵衛	東京
230	農	瀧澤　民	栃木
230	大学教授	内藤　章	山梨
230	工学博士	久米民之助	東京
230	酒造業	肥塚源次郎	堺

全国金満家大番附　帝国興信所調査　2頁

220万円		
木材貸地	若林龜之助	東京
渡邊代表	渡邊治郎	大阪
農、貸金	風間善九郎	福島
金融	高田久右衛門	大阪
清心丹本舗	高木與兵衛	東京
金融貸地	相馬省三	函館
貸地貸家	梅岡平七	東京
炭鉱役員	松村精一	東京
電鉄役員	江口理三郎	名古屋
皮革貸家	荒木榮藏	大阪
地金	佐渡島伊兵衛	大阪
酢醸造	笹田傳左衛門	名古屋
洋品雑貨	三枝代三郎	東京
石炭商	清田房次郎・泰靖	東京
法学博士	岸　清一	東京
ミツワ石鹼	三輪善兵衛	東京
洋反物卸	高橋幸三	大阪
210万円		
地主	飯田富四郎	大阪
会社役員	生駒權七	大阪
砂糖雑穀	和田木勘七	東京
貸地	渡邊敏之助	東京
植物油卸	吉原定次郎	大阪
銑鉄骸炭	村上喜代次	東京
銑鉄地金	内田幾助	東京
名古屋信託役員	松岡嘉右衛門	名古屋
会社役員	松下善四郎	大阪
酒問屋	小西マサ	東京
貸家金融	見野文次郎	大阪
200万円		
会社役員	井上俊雄	京都
地主	伊藤嘉太夫	岐阜
会社役員	伊藤五郎	神戸
会社役員	伊藤新次郎	大阪
農業	猪田岩藏	滋賀
高島屋	飯田新七	京都
貸家貸地	市川龍太郎	大阪
食料品	乾　卯兵衛	大阪
綿糸雑穀	岩尾慶一	大阪
会社役員	岩田與三郎	大阪
銀行役員	岩田宗次郎	大阪
三品取引	岩田正一	大阪
農具	磯野七平	朝鮮
地主	生島五兵衛	神戸
取引所員	今西與三郎	兵庫
地主金融	石井榮十郎	兵庫
足袋製造	石橋徳次郎	久留米
地主	石田仁左衛門	山口
証券売買	六鹿清治	京都
会社専務	長谷川太郎吉	東京
鉱山社長	長谷川銈五郎	兵庫
取引所員	長谷川源太郎	神戸
会社社長	馬場義興	大阪
司法大臣	原　嘉道	東京
地主	原　秀次郎	和歌山
銀行役員	早川億利	東京
取引所員	林　莊治	東京
骨董美術	林　新助	京都
缶詰製造	濱口富三郎	京都
銚子醤油	濱口吉兵衛	千葉
会社役員	間　杢右衛門	岐阜
株式	橋本幾治	岡山
金融地主	西川末吉	大阪
呉服	西村總左衛門	京都
帝大教授	穂積重遠	東京
酒造	堀野久造	京都
銀行役員	本郷吉右衛門	秋田
晒木綿	戸田大三	大阪
農貸地	外池宇平	滋賀
銀行常務	外山捨造	大阪
〔質商〕	土井市郎右衛門	京都
銀行頭取	土居通博	岡山
伯爵	藤堂高紹	東京
羅紗輸入	竹馬隼三郎	神戸
会社役員	林　禎壽	台北
会社役員	林　熊祥	台北
貸家	布井良太郎	大阪
伯爵	小笠原長幹	東京
蚕糸貿易	小野哲郎	横浜
製糸	小口金吾	長野
会社役員	小栗三郎	愛知
醸造薬品	小澤克巳	大阪
織物製造	尾崎邦藏	岡山
信託常務	織田佐太郎	東京
銀行頭取	大橋與市	大垣
銀行頭取	大橋正太郎	愛知
地主	大西行禮	香川
地主	大西甚一平	兵庫
銀行頭取	大和田莊七	敦賀
酒造地主	大塚益郎	新潟
銅鉄	大野宗太郎	東京
〔貸金〕	大野英夫	京都
子爵	大久保忠言	東京
地主	大籔守治	久留米
銀行頭取	大島小太郎	佐賀
貸家	大平武助	大阪
醤油醸造	岡　直三郎	滋賀
林業	奥川吉三郎	三重
金庫	奥村千吉	大阪
貸地貸家	奥山　瓊	東京
醤油地主	長部松三郎	長岡
貸地貸家	和田高彦	大阪
会社役員	若尾鐵之助	東京
呉服	若村源左衛門	滋賀
貸地	渡邊傳藏	静岡
伯爵	渡邊　昭	東京
米雑穀	海江田金次郎	鹿児島

保険社長	門野幾之進	東京
河合合名	河合忠次郎	京都
地主	河合庄九郎	奈良
綿布製織	河盛てい	大阪
前蔵相	片岡直温	京都
製糸	片倉勝衛	長野
薬種	金岡又左衛門	富山
電鉄役員	金澤利助	大阪
貸家	養田嘉三	大阪
地主	米田元一	兵庫
銀行頭取	米澤與三次	富山
建築設計	横河民輔	東京
生糸倉庫	横山利藏	神戸
子爵	吉川元光	東京
貸地貸家	吉田丹左衛門	東京
貸地貸家	吉田幸三郎	東京
時計金属	吉田庄五郎	東京
林業	吉田善三郎	三重
伯爵	田中光顕	東京
蚕糸貿易	田中新七	横浜
製薬	田村久八	熊本
貿易	田村新吉	兵庫
子爵	伊達宗定	東京
地主	谷口萬治郎	神戸
会社役員	高橋喜藏	小樽
貸家	高松長左衛門	大阪
株式取引所員	高木又次郎	大阪
子爵	高木正得	東京
銀行役員	高廣次平	富山
綿糸	竹中源助	和歌山
地主	竹内秀輔	香川
製材	武市森太郎	東京
貸地貸家	武村善九郎	神戸
取引所理事長	瀧川儀作	神戸
〔農業〕	十河權三郎	高松
地主	津村紀陵	和歌山
秋田信託	土田萬助	秋田
地主	堤　勝衛	佐賀
地主貸家	築留勘左衛門	大阪
貸家	辻坂芳之助	大阪
子爵	成瀬正雄	東京
米穀	直木久兵衛	神戸
金融	中村武右衛門	鹿児島
侯爵	中山輔親	東京
天産物	長岡佐介	横浜
醤油、質	武藤茂平	福島
石油砂糖	村田與治兵衛	山形
株式売買	村瀬淳一郎	名古屋
貸地貸家	宇治田福正	和歌山
鉱業	上田源三郎	大阪
殖林	上田金兵衛	和歌山
大日本麦酒	植村澄三郎	東京
地下鉄社長	野村龍太郎	東京
醤油味噌	野口喜一郎	小樽
地主	桑田彦三郎	広島
呉服	藏重豊藏	山口
農	熊本利平	朝鮮
株取引員	草川求馬	大阪
銀行役員	矢橋龍吉	岐阜
殖林	矢倉甚兵衛	和歌山
染工	柳原吉兵衛	堺
漁業	柳田一郎	北海道
銀行頭取	柳澤禎三	長野
地主	山縣猛彦	佐世保
摂津製油	山田　穆	大阪
会社役員	山田芳郎	大阪
地主法衣	山田吾一郎	名古屋
地主	山田英三	広島
銀行役員	山田佑一	愛知
地主貸金	山田助作	新潟
雑貨呉服	山中兵右衛門	滋賀
運送	山口　武	神戸
東電社長	山口喜三郎	東京
博進社長	山本留次	東京
山本商事	山本源吉	大阪
織物運動具	山本權十郎	名古屋
酒造	安福又四郎	兵庫
金融	馬越文太郎	東京
地主	圓山琢左衛門	新潟
貸家貸地	松川長雄	東京
貸地	松田ヤマ	東京
農	牧　磯五郎	京都
実業之日本社	増田義一	東京
鉄道社長	藤田徳太郎	大阪
地主	藤田聯藏	岡山
和洋雑貨	藤武喜助	鹿児島
藤澤樟脳	藤澤友吉	大阪
松屋呉服店	古屋徳兵衛	東京
商	古庄健次郎	熊本
〔銀行頭取〕	深田米次郎	東京
矢作水力	福澤駒吉	東京
呉服	小泉新七	京都
東電副社長	小林一三	大阪
砂糖	小林彌太郎	東京
燐寸製造	小林吉右衛門	神戸
生糸呉服	小林吟右衛門	滋賀
酒造	小網與八郎	兵庫
貸地貸家	小菅擴治	東京
地主銀行	延藤吉兵衛	広島
織物	寺村庄三郎	大阪
糸物	寺村助右衛門	京都
伯爵	有馬頼寧	東京
〔貸地〕	揚　小三郎	高松
浅野セメント	浅野良三	東京
会社役員	浅見又藏	滋賀
鉄線	穐村治郎兵衛	大阪
農業	佐藤清右衛門	岩手
侯爵	佐竹義春	東京
貸家	佐々木計次郎	大阪
銀行員	佐々木興一	東京

米穀肥料	齋藤仁左衛門	富山
地主	齋藤東九郎	岐阜
明治銀行	齋藤恒三	名古屋
生魚問屋	阪上新治郎	大阪
男爵	阪谷芳郎	東京
貸地	酒井宗太郎	東京
地主	眞田尚二	広島
ロープ製造及船具	笹村竹造	大阪
三菱銀行	桐島像一	東京
綿糸棉花	北川與平	滋賀
金融	金原吉太郎	浜松
火薬銃砲	三田義正	盛岡
銅、真鍮	三谷長三郎	東京
三谷伸銅	三谷卯三郎	京都
肥料	三宅駿二	神戸
殖林	三本龜一	和歌山
伯爵	溝口直亮	東京
鉄材鉄管	水橋義之助	東京
肥料雑穀	峰岸慶藏	東京
紡績社長	宮島清次郎	東京
清水組	清水滿之助	東京
銀行頭取	柴田源七	滋賀
貸地	庄司兵藏	秋田
会社役員	莊田達彌	東京
貸地	澁井　清	東京
織物	下村忠兵衛	京都
大同電力	下出民義	名古屋
生命保険	下郷傳平	東京
信託社長	肥田熊藏	大阪
殖林	平沼彌太郎	埼玉
地主	平沼義太郎	横浜
地主林業	平田豐次郎	新潟
会社役員	平生釟三郎	兵庫
織物	平松徳三郎	兵庫
鉱業	久垣貞雄	大分
銀行頭取	最上廣胖	秋田
銀行頭取	森田三郎右衛門	福井
銀行頭取	瀬川彌右衛門	岩手
前鉄道大臣	仙石　貢	東京
貸地貸家	須田大助	東京
貸家	菅本三右衛門	大阪
歯刷子櫛	杉田宗助	大阪
電燈社長	杉浦銀藏	岡崎
地主金融	角倉博三	広島
肥料製造	鈴鹿保家	東京
石炭回漕	鈴木與平	清水
株取引員	鈴木　隆	東京
米穀肥料	鈴木彦太郎	横浜
貸家貸地	尾上治三郎	大阪
羅紗	宇佐美順二	大阪
靴原料	由良小一郎	大阪
190 万円		
醤油醸造	林　平四郎	下関
貸地貸家	谷口眞壽	東京
皮革製造	秋山源彌	東京
代議士	齋藤太兵衛	宇都宮
貸地貸家	關口安五郎	東京
櫓製造	末吉勘四郎	大阪
会社役員	鈴木忠治	東京
地主貸家	松本與兵衛	大阪
汽車製造	田中太介	大阪
呉服	村瀬鐸三郎	名古屋
〔呉服〕	後藤増平	名古屋
船具	木村巳三郎	大阪
洋反物卸捺染	千艸安兵衛	大阪
180 万円		
萬有製薬	岩垂　亨	東京
〔貸地〕	池田秀一	東京
男爵	西　竹一	東京
貿易	小畠元三郎	大阪
出版会社役員	尾高豐作	東京
地主銀行頭取	大坂金助	青森
地主	渡邊恭一郎	福岡
鉱業	渡邊祐策	宇部
製陶	加藤杢左衛門	愛知
商業	嘉門長藏	兵庫
〔地主〕	川島幸十郎	高知
明治生命	各務幸一郎	東京
醤油醸造	鎌田勝太郎	香川
生魚問屋	吉田猪太郎	大阪
貸地貸家	吉田嘉助	東京
貸家	田中藤兵衛	大阪
貸家	田中喜一郎	大阪
味噌製造	高木利八	東京
砂糖	堤　徳藏	東京
地主	中谷熊吉	弘前
貸地貸家	臼井義胤	東京
銀行役員	黒澤利重	長野
法学博士	増島六一郎	東京
百貨店	小宮隆太郎	川崎
地主	古山宇一	大阪
三菱造船	阿部圭一	東京
地主	佐々田懋	島根
洋反物	齋藤嘉吉	東京
米穀肥料	木村徳兵衛	東京
地主	北田久右衛門	岡山
医博男爵	北里柴三郎	東京
銀行専務	三輪　綏	四日市
貸地	水野　升	東京
貸地	瀬田醻一	東京
会社常務	鈴木三郎	東京
会社役員	岩田三平	小樽
羅紗	鷹岡覺之助	大阪
木材	中村卯太郎	札幌
製飴	陸田金次郎	大阪
帽子社長	伊藤米次郎	大阪
170 万円		
池貝鉄工	池貝庄太郎	東京
呉服	外村市郎兵衛	大阪
履物卸	太田宇兵衛	大阪

金融荒物	大谷藤四郎	大阪
鉄工業	大塚榮吉	東京
製網社長	岡本康太郎	函館
味噌溜	渡邊喜兵衛	名古屋
農会社役員	加藤正信	栃木
米綿染織	河盛勘次郎	大阪
〔材木商〕	神田甚兵衛	神戸
貿易	米井信夫	東京
貸地	吉田丹治郎	東京
地主	田島竹之助	埼玉
地主	多屋秀太郎	和歌山
酒造	辰馬利一	西宮
男爵	武井守成	東京
会社役員	中島一治	大阪
玩具	倉持長吉	東京
貸地貸家	藥師寺久兵衛	東京
株式取引	山中清兵衛	東京
貸家	山口伊之助	神戸
棉花	山本重藏	大阪
木綿金巾	山本元三郎	東京
金融	眞野九郎右衛門	愛知
貸家	小出治右衛門	大阪
種苗殖産	越部浅五郎	東京
貸地	青地四郎	東京
精米地主	朝倉虎治郎	東京
木炭貸地	秋田豊藏	東京
貿易	祭原邦太郎	大阪
精米穀物	金 季洙	朝鮮
材木金融	水谷清兵衛	大阪
陶器	濱田榮藏	大阪
地主	加藤彦左衛門	名古屋
羅紗	辻 久藏	大阪
会社役員	朝井勝藏	大阪
肥料	水谷清六	三重

160 万円

味噌醸造	井坂又右衛門	三重
染色	伊藤琴三	東京
貸地貸家	伊藤重兵衛	東京
綿糸布	岩田常右衛門	大阪
金融	岩田靖一	名古屋
米穀肥料	岩崎清八	東京
銅鉄	石原平左衛門	名古屋
貸地	袴田喜四郎	東京
毛糸卸莫大小製造	西松 喬	大阪
貸地貸家	鳥山貞雄	東京
糸物羅紗	豊田善右衛門	大阪
会社役員	林 柏壽	台北
小間物雑貨輸入	小川専助	東京
洋鉄金物	奥田清兵衛	名古屋
製糸	渡邊綱治	埼玉
鮨料理	渡邊助七	東京
大和サッシュ社長	龜割安藏	東京
酒造	高橋久松	樺太
綿毛人絹	高柳直兵衛	東京
会社役員	苗村又右衛門	東京
地主	宗國金平	神戸
銀行頭取	宇野良一	岸和田
鉄材	桑原七兵衛	東京
貸家金物	桝谷音三	下関
三井合名	福井菊三郎	東京
漆器	小林藤右衛門	東京
製菓	小林林之助	大阪
会社役員	小西長治郎	東京
足袋	櫻井清三郎	名古屋
木村商事	木村長四郎	大阪
会社役員	木本平次郎	大阪
地主	北山雄三郎	広島
土木建築	水野甚次郎	呉
絹物	上甲信弘	横浜
醤油醸造	篠原友右衛門	宇都宮
肥料会社	廣海惣太郎	大阪
材木	富岡久右衛門	大阪
政岡土地代表	政岡徳兵衛	大阪
石鹸製造	粟津久治郎	大阪
麺麭菓子	水谷政次郎	大阪
ゴム製造	平野光三郎	大阪
袴服地卸	高砂長兵衛	大阪
地主	齋藤善三郎	名古屋

150 万円

貸地	伊東治郎	豊橋
御園白粉	伊東 榮	東京
伊吹合名	伊吹平助	京都
漬物	飯田松次郎	東京
高島屋	飯田政之助	京都
代議士	飯塚知信	新潟
会社役員	市田彌三郎	京都
石炭石灰	入交太藏	高知
株取引員	岩岡新次郎	東京
荒物地主	岩田武三郎	埼玉
綿糸布	岩田周次郎	大阪
代議士	板谷順助	小樽
子爵	稲葉正凱	東京
京都瓦斯社長	稲垣恒吉	京都
銀行員	池田鐵太郎	神戸
地主	池長 孟	神戸
地主	石井兵造	兵庫
製糸	石川幾太郎	埼玉
度量衡器	石田音吉	京都
銀行役員	石丸甚兵衛	神戸
醤油醸造	石森清兵衛	東京
酒造	花木三二郎	兵庫
債券売買	原 忠三郎	東京
農	原科彌太郎	静岡
地主金融	早川兩三	小樽
漬物	早川佐七	東京
会社役員	早瀬太郎三郎	大阪
醸造金融	林 半助	広島
会社役員	林 省巳	岐阜
住吉土地	濱田甚兵衛	大阪
橋本汽船	橋本辰二郎	長崎

足袋原料	橋本喜助	埼玉
会社役員	半田虎之助	大阪
銀行役員	二階堂三郎左衛門	広島
会社役員	新實八郎兵衛	京都
子爵	西尾忠方	東京
醤油醸造	西尾正七	兵庫
銀行役員	西脇健治	東京
地主	西村　繁	千葉
地主	西野眞夫	大阪
太物	細辻伊兵衛	京都
鉱山船燈	本多敏明	東京
貸地	遠田　洼	東京
紡績社長	豊田佐助	名古屋
織物	富田清助	京都
貸地貸家	千葉龜之助	東京
会社役員	陳　中和	台湾
貿易	陳　源來	神戸
洋反物	小川清之助	長岡
銀行役員	小倉清男	東京
銀行頭取	尾崎元次郎	静岡
地主	大原與左衛門	神戸
会社社長	大塚吉平	滋賀
金融業	大辻久一郎	京都
味噌製造	大熊武右衛門	埼玉
地主	大里一太郎	埼玉
貸地貸家	大島夏江	東京
貸地貸家	近江源兵衛	大阪
銅鉄薬品	岡田菊治郎	東京
貸家	岡見清致・敬一	東京
竹材輸出	長田大介	神戸
貸地貸家	和田米子	東京
製氷社長	和合英太郎	東京
会社社長	若田虎三郎	兵庫
長鉄社長	渡邊六松	長岡
銀行役員	渡邊利二郎	横浜
工学博士	渡邊嘉一	東京
地主	渡邊三左衛門	新潟
地主	脇村市太郎	和歌山
肥料	鷲尾徳之助	長岡
地主	加藤勘學	高松
帝大教授	加藤正治	東京
貸地、質	加賀谷長兵衛	秋田
殖林	海瀬定一	和歌山
大倉土木	門野重九郎	東京
船舶漁業	川野宗四郎	宮崎
肥料	川口平三郎	大阪
米穀肥料	川喜田四郎兵衛	津
片倉製糸	片倉直人	東京
海産漁業	金子元三郎	小樽
地主	角田市郎兵衛	愛知
地主	鎌田虎太郎	香川
地主	上郎清助	横浜
肩掛手巾	上村九兵衛	京都
上山殖産	上山市郎兵衛	和歌山
金融	神木多美藏	東京
肥料	糟谷縫右衛門	愛知
貸地貸家	冠　權四郎	東京
銀行	横山庄右衛門	札幌
製綿役員	吉田羊次郎	滋賀
毛織物	吉田芳太郎	東京
地主	吉田久平	新潟
会社役員	吉野傳治	千葉
銀行頭取	好川忠一	奈良
金融貸家	田中宗一	大阪
電柱製材	田中權次郎	広島
木綿	田中　齊	東京
酒造	田村半十郎	東京
会社役員	田村謹壽	東京
地主	高橋友三郎	新潟
醤油醸造	高橋彌次平	栃木
土木請負	高鳥順作	新潟
炭坑	高良宗七	山口
貸地貸家	高野常藏	東京
木材	玉置正視	和歌山
土木建築	竹中藤右衛門	大阪
瓦斯電気計器製造	武和三郎・鶴次郎	東京
証券現物	曾野作太郎	京都
会社役員	津川清平	神戸
農	津田八郎兵衛	京都
地主	津島文治	青森
金融	土屋市兵衛	東京
会社役員	塚本源三郎	滋賀
〔会社員〕	辻井〔辻〕孫一郎	三重
肥料	名手由兵衛	和歌山
酒造会社役員	成清信愛	大分
洋紙	中井三之助	東京
地主	中原藤造	新潟
〔貸家〕	中原繁之助	兵庫
商	中田與兵衛	京都
林業	中谷利一郎	和歌山
地主金融	中村五兵衛	神戸
銀行専務	中村新太郎	香川
鉄商	中島保之介	兵庫
電業社長	中島　博	東京
会社員	長野善五郎	大分
棉花	長澤芳太郎	大阪
材木製材	長島吾助	東京
貸地貸家	村田源藏	新潟
林業	浦木清十郎	和歌山
金融	上田信三郎	堺
木材	植松新十郎	和歌山
地主	浮田長須計	新潟
縮緬生糸	野橋作兵衛	京都
石炭海運	野中常三郎	高知
織物買継	久保田喜右衛門	八王子
売薬製造	久保田庄左衛門	京都
株式売買	黒正清吉	岡山
地主	國井和三郎	新潟
地主	彌富寛一	佐賀
子爵	山尾市太郎	山口

製糸	山田恵一	香川
地主	山田吉兵衛	小樽
銅鉄亜鉛製造加工	山中直七	大阪
地主	山口　力	神戸
汽船社長	山崎松藏	函館
洋反物	山崎作次郎	大阪
海運漁業	山本厚三	小樽
酒造	山本七九郎	奈良
地主	山本百太郎	神奈川
林業売薬	的場楢太郎	奈良
男爵	松井敏之	熊本
株式取引	松井房吉	東京
銀行役員	松田嘉一	長崎
子爵	松平頼和	東京
売薬化粧品貸地	松澤八右衛門	東京
貸地	牧田清之助	東京
呉服	藤井　明	京都
金物	藤田治右衛門	神戸
貸家	藤野隆三	大阪
綿糸布	深田三太夫	岡崎
会社社長	福田慶四郎	佐賀
電軌社長	福田繼治郎	岐阜
質商	福島　明	東京
地主	小林八右衛門	山梨
ライオン歯磨	小林富次郎	東京
土木請負	小林長兵衛	神戸
薬種食料	小西儀助	大阪
材木	小山富蔵・田鶴子	東京
地主	小寺敬一	神戸
銀行頭取	小鹽八郎右衛門	神奈川
地主	兒山保之	大阪
貸地貸家	五味秀夫	東京
洋酒缶詰	國分平次郎	東京
貸地貸家	駒澤文一	東京
荒物乾物	駒木銀三郎	東京
綿糸布	近藤重三郎	岡崎
会社役員	寺尾喜太郎	大阪
地主	寺田省歸	小樽
白米	天明宗右衛門	東京
洋服織物	有本嘉兵衛	京都
織物問屋	荒居庄三郎	東京
酒造	浅尾豊一	兵庫
製油金融	浅田常五郎	新潟
棉花綿糸	雨宮　中	大阪
無盡社長	安藤為司	岐阜
地主	佐藤友右衛門	新潟
醬油醸造	佐藤政吉	神奈川
地主貸金	佐藤傳兵衛	福島
〔東電株主・源造妻〕	佐竹元子	東京
洋品	佐々木卯太郎	岩手
第一銀行	佐々木勇之助	東京
公爵	西園寺公望	東京
貸家	西條軍之助	東京
鉱山業	崔　昌學	朝鮮
地主	酒井俊一	新潟
侯爵	木戸幸一	東京
貸家	貴志彌右衛門	大阪
地主貸家	清海復三郎	大阪
炭鉱役員	北川與平	大阪
質商	北村五郎兵衛	静岡
地主	金　琪部	朝鮮
銀行頭取	弓削和三	熊本
地主貸家	三好常太郎	大阪
銀行員	三木國太郎	東京
銀行頭取	見目　清	栃木
貸家	水落庄兵衛	大阪
金融	水渡甚左衛門	神戸
傘製造	宮田吉三郎	岐阜
宝石	清水彌三松	横浜
清水組	清水釘吉	東京
呉服地主	柴田兵右衛門	岩手
呉服貸地	柴田與之助	秋田
銀行頭取	鹽田團平	秋田
地主	島田　達	熊本
三品取引	島津和平治	大阪
〔元時計商〕	澁谷史春	大阪
貸地	新間嘉兵衛	静岡
銀行役員	廣川貞吉	新潟
会社役員	廣瀬高治	大阪
地主	廣瀬久門	熊本
会社役員	平井權七	京都
銀行頭取	平川孫兵衛	秋田
伯爵	平田榮二	東京
地主貸家	平瀬　陸	大阪
貸家	久田半次郎	大阪
官吏	菱川萬三郎	岡山
仁丹	森下　博	大阪
森平組	森本元助	兵庫
砂糖石油麦粉酒造	須田藤次郎	富山
帽子洋傘	杉田仙次郎	東京
醬油醸造	鈴木幸作	浜松
貸家	林　要	大阪
銀行役員	土斐崎三右衛門	福岡
地主貸家	木村作藏	大阪
醬油醸造	古川久吉	広島
銅真鍮	阪根武兵衛	大阪
農場経営	井上徳三郎	名古屋
愛知電鉄	今井清吉	名古屋

140万円

貸地	伊藤由太郎	名古屋
製粉金融	石森安太郎	東京
貸地貸家	萩原多兵衛	東京
米穀取引	仁田貞夫	下関
出版	西野奈良榮	東京
味噌	堀田清右衛門	名古屋
林業	堀内鶴雄	三重
貸地貸家	堀江半兵衛	東京
綿布紡績	豊田平吉	名古屋
林家職員	林　松壽	台湾
地主	小野重行	横浜

棉花綿糸	太田源七	甲府
貸地貸家	奥谷六二	大阪
地主	河村觀三	別府
地主	高橋彌太郎	樺太
材木	坪井平兵衞	大阪
子爵	鍋島直和	東京
石版印刷	中田熊次	大阪
缶詰雑貨	梅津福次郎	函館
和洋食料品	野田小七	大阪
貸地貸家	山脇善五郎	東京
藤倉電線	松本留吉	東京
質貸地	福島彌兵衞	東京
金融貸家	小出熊次郎	大阪
〔肥料商喜兵衛養母〕	小西タツ	東京
貸地貸家	小松喜重・金吾	東京
売薬貸地	後藤長左衞門	東京
材木	江口碩之助	名古屋
地主	浅井玉惠	高知
農工具製造	浅香久平	大阪
地主	網倉平輔	山梨
取引員	酒井浅太郎	横浜
銀行頭取	菊池仁了	青森
会社専務	宮崎彌作	大阪
第一海上火災	志賀直温	東京
呉服商	白井忠三郎	大阪
織物買継	澁谷定七	八王子
地主	守屋文吉	岡山
倉庫金融	瀬川芳男	広島
米穀問屋	鈴木源十郎	東京
津山和紙	苅田善次郎	岡山
土地役員	阿部金次郎	大阪
薬種	大江吉兵衛	大阪
福岡産業	許斐友次郎	福岡
貸家	廣田慶太郎	大阪
化粧品	鈴木正七	名古屋
金融貸家	福田六次郎	大阪
130万円		
衡器製造	井内太平	徳島
材木	市田彌兵衛	大阪
綿糸	岩田友右衞門	東京
出版業	石川武美	東京
貴金属	羽田忠兵衛	大阪
地主銀行	芳我　保	愛媛
旅館	針生久助	仙台
金属雑貨	林　音吉	大阪
三菱造船	濱田　彪	東京
土木建築	橋本信次郎	東京
地主金融	二瓶泰治	宮城
洋反物	堀越勘治	宮城
貸地金融	本間千代吉	群馬
株式銀行	徳田昂平	東京
室内装飾	冨澤半四郎	東京
池貝鉄工	千葉直五郎	東京
地主貸金	小山田義孝	秋田
呉服農	尾形徳兵衛	茨城
木材	尾崎作次郎	和歌山
精米回漕	大池忠助	釜山
革具	大塚菊雄	東京
貸地貸家	大木親雄	東京
醤油地主	大森永八	福岡
材木貸地	岡部貞助	東京
伯爵	奥平昌恭	東京
銀行	渡邊熊四郎	函館
銀行	渡邊貞一	宮城
呉服	加藤惣松	仙台
貸地貸家	加藤有利	大阪
乾物問屋	加藤甚彌	大阪
城東電軌	川野濱吉	東京
地主	川崎源左衞門	高知
伯爵	勝　精	東京
煙草元売	柿原武太郎	埼玉
酒造業	神谷傳兵衞	東京
殖林	横川重次	埼玉
貸家	田中藤三郎	大阪
貸家	田中龜次郎	大阪
医師	田村　極	神戸
貸地貸家	田宮惣左衞門	東京
呉服貸地	高橋トク	秋田
貸地貸家	高橋清一郎	東京
地主金融	高澤金兵衛	千葉
倉庫	高崎三重郎	茨城
弁護士	高木益太郎	東京
金庫	竹内善太郎	東京
綿布毛織	中林孫次郎	大阪
金融	中島徳治	宮城
鋳造	永瀬庄吉	埼玉
会社役員	村　彦兵衞	金沢
地主	氏家丈吉	宮城
板硝子	上野兵松	東京
銀行頭取	久保市三郎	栃木
帝国火薬	久米良作	東京
酒造	熊巳義憲	広島
銀行頭取	八木龜三郎	愛媛
金融	柳瀬萬吉	東京
畳表肥料	山本利郎	尾道
洋紙製紙	安井仲藏	大阪
金融	松本歡藏	大阪
肥料農具	松本菊次郎	札幌
貸地貸家	藤倉五一	東京
醤油味噌	福山甚三郎	札幌
酒造	小泉來兵衞	広島
地主金融	小西莊三郎	愛媛
小間物	小山善藏	静岡
綿糸	小島太左衞門	一宮
糸類	小島彦三郎	名古屋
平鹿銀行	江畑新之助	秋田
地主金融	明石萬之助	秋田
金融	秋岡政之助	大阪
地主金融	佐藤維一郎	秋田
銀行役員	佐々木榮介	宮城

鉱山貸金	佐々木喜代治	秋田
金融	佐々木新助	宮城
会社役員	佐々木成二	呉
農漁業	齋藤宗藏	宮城
株式売買	阪口彦三郎	大阪
〔会社員・故義雄妻〕	指田はる	東京
金融売薬	木村彦右衛門	大阪
荒物雑貨	及能仁三郎	函館
酒造地主	三木與吉郎	徳島
地主	宮原秀一	岡山
宮川銀行	宮川久一郎	弘前
生魚問屋	宮本利右衛門	大阪
牧畜	志方貞三	大阪
地主	清水義彰	松山
鉱業	芝　義太郎	東京
酒造	島村安次郎	和歌山
履物	新間五平	東京
地主	日笠哲夫	岡山
綿糸	廣瀬恒太郎	広島
但馬銀行	平尾源太夫	兵庫
金物	諸橋久太郎	福島
地主殖林	森　六郎	徳島
地主金融	森　宗作	桐生
医師	森　正道	三重
地主	森　廣三郎	福井
呉服酒造	盛田喜平治	青森
肥料塩	善塔又治郎	西宮
地主金融	杉田清治	秋田
貴金属	鈴木喜兵衛	東京
酒造	保田七兵衛	広島
会社役員	佐藤慶太郎	福岡
醤油醸造	大塚茂十郎	尼ケ崎
製材	加藤周太郎	名古屋
呉服銀行役員	植田新之助	呉
貸地貸家	井原雄吉	大阪
醤油醸造	河盛又三郎	堺
酒造	中村修一	広島
貸家	永井利兵衛	大阪
地主	村上信太郎	広島
地主貸家	平松敏子	大阪
貸地貸家	奥田富太郎	大阪
木綿卸	川田豊七	大阪
石版印刷	森川桑三郎	大阪
薬種問屋	菅井豊藏	大阪
古銅	竹島新三郎	大阪
120万円		
地主	井原貞亮	埼玉
蚕糸貿易	井上定吉	横浜
芝浦製作	岩原謙三	東京
酒造	泉山吉兵衛	青森
呉服太物	石川文右衛門	大阪
貸地	服部吉兵衛	東京
地主	林田隆壽	福岡
北浦電気	濱　平右衛門	茨城
地主	濱田　端	東京
濱野商事	濱野　茂	東京
会社員	濱本義賢	東京
貸地	萩原六三郎	東京
地主	丹羽茂右衛門	東京
糸組紐商	西田嘉兵衛	東京
漁業	西村久五	長崎
会社社長	西崎鶴太郎	朝鮮
地主	西本健次郎	和歌山
皮革	西森源兵衛	大阪
酒問屋	堀越孝次郎	東京
農	朴　基順	朝鮮
地主	逸見ミヨ	函館
子爵	土井利章	東京
子爵	鳥尾敬光	東京
豊田機械	豊田利三郎	名古屋
電気社長	利光鶴松	東京
呉服卸	小野利三郎	大阪
貸地貸家	大野治右衛門	大阪
米穀酒造	大野順松	樺太
貸地貸家	大矢幸二	大阪
綿布	大澤久三	埼玉
材木	大島喜一郎	札幌
貸地	大森矯次	東京
貸地貸家	太田康夫	大阪
味噌醤油	太田久七	東京
金融	岡田胖十郎	広島
貸地貸家	奥村定吉	大阪
酒造	若井源右衛門	兵庫
貸地	渡邊　薫	東京
地主	渡邊勘左衛門	埼玉
貸地貸家	渡邊國太郎	東京
貸地貸家	香取いし	東京
朝日銀行	鹿島清左衛門	東京
醸造	河村清兵衛	三重
地主	金澤理三郎	埼玉
洪益銀行	蒲地駒作	佐賀
林業	神田清右衛門	和歌山
酒造	田中源太郎	埼玉
製材	田中眞造	広島
洋反物	田村龜吉	大阪
地主	田村新藏	埼玉
貸地貸家	田丸銀三郎	東京
〔地主新吉孫〕	高畠惟一	東京
会社役員	高橋源太郎	東京
地主貸家	高橋阿久利	東京
荒物雑貨	高桑市藏	札幌
貸地貸家	高木静馬	東京
酒造	辰馬程藏	兵庫
洋傘輸出	津和儀平	大阪
会社役員	塚本金右衛門	滋賀
酢醤油	中井半三郎	東京
会社員	中橋謹二	東京
製針	中田和一郎	広島
株式取引	村上文策	東京
会社社長	宇田友四郎	高知

株式取引	上田辰卯	東京
株式取引	上田厚吉	東京
毛織物	植村傳助	東京
会社役員	野村禮次郎	大分
酒問屋	久保寺吉兵衛	東京
貸地	久野昌雄	東京
子爵	山尾三郎	東京
銀行	山岡喜平	広島
地主	山田　歛	福井
熊本電気	山内榮吉	熊本
地主貸家	山野平一	大阪
貸家	山崎彌兵衛	神戸
煙草塩	山崎欽祐	東京
銀行頭取	松岡三五郎	埼玉
築地活版	松田精一	東京
三品取引	前田吉三郎	大阪
貸地	牧田茂兵衛	名古屋
呉服銀行	増田新七	栃木
金物製造	萬年九平	大阪
高瀬農場	福永政治郎	朝鮮
陶器	小林庄次郎	大阪
蚕糸貿易	小島周太郎	横浜
地主	近藤賢之助	新潟
請負	江原節郎	台北
呉服太物	江藤喜三郎	東京
畳表麻苧	榎並庄兵衛	名古屋
期米師	味香啓太郎	三重
法学博士	青木徹二	東京
自転車	新家熊吉	石川
銀行頭取	綾部利右衛門	川越
製材社長	浅井富次郎	名古屋
質貸地	浅古アグリ	東京
酒造銀行	西條與三郎	大阪
特殊合金	齋藤恒一	東京
煙草元売	木村源兵衛	東京
質業	木寺小八	大阪
實母散主	喜谷市郎右衛門	東京
酒類貸地	北村鐵五郎	東京
北村商店	北村正治郎	大阪
岸本汽船	岸本鑑之助	大阪
研磨材料	宮林操三	大阪
時計	宮田藤左衛門	東京
地主	鹽田岩五郎	香川
日清製粉	正田貞一郎	東京
売薬	森　林平	愛知
漁業	森田友吉	長崎
地主	瀬戸佐太郎	和歌山
貸地貸家	鈴木金太郎	東京
酒食料品	鈴木新兵衛	東京
白米貸地	鈴木善四郎	東京
地主	森川脩藏	広島
染料	山田藤次郎	兵庫
元板子卸	山田元次郎	大阪
船具商	藤本伊八	大阪
漁網船	菊谷貫一	下関

金属製品	宮崎彌三郎	大阪
堺製綿	柴谷兼三郎	堺
金融	島津功治郎	大阪
煙草販売	貝島又次郎	福岡
貸家	大井伊助	大阪
会社役員	廣岡松三郎	兵庫
110 万円		
宮川モス	伊藤良三	大阪
農	伊藤源左衛門	宮城
貸地酒造	入江喜壽郎	大阪
銀行役員	濱口龜太郎	岸和田
貸家	二宮喜助	大阪
貸家	西原清次郎	大阪
貸家	西尾サト	大阪
会社役員	堀部徳之丞	愛媛
貸地貸家	本間賢次郎	小樽
酒造	大塚房次郎	大阪
貸地	大野徳三郎	東京
貸地貸家	太田市右衛門	大阪
味噌醸造	太田藤吉	名古屋
米穀肥料	太田利兵衛	東京
畳表荒物	和田直兵衛	東京
塩元売捌	加川直吉	宮城
会社役員	川上直之助	東京
鼻緒原料	片山増吉	名古屋
地主	角田半兵衛	名古屋
吉田酒造	吉田潤平	宮城
硝子壜	田中鐵之助	大阪
貸地貸家	田島豊次	東京
呉服	立川利平	茨城
金融貸家	高城新助	大阪
大日本麦酒	高杉　晋	東京
地主	瀧　竹藏	兵庫
莫大小	外海鐵次郎	大阪
地主	土屋照夫	広島
木蠟輸出	筑紫三郎	大阪
金物	名取高三郎	北海道
地主貸家	中谷彌兵衛	大阪
材木	長瀬忠治	名古屋
東京螺旋	村林専太郎	東京
酒造	野崎小三郎	旭川
船舶倉庫	栗林徳一	北海道
地主農	柳川宗左衛門	茨城
土地建物	山崎武兵衛	東京
鉄	山本東作	大阪
松良銀行	松良善熈	仙台
三井鑛山	牧田　環	東京
貸地金融	益岡寅造	東京
帝国電球	藤岡圭助	東京
地主	福澤時太郎	東京
地主金融	小西萬四郎	愛媛
地金	小寺元次郎	大阪
製材	小北甚之助	北海道
土木建築	遠藤米七	樺太
農	手島雄八郎	仙台

会社役員	青木恒三郎	大阪
染料金融	新居倉藏・貞太郎	栃木
味噌製造	浅見文藏	埼玉
材木	安藤清次郎	名古屋
銅鉄	佐野菊次郎	東京

全国金満家大番附 帝国興信所調査 3頁

鉄管	齋藤長八郎	東京
薪炭	榊原定右衛門・博	東京
皮革	木田要藏	大阪
荒物	木島豊治	函館
農業	金　潤煥	朝鮮
酒造	三宅清兵衛	広島
酒造	柴田要助	愛知
醤油醸造	正田文左衛門	群馬
洋反物	白石甚兵衛	東京
虎屋信託	肥田誠三	大阪
樋口商店	樋口勇吉	大阪
化粧品	森本善七	名古屋
貸地貸家	杉浦國松	大阪
貸地	鈴木　茂	東京
米穀砂糖	古谷辰四郎	北海道
碧海銀行	太田佐兵衛	愛知
散弾製造	和田惣八	大阪
貸家	高山重行	大阪
酒造	藤田卯三郎	兵庫
鴻池組長	鴻池忠三郎	兵庫
糀金物卸	樋口松之助	大阪
舶来金物	佐渡島英緑	大阪
呉服太物	平井利兵衛	大阪
大阪鉄道	内藤為三郎	大阪

100万円

鉄道材料	五十嵐小太郎	東京
薬種薫香	五十野善一	大阪
株取引員	井上徳三郎	大阪
〔木綿〕商	井上利助	京都
侯爵	井上勝之助	東京
旅館	井上武夫	京都
井上商事	井上宗一	大阪
農	井上傳四郎	京都
地主	井上勇太郎	神戸
地主	井手長作	佐賀
〔故伊庭貞剛長男〕	伊庭貞吉	滋賀
倉庫	伊東亨吉	東京
薬種	伊藤房次郎	山口
金庫	伊藤喜十郎	大阪
日本精澱	伊藤欣二	東京
商	伊藤茂七	大阪
倉庫貸地	猪俣安造	北海道
会社社長	鑄谷正輔	神戸
有隣生命	飯田延太郎	東京
農	一戸卯三郎	青森
横浜正金	一宮鈴太郎	東京
染色加工	市居久吉	大阪
醤油醸造	岩田友次郎	東京
会社役員	岩田五郎左衛門	大阪
漆器	岩本庄吉	静岡
海運	筏井壽夫	兵庫
貸地貸家	板倉謙太郎	東京
子爵	稲葉順通	東京
種油	今西嘉兵衛	京都
呉服	今村三之助	福岡
今村銀行	今村繁三	東京
金融	今嶺秀貞	京都
海運	池田鹿三郎	兵庫
川崎市長	石井泰助	神奈川
第一銀行	石井健吾	東京
大内銀行	石原耕太郎	京都
銑鉄	石原善平	大阪
日本足袋	石橋正次郎	福岡
地主	石川義男	奈良
酒造	石田孫七郎	兵庫
雑貨洋品	羽賀虎三郎	長岡
製板殖林	羽生順吉	東京
両羽銀行	長谷川平内	山形
代議士	鳩山一郎	東京
石鹸	播磨幸七	兵庫
子爵	花房太郎	東京
白木綿	原　彌太郎	大阪
九州汽船	原　萬一郎	長崎
倉敷紡績	原　澄治	岡山
貸地業	原田久吉	横浜
生糸	原田金三郎	足利
東洋製布	原田秀夫	大阪
銀行頭取	早川芳太郎	東京
地主	早川内藏造	岐阜
銃砲	林　國藏	東京
貸地	萩原太郎次郎	静岡
大峯鉱山	橋本輿吉	大阪
地主	橋本太次兵衛	和歌山
酒造	橋本保平	静岡
会社役員	半田祐三郎	堺
地主	伴　又一	三重
畳表呉服	伴　傳兵衛	滋賀
呉服	二宮傳右衛門	新潟
海運	新田仲太郎	神戸
地主	新宮忠彦	佐賀
酒造	西尾長次郎	札幌
大垣共立	西脇哲次	岐阜
貸地貸家	西門岩松	大阪
地主金融	西田政治	神戸
雑貨卸	西山覺次	高知
長野農工	西澤喜太郎	長野
貸地金融	西宮以四郎	秋田
医師	堀江恭一	東京
男爵	細川一之助	東京
細田商店	細田善兵衛	京都
貸家	本田國治	大阪
会社役員	本田安五郎	大阪
北越水力	本間新作	新潟

酒造	紅野平左衛門	西宮	建築金網	川崎藤枝	東京
土木建築	戸田利兵衛	東京	元輸出入	川島辰之助	東京
伯爵	戸田氏共	東京	鋼鉄	河合忠兵衛	東京
子爵	戸澤正巳	東京	貸家	片岡孫助	大阪
柳屋香油	外池五郎三郎	東京	製糸	勝野正男	岐阜
林業	土井藤右衛門	三重	銅鉄	勝本忠兵衛	大阪
林業	土井高禮	三重	公爵	桂　廣太郎	東京
片倉製糸	土橋源藏	長野	日生銀行	金谷一二	岡山
貸地金融	土肥味右衛門	秋田	呉服	金正善吉郎	京都
神官	鳥羽重晴	京都	地主貸家	鎌田三郎兵衛	兵庫
〔農業〕	富永猿雄	熊本	呉服	掛川田鶴女	長野
酒造	富安猪三郎	福岡	売薬	龜田利之助	京都
貸地	富安保太郎	福岡	木材	龜田浦吉	小樽
酒造	富安重行	福岡	煙草元売	龜澤半次郎	東京
禎祥拓殖	林　烈堂	台湾	呉服	上河源右衛門	京都
台湾製麻	林　獻堂	台湾	天産物	上山勘太郎	大阪
農	小田島五郎	岩手	土管	神谷太一郎	東京
小津海産	小津與右衛門	三重	薬種	柏木幸助	山口
酒造	小野陽之助	神戸	地主	米村清次郎	熊本
製糸	小口修一	長野	染色業	横井安兵衛	京都
貸地	小隈長左衛門	佐賀	貸家	吉岡利兵衛	大阪
酒造	小澤太平	東京	銀行役員	吉田丹次兵衛	東京
江頭農産	小澤七兵衛	滋賀	地主	吉田傳藏	名古屋
呉服卸	小澤新六	大阪	村上銀行	吉田吉右衛門	新潟
貸地貸家	大西直孝	大阪	和洋敷物	吉田鹿之助	大阪
殖林	大富部磐	静岡	地主	吉田甚左衛門	千葉
会社役員	大路辰造	大阪	酒造	良本敬太郎	大阪
耐光映画	大岡破挫魔	兵庫	味噌製造	田中徳兵衛	東京
南海鉄道	大塚惟明	大阪	酒造	田中忠雄	京都
金融	大浦新二郎	京都	貸家	田中丑松	大阪
城東電気	大倉發身	東京	三井物産	田中文藏	東京
材木	大籔常次郎	京都	生糸	田中新一郎	京都
御影貯金	大江芳松	兵庫	地主	田阪寧邦	尾道
会社役員	大澤善助	京都	土地建物	伊達貫一郎	四日市
人形製造	大木平藏	京都	北陸電気	橘　林太郎	富山
織物買継	大森喜右衛門	埼玉	商工会頭	垂井清右衛門	和歌山
地主	岡村喜内	熊本	貸地	高橋勝太郎	神奈川
和洋紙	岡本彌兵衛	東京	株式取引	高橋彦次郎	名古屋
漁業海運	荻布宗四郎	高岡	高津商店	高津六平	東京
会社役員	帯谷吉次郎	大阪	銀行員	高津奈良男	神戸
肥料	和田勝藏	和歌山	会社役員	高津久次	東京
銀行役員	若林與左衛門	兵庫	米穀肥料	高野由次郎	富山
農	若槻直作	静岡	呉服	高崎新三郎	福岡
呉服	渡井八郎治	静岡	園部銀行	高見喜之助	京都
貸地金融	渡邊景基	秋田	酒造	辰馬半左衛門	兵庫
北海銀行	渡邊孝平	北海道	会社役員	宅　德平	大阪
棉花仲買	加藤大三郎	大阪	酒造	竹内佐一	愛知
帯地仲買	加藤正次郎	京都	病院経営	竹内正男	新潟
石炭	加藤庄六	岐阜	台湾製糖	武智直道	東京
株式取引	加賀豐三郎	東京	東北木材	武田豐太	秋田
株式取引	加賀慶之助	大阪	貸家	武田元助	大阪
地主	川原善太郎	佐賀	地主	舘　守一	岐阜
地主	川上佐次郎	新潟	輸出	瀧川五郎	神戸
材木呉服	川越龜一郎	宮崎	会社役員	瀧川雄二	神戸
金融	川合喜太郎	大阪	会社役員	瀧川節二	神戸

株式取引	瀧野徳右衛門	京都
綿糸	丹下壽之助	岐阜
会社役員	十合徳之助	京都
岐阜信託	曾根太三郎	岐阜
伯爵	津輕義孝	東京
〔岡山県多額納税者〕	津田　勇	兵庫
鉄銅	津田勝五郎	大阪
西陣織物	津田榮太郎	京都
貸地貸家	土田伊右衛門	大阪
出版	塚本岩三郎	東京
会社役員	塚本粂右衛門	滋賀
醬油醸造	塚本安次	久留米
地主	堤　治之	佐賀
海運	辻村芳太郎	神戸
醬油醸造	内藤齊平	豊橋
子爵	鍋島直縄	佐賀
会社役員	成瀬正行	東京
〔燐寸製造〕	直木政之介	神戸
生糸委託	中井源左衛門	京都
洋品	中西儀兵衛	東京
金物	中尾十郎	愛知
岩手銀行	中村治兵衛	盛岡
有価証券	中村為三郎	大阪
榛原商店	中村直次郎	東京
紙商金融	中村佐兵衛	京都
醬油醸造	中村清兵衛	横浜
貸家	中納久左衛門	大阪
大島織布	中山奈良藏	大阪
貸地貸家	中山光重	東京
呉服	中江勝治郎	滋賀
貸地	永田　尚	岐阜
衛生材料	長井九郎左衛門	三重
濃尾農工	長尾元太郎	岐阜
熊本電氣	長野友博	熊本
地主	長野眞一	熊本
地主	長屋治左衛門	岐阜
貸地貸家	長島勝三郎	東京
花王石鹼	長瀬祐三郎	東京
地主薬種	楢崎仲兵衛	広島
地主	滑川秀平	神戸
伯爵	南部利淳	東京
地主	頼　献太郎	広島
洋反物	村田茂七	東京
酒造	村山龜太郎	新潟
砂糖	村松甚藏	甲府
製糸	内田定七	広島
山口商店	植木金松	大阪
地主金融	野田三郎	新潟
野田銀行	野田　實	福岡
地主	野村又兵衛	和歌山
蘇原銀行	野々村佐一郎	岐阜
地主	延岡錦兵衛	広島
江川同族	久保彦兵衛	大阪
土木請負	熊谷三太郎	福井
呉服古着	熊谷次八	京都

地主	日下安左衛門	兵庫
貸地	楠本正忠	神戸
地主	八木朋直	新潟
呉服	八木松平	熊本
呉服	八木清八	京都
赤坂銀行	矢橋敏郎	岐阜
会社役員	矢橋亮吉	岐阜
金融	矢野長次郎	京都
地主	矢野静夫	福岡
大株取引	柳　廣藏	大阪
工業薬品	柳原三郎	大阪
織布	柳瀬　存	愛媛
地主	山田辰治	新潟
生糸	山田茂助	京都
三品取引	山田清二郎	大阪
小間物卸	山中平兵衛	大阪
醬油呉服	山中保太郎	静岡
貸地	山村伊左衛門	兵庫
製壜	山村徳太郎	西宮
地主	山村善三郎	神戸
貸家	山口穗名宣	東京
会社役員	山口嘉吉	神戸
商	山口宗太郎	北海道
醬油醸造	山口安兵衛	東京
洋酒肥料	山口健藏	長岡
西陣織物	山口源兵衛	京都
地主	山崎兵吉	長岡
味噌醬油	山崎與三郎	福島
呉服太物	山下忠七郎	東京
関山下組	山下源助	東京
海苔	山本徳治郎	東京
醬油醸造	山本大次郎	静岡
伯爵	山本權兵衛	東京
地主	山本彦次郎	新潟
貸地貸家	安居憲一郎	東京
煙草元売	安居喜八	滋賀
貸地	安池末雄	静岡
三井物産	安川雄之助	東京
呉服	安田多三郎	奈良
地主	馬淵卯之松	大阪
地主	眞島桂次郎	新潟
清水製紙	丸山源内	長野
半襟呉服	松居庄七	京都
共立銀行	松原純一	岐阜
酒造	松尾仁兵衛	兵庫
鹿子糸	松尾喜七	京都
地主	松岡豐五郎	岡山
十八銀行	松田一三	長崎
子爵	松平忠正	東京
伯爵	松平直之	東京
株式取引	松谷元三	東京
金融	松南千秋	東京
元鉄線	松浦巳之助	大阪
殖林	松野國太郎	静岡
太物	松下助三郎	大阪

貸地	松本治郎太	東京
平野撚糸	松本宗十郎	大阪
〔地主〕	前田イシ	神戸
地主	昌保源左衛門	神戸
地主	桝　永昌	福岡
貸家金融	増富久三	山口
貸地	増澤棟造	東京
貿易	萬谷久右衛門	大阪
種子	藤井利右衛門	京都
米穀	藤井ゑひ	神戸
農	藤原由藏	北海道
地主	藤田筒吉	新潟
薬種	藤田與兵衛	佐賀
質	藤武喜兵衛	鹿児島
酒造	藤崎摠兵衛	滋賀
林業	藤本政太郎	和歌山
製陶	深川榮左衛門	佐賀
毛皮	福井菊三郎	東京
金物	福田又兵衛	大阪
小泉製麻	小泉良助	兵庫
呉服店	小出庄兵衛	名古屋
銀行頭取	小林　暢	長野
地主	小林　中	山梨
酒造	小林作五郎	福岡
金融	小西ふさ	神戸
薬種	小西新兵衛	東京
侯爵	小松輝久	東京
信濃新聞	小坂順造	東京
竹鼻鉄道	小見山儀太郎	岐阜
綿糸	小島和市	栃木
酒造	小島和四郎	愛知
生糸	小島傳兵衛	京都
地主	後藤幹一	岐阜
地主	高鹿正夫	埼玉
岐阜信託	郷　治郎	岐阜
醤油醸造	近藤敬次郎	岡山
古鉄	近藤喜祿	大阪
会社役員	近藤正平	愛媛
農	昆　清藏	岩手
〔菊池郡・前代議士〕	江藤　新	熊本
天賞堂	江澤金五郎	東京
取引所員	榎並充造	神戸
地主	榎本善兵衛	埼玉
金融	遠藤石太郎	札幌
地主	遠藤六太郎	新潟
地主	遠藤平左衛門	岐阜
酒造	遠藤善四郎	札幌
農	寺内音次郎	京都
中備銀行	寺山研太郎	岡山
海産物	安部彦市	埼玉
貸地貸家	安藤則光	東京
安藤商	安藤榮藏	京都
削鰹	阿部和助	福山
酒造	阿部辰次郎	福岡
阿部商事	阿部吾市	東京

医学博士	阿久津三郎	東京
三井信託	有賀長文	東京
綿布卸	赤松與兵衛	大阪
銀行役員	明石照男	東京
金物	荒井德藏	堺
蝋燭煉油	天野嘉右衛門	岐阜
地主	余部市郎兵衛	大阪
貸地貸家	浅香銀次郎	東京
網野銀行	網野善右衛門	山梨
毛織物	佐藤太三郎	東京
地主金融	佐藤安平	高田
出版	佐藤義亮	東京
地主金融	佐藤行雄	長岡
貸地貸家	佐藤茂兵衛	東京
地主金融	佐野久太郎	金沢
醤油	佐野新平	香川
絹糸紡績	佐久間俊吉	岐阜
地主	齋藤與次郎	福井
会社役員	齋藤直吉	大阪
齋藤商店	齋藤悦藏	大阪
呉服	齋藤善八	埼玉
地主酒造	猿丸吉左衛門	兵庫
〔貸地〕	坂田　貞	熊本
地主金融	酒井　芳	金沢
地主	酒巻敬之助	埼玉
貸地貸家	三枝久兵衛	東京
硝子雑貨	木村ひさ	神戸
〔貴族院議員〕	木村清四郎	東京
取引員	貴志米吉	大阪
〔製綱〕	清岡榮之助	東京
酒造	北村伊三郎	大阪
農	北村清一郎	滋賀
地主	菊地清治	松山
三井銀行	菊本直次郎	東京
代議士	岸田正記	広島
会社役員	岸本万紀	大阪
農	金　棋中	朝鮮
農、金融	金　仁梧	朝鮮
会社役員	金原與吉	兵庫
井筒油	金原巳三郎	東京
金融	金田一直太郎	盛岡
農	湯村元之	福岡
金物	三井惣右衛門	岩手
土佐製氷	三浦重作	高知
会社役員	三木榮八	東京
売薬	密田林藏	富山
地主	水野辰彦	熊本
貸地金融	湊　貞輔	秋田
大垣瓦斯	箕浦宗吉	岐阜
越中銀行	宮城彦次郎	富山
洋画家	宮本恒平	東京
富士電力	志村源太郎	東京
地主	清水門吉	新潟
洋服	柴田音吉	神戸
貸地貸家	柴田久一	東京

計器	十文字俊夫	東京
農、金融	島貫平助	福島
製材土木	島田藤吉	東京
染料	島田桂藏	新潟
島津製作	島津源藏	京都
貸家	島津佐助	大阪
伯爵	島津久範	東京
化粧品	島村富次郎	和歌山
モスリン	島瀬芳太郎	京都
澁澤同族	澁澤武之助	東京
三品取引	日比野芳太郎	大阪
呉服	樋口六左衞門	大阪
地主	廣瀬浚太郎	高松
日銀総裁	土方久徵	東京
関東織物	平井仁兵衞	京都
呉服卸	平井安兵衞	奈良
〔貸地貸家〕	平林徳男	神戸
蘇原銀行	平松圓四郎	岐阜
貸地	本尾小太郎	東京
三條銀行	源川萬吉	新潟
酒造	森　源治	長崎
〔有価証券売買〕	森　秀之助	東京
大垣貯蓄	森川準之助	岐阜
両替	森田常介	神戸
海上運送	百崎俊雄	神戸
博報堂	瀬木博尚	東京
貸地金融	關　善次郎	秋田
米穀	關谷直右衞門	八王子
米穀取引	須々木庄平	大阪
〔農業〕	菅　愼雄	熊本
安田銀行	菅原大太郎	東京
会社役員	菅原彌吉	大阪
電気材料	菅原　浩	東京
捺染	菅野松次郎	京都
札幌市場	助川貞二郎	北海道
会社役員	末松清一	福岡
ちんや	住吉忠次郎	東京
貸地貸家	角谷輔清	東京
貸地	鈴木徳次	東京
油製造	鈴木政七	静岡
石炭	鈴木桝次郎	名古屋
木材	鈴木喜平次	和歌山
甲馳卸	鈴木清三郎	大阪
綿糸	鈴木善七	名古屋
蚊帳問屋	加藤茂三次郎	名古屋
地主	青盛喜一郎	呉
火薬会社	木戸正三	小倉
蚕糸貿易	數野賢吉	横浜
羅紗洋服	有本國藏	大阪
漁業	笹野榮吉	北海道
銀行役員	神谷八郎	愛知
95万円		
貸金	井上牛之助	大阪
農、地主	額賀　寛	茨城
カラー製造	河井富彌	大阪
金融	角田鎌次郎	名古屋
会社役員	太刀川善吉	函館
洋品雑貨	高橋文三	名古屋
植木貸地	高橋甚右衞門	東京
100万円		
会社専務	小島長兵衞	東京
荒川代表	荒川寅之丞	名古屋
地主	澤原精一	呉
鐘紡役員	清岡邦之助	東京
質貸地	新藤喜三郎	東京
タオル	須藤角藏	東京
蚕糸貿易	時澤儀三郎	横浜
地主	河面孫兵衞	大阪
会社員	高橋欣哉	別府
砂糖	長崎忠右衞門	名古屋
自転車	前田榮市	名古屋
酒造	鷲尾久太郎	兵庫
貸地金融	中島米太郎	大阪
海産物	牧田末松	小樽
雑貨	峰岸かね	小樽
農	宮村朔三	札幌
呉服太物	熊澤宗太郎	名古屋
金融	光岡正行	福岡
90万円		
砂糖	伊藤長三郎	川越
岩井商店	岩井豊治	大阪
軌條製造	岩崎治郎吉	東京
会社役員	稲田實之助	大阪
貸家	生駒彌三郎	大阪
帽子卸	石田藤一	大阪
醸造	馬場善兵衞	千葉
絹織社長	畠中卓爾	高知
金融	服部勝太郎	大阪
三井合名	林　健	東京
輸出入	堀越善重郎	東京
菓子	細田安兵衞	東京
酒造	宮田等平	佐世保
貸地	陣山新太郎	福岡
農	梁　聖寛	朝鮮
貸地	大鐘あぐり	東京
興業師	大瀧徳三郎	東京
会社役員	大塚篤三	千葉
農貸家	大久保意吉	茨城
洋紙	大倉邦彦	東京
金融	大山久次郎	宮崎
貸地	大森喜一	東京
地主金融	太田竹松	秋田
計器製作	和田嘉衡	東京
蚕糸貿易	渡邊文七	横浜
地主	渡邊作右衞門	大阪
呉服	渡邊吉右衞門	川越
呉服太物	加賀谷圓右衞門	秋田
呉服太物	海道由松	秋田
東海堂	川合晋・こう	東京
地主金融	片野重修	秋田

金融	掛札吉治	秋田
織物買継	柿原萬藏	埼玉
倉庫	米谷半平	金沢
農	吉岡榮藏	東京
毛糸卸商	吉川豐助	大阪
紙	田中彌兵衞	東京
皮革製造	田中幸吉・謙	東京
染料	田村彦七	足利
銀行専務	田口庸三	埼玉
貸地貸家	田島浅次郎	東京
砂糖呉服	高田熊吉	郡山
地主金融	高安虎治	秋田
男爵	高木喜寛	東京
百合輸出	高木信吉	東京
漁業海運	種田幸右衞門	北海道
会社常務	玉井周吉	東京
織物買継	土屋留次郎	八王子
銀行頭取	恒川小三郎	名古屋
造船船舶	名村源之助	大阪
農	中川雄三郎	岐阜
貸地金融	中田定景	秋田
洋反物	中村太郎吉	名古屋
男爵	中島久萬吉	東京
貸地貸家	村田新作	横浜
貸地金融	村山三之助	秋田
米穀肥料	村山喜一郎	秋田
棉花米穀	内谷萬平	朝鮮
漁業	梅澤市太郎	北海道
樟脳製造	臼井米次郎	東京
会社役員	野呂　静	名古屋
株式	野口泰次	大阪
子爵	久世廣武	東京
貸家	栗山善兵衞	大阪
貸家	山形鶴藏	大阪
貸家	山形武助	大阪
醬油醸造	山中彦兵衞	茨城
醬油醸造	山下平兵衞	千葉
米穀	山本利吉	釜山
貸地貸家	松橋隆三	大阪
貸地貸家	松方正作	東京
貸地金融	牧野喜一郎	秋田
肥料金融	毛塚惣八	栃木
炭坑	藤本閑作	宇部
貸地	福岡萬兵衞	大阪
貸地貸家	小泉治兵衞	東京
呉服太物	小泉重助	大阪
酒造	小林米三郎	北海道
会社常務	小西艷太	東京
銀行頭取	小谷野傳藏	埼玉
石炭	越井武敬	大阪
金融	荒川龍次	茨城
貸地金融	荒川勘之助	秋田
金物	新井萬吉	栃木
銀行頭取	秋山源兵衞	山梨
農肥料	秋山紋兵衞	東京
地主金融	佐藤長左衞門	秋田
地主金融	佐藤與五兵衞	秋田
貸地倉庫	佐藤正男	小樽
醸造	佐々木仁兵衞	大阪
地主	齋藤萬壽雄	千葉
劇場社長	齋田萬藏	東京
地主	澤　守一	大阪
貸家	坂上宗兵衞	大阪
会社役員	坂本龍太郎	秋田
伯爵	眞田幸治	東京
生魚問屋	鷺池平九郎	大阪
金融地主	湯浅楠次郎	大阪
地主農	結城　堅	茨城
荒物雑貨	三浦傳六	秋田
腕木製造	峰岸喜三郎	東京
貸地金融	柴田養助	秋田
金融	島本幸助	広島
会社役員	平田佐次郎	三重
貸地金融	平野政吉	秋田
男爵	平山成信	東京
地主	迫間保太郎	釜山
材木	鈴木庄三郎	川崎
洋反物	谷　直次郎	名古屋
料理	松塚幸三	大阪
地金真鍮	水野土佐次郎	名古屋
建築	志水正太郎	名古屋
会社員	自念春次郎	門司
化粧品	杉本勘七	大阪
酢製造	伊藤佐助	大阪
地主	堀田茂右衞門	名古屋
地主貸家	橳本政五郎	大阪
帯地反物	莊保勝藏	大阪
会社員	藏内次郎兵衞	小倉
金融料理	中井豐一	大阪
会社役員	町田豐千代	東京
貸家	古谷松太郎	大阪
羅紗綿布	福井彌助	大阪

85 万円

貸地金融	伊藤光太郎	名古屋
倉庫	猪俣孫八	小樽
貸地	岩井文太郎	東京
古着卸	濱田治兵衞	大阪
銀行頭取	西尾小五郎	奈良
貸地貸家	西村平藏	東京
貸地貸家	保坂巳三治	東京
貸家	豐田宗太郎	大阪
銀行役員	小津六三郎	三重
貸地貸家	大野銀八	東京
砂糖綿糸	太田茂兵衞	津
鉄工	岡田梅五郎	大阪
牛乳	和田該輔	東京
貸地貸家	和田彌兵衞	大阪
種苗農具	渡瀬三郎	東京
金属貿易	加藤武左衞門	大阪
地主	加藤丈右衞門	名古屋

塗料製造	川上保太郎	大阪
地主貸家	田賀喜兵衛	大阪
酒造	高岡源七	兵庫
漁業	永野彌平	函館
銀行専務	武藤壽太郎	岡山
元酒造	山瀬徳次郎	大阪
味噌醸造	丸山文七	津
鉄工	前島兵太郎	東京
貸地	藤瀬新一郎	東京
貸地貸家	小島勘一	東京
安中電機	青山祿郎	東京
製粉	麻殖生徳次郎	大阪
給水会長	佐伯又太郎	三重
醤油醸造	木村傳兵衛	水戸
金融	木村作助	大阪
金物肥料	湯川忠三郎	大阪
貸家	鹽田菊太郎	大阪
会社役員	島津需吉	広島
醤油醸造	平尾常太郎	大分
地主金融	菅本幾久馬	大阪
金物	野内四郎七	大分
地主貸家	松本辰造	大阪
陶磁器	齋藤政七	岐阜
地主	森　ふさ	名古屋
荒物卸	西垣重之助	大阪
貸家	吉本金光	大阪
会社社長	前山久吉	東京
ミシン輸入	朝田良彦	東京
毛織物	西脇由兵衛	名古屋
貸地貸家	吉田幸次郎	東京
貸家質	上坂卯之助	大阪
貸家	矢森米次郎	大阪
地主	山中紀三郎	呉
羅紗	森居保次郎	大阪
造船鉄工	渡邊亮平	横浜
会社役員	山崎文治	名古屋
貸地貸家	松井聰子	大阪

80万円

農	五十嵐松五郎	山形
地主	井原榮治	大阪
土木建築	井上保三郎	高崎
土木請負	伊井與三五郎	福井
会社役員	伊藤仁右衛門	秋田
朝日堂	伊藤貞七	大阪
公爵	一條實孝	東京
貸家	入江國博	大阪
雑穀	犬伏文太郎	北海道
製薬	犬伏之貞	徳島
綿糸	岩田眞一	東京
肥料	岩崎萬吉	東京
会社役員	泉田嘉右衛門	岩手
醤油醸造	稲葉源一郎	茨城
呉服太物	稲村源助	東京
農	池田藤作	山形
地主農	石　平	茨城
殖林地主	石原六郎	徳島
地主	石川徳右衛門	横浜
銀行役員	石金長四郎	富山
綿糸絹紡	石關群藏	足利
鉄道重役	波多野承五郎	東京
金融	針生惣吉	仙台
材木漁業	服部新兵衛	宮城
金融	花輪富太郎	旭川
商店重役	林　卯藏	大阪
漆器木屋	林　九兵衛	東京
呉服貸地	濱田直次	新潟
海運	濱根岸太郎	函館
会社役員	橋本重幸	兵庫
取引所員	蓮沼友次郎	富山
煙草売捌	新沼綱五郎	宮城
会社役員	西村　直	東京
製糸	西野市兵衛	福井
伯爵	堀田正恒	東京
土木請負	堀内廉一	札幌
味淋	堀切紋次郎	千葉
〔地主〕	星島謹一郎	岡山
酒造	本間半兵衛	宮城
海運	本間康一	北海道
雑穀金融	本出政治郎	大阪
会社役員	戸田菊次郎	栃木
海運	戸田　實	兵庫
地主	鳥取治郎八	香川
会社役員	鳥海才平	千葉
貸地	長　直	大分
銀行役員	沼尻權次郎	茨城
貸地貸家	小田部助左衛門	東京
薬種	小野市兵衛	大阪
会社役員	小口友龜	長野
貸地	小澤章一	名古屋
海産物	尾形六郎兵衛	山形
貸地貸家	大場利八	東京
伸銅	大畑吉一	東京
東京堂	大橋省吾	東京
農	大川松之進	宮城
子爵	大河内輝耕	東京
会社役員	大神太郎助	福岡
米穀肥料	大塚久右衛門	群馬
会社重役	大村彦一郎	東京
〔地主貸家〕	大内源太右衛門	仙台
貸地貸家	大久保　治	高松
貸家	大阪谷章吾	大阪
貸地貸家	大崎清作	東京
呉服太物	太田倉之助	秋田
地主貸家	岡部榮信	群馬
貸地貸家	岡田喜兵衛	東京
木綿金巾	岡田正吉	東京
銀行役員	岡澤磋玄太	兵庫
弁護士	岡崎正也	東京
農	奥山重右衛門	山形
〔地主〕	長田清彦	神戸

貸地貸家	恩田久兵衛	東京
洋反物卸	和田哲夫	大阪
三ッ引物産社長	若尾鴻太郎	東京
金融貸家	綿谷忠兵衛	大阪
会社社長	渡邊千代三郎	大阪
会社員	渡邊敬之助	東京
味噌醸造	渡邊佐助	青森
陶土	加藤春三	岐阜
洋反物	加藤久兵衛	名古屋
銀行頭取	加々美授一	山梨
呉服	川村徳助	盛岡
地主	川崎富之助	佐賀
金物	河村岩吉	福岡
地主	勝沼善次郎	大垣
地主	桂　恕佑	新潟
雑	金子未人	北海道
莫大小	金森太七	名古屋
会社役員	覺張儀平	長岡
地主	景山甚右衛門	香川
金物	柿本恒二	北海道
銀行頭取	上月安重郎	兵庫
会社役員	神戸徳太郎	東京
盛岡信託	萬　昌一郎	岩手
履物	米谷新助	大阪
銀行頭取	横山定助	栃木
株式取引	横山久太郎	東京
貸家	横江萬次郎	大阪
計量器	吉田勘右衛門	東京
金融貸地	吉田直太郎	群馬
地主	吉武一郎	佐賀
羅紗	吉村繁藏	大阪
地主酒造	田治米吉郎右衛門	兵庫
銀行常務	田中長次郎	福井
金銀地主	田中梅吉・一郎	東京
銀行役員	田中貞二	名古屋
貸家	田中照教	神戸
貸地貸家	田中祐貞	東京
地主	田淵新一郎	兵庫
海産物商	田代三吉	新潟
地主	田島勝太郎	大分
会社役員	立川　龍	東京
製糸	高橋長七郎	宮城
銀行頭取	高橋隆一	島根
会社役員	高橋義雄	東京
酒造	高橋貞太郎	山形
地主	高橋守平	埼玉
米穀	高橋善平	函館
会社役員	高木　清	大阪
商店員	高島貞之助	東京
地主	高島七郎右衛門	福井
取引所員	竹原莊一	大阪
〔紙商〕	竹田與右衛門	大阪
味噌	竹内伊太郎	鹿児島
銀行頭取	竹内啓三	富山
医師	竹下勘右衛門	福井

会社役員	蓼沼丈吉	栃木
地主	瀧田清兵衛	兵庫
子爵	相馬孟胤	東京
貸地	相馬康平	函館
農	津田勇起	旭川
醬油地主	土田治五郎	新潟
貸家	筒井市郎兵衛	大阪
製糸	筒井直太郎	徳島
地主	對馬瑄太郎	青森
木材	中谷長藏	和歌山
地主	中村　寛	高松
輸出入業	中村瀧次郎	東京
野田醬油	中野長兵衛	千葉
豊〔農〕工銀行	中澤清八	茨城
中島製作	中島市二郎	大阪
加賀製紙	中島徳太郎	金沢
農	中島友次	栃木
昭和火災	永橋至剛	東京
染料	並木清三郎	富山
金融	武藤三治	東京
売薬	宇津權右衛門	栃木
貸地貸家	内田今五郎	東京
貸地金融	上野初太郎	北海道
銀行頭取	野上堅藏	鹿児島
写真	野島康三	東京
肥料	九鬼紋十郎	四日市
金融	工藤松治郎	仙台
地主金融	工藤源助	徳島
弁護士	久保伎幡	東京
織物酒造	久保田惣右衛門	東京
地主	久米榮太郎	愛媛
地主	黒川雄之進	愛媛
材木	黒田善太郎	東京
文具	黒澤貞次郎	東京
地主	黒坂克次郎	姫路
〔地主〕	黒瀬與重郎	丸亀
地主	隈本固平	福岡
製氷社長	熊谷平助	岩手
材木	草加與兵衛	和歌山
三品取引	八木重兵衛	大阪
呉服	八尾喜兵衛	埼玉
第一生命	矢野恒太	東京
地主	矢吹友右衛門	福島
柳井商店	柳井五兵衛	大阪
銀行	山田寛吾	宮城
地主	山田權六郎	新潟
地主	山中太兵衛	奈良
山中商会	山中繁七郎	大阪
酒造	山口孫七	和歌山
農貸家	山澤保太郎	大阪
金融	山本豊吉	福島
地主	山本厚太郎	島根
貸地貸家	山本久右衛門	大阪
地主	安田才助	青森
地主	安田彦八郎	岐阜

菓子	保井萬次郎	東京	染色	青木直治	東京
保険役員	間島與喜	東京	金融	青木九八郎	愛知
米穀	町田角次郎	茨城	地主農	赤城喜八郎	茨城
莫大小	松居泰次郎	大阪	鉱業	赤司初太郎	東京
船舶金融	松尾　榮	長崎	米穀	荒木彦助	山形
材木	松岡源之助	旭川	漁網船具	新谷専太郎	小樽
地主	松浦徳次郎	徳島	浅野造船	浅野義夫	東京
農	松澤與喜雄	山形	官吏	秋　一雄	東京
貸地金融	松本與右衛門	秋田	鉄道役員	秋山藤左衛門	茨城
金融	松本眞助	佐賀	酒造	佐藤仁吉	山形
貸地金融	前川外吉	北海道	倉庫	佐藤善兵衛	山形
前川織布	前川善助	大阪	貸地金融	佐伯藤之助	横浜
子爵	前田利満	東京	酒造	佐々木平之丞	宮城
金融	正井喜兵衛	堺	地主金融	佐々木吉郎右衛門	秋田
酒造	升本幸太郎	東京	漆	齋藤嘉兵衛	大阪
公吏	増田太郎右衛門	兵庫	地主	齋藤藏之助	埼玉
鐘紡役員	藤　正純	東京	肥料	齋藤安右衛門	埼玉
直輸入	藤井満彦	大阪	貸地貸家	齋藤馨之助	東京
〔地主〕	藤井新吉〔治〕	山形	貸地	澤木晨吉	秋田
質	藤井甚兵衛	大阪	ペン製造	阪田斎次郎	呉
地主	藤岡長二郎	奈良	質金融	坂本久三郎	福岡
地主	藤平量三郎	千葉	会社役員	酒井安太郎	兵庫
地主金融	福士長次郎	北海道	味噌醤油	櫻井良之助	宮城
〔福島同族取締〕	福島繁太郎	東京	貸家	木村松之助	大阪
銀行頭取	小泉五兵衛	秋田	麵麭	木村榮三郎	東京
〔会社員〕	小池義郎	東京	地主金融	木村吉三郎	群馬
銀行役員	小林甚五衛門	和歌山	呉服	木村久兵衛	仙台
地主	小林清吉	岐阜	地主	木村　淳	香川
地主	小林善太郎	兵庫	木村同族役員	木村静幽	大阪
貸地金融	小西竹次郎	秋田	貸家	北野平一郎	大阪
肥料	小西喜兵衛	東京	塩肥料	菊地徳次郎	山形
米穀雑穀	小瀧四良五郎	樺太	農業金融	金　秉善	朝鮮
製糸	小山邦太郎	長野	地主	金　永珪	朝鮮
酒造	小檜山鐵三郎	旭川	銀行頭取	金田一國士	盛岡
和紙封筒	小森平藏	大阪	安田銀行	結城豊太郎	東京
横浜正金	児玉謙次	東京	地主貸家	弓場治兵衛	大阪
地主金融	後藤鋪太郎	千葉	肥料	三輪嘉兵衛	名古屋
農	駒木治右衛門	岩手	鉱業	三好徳松	福岡
地主	近　磯吉	新潟	銀行役員	三好甚三郎	愛媛
地主	近藤喜兵衛	鳥取	米雑穀	三谷榮次郎	北海道
銀行役員	江口定条	東京	地主金融	三浦兼藏	秋田
地主	江角千代次郎	島根	地主金融	三浦善藏	青森
地主	海老原卓爾	千葉	木炭	三前伊平	和歌山
金融貸家	繪川長三郎	大阪	染織	美馬儀一郎	徳島
金融	蛯原萬吉	東京	金融地主	水川與一	広島
蓪草役員	鄭　肇基	台湾	〔黒糖〕	水谷茂兵衛	大阪
地主	鄭　東學	朝鮮	綿糸太物	宮田義忠	名古屋
地主	寺田半次郎	長崎	銀行役員	宮澤善治	岩手
伯爵	寺島誠一郎	東京	地主	芝　嘉久太	徳島
酒造	安達源右衛門	新潟	染料	柴田二郎	東京
雑貨	味方利平	新潟	地主	白石莊三	栃木
株式取引	有松尚龍	東京	澁澤同族	白石喜太郎	東京
貸地	青地とく	東京	材木	篠田政之助	東京
地主	青柳松次郎	山梨	農	島村一郎	東京
製薬	青山八郎右衛門	東京	百貨店	島崎善平	栃木

醤油製茶	繁田武平	埼玉
地主	進藤長治	兵庫
酒造漆器	新城猪之助	福島

全国金満家大番附　帝国興信所調査 4頁

信託役員	肥田俊藏	大阪
地主	樋口安治	大分
地主	廣田傳左衛門	兵庫
地主	廣瀬和子	山梨
金融	東　秀保	長崎
地主	平井太郎	奈良
地主	平田吉種	大分
農	平田吉郎	山形
材木商	本宮龍太郎	岩手
元毛皮	森　音吉	兵庫
酒造	森　民三郎	宮城
荒物	森　九兵衛	岩手
乾物	森友徳兵衛	東京
運送	森田昌司	函館
地主金融	森平友次	高崎
南海紙業	瀬戸健三	和歌山
木綿卸	瀬尾彌助	大阪
鋳造	關口倉吉	埼玉
貸家貸地	關谷源兵衛	東京
製糸	須藤三之助	茨城
貸地貸家	須田光雄	東京
地主	須見徳實	徳島
醤油醸造	菅井與左衛門	千葉
酒造	杉本清吉	三重
醤油醸造	鈴木右三郎	愛知
呉服	鈴木庄次郎	三重
建築金物	石原鈼次郎	名古屋
ハワイ貿易	濱野久吉	広島
薬種	中尾義三郎	大分
回漕	山本久吉	福岡
薬種	林　源十郎	岡山
大和興業	渡部善兵衛	名古屋
呉服	丸橋清平	福岡
〔仲買人〕	青井次郎	岡山
ソース製造	木村幸次郎	大阪
地主	桐谷壽太郎	広島
地主	光安祐夫	福岡
戎商会社長	岩崎喜三郎	大阪
羅紗	石井安之助	大阪
金融	土井愼一	名古屋
貸家	於勢　什	大阪
綿布	兼松正名	名古屋
板硝子	谷口元之助	大阪
呉服	山中周次郎	広島
貸家	古崎喜八郎	堺
興行	新井精司	東京
旅館料理	岩村平助	広島
厚司卸商	大平米七	大阪
株式取引	河野徳之助	山口
株式取引	河瀬文一	名古屋
製壜	山本為三郎	大阪
雑貨	秋山忠平	札幌
貸家	肥田友七	大阪
会社員	廣石紋太郎	福岡
貿易	杉山佐兵衛	大阪

75万円

農	五十嵐彌市郎	山形
貸地貸家	伊藤市兵衛	東京
銅鉄鉄管	伊藤宗二	東京
農業	伊藤峰五郎	山形
三品取引	伊藤秀雄	大阪
地主	糸原武太郎	島根
地主、農	糸賀庄治郎	茨城
地主	市橋昌晴	鳥取
機械	岩田喜右衛門	大阪
貸地	泉　一郎	函館
酒造	稲田　卓	茨城
機械	今井善八郎	東京
銀行役員	今泉福次	神奈川
三井参与	石川八十井	東京
海産物	石塚彌太郎	北海道
製綿	原田忠右衛門	福岡
酒造	原田與治兵衛	山形
銀行頭取	原田敬治	神奈川
貸地	原島彦七	東京
地主	原本庸一郎	島根
〔貸地貸家〕	林　紀一郎	東京
商事役員	西川平藏	東京
木綿羊毛	西澤善七	東京
地主鉱山	堀　藤十郎	島根
農	本間光正	山形
貸地貸家	外山政藏	東京
郵便局長	富樫治右衛門	山形
貸家	李　容汶	朝鮮
漬物	小栗寅雄	東京
貸地	織畑方治	東京
書籍	大橋進一	東京
酒造	大矢武兵衛	神奈川
朝鮮殖産	岡本與茂一	広島
地主	狩野義胤	茨城
貸家	蒲生庄之助	大阪
金融	風間嘉一郎	鶴岡
質、貸地貸家	吉川富吉	東京
地主	吉村徳平	鳥取
地主	田中甚助	神戸
会社役員	田島一義	名古屋
鉄	高畑豊次郎	大阪
山産物	高橋源次郎	宮崎
山久商店	高橋久太郎	東京
土木建築	高崎光藏	樺太
呉服太物	立石龜吉	広島
地主	恒松於菟二	島根
地主	名島嘉吉郎	鳥取
農	成澤玄吉	山形
綿糸	村上重三郎	東京

貸地貸家	内山平三郎	東京
缶詰製造	碓氷勝三郎	北海道
鐘紡役員	野崎廣太	東京
貸地	日下達子	東京
横浜埋立	矢野義弓	東京
元材木	山田五三郎	大阪
医師	山田銭郎	東京
地主	山崎重樹	島根
茶	山本嘉兵衞	東京
銀行役員	山本龜光	東京
貸地	松崎孫太郎	東京
地主農	藤澤勘兵衞	茨城
農	小山太吉	山形
農	小松八十助	山形
酒造	兒島幸吉	鳥取
貸地貸家	近藤藤次郎	東京
地主	青山米吉	山形
貸地貸家	荒澤平兵衞	東京
金融	荒木彦十郎	三重
酒醤油	新　與三郎	函館
呉服太物	天野専次郎	広島
米穀取引	浅井喜一	名古屋
製綱	芦森武兵衞	大阪
地主	佐野治朗	愛知
農業金融	佐野武右衞門	愛知
製材造船	佐々木與兵衛	釧路
酒造	齋藤九兵衞	山形
農	齋藤元修	山形
農	齋藤金吾	山形
漆器商	木村平右衞門	東京
銀行頭取	清瀧徳兵衞	大阪
貸地貸家	三橋周之助	東京
艀運送	宮崎松太郎	函館
羅紗	柴田光之助	東京
馬具農具	島口勝太郎	札幌
伯爵	土方久敬	東京
貸地貸家	蜷間常次	東京
貸家	森　庄助	大阪
酒造	森井浅次郎	大阪
味噌溜	森田清助	名古屋
農	菅原九左衞門	山形
貸地	鈴木又八	東京
貸地	犬山善助	横浜
輕銀製造	池田寅一	大阪
金物	渡邊藤吉	福岡
酒造	鷲尾清太郎	兵庫
呉服太物	高橋四郎右衞門	広島
石灰製造	薬師寺秀吉	大分
質	佐久間久兵衞	名古屋
陶磁器	平子徳右衞門	名古屋
米穀肥料	豊田福太郎	朝鮮
貸地貸家	岡谷繁雄	東京
貸家紙小売	改正源右衞門	大阪
売薬	谷　始太郎	大阪
鉄道役員	竹田嘉兵衞	愛知

貸地	津田信太郎	東京
陶磁器卸	辻　惣兵衞	大阪
自動車	中田金三郎	東京
呉服	中牟田喜兵衞	福岡
会社役員	中村秀次郎	岡山
七宝焼	濤川惣助	東京
貸家	南波政吉	大阪
製糸	浮田佐平	岡山
味淋焼酎	岸田民助	大阪
銀行員	水野鐘三	名古屋
呉服	岩船峰次郎	函館
呉服太物	多山千代藏	広島
金融貸家	山本助三郎	大阪
醤油醸造	堀江従三	広島
貸地貸家	法西榮次郎	大阪
油卸	大江萬助	大阪
〔砂糖〕	河本米次郎	大阪
糖粉	中島徳次郎	下関
銀行役員	村瀬安太郎	愛知
弁護士	藍川清成	名古屋
銅鉄金物	浅井佐六	名古屋
貸家	木下重次郎	大阪

70万円

醸造	井内謹二	旭川
地主	井上隆一	山口
子爵	井上勝純	東京
法学博士	井上辰九郎	東京
地主	井上　武	大分
正米仲買	井上安次郎	熊本
凸版印刷	井上源之丞	東京
地主	井上　篤	大分
医学博士	井上三郎	岐阜
貸地	井上七郎兵衞	大阪
薬種	井上鹽六	高岡
地主	井口正利	熊本
電鉄役員	伊原〔五〕郎兵衞	東京
鉄道社長	伊東要藏	静岡
子爵	伊東祐弘	東京
西陣帯地	伊藤平三	京都
〔綿糸商〕	伊藤佐兵衞	津
貸地	伊藤金左衞門	東京
水車	伊藤庄兵衞	京都
玉川樓	伊藤庄次郎	名古屋
〔酒造業〕	伊丹榮助	大阪
会社役員	伊丹二郎	東京
猪飼商事	猪飼史郎	大阪
金融	猪狩金三郎	大阪
銀行役員	猪俣楨之助	栃木
銀行頭取	飯田保作	上田
飯田専務	飯田藤二郎	東京
貸地	飯田　照	神奈川
質、貸地貸家	飯塚弘子	東京
石鹸製造	飯島榮太郎	横浜
貸地金融	一星浩之助	秋田
紡績社長	市居嘉三郎	大阪

貸地	市川辰雄	新潟
文具	市川喜七	東京
地主	犬飼幾三	奈良
金融	岩津甚助	名古屋
製糸	岩月直彦	鹿児島
雑貨	岩倉梅吉	北海道
農	岩淵和右衛門	宮城
呉服	岩元善藏	鹿児島
絹糸紡績	板垣清平	群馬
山林鉱山	磯村音介	東京
地主	磯野潤一	岐阜
木綿問屋	出原安太郎	広島
金物	出田勘次郎	熊本
酒造	泉　喜之介	兵庫
米穀仲買	稲積豊次郎	小樽
会社役員	稲本源兵衛	京都
地主	今井文策	姫路
地主金融	今井善兵衛	群馬
質	池垣定次郎	京都
茶、貸地	池田萬藏	東京
天麩羅	池田金太郎	東京
貸家	石井利助	埼玉
金物商	石原榮三郎	名古屋
機業	石原善平	群馬
石橋合名	石橋八九郎	和歌山
会社役員	石川一郎	東京
地主	石田友吉	新潟
材木	石田辰次郎	旭川
〔会社役員〕	石津龍輔	岡山
地主	石黒長平	北海道
地主	石坂養平	埼玉
石崎役員	石崎喜兵衛	大阪
日清製粉	石島為三郎	東京
貴金属	羽田義郎	大阪
綿布	芳賀吉之助	東京
会社役員	長谷川新兵衛	茨城
貸家	馬場源左衛門	大阪
日本電氣	畑　英三郎	東京
汽船役員	畑　茂	神戸
油	畑田寅之助	神戸
銀行役員	畠山小兵衛	富山
醬油醸造	幡谷仙之助	茨城
農	初見謙助	茨城
地主	原　幸次郎	岐阜
地主	原田安治	岡山
絵具染料	原田武一郎	京都
醸造肥料	原田四郎左衛門	滋賀
地主	原口忠雄	熊本
牧畜	早川萬一	仙台
製油地主	早山與三郎	新潟
醬油醸造	早坂與兵衛	宮城
林業	林　イク	奈良
林合名	林　鐵次郎	岐阜
酒造	林田勇夫	長崎
地主	林田春次郎	福岡
地主	林田直恒	熊本
〔呉服〕	林田榮次郎	熊本
地主	濱田藤次郎	兵庫
〔元呉服商〕	濱田勝一郎	高知
地主	濱本八治郎	姫路
須磨土地	萩野武夫	神戸
鐘紡役員	橋爪捨三郎	東京
大日本麦酒	橋本卯太郎	東京
日石社長	橋本圭三郎	東京
地主	半田善四郎	群馬
呉服綿布	板東嘉太郎	徳島
地主	板東信樹	徳島
地主	饒村克治	新潟
中国醸造	西原壽吉	岡山
製糸	西部市左衛門	岐阜
地主	西尾柳右衛門	鳥取
林業	西尾清一郎	奈良
織物買継	西川保治	東京
雑貨	西田庄助	滋賀
教師	西宗久壽馬	京都
会社役員	西村仁右衛門	滋賀
地主	西村彌三郎	愛媛
林業	西村五郎兵衛	奈良
織物	西村吉右衛門	京都
生糸	西野藤助	福井
土木	西松光治郎	京都
会社役員	西澤伊兵衛	青森
東京海上	堀　達	東京
醬油醸造	堀　久太郎	奈良
銀行役員	堀　甚三郎	岐阜
謄写版	堀井新治郎	東京
漁業	堀埜與右衛門	富山
織物	細井恒次郎	京都
貸地貸家	細井孝太郎	岐阜
呉服綿	細井愛藏	徳島
金融	細川長右衛門	京都
林業	細川信太郎	奈良
農	發智庄平	埼玉
金融	北條伊兵衛	宮城
醸造具	星野友七	東京
京成電気	本多貞次郎	千葉
麦粉	戸谷間四郎	埼玉
染呉服	外村定治郎	京都
毛織物	土井猶楠・清次郎	東京
林業	土肥勇次郎	奈良
寿屋社長	鳥井信太郎	大阪
酒醬油	遠山市郎兵衛	東京
自動車	豊川順彌	東京
綿糸	豊崎彦次郎	岡山
石鹸製造	殿井伊助	大阪
硝子製造	徳永芳治郎	大阪
ハム製造	富岡周藏	神奈川
海産物	富樫長吉	北海道
生絹友禅	富田富太郎	京都
貸地金融	富田又次郎	樺太

綿布	富田金七	三重
木綿	富田謹三	三重
富岡商店	富永源次郎	大阪
三井物産	友野欽一	東京
農	千葉多利治	宮城
呉服綿布	千賀千太郎	岡崎
会社役員	李　添盛	台湾
貸地	李　佑植	朝鮮
会社役員	林　熊光	台湾
貸地	沼田久兵衛	神戸
農	小原多助	岩手
蚕糸貿易	小川勝郎	横浜
木材	小川三郎兵衛	大阪
貸地	小野信夫	愛媛
海産物	小野原善造	長崎
貸地貸家	小倉敏晴	東京
貸地金融	尾留川安彦	秋田
貸地	尾形安平	宮城
貸地	尾上作兵衛	姫路
地主	尾上喜藏	兵庫
男爵	尾崎恂盛	東京
地主	尾見濱五郎	茨城
呉服地主	折戸善八	新潟
地主	大石武兵衛	兵庫
共同印刷	大橋光吉	東京
呉服	大川源五衛門	千葉
酒造	大谷岩太郎	旭川
貸地貸家	大谷藤豊	埼玉
醤油醸造	大宅善基	熊本
貸地貸家	大瀧傳十郎	新潟
醤油味噌	大坪岩次郎	鹿児島
呉服太物	大塚市五郎	新潟
貸地金融	大塚錠三郎	東京
貸地貸家	大野一則	熊本
貸地貸家	大草直好	東京
地主	大串兵藏	佐賀
青物	大籔秀次郎	京都
酒造	大江市松	兵庫
呉服	大木喬策	甲府
貸地貸家	大島榮太郎	秋田
酒造	大島金藏	札幌
貸地貸家	大島新四郎	松江
農	大森又太郎	岩手
金融	太田幸五郎	岩手
呉服	太田佐兵衛	横浜
肥料金融	岡部兵七	栃木
呉服	岡部政太郎	長崎
医学博士	岡田和一郎	東京
日清紡績	岡田壯四郎	東京
泉織物	岡田惣吉	岸和田
貸地貸家	岡野健太郎	久留米
鹿ノ子	岡松茂三郎	京都
金融	岡澤鈞作	尼崎
醤油	岡坂政五郎	香川
貸地貸家	岡崎緑郎	岐阜
株式取引	岡崎國臣	松江
海陸物産	岡崎　謙	小樽
〔元三井鉱山〕	岡本貫一	東京
貸地貸家	岡本幸助	和歌山
百貨店	岡本傳之助	神奈川
金融	岡本正三郎	京都
会社役員	岡本清三	愛知
村井倉庫	奥　主一郎	京都
会社役員	奥田吉右衛門	尼崎
御国土地	奥村安太郎	京都
貸地	和田傳太郎	沼津
貸地	和田順雄	沼津
地主	和田彦右衛門	神戸
雑貨	若村源太郎	群馬
酒造	渡部又八	福島
帯地	渡邊郁二	京都
農	渡邊千春	静岡
地主	渡邊圓右衛門	名古屋
地主	渡邊七郎	愛媛
農	渡邊盛作	茨城
貸地金融	渡邊全之助	秋田
地主	渡瀬岩太郎	香川
蚕糸貿易	涌川新兵衛	横浜
材木	加藤平次郎	東京
地主	加藤宇兵衛	青森
請負	加藤金次郎	富山
材木	加藤庄次郎	豊橋
織物買継	加藤千之助	浜松
銀行頭取	海江田準一郎	鹿児島
日本製鋼	樺山愛輔	東京
会社役員	門瀬半兵衛	岩手
綿糸	梶井半治	大阪
地主	梶原健次郎	兵庫
地主	梶原繁太郎	兵庫
地主米穀	梶山桝二郎	山口
地主金融	川端元治	群馬
〔元銀行頭取娘〕	川邉フジ	鹿児島
地主	川口木七郎	兵庫
肥料砂糖	川眞田市太郎	徳島
銀行役員	川島忠三郎	福岡
インキ原料	川島勘三郎	大阪
銀行役員	川島鶴吉	岐阜
金融	川島重雄	熊本
貸地金融	河田與惣左衛門	秋田
地主	河崎三五郎	山口
地主	河本英雄	岡山
金融	片岡若太郎	富山
会社役員	片岡宇太郎	高知
貸地	金田傳次郎	東京
銀行頭取	金田眉丈	高岡
林業	金丸九三郎	三重
農	金子晴三郎	栃木
貸地金融	掛札久右衛門	秋田
会社員	笠井眞三	山口
旭川市場	笠原完藏	旭川

地主	風間要吉	新潟
日本硫曹	鍵富三作	新潟
貸地金融	龜井六郎	函館
茶金融	上村常次郎	京都
材木	神野三郎	豊橋
石灰製造	樫野恒太郎	徳島
味淋焼酎	四方卯三郎	京都
貸家	與澤庄兵衞	大阪
地主	米　知徳	熊本
地主、農	米川新兵衞	茨城
地主	米本平左衞門	三重
地主	横尾松之助	大分
地主金融	横尾照作	群馬
カタン糸	横田長左衞門	京都
鹿ノ子	横田庄次郎	京都
石油	横内忠作	青森
敷物	横山千賀	神戸
地主	横山勝太郎	大阪
地主金融	横山勤助	仙台
地主	横山一七之丞	栃木
地主	横澤三九雄	甲府
帽子	吉井安吉	東京
貸地貸家	吉井庄左衞門	兵庫
染呉服	吉居佐助	京都
貸地貸家	吉原正俊	福岡
女医	吉岡彌生	東京
貸地貸家	吉岡七郎兵衞	千葉
機業	吉岡佐敏	福井
酒造	吉川芳太郎	長野
東海電線	吉田伊兵衞	四日市
会社役員	吉田チヨ	京都
会社役員	吉田長敬	大阪
貸地貸家	吉田文助	盛岡
呉服	吉田久太郎	熊本
倉庫地主	吉田茂平	石川
〔醤油貸地〕	吉村文四郎	長岡
地主	吉村耕太郎	佐賀
雑貨	吉澤忠兵衞	東京
林産	吉澤忠三郎	栃木
材木製材	吉見徳四郎	名古屋
貸地貸家	吉平源六・要造	東京
三菱製紙	田原　豊	東京
材木	田形清次	静岡
殖林	田高喜太郎	静岡
貸地	田池徳五郎	横浜
地主	田邊正胤	新潟
地主金融	田中市兵衛	新潟
製紙	田中八九郎	福山
会社役員	田中和一郎	京都
金融	田中龜太郎	京都
酒造地主	田中謙治	新潟
酒造金融	田中麻吉	長崎
足袋製造	田中庄太郎	大阪
地主	田中善内	佐賀
紙	田村豊太郎	長岡
香料	田村眞策	大阪
清酒	田口政五郎	兵庫
株式取引	田口重一	東京
酒造	田淵太七	北海道
酒造	田淵榮次郎	和歌山
貸地	田澤國太郎	横浜
地主	田代保之	熊本
農	田尻久六	岐阜
会社役員	多田勇雄	福岡
地主養蛙	多田宗近	徳島
地主	伊達木仙一	長崎
貸家	妙　玄安	大阪
山産物	谷　仲吉	宮崎
銀行役員	谷　金吾	岐阜
酒造	谷　甚四郎	奈良
地主	谷岡　篤	兵庫
地主	谷津新八郎	茨城
袋物煙管	谷村伊右衞門	東京
林業	谷口吉太郎	三重
株式取引	高井治兵衞	東京
地主	高井利平	姫路
銀行頭取	高林泰虎	静岡
地主	高橋義彦	新潟
料理	高橋高四郎	新潟
売薬製剤	高橋卯之助	大阪
鳥福	高橋福太郎	東京
富士製紙	高橋貞三郎	東京
農	高橋三郎	宮城
醤油	高橋實造	香川
地主	高橋捨松	新潟
地主	高口一新	香川
地主	高谷精次郎	茨城
地主	高柳二郎	埼玉
千早商会	高岸音次郎	大阪
銀行員	高見和平	長崎
地主	高島仁左衞門	兵庫
酒造	高島太介	兵庫
染色	高瀬祐彰	大阪
回漕	辰澤延次郎	東京
漁業	種田銀作	北海道
会社役員	棚橋五郎	岐阜
銀行役員	竹原　包	福岡
林業	竹原喜市郎	奈良
貿易	竹田龍太郎	神戸
土木建築	竹田源次郎	東京
金物	竹村與右衞門	高知
金融	竹内啓祐	東京
会社役員	竹山純平	東京
銀行頭取	武石政右衞門	福岡
地主	武田亮太郎	香川
武田商会	武田周次郎	京都
三菱電機	武田秀雄	東京
地主	武田茂祐	香川
地主	武政恭一郎	埼玉
綿糸取引	瀧田貞一	愛知

地主	丹呉庚平	新潟	農	長倉信一	静岡
地主	相馬一郎	新潟	地主農	長竿　繁	茨城
園山銀行	園山武平	石川	農	長島作左衞門	埼玉
醤油醸造	圖司延太郎	京都	会社役員	長瀬半次郎	京都
越中製材	塚越丘二郎	東京	花王石鹼	長瀬常一	東京
銀行頭取	塚越正司	東京	地主	滑川貞次	神戸
玻璃器	筒井新兵衞	大阪	酒造地主	武藤藤兵衞	茨城
地主	綱島長次郎	岡山	銀行頭取	武藤亙三	岐阜
貸地貸家	辻　八五郎	東京	農	村岡浅右衞門	京都
地主	辻　武十郎	岡山	金融貸家	村上嘉一郎	大阪
銀行専務	辻山右平	岩手	酒造	村田多喜次	熊本
酒造	名手源兵衞	和歌山	貸地貸家	村田榮一	神戸
株式取引	名坂彌作	三重	〔質商〕	村田七右衞門	四日市
金融	内藤小四郎	京都	酒造	村田眞治	山口
酒造	成子善太郎	大阪	貸地貸家	村木嘉助	岐阜
地主	鳴海周次郎	青森	林業	宇土平正壽	三重
貸地	直井藤左衞門	神戸	貸地貸家	宇田川禮三	東京
地主	中井長兵衛	和歌山	鉱山製糸	宇都宮宗十郎	愛媛
工学博士	中原岩三郎	東京	貸地貸家	宇野勇作	青森
金融	中川興兵衞	大阪	貸地貸家	宇佐美克三	茨城
林業	中田傳三郎	三重	製材	宇佐美常次郎	北海道
請負	中谷國太郎	旭川	銀行頭取	宇美常吉	福岡
絹紡糸	中辻源太郎	京都	貸地貸家	内田十喜治	岐阜
貸地	中村寅太郎	東京	銀行頭取	内木清三郎	新潟
銀行役員	中村和三郎	福井	貸地貸家	浦谷　勇	大阪
大津屋	中村慶藏	愛知	貸地貸家	上原正次	山口
日本証券	中村慶吾	名古屋	金融	上田徳次郎	大阪
書画骨董	中村作次郎	東京	林業	上田熊之助	三重
酒造	中村　實	福岡	貸地貸家	上野金之助	東京
地主	中野萬龜	佐賀	印刷インキ	植田末治郎	大阪
地主	中野欽次	新潟	林業	植村藤助	三重
金融	中野信吾	長岡	貸地貸家	浮田勝次郎	香川
会社役員	中山為三郎	東京	綿織物	野中儀兵衞	東京
銀行役員	中山佐市	東京	貸地貸家	野村勘左衞門	福井
農	中山勇一	茨城	貸地貸家	野村正雄	岐阜
金融	中江忠兵衞	神戸	米穀肥料	野口幸之丞	鹿児島
蚕糸貿易	中澤五三郎	横浜	呉服太物	野口新兵衞	東京
地主	中崎　憲	茨城	著作家	野間五造	東京
会社役員	中島平吉	東京	銀行頭取	野崎彦左衞門	静岡
会社事業	中島登子太	大分	呉服商	野尻次助	埼玉
飛行機	中島知久平	群馬	地主	野本吉兵衞	愛媛
〔地主〕	中島源太郎	岡山	千代盛商会	久保彦助	石川
地主	中島幸雄	熊本	地主	久我於菟一郎	岡山
呉服太物	中島従三郎	大阪	地主	久米力衞	徳島
酒造	中島壽三郎	福岡	工業薬品	黒田市之助	東京
地主	中島俊司	岐阜	肥料	黒木庄藏	宮崎
酒造	仲　伊兵衞	京都	〔朝鮮・地主〕	黒住猪太郎	岡山
地主	仲崎善吉郎	岡山	製紙	栗原定助	福山
米穀肥料	永井伊助	石川	貸地	栗林慶治	秋田
金融倉庫	永井正三郎	石川	鋳鉄管	栗本勇之助	大阪
地主	永井　博	千葉	貸地金融	栗盛鐵藏	秋田
会社役員	永田仁助	大阪	地主	桑原權之助	岐阜
日本生糸	永峰承受	東京	地主	桑田熊藏	鳥取
銀行頭取	長池又三郎	長崎	銀行頭取	倉崎喜作	佐賀
貸地金融	長濱潤守	秋田	筆墨製造	熊谷直之	京都

林業	草田源兵衞	和歌山	林業	松永忠兵衞	三重
地主	草野孫右衞門	富山	農	松永安彦	静岡
地主金融	櫛淵浪太郎	群馬	農	松村半兵衞	栃木
林業	楠　三郎兵衞	三重	林業金融	松村泰輔	徳島
酒造	八塚常一郎	和歌山	医師	松村清吾	東京
地主	八重樫金十郎	岩手	地主	松浦徳一	佐賀
醬油醸造	矢野　義	桐生	漆器銀行	松浦儀兵衞	甲府
帯地	八代かう	京都	地主	松浦勇助	徳島
地主	矢島専平	山口	皮革	松下齊藏	大阪
伯爵	柳澤保惠	東京	銀行役員	松久永助	岐阜
銅鉄	柳下幸藏	横浜	会社役員	松元萬藏	鹿児島
金融	大和矢治兵衞	鹿児島	地主	松本市藏	神戸
米穀取引	山上岩二	岡山	商業	松本嘉平次	熊本
貸地	山田伊之助	静岡	醬油醸造	松本四三	福岡
鶏卵問屋	山田徳太郎	大阪	会社員	松本新太郎	横浜
洒生糸	山田長左衞門	京都	伊勢新聞	松本整之亮	三重
銀行役員	山田信昌	富山	関西窯業	前川善平	滋賀
農	山田周吉	宮城	輸出入	前田奈良三郎	京都
地主	山中義貞	愛媛	鹿ノ子	前田政二郎	京都
呉服太物	山内三郎兵衞	秋田	金融	前田堯資	高知
地主	山内之成	新潟	地主	正木薫太郎	大阪
地主	山口吉五郎	兵庫	質	牧野久太郎	熊本
雑穀金融	山口吉左衞門	鹿児島	〔貸地貸家〕	増井峰次郎	東京
地主	山崎忠太郎	新潟	醬油醸造	増岡重平	北海道
酒造貸地	山崎又七	長崎	金融	増田長郎	三重
農	山崎賢太郎	静岡	地主	増田鑛太郎	東京
地主	山岸光亨	高田	鋳造	増田金藏	埼玉
製油	山岸喜藤太	新潟	地主	解良淳次郎	新潟
金融	山城高與	那覇	銀行役員	見城重平	東京
樽丸	山下九助	四日市	練乳製造	藤井長次郎	東京
米穀肥料	山元玄十郎	鹿児島	工業藥品	藤井榮三郎	東京
米穀肥料	山元紋次郎	鹿児島	織物	藤井勇次郎	東京
建築請負	山本平三郎	神戸	紙	藤井庄次郎	熊本
酒造	山本辰右衞門	京都	生絹	藤井善七	京都
男爵	山本達雄	東京	組糸紐	藤原利三郎	京都
酒造	山本源兵衞	京都	地主	藤岡元二郎	岐阜
金融	山本重次	三重	地主燐寸	藤田松太郎	神戸
蚊帳	山本甚三郎	福井	会社役員	藤田好三郎	東京
米穀雑貨	安岡長四郎	秋田	貸地貸家	藤田銈吉	神戸
佛具	安田松慶	東京	台南農林	藤田四郎	東京
請負	馬淵　曜	神奈川	地主	藤田正二	山口
農	眞壁章治	宮城	醬油醸造	藤澤常太郎	大分
地主	眞鍋米五郎	香川	地主	藤崎彌熊	熊本
農	眞島傳右衞門	山形	木綿晒白	藤木利一郎	大阪
肥料	間々田惣助	茨城	呉服	藤瀬宗一郎	長崎
醬油醸造	町田傳七	群馬	地主	古川市郎治	岐阜
木履	丸山茂助	広島	地主	古川市三郎	青森
松井商店	松井三治郎	岐阜	会社役員	古田貞助	名古屋
貸地	松居久右衞門	滋賀	会社役員	古屋慶隆	岐阜
銀行頭取	松尾將一	佐賀	地主	深川彌作	佐賀
地主	松上仙藏	愛媛	地主	深川重吉	佐賀
地主	松田　方	熊本	三菱製鉄	舟越楫四郎	東京
子爵	松平保男	東京	三菱鉱業	船田一雄	東京
子爵	松平定晴	東京	鋳造	福岡新五郎	大阪
妓楼	松谷徳平	熊本	麻苧肥料	福田代造	栃木

酒造	福田　恒	朝鮮
乾物	福田卯助	名古屋
薪炭	福田甚吉	東京
鑪	福島由太郎	東京
酒造	福島幸重	長野
養蚕具	福島元助	群馬
旅館	福住九藏	箱根
小泉合名	小泉重之助	京都
金融貸地	小池ナカ	東京
酒造	小林ルイ	室蘭
議員（貴）	小林嘉平治	三重
株式取引	小林武次郎	東京
地主	小林房太郎	東京
林業	小林　功	三重
酒造	小林榮治	岩手
海産物	小林左平	岩手
地主金融	小林儀三郎	群馬
貸地貸家	小林清晃	東京
地主	小西庄兵衛	広島
地主	小西　元	香川
殖林	小杌　武	東京
貸地貸家	小暮昇二	東京
太物金融	小山米太郎	京都
料理	小坂梅吉	東京
銀行役員	小坂三十郎	岐阜
出版	小酒井五一郎	東京
地主	小島長一	神戸
呉服	小島亮一	東京
田沢炭鉱	小島太治郎	長野
骨董	兒島嘉助	大阪
紙	兒島善一郎	福岡
〔農業〕	五藤正形	高知
金融	越川百一郎	北海道
会社役員	越野嘉藏	大阪
雑貨	近藤眞一	東京
弘報堂	江藤甚三郎	東京
地主	江上　新	熊本
地主	江口正雄	福岡
地主	江角泰助	島根
会社役員	海老恒吉	京都
金融	榎　様太郎	京都
呉服	遠藤富次郎	京都
材木	圓佛七藏	大牟田
地主	圓藤弘一	徳島
地主	手塚平三郎	徳島
貸座敷	手塚忠吉	静岡
海産物	寺尾庄藏	函館
地主	寺島和作	岐阜
農	安久津庄七	宮城
地主	足達隆之助	奈良
酒造	阿部勘九郎	宮城
地主	阿部竹次郎	久留米
呉服金融	阿部九藏	岩手
地主金融	阿久澤太郎平	群馬
地主	会田房太郎	香川
農金融	相原兼次郎	京都
貸地	相澤喜兵衛	東京
酒造	有井常藏	京都
肥料	青柳新兵衛	茨城
貸地	青山與惣吉	旭川
地主	青山　莊	福井
染色	青山惣吉	仙台
地主金融	青木由平	群馬
会社役員	青木存秀	仙台
貸地貸家	青木富貴太郎	東京
地主	赤羽房兵衛	茨城
〔貸家貸金〕	縣　豊太郎	豊橋
請負	荒井徳一	旭川
会社役員	荒津長七	福岡
地主金融	天田長三郎	群馬
酒造	天江勘兵衛	仙台
銀行役員	麻生二郎	東京
縄筵雑貨	浅岡梅吉	函館
地主	浅野牛右衛門	岐阜
地主金融	佐藤岩雄	新潟
米穀肥料	佐藤平右衛門	鹿児島
煙草元売	佐藤得三郎	兵庫
地主	佐藤員善	香川
地主	佐藤尚義	大分
地主	佐藤宇七郎	岡山
肥料石油	佐藤傳吉	福島
地主金融	佐藤喜八	岩手
東京乗合	佐藤美代志	東京
地主	佐藤信吉	山形
金融	佐藤清十郎	秋田
地主	佐川恒太郎	兵庫
地主	佐野猪之助	岐阜
〔輸出入業〕	佐野令三	東京
理学博士	佐々木忠次郎	東京
貸地金融	佐々木義久	秋田
〔貴族院議員〕	佐々木志賀二	岡山
農	佐坂俊次	北海道
大株取引	細字　榮	大阪
酒造	齋藤多三郎	福島
銀行頭取	齋藤安雄	埼玉
漁業	齋藤文雄	北海道
艀運送	齋藤五一郎	函館
地主	齋藤己三郎	新潟
油	齋藤末吉	青森
文房具卸	澤井幸助	大阪
大賀商店	澤田嘉兵衛	京都
林業	阪西新四郎	奈良
地主	坂入與兵衛	茨城
海産物	坂上五郎兵衛	青森
銀行役員	坂田秋生	富山
肥料	坂田清兵衛	埼玉
地主農	坂本茂左衛門	茨城
農	酒井要五郎	埼玉
子爵	相良頼綱	東京
〔榊原同族（資）〕	榊原伊助	愛知

貸地	榊田清兵衛	秋田
茶紙洋酒	笹原貞治	山形
味噌溜	木方慶助	岐阜
貸地	木村鎮吉	静岡
地主	木村彌代二	香川
酒造	木村喜兵衛	兵庫
工業薬品	木村秀藏	兵庫
地主	木内庄九郎	熊本
林業	木下秀次郎	和歌山
洋酒	北地鶴松	神戸
質金融	北尾伊三郎	京都
木材乾溜	北川豊次郎	静岡
会社役員	北川禮弼	東京
石材	北川郡次	東京
洋傘	北川喜三郎	大阪
会社役員	北村儀三郎	大阪
地主	北村清右衛門	奈良
酒造製飴	北島徳一	佐賀
由良染料	北島七兵衛	和歌山
貸地	北島精一	秋田
銀行役員	菊地政三郎	栃木
呉服	菊地儀右衛門	宮城
地主	菊地重久	愛媛
農金融	菊地秀勝	栃木
摂津製糸専務	菊地清太郎	愛媛
銀行常務	岸川惣八	佐賀
地主	金　志植	朝鮮
石鹼製造	由利岩藏	大阪
三菱倉庫常務	三橋信三	東京
〔肥料〕	三輪安之助	四日市
医学博士	三輪信太郎	東京
呉服	三谷與一郎	京都
地主	三澤虎一	栃木
染料塗料	三木幾藏	大阪
会社役員	道又勇助	岩手
材木	水上善四郎	北海道
茶味噌	水谷源助	愛知
貸地	水野徳右衛門	東京
村井倉庫役員	水野竹次郎	京都
陶器	水野新吾	岐阜
材木	峰岸安五郎	東京
地主	南　嘉兵衛	神戸
和歌山紡織	南　楠太郎	和歌山
地主金融	宮川忠助	青森
貸地貸家	宮腰伊七	北海道
貸地貸家	宮腰敏雄	北海道
北紀銀行	宮崎和右衛門	三重
醬油醸造	宮下林平	埼玉
由利銀行	志田勝次郎	静岡
輸出綿布	清水藤三郎	京都
地主金融	清水騰三郎	群馬
機業酒造	清水竹次郎	石川
貸地	清水吉右衛門	東京
〔農業〕	柴垣一雄	熊本
足袋製造	柴田　甫	埼玉

柴田商店	柴田ふさ	京都
北海林業	柴田享一	神戸
沖縄土地	尚　順	沖縄
農	白石昌字	埼玉
金融	白川鹿平	鹿児島
回漕	白田謙四郎	横浜
地主	白勢文三郎	新潟
呉服太物	篠田五平	岐阜
地主	篠田有徳	千葉
地主	社本耕平	名古屋
海苔問屋	島田由兵衛	東京
莫大小	島村英三	大阪
地主	島内正房	高知
地主	島崎源三郎	奈良
貸地金融	澁谷傳一	秋田
地主	澁谷厚重	新潟
共益倉庫	澁谷正吉	東京
帝大教授	澁澤元治	東京
地主	下田幸一	熊本
会社役員	下村耕次郎	大阪
醸造	下村正之助	旭川
東洋海上	下坂藤太郎	東京
醸造	新里康昌	那覇
会社役員	日向利兵衛	東京
銀行役員	日比谷平吉	東京
銀行役員	日比谷祐藏	東京
貸地貸家	樋口藤吉	東京
地主	廣川長八	新潟
農	廣中素介	愛知
林業	東　芳太郎	三重
地主	平井保太郎	茨城
化粧品	平泉平右衛門	大阪
地主貸家	平林莊治	長野
織物買継	平岡久左衛門	東京
飛彈電燈	平田篤松	岐阜
農	平野平次郎	埼玉
銀行役員	平野繁太郎	浜松
貸家	平栗藤次郎	大阪
野田醬油	茂木啓三郎	千葉
野田醬油	茂木房五郎	千葉
絣問屋	木村庄平	久留米
畳表	森　久兵衛	大阪
精米貿易	森　菊五郎	朝鮮
貸地貸家	森脇甚右衛門	松江
地主金融	森田壽次郎	群馬
地主	森村堯太	群馬
地主	森山耕太	新潟
地主	森山定太郎	佐賀
農	森松甚造	北海道
鰹節	森島浅五郎	東京
古物	世古善兵衛	宇治山田
酒造	世木澤藤三郎	旭川
地主	瀬尾幸太郎	香川
地主農	瀬谷勇次郎	茨城
株式取引	關　秀次郎	東京

貸地貸家	須藤直宗	東京
雑貨商	吹田診三郎	青森
茶	菅藤太郎	神戸
雑	菅原勇吉	北海道
農地主	菅原英夫	宮城
農	杉下貴代男	岐阜
地主	鈴木虎次郎	茨城
銀行頭取	鈴木長九郎	三重
金融	鈴木惣七	宮城
楽器	鈴木政吉	名古屋
酒	鈴木紋次郎	東京

以上